독자의

세상이 아무리 바쁘게 돌아가더라도

책까지 아무렇게나 빨리 만들 수는 없습니다.

인스턴트 식품 같은 책보다는

오래 익힌 술이나 장맛이 밴 책을 만들고 싶습니다.

길벗이지톡은 독자여러분이 우리를 믿는다고 할 때 가장 행복합니다.

나를 아껴주는 어학도서, 길벗이지톡의 책을 만나보십시오.

독자의 1초를 아껴주는 정성을 만나보십시오.

미리 책을 읽고 따라해본 2만 베타테스터 여러분과 무따기 체험단, 길벗스쿨 엄마 2% 기획단,

시나공 평가단, 토익 배틀, 대학생 기자단까지!

믿을 수 있는 책을 함께 만들어주신 독자 여러분께 감사드립니다.

(주)도서출판 길벗 www.gilbut.co.kr

길벗 이지톡 www.gilbut.co.kr

길벗 스쿨 www.gilbutschool.co.kr

| QR 코드로 음성 자료 듣는 법 |

1

'스마트폰에서 QR 코드 스캔' 애플리케이션을 다운 받아 실행합니다.
[앱스토어나 구글 플레이어에서 'QR 코드'로 검색하세요]

2

애플리케이션의 화면과 도서 각 unit 시작 페이지에 있는 QR 코드를 맞춰 스캔합니다.

3

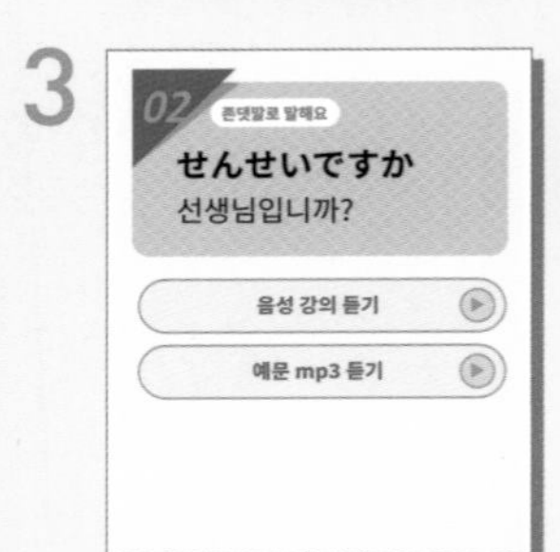

스캔이 되면 '음성 강의 듣기', '예문 mp3 듣기' 선택 화면이 뜹니다.

4

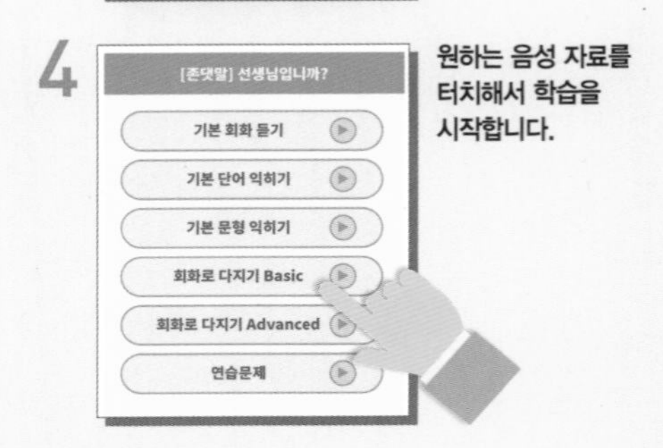

원하는 음성 자료를 터치해서 학습을 시작합니다.

| 길벗이지톡 홈페이지에서 자료 받는 법 |

1

길벗이지톡 홈페이지(www.gilbut.co.kr) 검색창에서 《일본어 무작정 따라하기 완전판》을 검색합니다. 검색 후 해당 도서를 클릭합니다.

2

해당 도서 페이지에서 자료실을 클릭합니다.

3

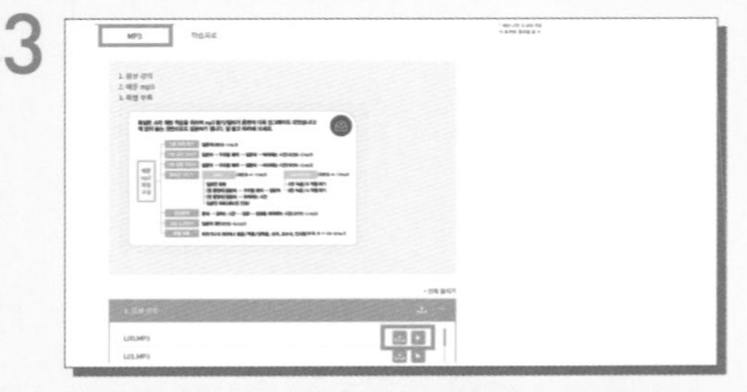

자료실의 'MP3' 항목에서 다운로드 아이콘을 클릭해 MP3를 다운로드하거나, 실시간 재생 아이콘을 클릭해 바로 들을 수 있습니다.

4

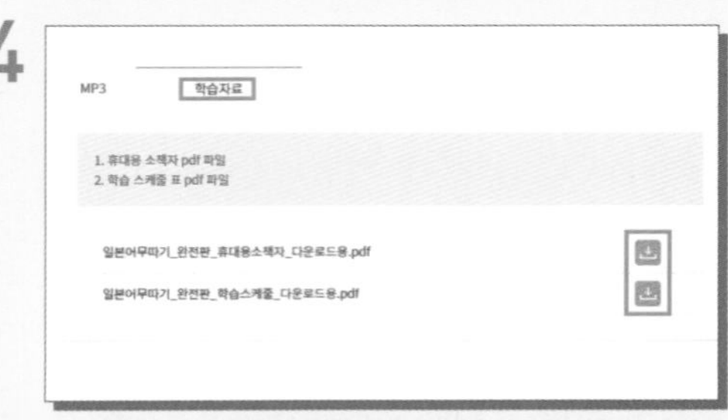

자료실의 '학습자료' 항목에서는 도서에서 제공하는 추가 자료를 다운로드할 수 있습니다.

듣기만 해도 말이 나온다

히라가나 · 문법
몰라도 OK

일본어

무작정 따라하기

완전판

후지이 아사리 지음

길벗 이지:톡

일본어 무작정 따라하기 - 완전판

The Cakewalk Series - Japanese Conversation : The Perfect Edition

초판 발행 · 2022년 8월 5일
초판 8쇄 발행 · 2024년 9월 30일

지은이 · 후지이 아사리(藤井麻里)
발행인 · 이종원
발행처 · (주)도서출판 길벗
브랜드 · 길벗이지톡
출판사 등록일 · 1990년 12월 24일
주소 · 서울시 마포구 월드컵로 10길 56(서교동)
대표 전화 · 02)332-0931 | **팩스** · 02)323-0586
홈페이지 · www.gilbut.co.kr | **이메일** · eztok@gilbut.co.kr

기획 및 책임 편집 · 오윤희(tahiti01@gilbut.co.kr) | **표지 디자인** · 최주연 | **본문 디자인** · 강은경
제작 · 이준호, 손일순, 이진혁 | **마케팅** · 이수미, 장봉석, 최소영 | **유통혁신** · 한준희 | **영업관리** · 심선숙 | **독자지원** · 윤정아

편집진행 및 교정 · 정선영 | **표지 일러스트** · 애슝 | **본문 일러스트** · 김혜연, 양민희 | **전산편집** · 수(秀) 디자인
오디오 녹음 · 와이알미디어 | **CTP 출력 및 인쇄** · 정민인쇄 | **제본** · 정민인쇄

길벗이지톡은 길벗출판사의 성인어학서 출판 브랜드입니다.

ISBN 979-11-6521-995-6 03730
(길벗 도서번호 301144)

정가 26,000**원**

완전판 출간에 부쳐

소리 학습으로 일본어 기초를 완성한다!

《일본어 무작정 따라하기》의 첫 출간 이후 18년이라는 시간이 흘렀습니다. 그동안 사랑해 주신 60만 독자 분들께 감사의 마음을 전합니다.

한국에서 많은 학생들을 가르치면서 눈과 손으로 배우는 공부에만 익숙해져 있다는 게 무척 안타까웠어요. 언어는 글자가 아닌 소리로 먼저 익혀야 하는데 말이죠. 그래서 탄생하게 된 것이 《일본어 무작정 따라하기》예요.

'소리 학습법'으로 만들어진 《일본어 무작정 따라하기》는 개정에 개정을 거듭하여 《일본어 무작정 따라하기》와 《일본어 무작정 따라하기 심화편》으로 나눴습니다. 두 권으로 구성한 것은 공부할 양이 많아지더라도 소리 학습을 제대로 마칠 수 있도록 하기 위한 선택이었죠.

하지만 많은 학습자들이 《일본어 무작정 따라하기》를 마치고 문법이나 다른 공부를 시작하는 경우가 많다는 것을 알게 되었어요. 이러면 소리 학습법으로 어렵게 열어놓은 귀와 입이 온전히 몸에 익기 전에 닫혀 버리게 되죠.

또 한 가지, 《일본어 무작정 따라하기》는 명사부터 형용사, 동사 현재형까지 다루며, 《일본어 무작정 따라하기 심화편》은 동사 과거형부터 て형 등 다양한 동사의 활용을 배웁니다. 두 권을 모두 봐야 확실하게 일본어 기초가 완성돼요.

그래서 이번에 《일무따》와 《심화편》을 한 권으로 묶어 완전판으로 출간하게 되었습니다. 완전판 한 권을 끝까지 공부하면 일본어 기초를 탄탄하게 익히면서도 자연스러운 일본어를 구사할 수 있게 돼요. 그래야 문법책도 수월하게 진도를 나갈 수 있고요. 중요한 것은 귀와 입을 열고 충분히 익히는 거예요!

처음에는 시간이 걸려서 답답하고 불안할 수 있겠지만 急(いそ)がば回(まわ)れ!(급할수록 돌아가라!) 이 말을 꼭 기억하셨으면 좋겠습니다. 머지않아 '일본 사람 아니었어요?'라는 오해를 받을 수 있을 정도의 실력자가 될 거예요.

후지이 아사리

베타테스터의 한마디

안현미 | 28세, 직장인

진짜 듣기만 해도 일본어가 돼요!

직장 생활을 하는 저는 책을 가지고 다니지 않고 mp3 파일만으로 제약 없이 일본어를 익힌다는 것이 굉장한 매력 포인트였습니다. **글자를 쓰고 외우는 것에 집착하지 않아도 알아듣고 말할 수 있다는 것이 참 신기해요.** 더 재미있는 것은 말하려고 하면 mp3 파일에서 들었던 소리가 그대로 생각이 나요. 이것이 바로 이 책이 강조하고 있는 소리 학습법의 목표겠지요?

도회린 | 19세, 대학생

말이 튀어나오는 새로운 방법을 배웠어요!

외국어로 한 마디 하려면 일단은 머릿속에서 우리말로 문장을 만든 다음, 번역해서 말하는 과정을 거쳐야 했어요. 근데 **이 책으로 공부하면 상황을 바로 일본어로 표현하는 게 가능해져요! 우리말을 거치지 않고 바로 일본어가 나온다는 게 참 신기합니**다. 회화 위주로 공부하시는 분들은 꼭 이 책으로 시작하세요!

우혜영 | 23세, 대학생

일본어를 가장 일본어답게 배울 수 있는 책!

일본어의 특징을 살려 반말과 존댓말을 함께 배울 수 있고 예문도 실생활에서 자주 쓸 법한 문장들이에요. 그리고 **각 페이지마다 알차게 들어 있는 후지이 선생님의 팁까지! 단어의 의미 차이, 우리말과의 차이점, 일본 문화 등 한국인의 입장에서 궁금한 내용들을 자세히 설명해주셔서 공부할 때마다 감동을 받았습니다.** 일본어를 '제대로' 배워보려는 사람들은 꼭 이 책으로 공부하면 좋겠어요.

윤세나 | 30세, 직장인

고민이었던 일본어 발음에 자신이 생겼어요!

책만 보며 독학으로 일본어를 공부해서 그런지 발음이 가장 큰 고민이었어요. 근데 **이 책을 보고 정말 깜짝 놀랐습니다. 단어마다 억양이 표시되어 있더군요. 이런 책은 처음이에요! 억양에 유의하며 반복해서 듣고 따라하니 발음이 자연스러워지는 게 느껴집니다. 왜 듣기부터 학습해야 한다고 강조하는지 몸소 깨닫고 있어요.** 여태 눈과 손으로만 일본어를 공부한 게 후회되네요.

송현수 | 35세, 직장인

듣기만 해도 일본어가 머릿속에!

무작정 문법을 외우게끔 하지 않아서 좋았어요. 외우지 않아도 mp3 파일을 듣고 따라 하는 사이 자연스럽게 동사 변화가 외워지던데요? 후지이 선생님의 학습법대로 하다 보면 듣기, 회화, 문법, 어휘가 전부 가능해집니다. '외워라, 외우세요, 외우고 넘어가야 해요'라고 재촉하지 않아도 어느새 내 것이 되는 것, 그게 '일무따'의 마법이죠.

원혜령 | 26세, 교사

일본어를 제대로 배우는 느낌이에요!

일본어를 외국어로 접하는 학습자 입장에서 알기 어려운 미묘한 어감이나 한국인이 많이 하는 실수 등을 자세히 설명해주어서 좋았습니다. 선생님이 바로 옆에서 얘기해 주는 듯한 친근한 설명이라 머릿속에 쏙쏙 들어오더라고요. 외우기 어려워서 자칫 소홀하기 쉬운 〈가타카나 익히기〉 코너, 원서 읽기에 한걸음 더 다가설 수 있게 해주는 〈장문 읽어보기〉 코너 등 일본어 실력을 키우는 데 꼭 필요했던 코너들이 깨알 같이 들어 있어, 일본어를 제대로 배우는 느낌이 듭니다.

박미리 | 27세, 직장인

연습문제가 빵빵해요!

굳이 학원에 다니지 않아도 스스로 시험을 보듯이 공부 내용을 테스트해볼 수 있어 좋았어요. 문제 유형도 다양해서 듣기, 말하기, 쓰기 전 영역을 골고루 확인해볼 수 있는 것도 장점이에요. 문장을 듣고 말해보거나 문장을 만들고 써보면서 전방위로 일본어 실력을 다질 수 있어요.

윤세나 | 31세, 직장인

제 수준에 딱 필요한 책이네요!

이렇게 내용에 충실하고 제 레벨에서 가장 헷갈리고 어려운 내용들을 다뤄주는 책이 있다는 게 참 감사하네요. 특히 컴퓨터, 쇼핑 등 일상 회화와 밀접한 주제들로 꾸며져 있어 이 책을 한 권 끝내면 실용적으로 써먹을 수 있을 것 같아요!

베타테스트에 참여해주신 모든 분께 감사드립니다.

이 책을 만드는 동안 베타테스터로서 미리 학습해 보고, 여러 가지 좋은 의견을 주셨던 김경록, 도회린, 안현미, 오승희, 우혜영, 윤세나, 정기연, 정은섭, 고병조, 김우현, 김채현, 김혜정, 박미리, 송현수, 오은주, 원혜령, 이지은, 전주희 님께 감사 드립니다.

머리말

"일본 사람 아니었어요?!"
라는 말을 듣고 싶다면!

후지이 선생님이 전하는
이 책의 학습법
QR코드 확인

외국어는 노래처럼 배워라!

네이티브처럼 일본어를 유창하게 하고 싶다면 노래를 배우는 것처럼 일본어를 배우세요! 마음에 드는 노래를 찾았을 때 어떻게 하세요? 악보를 구하세요? 아니죠? 노래를 여러 번 듣고 따라하면서 익히죠? 일본어도 그렇게 배우는 게 좋아요! 책을 붙들고 글자부터 써 가면서 배우는 것은 잘 모르는 악보를 붙들고 노래를 배우는 것과 똑같아요. 잘못하면 일본어 음치가 될 수 있어요!

한번 입에 붙은 발음은 고치기 힘들어요!

잘못된 발음이 한번 입에 붙어 버리면 고치기가 힘들어요. 사투리를 고치기가 힘든 것과 마찬가지예요. 그러니 처음부터 바른 발음, 바른 억양으로 익히는 것이 좋아요! 그러기 위해서는 소리부터 들어가는 것이 좋아요! 발음도 잘 모르면서 글자를 배우면 각 글자 소리를 한국어 소리에 맞춰서 배우게 되거든요. 아이들이 영어를 처음 배울 때 영어에 한글로 발음이 적힌 책으로 배우게 하지 않죠? 영어 발음이 안 좋아지니까요. 일본어도 마찬가지예요!

억양이 틀리면 다른 단어가 된다고?!

일본어는 억양이 참 중요한 언어예요! 억양이 틀리면 알아듣기 어렵고 또 단어에 따라서는 전혀 다른 단어가 되기도 해요. いっぱい(입빠이)라는 단어를 높은 소리에서 낮은 소리로

내려서 발음하면 '한 잔'이라는 뜻이 되고, 낮은 소리에서 높은 소리로 올려서 발음하면 '가득', '많이'라는 뜻이 돼요. '술 한 잔 먹었어'라고 하려다가 '술 많이 먹었어'가 되어 버릴 수 있어요. 올바른 억양을 익히려면 역시 소리로 공부를 시작해야 해요!

〈듣기→말하기→읽기→쓰기〉의 순으로 공부해라!

알아들을 수 있는 말은 말할 수 있고(듣기→말하기), 읽을 수 있는 문장은 쓸 수 있어요(읽기→쓰기). 그리고 말할 수 있는 말은 글자만 알면 읽을 수 있죠(말하기→읽기). 그렇지만 읽을 수 있고 쓸 수 있는 문장이라도 알아들을 수 있는지, 말할 수 있는지는 알 수 없어요. 영어 문장을 읽고 이해할 수는 있는데 듣고 말할 수 없는 사람이 많은 것을 생각하면 금방 이해되시죠? 따라서 옳은 공부 순서는 〈듣기→말하기→읽기→쓰기〉의 순서가 되는 거예요!

공부법은 목적에 따라 사람에 따라 달라질 수 있어요!

지금까지 제가 설명드린 공부법은 일본 사람처럼 유창하게 일본어를 하기 위한 방법이에요. 사람에 따라서는 말하기/듣기가 전혀 필요 없는 분들도 있겠죠. 그런 분들은 굳이 소리학습부터 시작하지 않아도 돼요! 그리고 사람에 따라 소리로 배우는 것을 잘할 수도 있고 여러 번 시도해도 잘 안 될 수도 있어요. 노래를 잘하는 사람과 못 하는 사람이 있는 것과 마찬가지로 소리학습이 잘 되는 사람과 잘 안 되는 사람이 있어요. 잘 안 맞는 경우에는 본인에 맞게 공부법을 조금씩 바꿀 필요가 있어요. 가장 중요한 것은 재미있게 배우는 것이에요! 재미있어야 오래 할 수 있고 잘 할 수 있는 법이니까요!

2022년 8월

후지이 아사리

시리즈 활용법

500만 명의 독자가 선택한 〈무작정 따라하기〉 시리즈는 모든 원고를 독자의 눈에 맞춰 자세하고 친절한 해설로 풀어냈습니다. 또한 저자 음성강의, 예문 mp3 파일 무료 다운로드, 길벗 독자지원 팀 운영 등 더 편하고 쉽게 공부할 수 있도록 아낌없는 서비스를 제공합니다.

1 음성강의

모든 과에 저자 음성강의를 넣었습니다. QR코드를 스캔해 핵심 내용을 먼저 들어보세요.

2 본 책

쉽고 편하게 배울 수 있도록 단계별로 구성했으며 자세하고 친절한 설명으로 풀어냈습니다.

3 예문 mp3

홈페이지에서 mp3 파일을 무료로 다운 받을 수 있습니다. 듣고 따라하다 보면 저절로 말을 할 수 있게 됩니다.

4 소책자

출퇴근 시간에 지하철이나 버스에서 편하게 공부할 수 있도록 훈련용 소책자를 PDF 파일로 제공합니다.

5 유튜브 채널

이지톡 유튜브 채널에서 저자 강의와 원어민 음성 파일을 무료로 들을 수 있습니다.

6 홈페이지

공부를 하다 궁금한 점이 생기면 언제든지 홈페이지에 질문을 올리세요. 저자와 길벗 독자지원 팀이 신속하게 답변해 드립니다.

7 동영상 강의

저자가 직접 알려주는 동영상 강의도 준비했습니다. 혼자서 공부하기 힘들면 동영상 강의를 이용해 보세요.
(유료 서비스 중)

聞くだけで話せるようになる
일본어 무작정 따라하기

음성 자료 활용법

일단 책을 펼치긴 했는데 어떻게 공부를 시작해야 할지 막막하시다고요? 그래서 준비했습니다. 무료로 들을 수 있는 저자의 친절한 강의와 베테랑 원어민 성우가 녹음한 다양한 버전의 예문 mp3 파일이 있으면 혼자 공부해도 어렵지 않습니다.

음성강의 / 예문 mp3 파일 활용법

각 과마다 배울 내용을 워밍업하고 어떻게 공부해야 하는지 조언도 들을 수 있는 저자 음성강의와 듣기뿐만 아니라 말하기 훈련까지 가능한 예문 mp3 파일을 제공합니다. 음성강의와 예문 mp3는 본 책의 QR코드를 찍거나 홈페이지에서 파일을 다운받아 들을 수 있습니다.

❶ QR코드로 확인하기

스마트폰에서 QR코드 어플로 각 과 상단의 QR코드를 스캔하세요. 저자의 음성강의와 예문 mp3를 골라서 바로 들을 수 있습니다.

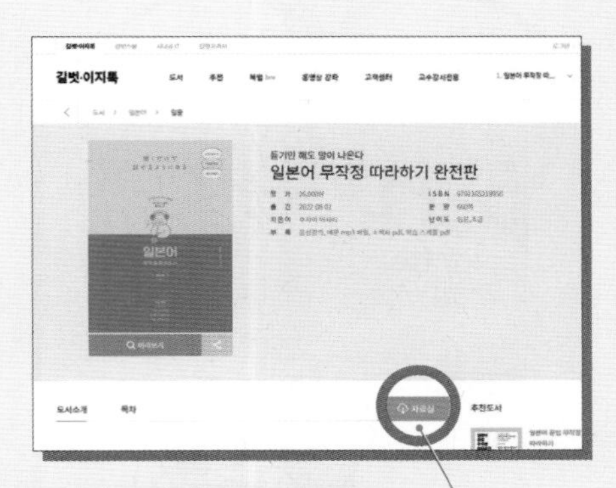

❷ 홈페이지에서 다운로드 받기

음성강의와 예문 mp3를 항상 가지고 다니며 듣고 싶다면 홈페이지에서 파일을 다운로드 받으세요. 길벗 홈페이지(www.gilbut.co.kr)에 접속한 후, '일본어 무작정 따라하기 완전판'을 검색하세요.

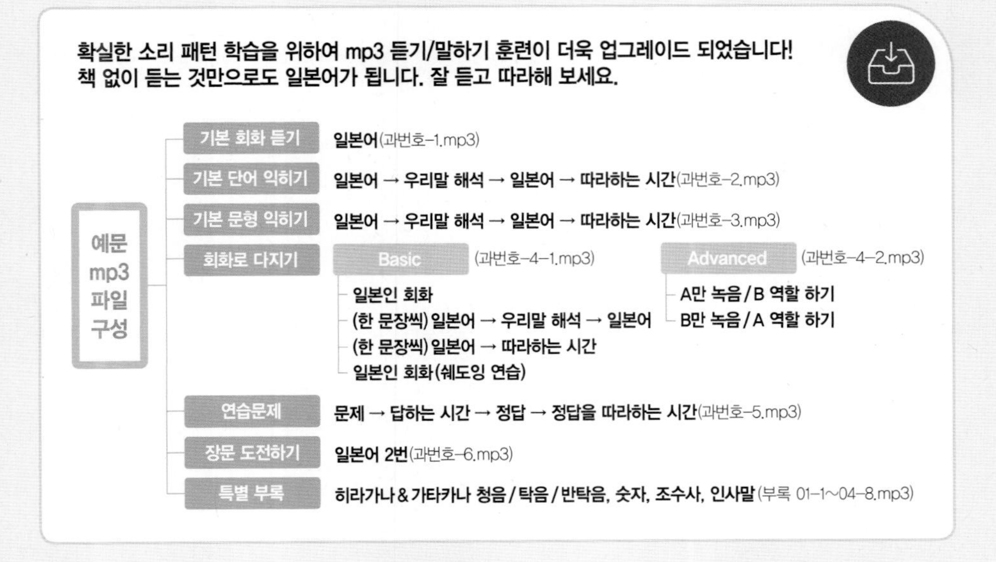

확실한 소리 패턴 학습을 위하여 mp3 듣기/말하기 훈련이 더욱 업그레이드 되었습니다!
책 없이 듣는 것만으로도 일본어가 됩니다. 잘 듣고 따라해 보세요.
예문 mp3 파일 구성
기본 회화 듣기
일본어(과번호-1.mp3)
기본 단어 익히기
일본어 → 우리말 해석 → 일본어 → 따라하는 시간(과번호-2.mp3)
기본 문형 익히기
일본어 → 우리말 해석 → 일본어 → 따라하는 시간(과번호-3.mp3)
회화로 다지기
Basic
(과번호-4-1.mp3)
일본인 회화
(한 문장씩) 일본어 → 우리말 해석 → 일본어
(한 문장씩) 일본어 → 따라하는 시간
일본인 회화(쉐도잉 연습)
Advanced
(과번호-4-2.mp3)
A만 녹음/B 역할 하기
B만 녹음/A 역할 하기
연습문제
문제 → 답하는 시간 → 정답 → 정답을 따라하는 시간(과번호-5.mp3)
장문 도전하기
일본어 2번(과번호-6.mp3)
특별 부록
히라가나 & 가타카나 청음/탁음/반탁음, 숫자, 조수사, 인사말(부록 01-1~04-8.mp3)

전체 마당

가능한 힘들이지 않고 공부할 수 있도록 step by step 구성과
자세하고 친절한 설명으로 풀어냈습니다.

반말로 말해요 / 존댓말로 말해요
반말과 존댓말을 배우는 과로 나누어져 있습니다. 짧은 형태인 반말을 익힌 다음에 긴 형태인 존댓말을 익혀야 일본어를 쉽게 배울 수 있습니다. 반말과 존댓말을 비교하면서 배우기 때문에 느낌과 사용법의 차이도 자연스럽게 익힐 수 있습니다.

워밍업 기본 회화 듣기

그림을 보면서 어떤 내용인지 추측하면서 일본어 회화를 들어 보세요. 일본어를 잘하려면 우리말을 거치지 않아도 일본어를 일본어 그대로 받아들이는 감각이 있어야 합니다. 이 코너를 통해 그런 감각을 기초부터 차차 키워 나갑시다!

1단계 기본 단어 익히기

각 과에서 배우는 단어를 정리했습니다. 일본어를 공부하는 사람들이 꼭 알아야 하는 단어와 현재 일본 사람들이 일상적으로 많이 쓰는 단어를 골랐습니다. 오디오에서 일본어와 우리말 뜻을 읽어 주기 때문에 듣다 보면 억지로 외우려 하지 않아도 자연스럽게 기억됩니다.

억양 표시
처음부터 정확한 억양으로 단어를 익혀야 자연스러운 일본어를 구사할 수 있습니다. 일본어 교재 최초로 단어마다 억양을 표시해 넣었고 예문을 녹음할 때도 까다롭게 체크했습니다. 책을 보면서 억양 표시를 따라 읽어보세요.

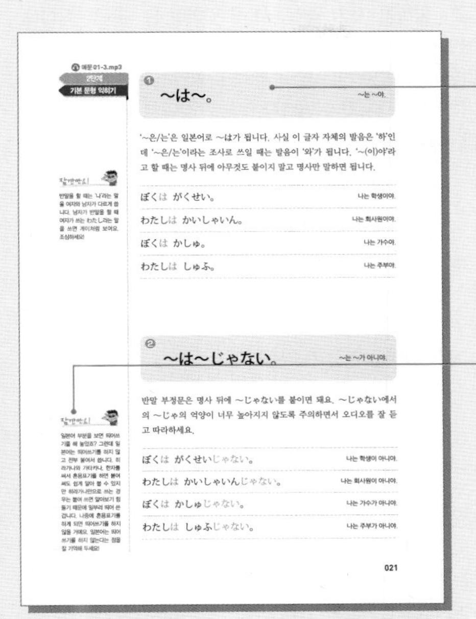

예문 01-3.mp3

2단계

기본 문형 익히기

❶ ~は~。 ~는 ~야.

'~은/는'은 일본어로 ~は가 됩니다. 사실 이 글자 자체의 발음은 '하'인데 '~은/는'이라는 조사로 쓰일 때는 발음이 '와'가 됩니다. '~(이)야'라고 할 때는 명사 뒤에 아무것도 붙이지 말고 명사만 말하면 됩니다.

ぼくは がくせい。	나는 학생이야.
わたしは かいしゃいん。	나는 회사원이야.
ぼくは かしゅ。	나는 가수야.
わたしは しゅふ。	나는 주부야.

잠깐만요! 반말을 할 때는 '나'라는 말을 여자와 남자가 다르게 씁니다. 남자가 반말을 할 때 여자가 쓰는 わたし라는 말을 쓰면 게이처럼 보여요. 조심하세요!

❷ ~は~じゃない。 ~는 ~가 아니야.

반말 부정문은 명사 뒤에 ~じゃない를 붙이면 돼요. ~じゃない에서의 ~じゃ의 억양이 너무 높아지지 않도록 주의하면서 오디오를 잘 듣고 따라하세요.

ぼくは がくせいじゃない。	나는 학생이 아니야.
わたしは かいしゃいんじゃない。	나는 회사원이 아니야.
ぼくは かしゅじゃない。	나는 가수가 아니야.
わたしは しゅふじゃない。	나는 주부가 아니야.

잠깐만요! 일본어 부분을 보면 띄어쓰기를 해 놓았죠? 그런데 일본어는 띄어쓰기를 하지 않고 전부 붙여서 씁니다. 히라가나와 가타카나, 한자를 써서 혼용표기를 하면 붙여 써도 쉽게 알아 볼 수 있지만 히라가나만으로 쓰는 경우는 붙여 쓰면 알아보기 힘들기 때문에 일부러 띄어 쓴 겁니다. 나중에 혼용표기를 하게 되면 띄어쓰기를 하지 않을 거예요. 일본어는 띄어쓰기를 하지 않는다는 점을 잘 기억해 두세요!

021

2단계 기본 문형 익히기

초급 단계에서 꼭 알아야 하는 문형을 일상생활에서 자주 쓰는 대표적인 예문으로 자연스럽게 익힐 수 있습니다.

잠깐만요!
우리나라 사람들이 잘 틀리는 부분, 주의해야 할 부분을 자세히 설명했습니다. 아울러 일본어의 기본기를 닦기 위해 꼭 알아야 할 것들을 정리했습니다.

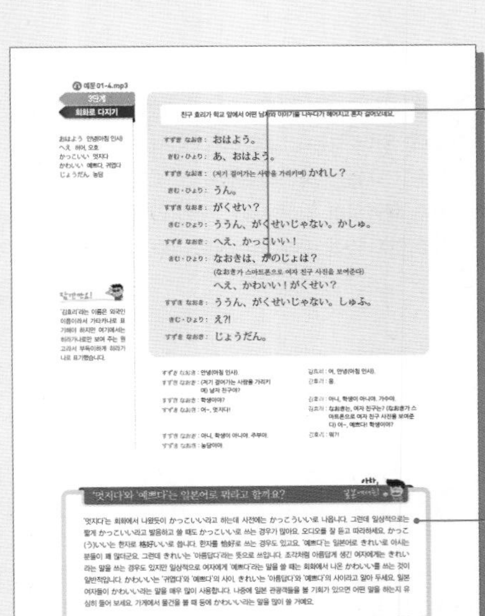

예문 01-4.mp3

3단계

회화로 다지기

친구 효리가 학교 앞에서 어떤 남자와 이야기를 나누다가 헤어지고 혼자 걸어오네요.

すずき なおき：おはよう。
きむ・ひょり：あ、おはよう。
すずき なおき：(저기 걸어가는 사람을 가리키며) かれし？
きむ・ひょり：うん。
すずき なおき：がくせい？
きむ・ひょり：ううん、がくせいじゃない。かしゅ。
すずき なおき：へえ、かっこいい！
きむ・ひょり：なおきは、かのじょは？
(なおき가 스마트폰으로 여자 친구 사진을 보여준다)
へえ、かわいい！がくせい？
すずき なおき：ううん、がくせいじゃない。しゅふ。
きむ・ひょり：え?!
すずき なおき：じょうだん。

おはよう 안녕(아침 인사)
へえ 허어, 오호
かっこいい 멋지다
かわいい 예쁘다, 귀엽다
じょうだん 농담

잠깐만요! '김효리'라는 이름은 외국인 이름이라서 가타카나로 표기해야 하지만 여기에서는 히라가나로만 보여 주는 원고라서 부득이하게 히라가나로 표기했습니다.

すずき なおき：안녕(아침 인사).
김효리：어, 안녕(아침 인사).
すずき なおき：(저기 걸어가는 사람을 가리키며) 남자 친구야?
김효리：응.
すずき なおき：학생이야?
김효리：아니, 학생이 아니야. 가수야.
すずき なおき：어~, 멋지다!
김효리：なおき는, 여자 친구는? (なおき가 스마트폰으로 여자 친구 사진을 보여준다) 어~, 예쁘다! 학생이야?
すずき なおき：아니, 학생이 아니야. 주부야.
김효리：뭐?!
すずき なおき：농담이야.

'멋지다'와 '예쁘다'는 일본어로 뭐라고 할까요? 아하, 일본에서는!

'멋지다'는 회화에서 나왔듯이 かっこいい라고 하는데 사전에는 かっこういい로 나옵니다. 그런데 일상적으로는 짧게 かっこいい라고 발음하고 쓸 때도 かっこいい로 쓰는 경우가 많아요. 오디오를 잘 듣고 따라하세요. かっこ(う)いい는 한자로 格好いい로 씁니다. 한자를 恰好로 쓰는 경우도 있고요. '예쁘다'는 일본어로 きれい로 아시는 분들이 꽤 많더군요. 그런데 きれい는 '아름답다'라는 뜻으로 쓰입니다. 조각처럼 아름답게 생긴 여자에게는 きれい라는 말을 쓰는 경우도 있지만 일상적으로 여자에게 '예쁘다'라는 말을 쓸 때는 회화에서 나온 かわいい를 쓰는 것이 일반적입니다. かわいい는 '귀엽다'와 '예쁘다'의 사이, きれい는 '아름답다'와 '예쁘다'의 사이라고 알아 두세요. 일본 여자들이 かわいい라는 말을 매우 많이 사용합니다. 나중에 일본 관광객들을 볼 기회가 있으면 어떤 말을 하는지 유심히 들어 보세요. 가게에서 물건을 볼 때 등에 かわいい라는 말을 많이 쓸 거예요.

024

3단계 회화로 다지기

현재 일본에서 쓰는 일본어를 담았습니다. 실제 상황에서 일어날 수 있는 생생한 대화를 들어 보세요. 반말과 존댓말, 일상생활과 비즈니스 상황 등 다양한 상황에서 써 먹을 수 있는 회화로 구성했습니다. Basic 오디오로 연습하고 나서 Advanced 오디오를 활용한 회화 연습에 도전해보세요!

아하, 일본에서는!
아하, 한국과 일본 사이에는 이런 차이가 있었구나! 일본어를 잘하기 위해 알아야 할 일본어의 특징, 일본 문화를 콕콕 집어 알려줍니다.

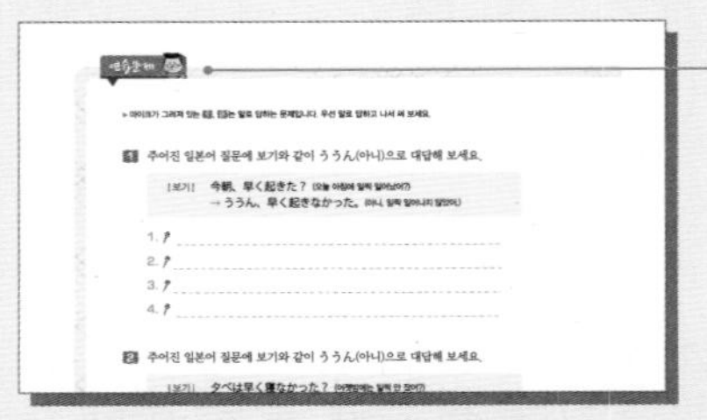

1 주어진 일본어 질문에 보기와 같이 ううん(아니)으로 대답해 보세요.

[보기] 今朝、早く起きた？
→ううん、早く起きなかった。

2 주어진 일본어 질문에 보기와 같이 ううん(아니)으로 대답해 보세요.

연습문제

듣기, 말하기, 쓰기 영역에서 꼭 알아야 할 내용을 직접 풀어 보며 정리해 보는 코너입니다. 연습문제를 풀어 보고 생각이 잘 안 나면 앞으로 가서 바로 확인하고 넘어가세요. 쓰기 연습은 글자가 기억나지 않으면 찾아서 옮겨 쓰면 됩니다. 부담 갖지 마세요.

일본어는 이렇대!

일본어를 공부할 때 특히 어려운 부분을 골라 자세히 설명한 코너입니다. 우리나라 사람들이 잘 이해하지 못하는 표현/문법, 미묘한 뉘앙스 차이 등 다른 책에서는 볼 수 없는 상세한 설명을 만날 수 있습니다.

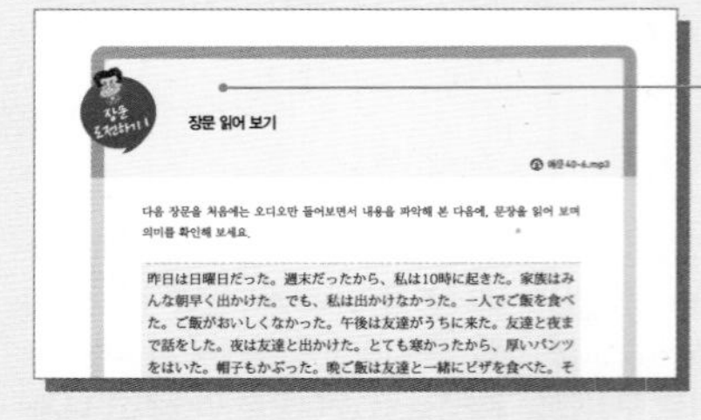

가타카나 순서 맞추기 (6)

주어진 단어의 가타카나 표기를 옳은 순서로 나열해 보세요.

1. 스커트 ーストカ 6. 시리즈 シズリー
2. 슬리퍼 スッリパ 7. 로켓 ケロトッ

가타카나 연습

자연스럽게 가타카나를 연습할 수 있는 코너입니다. 단순히 가타카나를 나열한 것이 아니라 우리말과 소리 관계 등을 정리하면서 연습할 수 있어 가타카나 표기에 대한 감각도 키워 줍니다. 가타카나, 더 이상 어려워하지 마세요.

장문 도전하기

독해 실력을 키우고 긴 글에도 익숙해지도록 일본어 장문을 들어 보고 읽어 보는 코너입니다. 먼저 책을 보지 말고 오디오만 듣고 내용을 파악해보세요. 그 다음 책을 보면서 무슨 말인지 확인하며 읽어보세요. 단어와 해석을 따로 정리해 넣어 어렵지 않게 공부할 수 있습니다.

훈련용 소책자 : 바쁜 직장인과 학생들이 지하철이나 버스 안에서도 편하게 공부할 수 있도록 훈련용 소책자를 준비했습니다. (pdf 파일 제공)

본 책의 1~3단계 내용을 정리하여 pdf 파일로 제공합니다. 길벗 홈페이지에서 다운로드 받은 후 스마트폰, 태블릿 pc 등에 담아 활용하세요. 소책자로 공부할 때도 꼭 mp3 파일을 들으면서 익히세요!

이 책의 공부법

후지이 선생님이 제안하는 공부법입니다. 공부할 때는 다음 순서대로 공부하세요! 여기서 제시하는 내용은 하나의 방법이니, 개인의 취향과 수준에 따라 적합한 방법을 찾아서 즐겁게 공부하면 됩니다.

1단계 첫째마당을 소리로만 공부하기!

첫째마당을 처음 공부할 때는 책을 보지 말고 소리만 듣고 따라하세요. 일본 사람처럼 유창하게 일본어를 하기 위한 방법이에요! 일본어는 소리가 올라갔다 내려갔다 하는 억양을 잘 배워야 외국인 티가 안 날 수 있어요. 노래를 배우듯이 듣고 따라하면서 익히세요! 그런데 소리로만 배우는 것을 도저히 못하겠다! 하는 분들은 6단계에 있는 방법으로 공부하세요!

2단계 첫째마당을 책을 보면서 공부하기!

한 번 공부한 첫째마당을 이번에는 책을 보면서 듣고 따라하세요. 일본어는 히라가나와 가타카나, 한자를 섞어서 쓰는데, 첫째마당은 히라가나만으로 되어 있어요. 우선 가장 기본이 되는 히라가나에 익숙해지기 위해서예요. 글자를 외워야 한다는 생각은 하지 마시고 편하게 책을 구경하면서 듣고 따라하세요!

3단계 글자 연습하기!

특별부록에 있는 〈히라가나/가타카나 쓰기 노트〉를 이용해서 히라가나를 한두 번 써 보세요. 글자를 외우려 하지 말고 오디오를 들으면서 그냥 써 보면 돼요! 가타카나는 나중에 히라가나가 조금 익숙해진 다음에 하시면 돼요!

4단계 첫째마당 혼용 표기를 보면서 공부하기!

소책자 파일에 정리되어 있는 첫째마당 혼용 표기(히라가나, 가타카나, 한자)를 보면서 다시 첫째마당을 듣고 따라하세요! 이때도 글자를 외워야 한다는 생각은 하지 마시고 편하게 구경하면서 듣고 따라하세요!

5단계 공부한 내용을 녹음해서 들어 보기!

각 과 공부가 다 끝난 후에는 배운 내용을 소리 내어 읽어 보고 그걸 녹음해서 들어 보세요. 녹음해서 들어 보아야 자신의 발음을 객관적으로 판단할 수 있어요! 자신의 발음이 어떤지 정확히 알아야 제대로 수정할 수 있어요. 발음이 잘 안 되는 부분은 오디오를 쉐도잉하면서 연습하세요!

6단계 둘째마당 이후도 항상 소리학습부터 먼저 하기!

둘째마당 이후에는 각 과 공부를 먼저 소리로만 듣고 따라한 다음에 책을 보면서 듣고 따라하고 쓰기 연습도 하면 돼요. 중요한 것은 새로운 과를 공부할 때는 항상 소리학습부터 한다는 점이에요! 자신의 발음을 녹음해서 들어 보는 것도 잊지 마세요!

차례

첫째마당 : 일본어 명사, 듣고 말하자!

둘째마당 : 일본어 형용사, 이것만 알면 기초는 끝!

셋째마당 : 알쏭달쏭 동사 현재형, 깔끔하게 끝내기!

넷째마당 : 대략난감 동사, 과거형 정복하기!

: 첫째마당 :

일본어 명사,
듣고 말하자!

일본어를 표기할 때 사용되는 문자에는 히라가나, 가타카나, 한자의 세 가지가 있습니다. 이 중에서 가장 기본이 되는 문자가 히라가나인데 첫째마당은 우선 히라가나에 익숙해질 수 있도록 모든 원고를 히라가나로만 표기했습니다. 하지만 공부할 때는 글자를 알려고 하지 마시고 우선 책을 보지 말고 오디오를 들으면서 소리로만 공부하세요. 소리로만 첫째마당 공부를 다 끝낸 다음에 복습 삼아 다시 첫째마당을 처음부터 책을 보면서 듣고 따라해 보세요. 그러면 히라가나가 자연스럽게 눈에 익게 됩니다. 쓰는 연습은 그 다음에 해도 됩니다.

우선 귀를 여는 것이 가장 중요합니다. 귀를 쫑긋 세워서 잘 듣고 따라하세요. 눈을 감고 들으면 더 좋습니다. 시각적인 자극을 차단하면 청각이 더 예민해지니까요!

01 반말로 말해요

かれし。

남자 친구야.

예문 01-1.mp3

워밍업
기본 회화 듣기

그림을 보면서 어떤 내용인지 추측하면서 회화를 들어 보세요.
한국어를 개입시키지 않고 일본어를 일본어 그대로 받아들일 수 있도록 하기 위한 연습입니다.

예문 01-2.mp3

1단계
기본 단어 익히기

かれし 남자 친구

かのじょ 여자 친구

がくせい 학생

かいしゃいん 회사원

かしゅ 가수

しゅふ 주부

わたし 나(여자)

ぼく 나(남자)

잠깐만요!

'회사원'이라는 뜻으로 サラリーマン(さらりーまん salaryman)이라는 말도 많이 써요. サラリーマン은 남자만을 가리키고 여자는 OL[オーエル(おーえる)]라고 하는데 office lady의 머리글자를 딴 것으로 일본에서 만들어진 말이랍니다.

예문 01-3.mp3

2단계
기본 문형 익히기

❶ ~は~。 ~는 ~야.

'~은/는'은 일본어로 ~は가 됩니다. 사실 이 글자 자체의 발음은 '하'인데 '~은/는'이라는 조사로 쓰일 때는 발음이 '와'가 됩니다. '~(이)야'라고 할 때는 명사 뒤에 아무것도 붙이지 말고 명사만 말하면 됩니다.

반말을 할 때는 '나'라는 말을 여자와 남자가 다르게 씁니다. 남자가 반말을 할 때 여자가 쓰는 わたし라는 말을 쓰면 게이처럼 보여요. 조심하세요!

ぼくは がくせい。 나는 학생이야.

わたしは かいしゃいん。 나는 회사원이야.

ぼくは かしゅ。 나는 가수야.

わたしは しゅふ。 나는 주부야.

❷ ~は~じゃない。 ~는 ~가 아니야.

반말 부정문은 명사 뒤에 ~じゃない를 붙이면 돼요. ~じゃない에서의 ~じゃ의 억양이 너무 높아지지 않도록 주의하면서 오디오를 잘 듣고 따라하세요.

일본어 부분을 보면 띄어쓰기를 해 놓았죠? 그런데 일본어는 띄어쓰기를 하지 않고 전부 붙여서 씁니다. 히라가나와 가타카나, 한자를 써서 혼용표기를 하면 붙여 써도 쉽게 알아 볼 수 있지만 히라가나만으로 쓰는 경우는 붙여 쓰면 알아보기 힘들기 때문에 일부러 띄어 쓴 겁니다. 나중에 혼용표기를 하게 되면 띄어쓰기를 하지 않을 거예요. 일본어는 띄어쓰기를 하지 않는다는 점을 잘 기억해 두세요!

ぼくは がくせいじゃない。 나는 학생이 아니야.

わたしは かいしゃいんじゃない。 나는 회사원이 아니야.

ぼくは かしゅじゃない。 나는 가수가 아니야.

わたしは しゅふじゃない。 나는 주부가 아니야.

❸ ~?
~야?

의문문을 만들 때는 명사 끝의 억양을 올려 주기만 하면 돼요. 다만 끝소리를 단순히 올리기만 하는 것이 아니라 길게 끌듯이 올려야 해요.

かれし?	남자 친구야?
かのじょ?	여자 친구야?
がくせい?	학생이야?
かいしゃいん?	회사원이야?

がくせい(학생)라는 단어를 발음할 때 쓰인 글자대로 발음하면 절대로 안 돼요! 두 번째 글자 く는 모음의 무성화가 일어나서 'ㅋ' 소리만 들리는 듯한 소리입니다. 모음의 무성화에 대해서는 092쪽에서 자세히 설명 드립니다. 그리고 끝의 두 글자 せい는 장음이 됩니다. 즉 せい를 글자 그대로 두 음을 따로 읽지 않고 せー라는 긴 음으로 읽는 것이지요. 장음에 대해서는 147쪽에서 자세히 설명 드립니다. 이래서 글자부터 배우면 안 되는 거예요! 지금 단계에서는 글자나 규칙에 신경 쓰지 마시고 들리는 대로 따라하시는 것이 중요해요.

❹ うん、~。 ううん、~じゃない。
응, ~야.
아니, ~가 아니야.

'응'은 한국어와 발음이 거의 똑같습니다. 외우기 쉽죠? '아니'가 일본어로 ううん인데 억양이 특이하니까 잘 듣고 따라하셔야 해요.

うん、かれし。	응, 남자 친구야.
うん、かのじょ。	응, 여자 친구야.
ううん、がくせいじゃない。	아니, 학생이 아니야.
ううん、かいしゃいんじゃない。	아니, 회사원이 아니야.

▶ '학생이야'라고 할 때 学生[がくせい](학생)라는 명사 뒤에 ~だ(~다)를 붙여야 한다고 생각하시는 분들이 꽤 계시는데 그렇지 않습니다. ~だ를 붙이면 '학생이다'가 되지 '학생이야'는 되지 못합니다. '~야'라고 할 때는 명사만 말하면 됩니다.

▶ '응, ~야' 대신에 '응, 그래'라고 대답할 때의 일본어는 うん、そう라고 말해요.

⑤ ～じゃない？ ～가 아니야?

～じゃない(～가 아니야)의 끝부분 억양을 올리면 ～じゃない？(～가 아니야?)라는 질문이 되지요.

잠깐만요!

이미 눈치 채셨는지 모르겠지만 일본어의 쉼표와 마침표는 한국어와 다릅니다. 쉼표는 왼쪽 위에서 오른쪽 아래로 삐친 점 모양인 '、'입니다. うん(응), ううん(아니)이라는 단어 뒤에는 꼭 쉼표를 넣어야 합니다. 마침표는 가운데가 빈 원 모양인 '。'입니다.

かしゅじゃない？	가수가 아니야?
しゅふじゃない？	주부가 아니야?
かれしじゃない？	남자 친구가 아니야?
かのじょじゃない？	여자 친구가 아니야?

⑥ うん、～じゃない。 응, ～가 아니야.
ううん、～。 아니, ～야.

부정문 질문에 대한 대답에서 うん(응)과 ううん(아니)의 사용은 한국어와 똑같습니다. 따라서 ～じゃない(～가 아니야)라고 대답할 때는 앞에 うん(응)을 붙이고, ～(～야)라고 대답할 때는 앞에 ううん(아니)을 붙이면 됩니다.

잠깐만요!

～じゃない？(～가 아니야?)라는 질문에 대한 대답으로 ううん、～(아니, ～야)라고 대답하는 것을 보통 교과서에서는 가르치지만 일상적으로는 うん、～(응, ～야)라고 대답하는 경우가 더 많은 것 같습니다. 한국어도 마찬가지인 것 같아요. 예를 들어 かれしじゃない？(남자 친구가 아니야?)라는 말에 うん、かれし(응, 남자 친구야)라고 대답하지 ううん、かれし(아니, 남자 친구야)라고는 잘 대답하지 않죠? 일본어도 마찬가지예요.

うん、かしゅじゃない。	응, 가수가 아니야.
うん、しゅふじゃない。	응, 주부가 아니야.
ううん、かれし。	아니, 남자 친구야.
ううん、かのじょ。	아니, 여자 친구야.

예문 01-4-1.mp3
예문 01-4-2.mp3

3단계
회화로 다지기

おはよう 안녕(아침 인사)
へえ 허어, 오호
かっこいい 멋지다
かわいい 예쁘다, 귀엽다
じょうだん 농담

'김효리'라는 이름은 외국인 이름이라서 가타카나로 표기해야 하지만 여기에서는 히라가나로만 보여 주는 단계라서 부득이하게 히라가나로 표기했습니다.

친구 효리가 학교 앞에서 어떤 남자와 이야기를 나누다가 헤어지고 혼자 걸어오네요.

すずき なおき： おはよう。
きむ・ひょり： あ、おはよう。
すずき なおき： (저기 걸어가는 사람을 가리키며) かれし？
きむ・ひょり： うん。
すずき なおき： がくせい？
きむ・ひょり： ううん、がくせいじゃない。かしゅ。
すずき なおき： へえ、かっこいい！
きむ・ひょり： なおきは、かのじょは？
(なおき가 스마트폰으로 여자 친구 사진을 보여준다)
へえ、かわいい！がくせい？
すずき なおき： ううん、がくせいじゃない。しゅふ。
きむ・ひょり： え?!
すずき なおき： じょうだん。

すずき なおき : 안녕(아침 인사).
김효리 : 어, 안녕(아침 인사).
すずき なおき : (저기 걸어가는 사람을 가리키며) 남자 친구야?
김효리 : 응.
すずき なおき : 학생이야?
김효리 : 아니, 학생이 아니야. 가수야.
すずき なおき : 어~, 멋지다!
김효리 : なおき는, 여자 친구는? (なおき가 스마트폰으로 여자 친구 사진을 보여준다) 어~, 예쁘다! 학생이야?
すずき なおき : 아니, 학생이 아니야. 주부야.
김효리 : 뭐?!
すずき なおき : 농담이야.

'멋지다'와 '예쁘다'는 일본어로 뭐라고 할까요?

'멋지다'는 회화에서 나왔듯이 かっこいい라고 하는데 사전에는 かっこういい로 나옵니다. 그런데 일상적으로는 짧게 かっこいい라고 발음하고 쓸 때도 かっこいい로 쓰는 경우가 많아요. 오디오를 잘 듣고 따라하세요. かっこ(う)いい는 한자로 格好いい로 씁니다. 한자를 恰好로 쓰는 경우도 있고요. '예쁘다'는 일본어로 きれい로 아시는 분들이 꽤 많더군요. 그런데 きれい는 '아름답다'라는 뜻으로 쓰입니다. 조각처럼 아름답게 생긴 여자에게는 きれい라는 말을 쓰는 경우도 있지만 일상적으로 여자에게 '예쁘다'라는 말을 쓸 때는 회화에서 나온 かわいい를 쓰는 것이 일반적입니다. かわいい는 '귀엽다'와 '예쁘다'의 사이, きれい는 '아름답다'와 '예쁘다'의 사이라고 알아 두세요. 일본 여자들이 かわいい라는 말을 매우 많이 사용합니다. 나중에 일본 관광객들을 볼 기회가 있으면 어떤 말을 하는지 유심히 들어 보세요. 가게에서 물건을 볼 때 등에 かわいい라는 말을 많이 쓸 거예요.

예문 01-5.mp3

▶ 마이크가 그려져 있는 문제는 오디오를 이용하여 소리로 일본어 문장을 듣고 말로 답하는 문제입니다.

1 주어진 한국어 문장을 일본어로 바꿔 말해 보세요.

1. 나는 학생이야. 쓰지 말고 말해 보세요.
2. 나는 회사원이야.
3. 나는 가수야.
4. 나는 주부야.

2 주어진 일본어 문장을 보기와 같이 부정문으로 바꿔 말해 보세요.

| 보기 | かれし。(남자친구야.)
→ かれしじゃない。(남자친구가 아니야.)

1. 쓰지 말고 말해 보세요.
2.
3.
4.

3 주어진 일본어 질문에 보기와 같이 うん(응)으로 대답해 보세요.

| 보기 | しゅふ？(주부야?)
→ うん、しゅふ。(응, 주부야.)

1. 쓰지 말고 말해 보세요.
2.
3.
4.

4 주어진 일본어 질문에 보기와 같이 ううん(아니)으로 대답해 보세요.

| 보기 | かしゅ？(가수야?)
→ ううん、かしゅじゃない。(아니, 가수가 아니야.)

1. 쓰지 말고 말해 보세요.
2.
3.
4.

02

존댓말로 말해요

せんせいですか。

선생님입니까?

예문 02-1.mp3

워밍업
기본 회화 듣기

그림을 보면서 어떤 내용인지 추측하면서 회화를 들어 보세요.

예문 02-2.mp3

1단계
기본 단어 익히기

せんせい 선생님

だいがくせい 대학생

こうこうせい 고등학생

ちゅうがくせい 중학생

かんこくじん 한국 사람

にほんじん 일본 사람

～さん ~씨

わたし 저

잠깐만요!

わたし가 여자들이 쓰는 '나'라는 단어로 배웠지요? 그런데 わたし에는 '저'라는 뜻도 있습니다. わたし를 더 공손하게 하면 わたくし가 되는데 이는 매우 공손한 말투라서 일상적인 회화에서는 많이 사용되지는 않습니다.

예문 02-3.mp3

2단계

기본 문형 익히기

❶ ~は~です。 ~는 ~입니다.

'~입니다', '~이에요'가 일본어로 ~です입니다. 한국어와 달리 일본어에서는 '~입니다'와 '~이에요'를 구별할 수 없습니다. 말투나 분위기에 따라 '~입니다'로 해석할지 '~이에요'로 해석할지 판단해야 합니다.

いさんは せんせいです。 이 씨는 선생님입니다.

さとうさんは だいがくせいです。 さとう씨는 대학생입니다.

きむさんは こうこうせいです。 김 씨는 고등학생이에요.

すずきさんは ちゅうがくせいです。 すずき씨는 중학생이에요.

잠깐만요!

~です(~입니다)를 발음할 때 조심해야 할 점이 끝의 す 소리가 '데수'나 '데스'처럼 발음되지 않고 '데s'와 같이 발음된다는 점입니다. 끝소리가 입에서 바람만 나오는 소리예요. 이것을 모음의 무성화라고 하는데 모음의 무성화에 대한 자세한 설명은 092쪽에 있습니다. 지금 단계에서는 ~です(~입니다)의 발음을 글자 하나하나 발음하면 안 된다는 것만 아시면 돼요. 다만 です~, ます~와 같이 꼬리를 길게 늘어뜨리는 말투가 있습니다. 젊은 층에서 많이 사용되는 말투인데 이런 경우는 す에서 모음의 무성화가 일어나지 않습니다. 단, 공손하게 말해야 할 때는 이런 말투는 쓰지 않도록 하세요.

❷ ~は~じゃありません。 ~는 ~가 아닙니다.

'~이/가 아닙니다'는 ~じゃありません이 됩니다. 조사 부분인 ~じゃ에서 억양이 올라가는 경우가 많은데 올리지 마세요. 한국어에서도 '~이/가 아닙니다'라고 할 때 '~이/가'가 높은 소리로 세게 발음되면 어색하죠?

わたしは かんこくじんじゃありません。 저는 한국 사람이 아닙니다.

わたしは にほんじんじゃありません。 저는 일본 사람이 아닙니다.

わたしは せんせいじゃありません。 저는 선생님이 아니에요.

わたしは だいがくせいじゃありません。 저는 대학생이 아니에요.

잠깐만요!

반말을 할 때 남자와 여자가 '나'라는 말을 다르게 썼지요? 존댓말을 할 때는 같은 단어를 쓸 수 있습니다. 그런데 남자의 경우는 여기서 배우는 わたし(저)라는 말을 격식을 차려서 매우 공손하게 이야기할 때 쓰고, 존댓말을 쓰더라도 편한 상대라면 01에서 배운 ぼく(나)라는 말을 써요.

③ ～ですか。 ～입니까?

'～입니다'를 뜻하는 ～です 뒤에 '～까?'를 뜻하는 ～か만 붙이면 '～입니까?'가 돼요.

いさんは こうこうせいですか。	이 씨는 고등학생입니까?
さとうさんは ちゅうがくせいですか。	さとう씨는 중학생입니까?
きむさんは せんせいですか。	김 씨는 선생님이에요?
すずきさんは だいがくせいですか。	すずき씨는 대학생이에요?

일본어에는 원래 물음표 '?'가 없었습니다. 현재 '?'가 사용되는 것은 서양의 표기법을 받아들인 거예요. 그래서 일상적으로 사용하는 편한 글에서는 '?'를 쓰는 경우가 있지만 공식적으로는 '?'를 사용하지 않아요. 그런데 01에서는 사용했지요? 반말의 경우에는 '?'를 써 주지 않으면 평서문과 의문문의 형태가 같은 경우가 많기 때문에 구별하기 위해서 '?'를 쓰는 경우가 많아요.

④ はい、～です。 네, ～입니다.
いいえ、～じゃありません。 아니요, ～가 아닙니다.

일본어로 '네'는 はい이고 '아니요'는 いいえ입니다. いいえ는 억양이 낮은 소리에서 높은 소리로 올라갑니다. 그리고 대답할 때는 '저는'이라는 주어를 빼는 것이 일반적입니다.

はい、こうこうせいです。	네, 고등학생입니다.
はい、ちゅうがくせいです。	네, 중학생입니다.
いいえ、せんせいじゃありません。	아니요, 선생님이 아니에요.
いいえ、だいがくせいじゃありません。	아니요, 대학생이 아니에요.

'네, ～입니다' 대신에 '네, 그렇습니다/그래요'라고 대답할 때의 일본어는 はい、そうです라고 말해요.

❺ ~じゃありませんか。 ~가 아닙니까?

~じゃありません(~가 아닙니다) 뒤에 ~か(~까)를 붙여서 ~じゃありませんか라고 하면 '~가 아닙니까?'라는 질문이 됩니다.

~じゃありません은 ~ではありません의 구어체입니다. 즉 ~じゃ는 ~では를 줄인 것이죠. 굳이 느낌 차이를 살려서 해석하자면 ~じゃありません은 '~이/가 아니에요', ~ではありません은 '~이/가 아닙니다' 정도가 돼요.

さとうさんは こうこうせいじゃありませんか。
さとう씨는 고등학생이 아닙니까?

いさんは ちゅうがくせいじゃありませんか。
이 씨는 중학생이 아닙니까?

きむさんは かんこくじんじゃありませんか。
김 씨는 한국 사람이 아니에요?

すずきさんは にほんじんじゃありませんか。
すずき씨는 일본 사람이 아니에요?

❻ はい、~じゃありません。 네, ~가 아닙니다.
いいえ、~です。 아니요, ~입니다.

부정문의 질문에 대한 대답은 한국어와 똑같다고 했지요? 다만 일상적으로는 はい、~です(네, ~입니다)라고 대답하는 경우도 많아요.

부정문은 반말 ~じゃない(~가 아니야)에 ~です(~입니다)를 붙여서 ~じゃないです(~가 아니에요)라고 할 수도 있어요. ~じゃないです는 반말 ~じゃない에 です만 붙인 것이니 ~じゃありません보다 덜 공손한 느낌이 있어요. 그리고 ~じゃありませんか(~가 아닙니까?)의 대답으로는 いいえ、~です(아니요, ~입니다)보다 はい、~です(네, ~입니다)라는 대답이 일상적으로는 더 많이 사용되는 것 같습니다.

はい、こうこうせいじゃありません。 네, 고등학생이 아닙니다.

はい、ちゅうがくせいじゃありません。 네, 중학생이 아닙니다.

いいえ、かんこくじんです。 아니요, 한국 사람이에요.

いいえ、にほんじんです。 아니요, 일본 사람이에요.

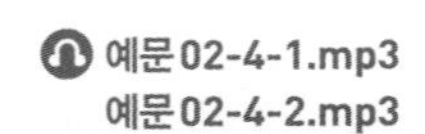

3단계
회화로 다지기

こんばんは 안녕하세요 (저녁 인사)
あのひと 저 사람
そう 그래, 그렇게
せいと 학생
みんな 모두

일본어에서는 '학생'에 해당되는 단어가 두 개 있습니다. 1과에서 배운 がくせい[学生](학생)와 여기에서 나오는 せいと[生徒](학생, 생도)인데, 1과에서 배운 がくせい[学生]는 대학생만을 가리키는 말이고, 초·중·고등학생은 여기에서 배우는 せいと[生徒]라고 합니다. 초등학생은 정확히는 じどう[児童](아동)라고 해야 한다는데 일상적으로는 せいと[生徒]라고 합니다. 설명을 위해서 일본어를 썼는데 뜻만 이해되시면 글자에는 신경 쓰지 마세요.

よしこ씨는 한재중씨를 만나러 학원으로 찾아왔는데 마침 그가 수업을 마치고 나오네요.

わたなべ よしこ: こんばんは。
はん・じぇじゅん: わたなべさん、こんばんは。
わたなべ よしこ: せんせいは あのひとですか。
はん・じぇじゅん: はい、そうです。
わたなべ よしこ: せんせいは にほんじんですか。
はん・じぇじゅん: いいえ、にほんじんじゃありません。
かんこくじんです。
わたなべ よしこ: そうですか。
せいとは みんな だいがくせいですか。
はん・じぇじゅん: いいえ、だいがくせいじゃありません。
みんな かいしゃいんです。
わたなべ よしこ: そうですか。

わたなべ よしこ : 안녕하세요(저녁 인사).
한재중 : わたなべ씨, 안녕하세요(저녁 인사).
わたなべ よしこ : 선생님은 저 사람이에요?
한재중 : 네, 그래요.
わたなべ よしこ : 선생님은 일본 사람이에요?
한재중 : 아니요, 일본 사람이 아니에요.
한국 사람이에요.
わたなべ よしこ : 그렇군요.
학생은 모두 대학생이에요?
한재중 : 아니요, 대학생이 아니에요.
모두 회사원이에요.
わたなべ よしこ : 그렇군요.

'이 씨', '김 씨'라고 불러도 화내지 마세요!

한국어에서는 '이 씨', '김 씨'처럼 성 뒤에 '~씨'를 붙여서 부르면 낮춰 부르는 것 같은 느낌을 주지요? 일본어는 ~さん(~씨)을 성 뒤에 붙이기도 하고 이름 뒤에 붙이기도 하며 성과 이름을 다 말하고 나서 붙이기도 합니다. 친한 사람은 이름 뒤에 ~さん을 붙여서 부르고 친하지 않은 사람은 성 뒤에 ~さん을 붙여서 불러요. 일본은 성의 종류가 무척 많아서 성만 불러도 누구인지 구별되는 경우가 대부분이라 성만으로는 사람을 구별하기 어려운 한국과 달리 성 뒤에 ~さん만 붙여 부르는 것 같아요. 또 병원이나 은행 등과 같이 절대로 사람을 틀려서는 안 되는 상황에서는 성과 이름을 다 말하고 나서 ~さん을 붙입니다. 아무리 성만 가지고도 사람을 구별할 수 있는 경우가 많다 해도 같은 성을 가진 사람이 있는 경우도 있기 때문에 성과 이름을 모두 부르는 겁니다. 또 이름 뒤에 ~ちゃん이라는 말을 붙여서 부르기도 하는데 이 말은 ~さん과는 달리 상대방을 매우 친근감 있고 귀엽게 부를 때 씁니다. 주로 동년배나 아랫사람에게 쓰지만 윗사람에게 쓰는 경우도 있어요.

예문 02-5.mp3

1 주어진 단어를 써서 わたしは～です(저는 ~입니다)라는 문장으로 말해 보세요.

|보기| にほんじん (일본 사람)
→ わたしは にほんじんです。(저는 일본 사람입니다.)

1. 쓰지 말고 말해 보세요.
2.
3.
4.

2 주어진 단어를 써서 わたしは～じゃありません(저는 ~이 아닙니다)라는 문장으로 말해 보세요.

|보기| かんこくじん (한국 사람)
→ わたしは かんこくじんじゃありません。
(저는 한국 사람이 아닙니다.)

1. 쓰지 말고 말해 보세요.
2.
3.
4.

3 주어진 일본어 질문에 보기와 같이 はい(네)로 대답해 보세요.

|보기| にほんじんですか。(일본 사람입니까?)
→ はい、にほんじんです。(네, 일본 사람입니다.)

1. 쓰지 말고 말해 보세요.
2.
3.
4.

4 주어진 일본어 질문에 보기와 같이 いいえ(아니요)로 대답해 보세요.

|보기| かんこくじんですか。(한국 사람입니까?)
→ いいえ、かんこくじんじゃありません。
(아니요, 한국 사람이 아닙니다.)

1. 쓰지 말고 말해 보세요.
2.
3.
4.

03 반말로 말해요

だれの?

누구 꺼야?

예문 03-1.mp3

워밍업 기본 회화 듣기

그림을 보면서 어떤 내용인지 추측하면서 회화를 들어 보세요.

예문 03-2.mp3

1단계 기본 단어 익히기

けーたい 일반 핸드폰

すまほ 스마트폰

ぼうし 모자

かさ 우산

かばん 가방

めがね 안경

おれ 나(남자)

おまえ 너

だれ 누구

잠깐만요!

けーたい(핸드폰)는 けいたい でんわ[携帯電話](휴대전화), すまほ는 スマートフォン(すまーとふぉん 스마트폰)의 준말이며, 보통 가타카나 ケータイ, スマホ로 쓰는데 여기에서는 히라가나만 사용하고 있어서 히라가나로 표기한 것입니다.

예문 03-3.mp3

2단계
기본 문형 익히기

❶
～の～。
～의 ～야.

'～의'라는 뜻의 조사가 ～の입니다. 한국어에서는 조사 '～의'는 생략되는 경우가 많은데 일본어에서는 복합명사가 되는 경우 외에는 생략되는 일이 별로 없습니다. 그러니 꼬박꼬박 넣으셔야 해요.

わたしの けーたい。 내 핸드폰이야.

ぼくの すまほ。 내 스마트폰이야.

おれの ぼうし。 내 모자야.

せんせいの かさ。 선생님(의) 우산이야.

잠깐만요!

반말에서 남자가 '나'라고 할 때는 1과에서 배운 ぼく[僕]와 여기에서 배우는 おれ[俺]의 두 가지가 있습니다. 둘 다 남자가 쓰는 말인데 여기에서 배우는 おれ[俺]가 앞에서 배운 ぼく[僕]보다 더 거친 말투입니다. 친한 친구에게는 보통 이번에 배우는 おれ[俺]를 써요. 앞에서 배운 ぼく[僕]는 덜 친한 사람, 말을 편하게 막 할 수 있는 상대가 아닌 경우에 주로 씁니다. 매우 공손하게 격식을 갖추어 말해야 하는 경우는 여자와 똑같이 わたし[私]라고 한다고 했지요? 여자는 わたし[私] 하나만 알면 반말이든 존댓말이든 다 되는데 남자는 세 가지를 알아야 하니 좀 복잡하죠. 설명하기 위해서 히라가나와 한자를 사용했지만 지금은 알아보지 못하셔도 신경 쓰지 마세요.

❷
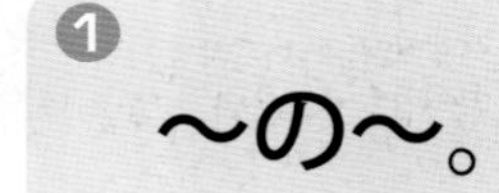

～の～じゃない。
～의 ～가 아니야.

부정문은 문장 끝에 ～じゃない를 붙이면 됩니다. 이미 앞에서 배웠죠?

わたしの かばんじゃない。 내 가방이 아니야.

ぼくの めがねじゃない。 내 안경이 아니야.

おれの けーたいじゃない。 내 핸드폰이 아니야.

かれしの すまほじゃない。 남자 친구(의) 스마트폰이 아니야.

잠깐만요!

～じゃない는 ～ではない의 구어체입니다. 일상대화에서는 ～じゃない가 많이 사용되는데 매우 단호하게 말하는 상황이나 글에서는 ～ではない를 쓰는 경우도 있습니다.

③ ～の～？

～의 ～야?

일본어에서는 '너'라는 단어를 잘 안 쓰고 이름이나 애칭을 쓰는 것이 일반적입니다. 따라서 '상우 가방이야?'라고 물어보는 경우에 '상우'가 제3자일 수도 있고 상대방일 수도 있는 것이죠. 하지만 남자는 친한 친구에게 '너'라고 쓰는 경우가 있어요. 잘 쓰지 않는다는 점에 주의하세요.

めぐみの ぼうし？	めぐみ(의) 모자야?
まなぶの かさ？	まなぶ(의) 우산이야?
さんうの かばん？	상우(의) 가방이야?
おまえの めがね？	네 안경이야?

잠깐만요!

이번 과에서 '너'라는 말을 배웠는데 일본에서는 '너'라는 말이 매우 거친 말이라서 보통 여자들은 쓰지 않고 남자들이라 해도 아주 친한 사이에서만 써요. 그 외는 부모가 자식들에게, 형, 오빠가 동생에게 쓰는 경우 외에는 흔히 쓰지 않아요. 한국어의 '너'와 전혀 다르므로 쓸 때는 주의하세요.

④ うん、～の。

응, ～(의) 꺼야.

の 뒤에 오는 명사를 반복할 필요가 없는 경우(반복하지 않아도 알 수 있는 경우)는 생략하는 경우가 많습니다. 이렇게 の 뒤의 명사를 생략하는 경우의 の는 '～(의) 것/꺼'이라는 뜻이 됩니다.

うん、めぐみの。	응, めぐみ(의) 꺼야.
うん、まなぶの。	응, まなぶ(의) 꺼야.
うん、さんうの。	응, 상우(의) 꺼야.
うん、おれの。	응, 내 꺼야.

잠깐만요!

～の라는 표현 대신에 そう(그래)라는 말로 대답할 수도 있어요. '응, 그래'라는 대답 표현은 일본어로 うん、そう라고 합니다.

⑤ ううん、～のじゃない。 아니, ～(의) 꺼가 아니야.

부정으로 대답할 때는 ～のじゃない가 되지요.

혹시 '～ 꺼'라는 표기에 당황하셨나요? 맞춤법에 따르면 '것'의 구어형인 '거'로 표기하는 게 맞죠. 하지만 여기서는 표기법에 조금 어긋나더라도 일반적으로 널리 사용하는 표기를 채용했습니다. 규칙에 얽매이기보다 살아 숨쉬는 실용적인 표현을 담고 싶었기 때문이죠.

ううん、めぐみのじゃない。	아니, めぐみ(의) 꺼가 아니야.
ううん、まなぶのじゃない。	아니, まなぶ(의) 꺼가 아니야.
ううん、さんうのじゃない。	아니, 상우(의) 꺼가 아니야.
ううん、おれのじゃない。	아니, 내 꺼가 아니야.

⑥ だれの～？ 누구의 ～야?

だれ(누구)라는 의문사를 사용하여 질문해 봅시다.

けーたい(핸드폰)에서 사용된 'ー'는 장음 표시입니다. 즉 'ー' 앞에 있는 け 소리를 길게 발음하는 것이죠.

だれの けーたい？	누구(의) 핸드폰이야?
だれの すまほ？	누구(의) 스마트폰이야?
だれの ぼうし？	누구(의) 모자야?
だれの かさ？	누구(의) 우산이야?

예문 03-4-1.mp3
예문 03-4-2.mp3

3단계 회화로 다지기

この 이
それ 그것
じゃ 그럼
また 또, 다시

じゃあね는 じゃ(그럼)를 길게 끌고 끝에 ね를 붙인 말인데, 헤어질 때 '안녕'이라고 하는 인사로 많이 쓰입니다. '그럼 다음에 또 보자'라는 말을 줄인 거라고 할 수 있지요.

めぐみ는 모임이 끝나서 나가려 할 때 누군가 놓고 간 우산을 발견했어요.

いとう めぐみ : このかさ、だれの？
は・さんう : あ、おれの。ありがとう。
いとう めぐみ : このかばんは だれの？
は・さんう : それは おれのじゃない。
じぇじゅんの。
いとう めぐみ : じぇじゅんの？
は・さんう : うん。じゃ、またね。
いとう めぐみ : じゃあね。

いとう めぐみ : 이 우산 누구 꺼야?
하상우 : 어, 내 꺼야. 고마워.
いとう めぐみ : 이 가방은 누구 꺼야?
하상우 : 그건 내 꺼가 아니야.
재중이 꺼야.
いとう めぐみ : 재중이 꺼야?
하상우 : 응. 그럼, 또 보자.
いとう めぐみ : 안녕.

핸드폰의 호칭도 시대에 따라 달라져요!

일본에서 처음에 스마트폰이 나왔을 때는 사람들이 스마트폰과 폴더폰을 분명히 구별했어요. 스마트폰은 スマホ(すまほ)라고 하는데 이는 スマートフォン(すまーとふぉん 스마트폰)의 준말이에요. 폴더폰은 ケータイ(けーたい)라고 하는데 이는 けいたい でんわ(携帯電話 휴대전화)의 준말이지요. 그런데 지금은 '핸드폰=스마트폰' 시대가 돼서 구별을 잘 안 하게 되었다고 하네요. 물론 연령층이나 지역, 집단에 따라 차이가 나지만요. スマホ라는 말을 즐겨 쓰는 사람도 있지만 그냥 ケータイ라고 쓰는 사람이 많아졌다고 해요. ケータイ도 한자 携帯로 쓰는 경우가 많다네요~!

예문 03-5.mp3

1 주어진 두 단어를 써서 ～の～(의 ～야)라는 문장으로 말해 보세요.

| 보기 | わたし (나 – 여자)・けーたい (핸드폰)
→ わたしの けーたい。(내 핸드폰이야.)

1. 쓰지 말고 말해 보세요.　　2. ________
3. ________　　4. ________

2 주어진 두 단어를 써서 ～の～じゃない(～의 ～가 아니야)라는 문장으로 말해 보세요.

| 보기 | ぼく (나 – 남자)・かさ (우산)
→ ぼくの かさじゃない。(내 우산이 아니야.)

1. 쓰지 말고 말해 보세요.　　2. ________
3. ________　　4. ________

3 주어진 일본어 질문에 보기와 같이 うん、～の(응, ～(의) 꺼야)로 대답해 보세요.

| 보기 | めぐみの かばん？(めぐみ(의) 가방이야?)
→ うん、めぐみの。(응, めぐみ 꺼야.)

1. 쓰지 말고 말해 보세요.　　2. ________
3. ________　　4. ________

4 주어진 단어를 써서 だれの～？(누구(의) ～야?)라는 질문으로 말해 보세요.

| 보기 | ぼうし (모자)
→ だれの ぼうし？(누구(의) 모자야?)

1. 쓰지 말고 말해 보세요.　　2. ________
3. ________　　4. ________

학습일 월 일

04 존댓말로 말해요

わたしのじゃありません。

제 것이 아닙니다.

예문 04-1.mp3

워밍업 기본 회화 듣기

그림을 보면서 어떤 내용인지 추측하면서 회화를 들어 보세요.

예문 04-2.mp3

1단계 기본 단어 익히기

とけい 시계

さいふ 지갑

おかね 돈

くつ 구두, 신발

ようふく 옷

かめら 카메라

あなた 당신

どなた 어느 분

잠깐만요!

한국어에서는 '구두'와 '신발'을 따로 구별하지요. 그런데 일본어에서는 둘 다 똑같이 靴[くつ]라고 합니다.

예문 04-3.mp3

2단계
기본 문형 익히기

❶ ～の～です。 ～의 ～입니다.

조사 '～의'는 ～の입니다. 한국어에서는 '～의'가 생략되는 경우가 많지만 일본어는 그렇지 않다는 점에 주의하세요.

わたしの とけいです。	제 시계입니다.
ぼくの さいふです。	내 지갑입니다.
せんせいの おかねです。	선생님(의) 돈이에요.
あのひとの くつです。	저 사람의 구두예요.

❷ ～の～じゃありません。 ～의 ～가 아닙니다.

'～이/가 아닙니다'라고 할 때는 문장 끝의 ～です를 ～じゃありません으로 바꾸면 되지요.

わたしの ようふくじゃありません。	제 옷이 아닙니다.
ぼくの かめらじゃありません。	내 카메라가 아닙니다.
せんせいの とけいじゃありません。	선생님(의) 시계가 아니에요.
あのひとの おさいふじゃありません。	저 사람의 지갑이 아니에요.

잠깐만요!

지갑은 財布[さいふ]인데, 앞에 お가 붙어 お財布[おさいふ]라고 했죠? 여자들이 '지갑'이라고 할 때, 또는 남자라도 공손하게 상대방의 지갑을 말할 때는 財布[さいふ] 앞에 お를 붙입니다. お 없이 財布[さいふ]라고만 하면 거친 말투가 됩니다. 일본어는 이처럼 명사 앞에 お나 ご를 붙여서 명사를 꾸며 주거나 높여 주는 경우가 꽤 있습니다. 설명하기 위해서 히라가나와 한자를 사용했지만 지금은 알아보지 못하셔도 신경 쓰지 마세요. 대충 설명 뜻만 아시면 됩니다.

❸ ～の～ですか。 ～의 ～입니까?

문장 끝에 か만 붙이면 의문문이 되지요. 한국어와 마찬가지로 일본어에서도 '당신'이라는 말은 일상적으로 상대방을 가리키기 위해 쓰지 않습니다. 상대방의 이름이나 직함을 말하는 것이 일반적입니다.

かめら(카메라)는 원래 가타카나 カメラ로 씁니다.

さとうさんの おかねですか。 さとう씨(의) 돈입니까?

すずきさんの くつですか。 すずき씨(의) 신발입니까?

せんせいの ようふくですか。 선생님(의) 옷이에요?

あなたの かめらですか。 당신(의) 카메라예요?

❹ はい、～のです。 네, ～의 것입니다.

～の 뒤의 명사는 말하지 않아도 알 수 있는 경우에는 생략하는 경우가 많다고 했지요. 이 때 ～の는 '～의 것'이라는 뜻이 되는 거죠.

앞에서 ～の라는 표현 대신에 そう(그래)라는 말로 대답할 수도 있다고 했지요? '네, 그렇습니다'라는 대답 표현은 일본어로 はい、そうです라고 합니다.

はい、さとうさんのです。 네, さとう씨(의) 것입니다.

はい、すずきさんのです。 네, すずき씨(의) 것입니다.

はい、せんせいのです。 네, 선생님(의) 것이에요.

はい、わたしのです。 네, 제 것이에요.

❺ いいえ、～のじゃありません。

아니요, ~의 것이 아닙니다.

부정으로 대답할 때는 ～じゃありません을 쓰면 됩니다.

いいえ、さとうさんのじゃありません。
아니요, さとう씨(의) 것이 아닙니다.

いいえ、すずきさんのじゃありません。
아니요, すずき씨(의) 것이 아닙니다.

いいえ、せんせいのじゃありません。 아니요, 선생님(의) 것이 아니에요.

いいえ、わたしのじゃありません。 아니요, 제 것이 아니에요.

❻ どなたの～ですか。

어느 분의 ~입니까?

앞 과에서 배운 의문사 だれ(누구)의 높임말이 どなた입니다.

どなたの とけいですか。 어느 분의 시계입니까?

どなたの おさいふですか。 어느 분의 지갑입니까?

どなたの おかねですか。 어느 분의 돈이에요?

どなたの くつですか。 어느 분의 구두예요?

예문04-4-1.mp3
예문04-4-2.mp3

3단계
회화로 다지기

おさきに しつれいします 먼저 가보겠습니다
これ 이것
その 그
どうも ありがとうございます 정말 고맙습니다
おきを つけて 살펴 가십시오
しつれいします 실례합니다, 가보겠습니다

잠깐만요!

失礼します[しつれいします](실례합니다)라는 말이 '가보겠습니다'라는 뜻으로 사용됩니다. '안녕히 계세요'라고 해석해도 되죠. 이 말은 헤어질 때의 인사말로도 쓰이고 누군가의 집에 놀러 가서 집안으로 들어갈 때 '(실례해서) 들어가겠습니다'라는 인사말로도 쓰입니다.

모임에서 やまもと씨가 먼저 가겠다고 일어났는데, 그가 앉았던 곳에 안경이 놓여 있네요.

やまもと まなぶ : おさきに しつれいします。
お・じう : やまもとさん。
やまもと まなぶ : はい。
お・じう : これ、やまもとさんの めがねじゃありませんか。
やまもと まなぶ : あ、そうです。わたしのです。
どうも ありがとうございます。
お・じう : その ようふくは?
やまもと まなぶ : これは わたしのじゃありません。
お・じう : そうですか。
じゃ、おきを つけて。
やまもと まなぶ : はい、しつれいします。

やまもと まなぶ : 먼저 가보겠습니다.
오지우 : やまもと씨.
やまもと まなぶ : 네.
오지우 : 이거, やまもと씨(의) 안경이 아니에요?
やまもと まなぶ : 아, 맞습니다. 제 것입니다.
정말 고맙습니다.
오지우 : 그 옷은요?
やまもと まなぶ : 이것은 제 것이 아닙니다.
오지우 : 그렇군요. 그럼 살펴 가십시오.
やまもと まなぶ : 네, 가보겠습니다.

'당신'은 여자가 남편에게 쓰는 말이에요!

아하, 일본에서는!

한국어에서도 '당신'이라는 말은 상대방을 가리킬 때 잘 쓰지 않고 부부 사이에서 주로 쓰는 말이죠? 일본어도 마찬가지입니다. 그런데 일본어에서의 あなた(당신)는 여자가 남편에게 쓰는 말입니다. 거꾸로 남자가 자기 아내에게 쓰는 말은 3과에서 배운 お前[おまえ](너)라는 말입니다. 물론 남편이 아내에게 쓸 때는 '당신'의 뜻으로 쓰기는 하지만 단어의 기본적인 뜻이 '너'이기 때문에 성차별이라고 하는 사람들도 있습니다. 그 외에 '집사람'이라는 말은 한국어에서는 남자가 자기 아내에 대해서 이야기할 때 쓰는 말이고 거꾸로 여자가 남편에 대해서 이야기할 때는 '우리 집 양반'이라고 하죠? 한국어에서는 '사람'과 '양반'의 차이가 있는데 일본어에서는 남자가 자기 아내에 대해서 이야기할 때는 うちの奴[うちの やつ](우리 집 놈)라고 하고 여자가 남편에 대해서 말할 때는 うちの人[うちの ひと](우리 집 사람)라는 말을 씁니다. 그런데 이런 말들은 나이가 많은 사람들이 쓰지 젊은 사람들은 잘 쓰지 않습니다.

예문 04-5.mp3

1 주어진 두 단어를 써서 ～の～です(～의 ～입니다)라는 문장으로 말해 보세요.

| 보기 | わたし (저)・とけい (시계)
→ わたしの とけいです。(제 시계입니다.)

1. 쓰지 말고 말해 보세요. 2. ______
3. ______ 4. ______

2 주어진 두 단어를 써서 ～の～じゃありません(～의 ～가 아닙니다)이라는 문장으로 말해 보세요.

| 보기 | ぼく (나－남자)・くつ (구두, 신발)
→ ぼくの くつじゃありません。(내 구두가 아닙니다.)

1. 쓰지 말고 말해 보세요. 2. ______
3. ______ 4. ______

3 주어진 일본어 질문에 보기와 같이 いいえ、～のじゃありません(아니요, ～(의) 것이 아닙니다)으로 대답해 보세요.

| 보기 | すずきさんの おさいふですか。(すずき씨의 지갑입니까?)
→ いいえ、すずきさんのじゃありません。
(아니요, すずき씨(의) 것이 아닙니다.)

1. 쓰지 말고 말해 보세요. 2. ______
3. ______ 4. ______

4 주어진 단어를 써서 どなたの～ですか(어느 분의 ～입니까?)라는 질문으로 말해 보세요.

| 보기 | おかね (돈)
→ どなたの おかねですか。(어느 분의 돈입니까?)

1. 쓰지 말고 말해 보세요. 2. ______
3. ______ 4. ______

05 반말로 말해요

あのひと、だれ？

저 사람, 누구야?

강의 및 예문 듣기

예문 05-1.mp3

워밍업 기본 회화 듣기

그림을 보면서 어떤 내용인지 추측하면서 회화를 들어 보세요.

예문 05-2.mp3

1단계 기본 단어 익히기

かんこく 한국

あめりか 미국

いぎりす 영국

ちゅうごく 중국

おーすとらりあ 호주

にほん 일본

ひと 사람

くに 나라, 고국

あの 저

どこ 어디

잠깐만요!

あめりか(미국), いぎりす(영국), おーすとらりあ(호주)는 외래어이기 때문에 원래는 가타카나 アメリカ, イギリス, オーストラリア로 쓰지만 여기에서는 아직 히라가나만 사용하고 있기 때문에 히라가나로 표기했습니다.

예문 05-3.mp3

2단계
기본 문형 익히기

❶ ～は～じん。

～는 ～(나라)인이야.

앞에서 배웠지만 '한국인', '일본인'처럼 국적을 말할 때는 나라 이름 뒤에 じん(인)을 붙이면 됩니다.

あの(저)의 억양이 '저-고'이고 ひと(사람)의 억양도 '저-고'이기 때문에 あのひと(저 사람)가 되면 '저-고-저-고'가 될 것 같지만, 이는 あのひと가 하나의 단어로 인식되어 '저-고-저-저'가 됩니다. このひと(이 사람), そのひと(그 사람)의 억양도 마찬가지입니다.

わたしは かんこくじん。	나는 한국인이야.
ぼくは あめりかじん。	나는 미국인이야.
おれは いぎりすじん。	나는 영국인이야.
あのひとは ちゅうごくじん。	저 사람은 중국인이야.

❷ ～は～の ひと。

～는 ～(나라) 사람이야.

'～(나라) 사람'이라고 할 때는 〈나라 이름 + の(～의) + ひと(사람)〉라고 하세요. 한국어에서는 생략되지만 일본어에서는 조사 ～の(～의)가 들어간다는 점에 주의하세요.

한국어에서는 '미국'이라고 할 때 '美(아름다울 미)'를 쓰지요? 일본에서도 あめりか(アメリカ)라는 말 외에 '미국'이라는 한자어도 쓰는데 '米(쌀 미)'를 써서 米国(べいこく)라고 합니다. 같은 '미국'이라도 한자가 달라요. 일상적으로 말할 때는 あめりか(アメリカ)라는 말을 쓰고 신문 등에서는 '米'만으로 표기되는 경우가 많습니다.

このひとは おーすとらりあの ひと。	이 사람은 호주 사람이야.
そのひとは にほんの ひと。	그 사람은 일본 사람이야.
あのひとは かんこくの ひと。	저 사람은 한국 사람이야.
このひとは あめりかの ひと。	이 사람은 미국 사람이야.

③ ～も

～도

조사 '～도'는 일본어로 ～も입니다.

そのひとも いぎりすの ひと。	그 사람도 영국 사람이야.
あのひとも ちゅうごくの ひと。	저 사람도 중국 사람이야.
このひとも かんこくの ひと。	이 사람도 한국 사람이야.
そのひとも あめりかの ひと。	그 사람도 미국 사람이야.

잠깐만요!

실생활에서는 국적을 물어볼 때 '～인'이라는 말보다 '～사람'이라는 말을 잘 쓰죠? '～인'이라는 말은 상대방에게 쓰면 좀 실례가 되죠? 일본어도 마찬가지예요. 日本人[にほんじん]ですか(일본인이에요?)라고 묻는 사람들을 많이 봤는데 그렇게 물어보는 것은 좋지 않습니다. 이번에 연습한 日本の人[にほんの ひと](일본(의) 사람)라는 표현을 쓰는 편이 좋은데, 사실은 다음 과에서 배우는 方[かた](분)라는 말을 써서 日本[にほん]の 方[かた]ですか(일본 분이세요?)라는 표현으로 물어보는 것이 가장 좋아요.

④ ～が

～가

조사 '～이/가'에 해당되는 일본어 조사는 ～が입니다. 한국어 '～가'와 발음이 비슷해서 외우기 쉽죠?

このひとが おーすとらりあの ひと。	이 사람이 호주 사람이야.
そのひとが にほんの ひと。	그 사람이 일본 사람이야.
あのひとが かんこくの ひと。	저 사람이 한국 사람이야.
このひとが あめりかの ひと。	이 사람이 미국 사람이야.

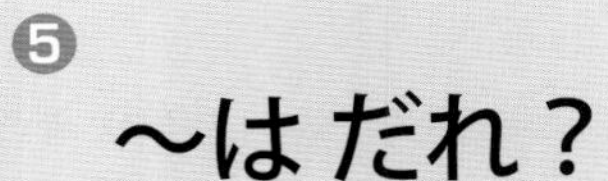

❺ ~は だれ？

~는 누구야?

だれ(누구)를 사용하여 질문해 봅시다.

このひとは だれ？	이 사람은 누구야?
そのひとは だれ？	그 사람은 누구야?
あのひとは だれ？	저 사람은 누구야?

❻ ~は どこの くにの ひと？

~는 어느 나라 사람이야?

'어느 나라'라고 물어볼 때는 의문사 どこ(어디)를 씁니다.

このひとは どこの くにの ひと？	이 사람은 어느 나라 사람이야?
そのひとは どこの くにの ひと？	그 사람은 어느 나라 사람이야?
あのひとは どこの くにの ひと？	저 사람은 어느 나라 사람이야?

예문 05-4-1.mp3
예문 05-4-2.mp3

3단계
회화로 다지기

ちわっす 안녕(남자, 낮 인사)
~くん ~군
ねえねえ 저, 있잖아

잠깐만요!

일본어는 아침, 낮, 저녁에 하는 인사가 따로 있습니다. 아침 인사는 おはよう/おはようございます, 낮 인사는 こんにちは, 저녁 인사는 こんばんは입니다. 단, こんにちは와 こんばんは의 끝소리 は는 인사에서는 '하'가 아니라 '와'로 읽는다는 점에 주의하세요. 그리고 こんにちは와 こんばんは에 해당되는 반말은 사전에는 없습니다. 일상적으로는 남자들이 낮 인사로 ちわっす(ちはっす라고도 씀)라고 하는 경우가 있는데 이는 こんにちは의 ちは에 っす를 붙인 말이지요. こんちわっす(こんちはっす라고도 씀)나 こんちは로 쓰는 경우도 있어요. 그런데 낮이나 밤에 반말 쓰는 사람을 만났을 때는 인사말 없이 그냥 말을 거는 경우가 많아요.

며칠 빠졌다가 일본어 수업에 갔더니 처음 보는 외국인들이 있네요.

ぱん・すんほん：ちわっす。
ちょん・ひょじゅ：ああ、すんほんくん。
ぱん・すんほん：ねえねえ、あのひと、だれ？
ちょん・ひょじゅ：ああ、あのひとは すみすさん。
ぱん・すんほん：すみすさん？
ちょん・ひょじゅ：うん。
ぱん・すんほん：どこの くにの ひと？
ちょん・ひょじゅ：いぎりすの ひと。
ぱん・すんほん：へえ……。ねえ、あのひとは？
ちょん・ひょじゅ：あのひとは ぶらうんさん。
ぱん・すんほん：あのひとも いぎりすの ひと？
ちょん・ひょじゅ：ううん、あのひとは おーすとらりあの ひと。
ぱん・すんほん：ああ、あのひとが おーすとらりあの ひと？
ちょん・ひょじゅ：うん。

방승헌 : 안녕(낮 인사).
천효주 : 아~, 승헌아.
방승헌 : 저, 있잖아, 저 사람 누구야?
천효주 : 아~, 저 사람은 스미스 씨야.
방승헌 : 스미스 씨?
천효주 : 응.
방승헌 : 어느 나라 사람이야?
천효주 : 영국 사람이야.
방승헌 : 허어……. 있잖아, 저 사람은?
천효주 : 저 사람은 브라운 씨야.
방승헌 : 저 사람도 영국 사람이야?
천효주 : 아니, 저 사람은 호주 사람이야.
방승헌 : 아~, 저 사람이 호주 사람이야?
천효주 : 응.

내 이름, 일본어로 어떻게 쓰지?

자신의 이름을 일본어로 어떻게 써야 할지는 영어로 어떻게 쓰는지에 따라 정하시면 쉽습니다. 예를 들어 '방' 씨 같은 경우 Bang으로 쓴다면 일본어도 バン[ばん]으로, Pang으로 쓴다면 일본어도 パン[ぱん]으로 쓰는 것이죠. 그리고 성과 이름 사이에 ・(중점)을 찍으세요. 안 그러면 어디까지가 성인지 어디부터가 이름인지 알 수 없습니다~! 또 'ㅎ'이 들어가는 경우 고민되는 일이 많이 생깁니다. 예를 들어 '윤호'라는 이름 같은 경우예요. '윤'과 '호'로 표기하려면 ユンホ가 되는데 이렇게 쓰면 발음이 '융호'에 가까운 발음이 됩니다. 실제 한국어 발음과 비슷하게 표기하려면 ユノ가 되는데 발음이 '유노'에 가까운 발음이 됩니다. 정확히 '윤호'라고 표기할 방법이 없습니다. 표기 위주로 쓰려면 ユンホ가 되고 발음 위주로 쓰려면 ユノ가 되는데, 어떤 것을 쓸지는 본인이 맘에 드는 것으로 골라야겠지요.

예문 05-5.mp3

1 주어진 일본어 질문에 보기와 같이 うん(응)으로 대답해 보세요.

| 보기 | このひとは あめりかの ひと? (이 사람은 미국 사람이야?)
→うん、あめりかの ひと。 (응, 미국 사람이야.)

1. 쓰지 말고 말해 보세요. ______ 2. ______
3. ______ 4. ______

2 주어진 단어를 써서 ~は どこの くにの ひと?(~는 어느 나라 사람이야?)라는 질문으로 말해 보세요.

| 보기 | あのひと (저 사람)
→ あのひとは どこの くにの ひと? (저 사람은 어느 나라 사람이야?)

1. 쓰지 말고 말해 보세요. ______ 2. ______
3. ______ 4. ______

3 주어진 두 단어를 써서 ~も~じん(~도 ~(나라)인이야)이라는 문장으로 말해 보세요.

| 보기 | あのひと (저 사람) · おーすとらりあ (호주)
→ あのひとも おーすとらりあじん。 (저 사람도 호주인이야.)

1. 쓰지 말고 말해 보세요. ______ 2. ______
3. ______ 4. ______

4 주어진 두 단어를 써서 ~が~の ひと(~가 ~(나라) 사람이야)라는 문장으로 말해 보세요.

| 보기 | このひと (이 사람) · ちゅうごく (중국)
→このひとが ちゅうごくの ひと。 (이 사람이 중국 사람이야.)

1. 쓰지 말고 말해 보세요. ______ 2. ______
3. ______ 4. ______

06 존댓말로 말해요

じょんさんの おくには どちらですか。 존 씨의 고국은 어디십니까?

예문 06-1.mp3

워밍업 기본 회화 듣기

그림을 보면서 어떤 내용인지 추측하면서 회화를 들어 보세요.

예문 06-2.mp3

1단계 기본 단어 익히기

おーすとりあ 오스트리아

ふらんす 프랑스

たいわん 대만

かなだ 캐나다

ろしあ 러시아

おらんだ 네덜란드

かた 분(사람)

どちら 어느 쪽, 어디

잠깐만요!

여기에서도 역시 おーすとりあ(오스트리아), ふらんす(프랑스), かなだ(캐나다), ろしあ(러시아), おらんだ(네덜란드)는 각각 가타카나인 オーストリア, フランス, カナダ, ロシア, オランダ로 쓰는 것인데 일부러 히라가나로 쓴 것입니다.

예문 06-3.mp3

2단계
기본 문형 익히기

❶

~は~じんです。

~는 ~(나라)인입니다.

국적을 말할 때는 나라 이름 뒤에 じん(인)을 붙이면 됩니다. 존댓말로 말할 때는 그 뒤에 ~です(~입니다)만 붙이면 됩니다.

한국어에서는 F 소리가 'ㅍ'으로 발음되는데 일본어에서는 'ㅎ(は, ひ, ふ, へ, ほ)'으로 발음됩니다. 그래서 '프랑스' 발음이 한국어와 일본어는 다른 겁니다. 잘못 발음하는 경우가 많으므로 주의하세요.

このひとは おーすとりあじんです。	이 사람은 오스트리아인입니다.
そのひとは ふらんすじんです。	그 사람은 프랑스인입니다.
あのひとは たいわんじんです。	저 사람은 대만인이에요.
このひとは かなだじんです。	이 사람은 캐나다인이에요.

❷

~は~の かたです。

~는 ~(나라) 분입니다.

'일본 사람', '한국 사람'이라는 말을 더 높여서 '일본 분', '한국 분'이라는 뜻의 깍듯한 표현을 연습해 봅시다. 이때도 나라 이름과 '분' 사이에 조사 ~の(~의)가 들어갑니다.

'오스트리아'와 '호주'는 발음이 비슷해서 헷갈리는 분들이 많으시더군요. ら(라)가 중간에 있고 없고의 차이뿐입니다. 헷갈리지 않도록 주의하세요.

そのかたは ろしあの かたです。	그 분은 러시아 분입니다.
あのかたは おらんだの かたです。	저 분은 네덜란드 분입니다.
このかたは おーすとりあの かたです。	이 분은 오스트리아 분이에요.
そのかたは ふらんすの かたです。	그 분은 프랑스 분이에요.

❸ ～も

～도

조사 '~도'는 일본어로 ～も라고 했죠?

あのかたも たいわんの かたですか。	저 분도 대만 분입니까?
このかたも かなだの かたですか。	이 분도 캐나다 분입니까?
そのかたも ろしあの かたですか。	그 분도 러시아 분이에요?
あのかたも おらんだの かたですか。	저 분도 네덜란드 분이에요?

❹ ～が

～가

조사 '~이/가'에 해당되는 일본어 조사는 ～が라고 했지요?

このかたが おーすとりあの かたです。	이 분이 오스트리아 분입니다.
そのかたが ふらんすの かたです。	그 분이 프랑스 분입니다.
あのかたが たいわんの かたです。	저 분이 대만 분이에요.
このかたが かなだの かたです。	이 분이 캐나다 분이에요.

❺ ~は どなたですか。 ~는 누구십니까?

だれ(누구)의 높임말이 どなた입니다. 따라서 だれですか(누구입니까?)의 だれ를 どなた로 바꿔서 どなたですか라고 하면 '누구십니까?'라는 뜻이 되는 것이죠.

このかたは どなたですか。	이 분은 누구십니까?
そのかたは どなたですか。	그 분은 누구십니까?
あのかたは どなたですか。	저 분은 누구세요?

❻ ~の おくには どちらですか。 ~의 고국은 어디십니까?

상대방의 고국, 고향을 물어볼 때는 앞 과에서 배운 どこ(어디)를 써서 おくには どこですか(고국은 어디입니까?)라고 할 수도 있지만, 여기에서는 공손한 말인 どちら를 사용하여 질문해 봅시다.

잠깐만요!

どちら의 원래 뜻은 '어느 쪽'이지만 どこ(어디)의 공손한 말로도 쓰입니다.

このかたの おくには どちらですか。	이 분의 고국은 어디십니까?
そのかたの おくには どちらですか。	그 분의 고국은 어디십니까?
あのかたの おくには どちらですか。	저 분의 고국은 어디세요?

예문 06-4-1.mp3
예문 06-4-2.mp3

3단계

회화로 다지기

はじめまして
처음 뵙겠습니다
～ともうします
～라고 합니다
しゅじん 남편, 주인
どうぞ よろしく おねがいします 부디 잘 부탁합니다
こちらこそ
저야말로, 이쪽이야말로

잠깐만요!

'내 남편'에 대해서 다른 사람에게 말할 때는 主人[しゅじん]이라고 하면 되는데 남의 남편에 대해서 말할 때는 앞에 ご를 붙여서 ご主人[ごしゅじん]이라고 높여서 말해야 합니다. 즉 主人[しゅじん]이라고만 하면 '남편'이 되고 앞에 ご를 붙여서 ご主人[ごしゅじん]이라고 하면 '남편 분'이 되는 거죠. 명사 앞에 お나 ご를 붙여서 말을 높인다는 것은 앞에서 배웠죠?

직장 동료가 친구를 소개해 주었는데 아무래도 외국 사람인 것 같네요.

なかむら みほ：はじめまして。なかむら みほです。
ちぇ・すんぎ：はじめまして。ちぇ・すんぎと もうします。
なかむら みほ：ちぇさんの おくには どちらですか。
ちぇ・すんぎ：かんこくです。
なかむらさんは にほんの かたですか。
なかむら みほ：はい、そうです。
ちぇ・すんぎ：ごしゅじんも にほんの かたですか。
なかむら みほ：いいえ、しゅじんは おらんだじんです。
ちぇ・すんぎ：そうですか。
なかむら みほ：どうぞ よろしく おねがいします。
ちぇ・すんぎ：こちらこそ、よろしく おねがいします。

なかむら みほ : 처음 뵙겠습니다. なかむら みほ입니다.
최승기 : 처음 뵙겠습니다. 최승기라고 합니다.
なかむら みほ : 최 씨의 고국은 어디세요?
최승기 : 한국입니다. なかむら씨는 일본 분입니까?
なかむら みほ : 네, 그렇습니다.
최승기 : 남편 분도 일본 분입니까?
なかむら みほ : 아니요, 남편은 네덜란드 사람입니다.
최승기 : 그렇군요.
なかむら みほ : 부디 잘 부탁합니다.
최승기 : 저야말로, 잘 부탁합니다.

'잘 부탁합니다'라는 인사말을 분석해 볼까요?

'잘 부탁합니다'가 일본어로 どうぞ よろしく おねがいします인데 맨 앞에 있는 どうぞ는 여기에서는 '제발', '부디'라는 강조의 뜻입니다. 가운데 よろしく가 '잘'이라는 뜻이고 끝의 おねがいします가 '부탁합니다'라는 뜻입니다. 그러니 맨 앞의 どうぞ를 빼고 よろしく おねがいします라고 할 수도 있어요. 또 편하게 말할 수 있는 상대라면 おねがいします(부탁합니다)를 빼고 どうぞ よろしく 혹은 よろしく라고만 할 수도 있어요. '잘 부탁해'라는 반말이 되는 거죠.

예문 06-5.mp3

1 주어진 두 단어를 써서 ～は～の かたです(~는 ~(의) 분입니다)라는 문장으로 말해 보세요.

| 보기 | このかた (이 분)・おーすとりあ (오스트리아)
→ このかたは おーすとりあの かたです。
(이 분은 오스트리아 분입니다.)

1. 쓰지 말고 말해 보세요. ________ 2. ________
3. ________ 4. ________

2 주어진 두 단어를 써서 ～も～の かたです(~도 ~(의) 분입니다)라는 문장으로 말해 보세요.

| 보기 | そのかた (그 분)・ふらんす (프랑스)
→ そのかたも ふらんすの かたです。(그 분도 프랑스 분입니다.)

1. 쓰지 말고 말해 보세요. ________ 2. ________
3. ________ 4. ________

3 주어진 두 단어를 써서 ～が～の かたです(~가 ~(의) 분입니다)라는 문장으로 말해 보세요.

| 보기 | あのかた (저 분)・おらんだ (네덜란드)
→ あのかたが おらんだの かたです。(저 분이 네덜란드 분입니다.)

1. 쓰지 말고 말해 보세요. ________ 2. ________
3. ________ 4. ________

4 주어진 단어를 써서 ～の おくには どちらですか(~의 고국은 어디십니까?)라는 질문으로 말해 보세요.

| 보기 | このかた (이 분)
→ このかたの おくには どちらですか。
(이 분의 고국은 어디십니까?)

1. 쓰지 말고 말해 보세요. ________ 2. ________
3. ________ 4. ________

07 반말로 말해요

これ、なに?

이거, 뭐야?

예문 07-1.mp3

워밍업 기본 회화 듣기

그림을 보면서 어떤 내용인지 추측하면서 회화를 들어 보세요.

예문 07-2.mp3

1단계 기본 단어 익히기

ぱそこん PC

じしょ 사전

ほん 책

にほんご 일본어

しゅくだい 숙제

ぷれぜんと 선물

くすり 약

あれ 저것

きょう 오늘

どっち 어느 쪽

どれ 어느 것

どの 어느

なに 무엇

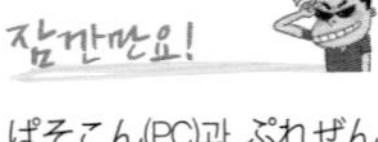

ぱそこん(PC)과 ぷれぜんと(선물)는 원래는 가타카나 パソコン, プレゼント로 씁니다.

예문07-3.mp3

2단계
기본 문형 익히기

❶ ～は～の～。 ～는 ～의 ～야.

지금까지 나왔던 '이것, 그것, 저것'을 여기에서 정리해 보겠습니다.

これは わたしの ぱそこん。	이건 내 PC야.
それは ぼくの じしょ。	그건 내 사전이야.
あれは おれの ほん。	저건 내 책이야.
これは にほんごの しゅくだい。	이건 일본어 숙제야.

잠깐만요!

'PC'를 일상적으로 ぱそこん(パソコン)이라고 하는데 이는 ぱーそなるこんぴゅーたー(パーソナルコンピューター personal computer)를 줄인 말이지요. PC라는 것도 쓰긴 하지만 주로 표기할 때 쓰고 말할 때는 ぱそこん(パソコン)이라고 하는 것이 일반적입니다.

❷ どっちが～の～？ (둘 중의) 어떤 게 ～의 ～야?

どっち(어느 쪽)는 どちら의 구어체인데 앞에서 どちら를 どこ(어디)의 공손한 말로 연습했지요? 그런데 どちら의 원래 뜻은 '어느 쪽'입니다. 즉 대상이 2가지인 경우에 둘 중의 하나가 어떤 것인지를 물어볼 때 쓰는 의문사로, '어떤 것'이라고 해석하는 것이 자연스럽겠지요.

どっちが そよんの ぷれぜんと？	어떤 게 소영이(의) 선물이야?
どっちが ひょんじんの くすり？	어떤 게 현진이(의) 약이야?
どっちが ごしゅじんの ぱそこん？	어떤 게 남편 분(의) PC야?
どっちが にほんごの じしょ？	어떤 게 일본어(의) 사전이야?

잠깐만요!

▶어순을 바꿔서 ～の～は どっち？(～의 ～는 (둘 중의) 어떤 거야?)라고 할 수도 있습니다.

▶명사를 말하지 않아도 아는 경우는 どっちが そよんの？((둘 중의) 어떤 게 소영이(의) 거야?)와 같이 명사를 생략할 수도 있어요.

❸ どれが～の～？ 어떤 게 ~의 ~야?

대상이 2가지인 경우는 どっち(어느 쪽)를 쓰지만, 대상이 3가지 이상인 경우에 그 중에서 어떤 것인지를 물을 때는 どれ(어느 것)를 씁니다. どれ도 '어떤 것'이라고 해석하는 것이 자연스럽겠지요.

잠깐만요!

▶어순을 바꿔서 ~の~は どれ？(~의 ~는 어떤 거야?)라고 할 수도 있습니다.

▶명사를 말하지 않아도 아는 경우는 どれが そよんの？(어떤 게 소영이(의) 거야?)와 같이 명사를 생략할 수도 있어요.

どれが そよんの ほん？	어떤 게 소영이(의) 책이야?
どれが きょうの しゅくだい？	어떤 게 오늘(의) 숙제야?
どれが ひょんじんの ぷれぜんと？	어떤 게 현진이(의) 선물이야?
どれが ごしゅじんの くすり？	어떤 게 남편 분(의) 약이야?

❹ どの～が～の？ 어떤 ~가 ~(의) 꺼야?

이번에는 この, その, あの(이, 그, 저)의 의문사 どの(어느)를 써서 질문하는 연습을 해 봅시다. 직역하면 '어느 ~이/가 ~(의) 꺼야'가 되는데, どの를 '어떤'으로 해석하는 것이 한국어로서는 자연스럽죠.

どの ぱそこんが ひょんじんの？	어떤 PC가 현진이(의) 꺼야?
どの じしょが せんせいの？	어떤 사전이 선생님(의) 꺼야?
どの ほんが ごしゅじんの？	어떤 책이 남편 분(의) 꺼야?
どの ぷれぜんとが わたしの？	어떤 선물이 내 꺼야?

⑤ これ、なに？ 이거, 뭐야?

'무엇'은 なに입니다. 조사 ～は(～은/는)를 넣어서 これは なに？(이것은 뭐야?)라고 할 수도 있지만 조사 ～は(～은/는)를 생략하는 경우가 더 많은 것 같습니다.

잠깐만요!

～は(～은/는)를 넣어서 これは(이것은)로 물어보면 '다른 게 아니라 이것'이라는 뜻의 강조하는 말투가 됩니다. 한국어와 똑같지요?

これ、なに？	이거, 뭐야?
それ、なに？	그거, 뭐야?
あれ、なに？	저거, 뭐야?

⑥ なんの～？ 무슨 ～야?

종류에 대해 묻고 싶은 경우는 〈なんの+명사〉의 형태로 물어보면 됩니다. なに(무엇)는 뒤에 이어지는 소리가 た행, だ행, な행 소리인 경우는 소리가 なん으로 바뀌므로 발음할 때 주의하세요.

なんの しゅくだい？	무슨 숙제야?
なんの くすり？	무슨 약이야?
なんの じしょ？	무슨 사전이야?
なんの ほん？	무슨 책이야?

예문 07-4-1.mp3
예문 07-4-2.mp3

3단계 회화로 다지기

たんじょうび 생일
おめでとう 축하해
ありがとう 고마워

친구 けんたろう가 책상에 앉아서 뭔가를 열심히 보고 있네요. 무엇일까요?

かん・ひょよん: それ、なに？
さとう けんたろう: しゅくだい。
かん・ひょよん: なんの しゅくだい？
さとう けんたろう: にほんごの しゅくだい。
かん・ひょよん: そう。ん？ これは なに？
さとう けんたろう: あ、それは ぷれぜんと。
かん・ひょよん: ぷれぜんと？
さとう けんたろう: うん。たんじょうびの ぷれぜんと。
かん・ひょよん: だれの たんじょうび？
さとう けんたろう: ぼくの。
かん・ひょよん: きょう？
さとう けんたろう: うん。
かん・ひょよん: そう。おたんじょうび おめでとう。
さとう けんたろう: ありがとう。

강효연 : 그거, 뭐야?
さとう けんたろう : 숙제야.
강효연 : 무슨 숙제야?
さとう けんたろう : 일본어 숙제야.
강효연 : 그렇구나. 어? 이건 뭐야?
さとう けんたろう : 아, 그건 선물이야.
강효연 : 선물?
さとう けんたろう : 응. 생일 선물.
강효연 : 누구 생일이야?
さとう けんたろう : 나(나의).
강효연 : 오늘이야?
さとう けんたろう : 응.
강효연 : 그렇구나. 생일 축하해.
さとう けんたろう : 고마워.

한국에서는 일본에서보다 두 살이나 나이가 많아져요!

아하, 일본에서는!

일본 사람들은 나이를 '만(満)'으로 세기 때문에 태어났을 때는 0살입니다. 또 한국에서는 생일에 관계없이 해가 바뀌면 나이를 한 살 더 먹죠? 일본에서는 생일이 와야 한 살 먹습니다. 그러니 한국에서 20살이면 일본에서는 생일이 지나기 전에는 18살, 생일이 지나면 19살이 되는 것이지요. 생일이 지나기 전에는 두 살이나 차이가 나요! 일본 사람들은 새로운 사람을 만났을 때 바로 나이를 묻지 않습니다. 일본도 나이의 많고 적음이 위아래 관계에 영향을 주는 문화이긴 하지만, 서너 살 정도의 차이는 크게 신경 쓰지 않습니다. 나중에 친해져서 친구가 되면 서로 반말을 쓰게 되지요. 그리고 보통 '형, 오빠, 누나, 언니' 등의 호칭은 가족이나 친척 사이에서만 써요.

예문 07-5.mp3

1 주어진 세 단어를 써서 ～は～の～(～는 ～의 ～야)라는 문장으로 말해 보세요.

| 보기 | これ(이것)・わたし(나 – 여자)・ほん(책)
→ これは わたしの ほん。(이건 내 책이야.)

1. 쓰지 말고 말해 보세요. 2. ______
3. ______ 4. ______

2 주어진 두 단어를 써서 どれが～の～？(어떤 게 ～의 ～야?)라는 질문으로 말해 보세요.

| 보기 | ひょんじん(현진)・ぷれぜんと(선물)
→ どれが ひょんじんの ぷれぜんと？(어떤 게 현진이(의) 선물이야?)

1. 쓰지 말고 말해 보세요. 2. ______
3. ______ 4. ______

3 주어진 두 단어를 써서 どの～が～の？(어떤 ～가 ～(의) 꺼야?)라는 질문으로 말해 보세요.

| 보기 | じしょ(사전)・せんせい(선생님)
→ どの じしょが せんせいの？(어떤 사전이 선생님(의) 꺼야?)

1. 쓰지 말고 말해 보세요. 2. ______
3. ______ 4. ______

4 주어진 단어를 써서 なんの～？(무슨 ～야?)라는 질문으로 말해 보세요.

| 보기 | くすり(약)
→ なんの くすり？(무슨 약이야?)

1. 쓰지 말고 말해 보세요. 2. ______
3. ______ 4. ______

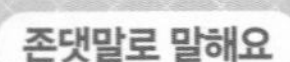

08 존댓말로 말해요

えきは どこですか。

역은 어디에 있습니까?

예문 08-1.mp3

워밍업 기본 회화 듣기

그림을 보면서 어떤 내용인지 추측하면서 회화를 들어 보세요.

예문 08-2.mp3

1단계 기본 단어 익히기

えき 역

ぎんこう 은행

おてあらい 화장실

ゆうびんきょく 우체국

ここ 여기

そこ 거기

あそこ 저기

こちら 이쪽

そちら 그쪽

あちら 저쪽

かいしゃ 회사

がっこう 학교

しゅっしん 출신

예문 08-3.mp3

2단계
기본 문형 익히기

❶ ～は～(위치)です。 ～는 ～에 있습니다.

예문들을 직역하면 '～는 여기/거기/저기입니다'가 됩니다. 일본어도 한국어처럼 '～에 있습니다'라고 말하기도 하지만 그것은 동사를 배웠을 때 연습하기로 하고 여기에서는 짧은 형태를 연습해 봅시다.

えきは ここです。	역은 여기에 있습니다.
ぎんこうは そこです。	은행은 거기에 있습니다.
おてあらいは あそこです。	화장실은 저기에 있어요.
ゆうびんきょくは ここです。	우체국은 여기에 있어요.

❷ ～は どこですか。 ～는 어디에 있습니까?

'어디'는 일본어로 どこ(어디)입니다. 여기에서도 역시 짧은 형태로 말해 봅시다.

えきは どこですか。	역은 어디에 있습니까?
ぎんこうは どこですか。	은행은 어디에 있습니까?
おてあらいは どこですか。	화장실은 어디에 있어요?
ゆうびんきょくは どこですか。	우체국은 어디에 있어요?

잠깐만요!

'화장실'이라는 뜻의 단어는 몇 가지 있습니다. 가장 무난하게 쓰이는 말이 여기에서 배우는 お手洗い[おてあらい]이고 그 외에 흔히 쓰이는 말로 といれ(トイレ toilet의 준말)가 있습니다. 또 남자들이 거칠게 말하는 便所[べんじょ](변소)라는 말도 있고요. '화장실'이라는 한자어는 化粧室[けしょうしつ]인데 말할 때는 잘 안 쓰고 화장실 표시판에 자주 쓰입니다.

❸ ~(위치)です。 ~에 있습니다.

짧은 형태로 질문에 대답해 봅시다.

ここです。 여기에 있습니다.

そこです。 거기에 있습니다.

あそこです。 저기에 있어요.

❹ ~は どちらですか。 ~는 (둘 중의) 어떤 것입니까?

どっち(어느 쪽)의 공손한 말이 どちら입니다. 대상이 2가지인 경우에 '어느 쪽'이냐고 물을 때 쓴다고 했지요?

잠깐만요!

どちら, どっち는 대상이 2가지인 경우에만 씁니다. 대상이 3가지 이상인 경우는 どれ(어느 것)를 사용하여 물어봐야 합니다.

はしもとさんの ぼうしは どちらですか。
はしもと씨(의) 모자는 어떤 것입니까?

なかむらさんの かさは どちらですか。
なかむら씨(의) 우산은 어떤 것입니까?

あんさんの くつは どちらですか。 안 씨(의) 신발은 어떤 것이에요?

せんせいの ほんは どちらですか。 선생님(의) 책은 어떤 것이에요?

5

こちらです。 이쪽입니다.

こちら, そちら, あちら(이쪽, 그쪽, 저쪽)를 사용하여 대답해 봅시다. 해석할 때는 '이것, 그것, 저것'으로 해석하는 것이 자연스러운 경우가 많습니다.

こちらです。	이쪽입니다.
そちらです。	그쪽입니다.
あちらです。	저쪽이에요.

잠깐만요!

こちら(이쪽), そちら(그쪽), あちら(저쪽)를 반말로 할 때는 こっち, そっち, あっち라고 합니다. 존댓말이라도 그렇게 격식을 차리는 경우가 아니면 こっち, そっち, あっち, どっち를 써요. 여기에서 연습하는 こちら, そちら, あちら, どちら는 매우 공손하게 말할 때 쓰는 말투입니다.

6

~は どちらですか。 ~는 어디십니까?

이미 앞에서 연습한 바 있는데 どちら(어느 쪽)는 どこ(어디)의 공손한 말로 쓰이기도 합니다. 장소를 물어볼 때도 쓰이지만 상대방이 근무하는 회사나 다니는 학교 등의 이름을 물어볼 때도 どちら나 どこ를 씁니다.

おくには どちらですか。	고국은 어디십니까?
かいしゃは どちらですか。	회사는 어디십니까?
がっこうは どちらですか。	학교는 어디세요?
ごしゅっしんは どちらですか。	출신은 어디세요?

잠깐만요!

出身[しゅっしん](출신)도 공손하게 말할 때는 앞에 ご를 붙여서 ご出身이라고 합니다. 한국에서 자주 '고향이 어디예요?'라는 질문을 받았는데 이때 대부분 사람들이 '고향'이라는 한자어를 일본어로 바꿔서 말하더군요. 잘 안 쓰는 표현입니다. 일본어로 말할 때는 '고향'이라는 말을 쓰지 말고 여기에서 배운 ご出身はどちらですか(출신은 어디십니까?) 혹은 どこの ご出身ですか(어디 출신이세요?)라고 하세요.

예문 08-4-1.mp3
예문 08-4-2.mp3

3단계 회화로 다지기

あのう 저어
ちょっと 좀, 잠깐
すみません 죄송합니다, 여기요
ええと 저어(잠시 생각할 때), 가만 있어 보자
それから 그리고, 그러고 나서
がいこく 외국
りょこう 여행

すみません의 가장 기본적인 뜻은 '죄송합니다'인데 이 말이 다른 사람에게 말을 걸 때, '여기요', '말씀 좀 묻겠는데요'라는 뜻으로도 쓰입니다. 여기에서는 안 나왔지만 '감사합니다'라는 뜻으로도 쓰이고요. 그런데 발음에 조심하세요. 쓸 때는 すみません으로 쓰는데 すいません이라고 발음하는 경우가 대부분입니다. 쓸 때도 すいません으로 쓰는 경우도 있지만 すみません이 옳은 표기입니다.

일본 여행 중인 혜교는 우체국을 못 찾아서 결국 지나가는 사람에게 물어보기로 했어요.

ちょん・へぎょ：あのう、ちょっと すみません。
たかはし じゅん：はい。
ちょん・へぎょ：ゆうびんきょくは どこですか。
たかはし じゅん：ゆうびんきょくですか。
ええと……(지도를 가리키며) ここです。
ちょん・へぎょ：ああ、そうですか。
それから、えきは どこですか。
たかはし じゅん：えきは ここです。
ちょん・へぎょ：そうですか。どうも ありがとうございます。
たかはし じゅん：がいこくの かたですか。
ちょん・へぎょ：はい、かんこくじんです。
たかはし じゅん：りょこうですか。
ちょん・へぎょ：はい。
たかはし じゅん：そうですか。じゃ、おきを つけて。
ちょん・へぎょ：はい、ありがとうございます。

정혜교 : 저어, 잠깐 말씀 좀 묻겠는데요.
たかはし じゅん : 네.
정혜교 : 우체국은 어디에 있습니까?
たかはし じゅん : 우체국이요? 저어…… (지도를 가리키며) 여기입니다.
정혜교 : 아~, 그렇군요.
그리고 역은 어디에 있습니까?
たかはし じゅん : 역은 여기에 있습니다.
정혜교 : 그렇군요. 정말 감사합니다.
たかはし じゅん : 외국 분이세요?
정혜교 : 네, 한국인입니다.
たかはし じゅん : 여행 오셨어요?
정혜교 : 네.
たかはし じゅん : 그렇군요.
그럼, 살펴 가십시오.
정혜교 : 네, 감사합니다.

헤어질 때 さようなら라고 하지 마세요!

헤어질 때 さようなら라고 인사하는 사람들이 참 많습니다. 그런데 さようなら는 자주 쓰는 말이 아닙니다. さようなら라고 하면 앞으로 한 동안 못 볼 것 같은 느낌이 있어요. 영화나 드라마에서 さようなら라고 쓰이는 경우가 있는데 그때 장면을 잘 보세요. 대부분 남녀가 이별할 때 さようなら라고 했을 거예요. 또 일본 TV를 보면 진행자가 프로그램을 마칠 때 さようなら라고 인사합니다. 진행자와 시청자라는 특수 관계이기 때문에 다른 말로 인사할 수가 없는 것입니다. 가끔 さようなら를 즐겨 쓰는 일본 사람이 있긴 합니다만 많지는 않아요. 헤어질 때는 042쪽에서 배운 것처럼 失礼します[しつれいします]라고 하는 것이 가장 무난합니다. 어떤 상황에서도 쓸 수 있으니까요.

예문 08-5.mp3

1 주어진 단어를 써서 ~は どこですか(~는 어디에 있습니까?)라는 질문으로 말해 보세요.

|보기| えき (역)
→ えきは どこですか。(역은 어디에 있습니까?)

1. 쓰지 말고 말해 보세요.
2.
3.
4.

2 주어진 두 단어를 써서 ~は~です(~는 ~에 있습니다)라는 문장으로 말해 보세요.

|보기| ぎんこう (은행)・ここ (여기)
→ ぎんこうは ここです。(은행은 여기에 있습니다.)

1. 쓰지 말고 말해 보세요.
2.
3.
4.

3 주어진 두 단어를 써서 ~の~は どちらですか(~의 ~는 (둘 중의) 어떤 것입니까?)라는 질문으로 말해 보세요.

|보기| せんせい (선생님)・ぼうし (모자)
→ せんせいの ぼうしは どちらですか。
(선생님(의) 모자는 어떤 것입니까?)

1. 쓰지 말고 말해 보세요.
2.
3.
4.

4 주어진 단어를 써서 ~は どちらですか(~는 어디십니까?)라는 질문으로 말해 보세요.

|보기| おくに (고국)
→ おくには どちらですか。(고국은 어디십니까?)

1. 쓰지 말고 말해 보세요.
2.
3.
4.

09 반말로 말해요

のみかいだった。

술 모임이었어.

※이번 과를 시작하기 전에 563쪽을 이용해서 숫자 1에서 20까지 한 번 연습하세요!

예문 09-1.mp3

워밍업 기본 회화 듣기

그림을 보면서 어떤 내용인지 추측하면서 회화를 들어 보세요.

예문 09-2.mp3

1단계 기본 단어 익히기

おととい 그저께

きのう 어제

てんき 날씨, 좋은 날씨

はれ 맑음, 맑은 날씨

あめ 비

のみかい 술 모임

てすと 테스트, 시험

じゅぎょう 수업

こんさーと 콘서트

～じ ～시

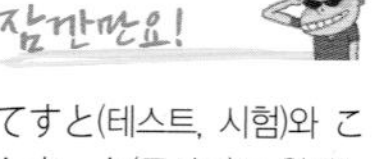

てすと(테스트, 시험)와 こんさーと(콘서트)도 원래는 가타카나인 テスト, コンサート로 씁니다.

예문 09-3.mp3

2단계
기본 문형 익히기

① ~は~だった。 ~는 ~였어.

명사 과거형은 명사 뒤에 ~だった를 붙이면 됩니다.

きょうは てんきだった。 오늘은 좋은 날씨였어.

きのうは はれだった。 어제는 맑은 날씨였어(맑음이었어).

おとといは あめだった。 그저께는 비가 왔어(비였어).

きょうは のみかいだった。 오늘은 술 모임이었어.

잠깐만요!

てんき(날씨)라는 단어는 '좋은 날씨'라는 뜻으로도 쓰여요. 그러니 일본어로 '내일은 날씨다'라고 하면 '내일은 좋은 날씨다', '내일은 맑다'라는 뜻이 됩니다. 그리고 てんき는 한자로 天気라고 씁니다. '天[하늘 천]'에 '気[기운 기]'를 쓰는 거죠. 설명을 위해서 일본어를 썼는데 뜻만 이해되시면 글자에는 신경 쓰지 않으셔도 돼요.

② ~は~じゃなかった。 ~는 ~가 아니었어.

과거의 부정문은 명사 뒤에 ~じゃなかった를 붙이면 됩니다. 부정문 ~じゃない의 い를 かった로 바꾼 것인데, ~ない는 부정을 나타내고 ~かった는 과거를 나타냅니다.

おとといは てすとじゃなかった。 그저께는 시험이 아니었어.

きのうは じゅぎょうじゃなかった。 어제는 수업이 아니었어.

きょうは はれじゃなかった。 오늘은 맑은 날씨가(맑음이) 아니었어.

おとといは てんきじゃなかった。 그저께는 좋은 날씨가 아니었어.

❸ ～からだった。 ～부터였어.

조사 ～から가 '～부터'라는 뜻입니다. 그리고 '～시'는 ～時[じ]라고 합니다.

てすとは 1じからだった。 시험은 1시부터였어.

じゅぎょうは 3じからだった。 수업은 3시부터였어.

のみかいは 6じからだった。 술 모임은 6시부터였어.

こんさーとは 7じからだった。 콘서트는 7시부터였어.

❹ ～までだった。 ～까지였어.

～まで가 '～까지'라는 뜻입니다.

てすとは 2じまでだった。 시험은 2시까지였어.

じゅぎょうは 4じまでだった。 수업은 4시까지였어.

のみかいは 8じまでだった。 술 모임은 8시까지였어.

こんさーとは 9じまでだった。 콘서트는 9시까지였어.

잠깐만요!

563쪽을 이용해서 숫자 1에서 20까지 연습했지요? 그런데 4의 소리가 よん 아니면 し라고 배웠는데 '4시'는 소리가 よじ가 됩니다. 즉 4의 소리가 よ가 되는 것이죠. よん에서 ん이 빠진 것인데 이것은 예외적인 것이에요. 그리고 소리가 두 가지씩 있는 7과 9는 '7시', '9시'가 되면 각각 しちじ, くじ가 됩니다. '～시'라는 표현에 대해서는 566쪽을 참조하세요. 이런 것들은 단어로 익힐 수밖에 없어요. 설명을 위해서 일본어를 썼는데 뜻만 이해되시면 글자에는 신경 쓰지 않으셔도 돼요.

⑤ ~はなんじからなんじまでだった?

~는 몇 시부터 몇 시까지였어?

'몇 시'는 なんじ라고 합니다. 몇 시부터 몇 시까지인지를 물어보는 질문을 연습해 봅시다.

てすとは なんじから なんじまでだった?
시험은 몇 시부터 몇 시까지였어?

じゅぎょうは なんじから なんじまでだった?
수업은 몇 시부터 몇 시까지였어?

こんさーとは なんじから なんじまでだった?
콘서트는 몇 시부터 몇 시까지였어?

のみかいは なんじから なんじまでだった?
술 모임은 몇 시부터 몇 시까지였어?

⑥ ~から~までだった。

~부터 ~까지였어.

~時[じ]를 사용하여 질문에 대답해 봅시다.

10じから 11じまでだった。 10시부터 11시까지였어.

9じから 12じまでだった。 9시부터 12시까지였어.

5じから 7じまでだった。 5시부터 7시까지였어.

6じから 8じまでだった。 6시부터 8시까지였어.

예문 09-4-1.mp3
예문 09-4-2.mp3

3단계 회화로 다지기

いつ 언제
どう 어떻게, 어때
まあまあ 그런대로임, 그럭저럭임
のみすぎないでね 과음하지 마, 과음하지 않도록 해

くみこ는 학교 친구 준기를 만나서 언제 시험을 보는지 물어보네요.

さいとう くみこ： てすとは いつ？

そ・じゅんぎ： てすとは きのうだったよ。

さいとう くみこ： そう。どうだった？

そ・じゅんぎ： まあまあだったよ。

さいとう くみこ： きょうは てすとじゃなかった？

そ・じゅんぎ： うん、きょうは てすとじゃなかった。じゅぎょうだった。

さいとう くみこ： なんじまで じゅぎょうだった？

そ・じゅんぎ： 4じまでだった。

さいとう くみこ： そう。

そ・じゅんぎ： 6じからは のみかい。

さいとう くみこ： そう。のみすぎないでね。

さいとう くみこ : 시험은 언제야?
서준기 : 시험은 어제였어.
さいとう くみこ : 그렇구나. 어땠어?
서준기 : 그럭저럭 봤어(그런대로 괜찮았어).
さいとう くみこ : 오늘은 시험이 아니었어?
서준기 : 응, 오늘은 시험이 아니었어. 수업이었어.
さいとう くみこ : 몇 시까지 수업이었어?
서준기 : 4시까지였어.
さいとう くみこ : 그렇구나.
서준기 : 6시부터는 술 모임이야.
さいとう くみこ : 그렇구나. 과음하지 마.

한국과 다른 일본의 술 예절

아하, 일본에서는!

한국과 일본은 술 먹는 예절이 많이 다릅니다. 한국에서는 나이가 어린 사람이 연장자 앞에서는 고개를 돌려서 술을 마시죠? 일본에서는 그런 관습이 없어요. 그리고 일본에서는 첨잔을 합니다. 귀한 손님일수록 첨잔을 자주 합니다. 그만큼 그 손님이 드시는 것에 대해 신경을 쓰고 있다는 의미인 것이죠. 술잔이 다 빌 때까지 아무것도 안 해 드렸다면 그것이 오히려 실례가 되는 겁니다. 한국 사람에게 첨잔을 해 주려고 하면 한국 사람이 급하게 잔을 비워서 일본 사람들이 당황하는 경우가 자주 생깁니다. 일본 사람들이 첨잔하려 할 때는 잔을 비우라는 뜻이 아니니 원샷을 하실 필요 없어요. 그리고 한국에서는 건배를 여러 번 하지요? 일본에서는 처음 술을 마시기 시작할 때 한 번 건배를 하고 술을 마시는 도중에는 건배를 하지 않습니다. 그리고 건배했다고 원샷을 하지 않아도 되고요. 평균적으로 말씀 드려서 일본 사람들은 한국 사람들보다 술에 약합니다. 그리고 억지로 술을 먹이는 분위기도 아니고요. 그러니 일본 사람들과 술을 마실 때는 음주를 강요하지 마세요. 나중에 안 좋은 소리를 들을 수도 있답니다.

예문 09-5.mp3

1 주어진 두 단어를 써서 ～は～だった(~는 ~였어)라는 문장으로 말해 보세요.

| 보기 | きのう (어제)・てんき (날씨, 좋은 날씨)
→ きのうは てんきだった。(어제는 좋은 날씨였어.)

1. 쓰지 말고 말해 보세요.　　2. ________
3. ________　　4. ________

2 주어진 두 단어를 써서 ～は～じゃなかった(~는 ~가 아니었어)라는 문장으로 말해 보세요.

| 보기 | きょう (오늘)・はれ (맑음, 맑은 날씨)
→ きょうははれじゃなかった。(오늘은 맑은 날씨가 아니었어.)

1. 쓰지 말고 말해 보세요.　　2. ________
3. ________　　4. ________

3 주어진 단어를 써서 ～は なんじから なんじまでだった?(~는 몇 시부터 몇 시까지였어?)라는 질문으로 말해 보세요.

| 보기 | じゅぎょう (수업)
→ じゅぎょうは なんじから なんじまでだった?
(수업은 몇 시부터 몇 시까지였어?)

1. 쓰지 말고 말해 보세요.　　2. ________
3. ________　　4. ________

4 주어진 두 단어를 써서 ～から～までだった(~부터 ~까지였어)라고 대답해 보세요.

| 보기 | 4じ (4시)・5じ (5시)
→ 4じから 5じまでだった。(4시부터 5시까지였어.)

1. 쓰지 말고 말해 보세요.　　2. ________
3. ________　　4. ________

학습일 월 일

10 존댓말로 말해요

10じから かいぎでした。

10시부터 회의였습니다.

강의 및 예문 듣기

예문 10-1.mp3

워밍업
기본 회화 듣기

그림을 보면서 어떤 내용인지 추측하면서 회화를 들어 보세요.

예문 10-2.mp3

1단계
기본 단어 익히기

くもり 흐림, 흐린 날씨

ゆき 눈

かいぎ 회의

しけん 시험

ひるやすみ 점심시간

うけつけ 접수

はん 반

예문 10-3.mp3

2단계
기본 문형 익히기

❶ ～は～でした。

～는 ～였습니다.

명사 과거형을 존댓말로 할 때, 즉 '～였습니다'라고 말할 때는 명사 뒤에 ～でした를 붙이면 됩니다.

おとといは くもりでした。	그저께는 흐린 날씨였습니다(흐림이었습니다).
きのうは ゆきでした。	어제는 눈이 왔습니다(눈이었습니다).
きょうは かいぎでした。	오늘은 회의였어요.
おとといは しけんでした。	그저께는 시험이었어요.

잠깐만요!

'시험'이라는 한자어는 일본어로는 이번 과에서 배우는 試験[しけん]이라는 단어인데 학교에서 흔히 보는 시험은 9과에서 배운 テスト(てすと)라고 하는 경우가 많습니다. 試験[しけん]은 입학시험이나 자격증시험 등의 중요하고 격식 있는 시험에 쓰는 경우가 많습니다. 뜻만 이해되시면 글자에는 신경 쓰지 않으셔도 돼요.

❷ ～は～じゃありませんでした。

～는 ～가 아니었습니다.

과거의 부정문은 명사 뒤에 ～じゃありませんでした를 붙이면 됩니다. 이것은 ～じゃありません이라는 부정에 ～でした라는 과거형이 합해진 것이지요.

きのうは くもりじゃありませんでした。	어제는 흐린 날씨가 아니었습니다(흐림이 아니었습니다).
きょうは ゆきじゃありませんでした。	오늘은 눈이 오지 않았습니다(눈이 아니었습니다).
おとといは かいぎじゃありませんでした。	그저께는 회의가 아니었어요.
きのうは しけんじゃありませんでした。	어제는 시험이 아니었어요.

❸ ~からでした。

~부터였습니다.

~から가 '~부터'라는 뜻인데, 이 말 뒤에 ~でした가 붙으면 '~부터였습니다'가 됩니다.

かいぎは 3じからでした。 회의는 3시부터였습니다.

しけんは 6じからでした。 시험은 6시부터였습니다.

ひるやすみは 12じからでした。 점심시간은 12시부터였어요.

うけつけは 9じからでした。 접수는 9시부터였어요.

❹ ~まででした。

~까지였습니다.

~まで가 '~까지'라는 뜻인데, 이 말 뒤에 ~でした가 붙으면 '~까지였습니다'가 됩니다.

かいぎは 4じまででした。 회의는 4시까지였습니다.

しけんは 7じまででした。 시험은 7시까지였습니다.

ひるやすみは 1じまででした。 점심시간은 1시까지였어요.

うけつけは 5じまででした。 접수는 5시까지였어요.

❺ ～はなんじからなんじまででしたか。

～는 몇 시부터 몇 시까지였습니까?

'몇 시'가 なんじ였지요. 존댓말로 몇 시부터 몇 시까지인지를 물어보는 연습을 해 봅시다.

かいぎは なんじから なんじまででしたか。
회의는 몇 시부터 몇 시까지였습니까?

しけんは なんじから なんじまででしたか。
시험은 몇 시부터 몇 시까지였습니까?

ひるやすみは なんじから なんじまででしたか。
점심시간은 몇 시부터 몇 시까지였어요?

うけつけは なんじから なんじまででしたか。
접수는 몇 시부터 몇 시까지였어요?

잠깐만요!

일본어로 '낮, 점심'은 昼[ひる]라고 하고 '쉼, 휴식'은 休み[やすみ]라고 하는데, 이 두 단어를 합해서 昼休み[ひるやすみ]라고 하면 '점심 휴식시간' 즉 '점심시간'이라는 뜻이 됩니다.

❻ ～から～まででした。

～부터 ～까지였습니다.

이번에는 はん(반)을 사용하여 질문에 대답해 봅시다.

2じ はんから 4じ はんまででした。 2시 반부터 4시 반까지였습니다.

10じ はんから 11じ はんまででした。 10시 반부터 11시 반까지였습니다.

12じ はんから 1じ はんまででした。 12시 반부터 1시 반까지였어요.

8じ はんから 5じ はんまででした。 8시 반부터 5시 반까지였어요.

예문 10-4-1.mp3
예문 10-4-2.mp3

3단계
회화로 다지기

おはようございます
안녕하세요(아침 인사)
よかった 다행이다

잠깐만요!

よかった는 직역하면 '좋았어/좋았다'라는 뜻인데 '다행이다'의 뜻으로도 사용됩니다.

막 출근한 たけし는 회의시간이 생각이 안 나서 여직원에게 물어보기로 했어요.

やまだ たけし : おはようございます。
あん・うんじゅ : おはようございます。
やまだ たけし : きょうの かいぎは なんじからですか。
あん・うんじゅ : 10じ はんからです。
やまだ たけし : なんじまでですか。
あん・うんじゅ : 12じ はんまでです。
やまだ たけし : じゃ、きょうの ひるやすみは 12じ はんから 1じまでですか。
あん・うんじゅ : いいえ、きょうは 12じ はんから 1じ はんまで ひるやすみです。
やまだ たけし : そうですか。ああ、よかった。

やまだ たけし : 안녕하세요(아침 인사).
안은주 : 안녕하세요(아침 인사).
やまだ たけし : 오늘 회의는 몇 시부터예요?
안은주 : 10시 반부터예요.
やまだ たけし : 몇 시까지예요?
안은주 : 12시 반까지예요.
やまだ たけし : 그럼, 오늘 점심시간은 12시 반부터 1시까지예요?
안은주 : 아니요, 오늘은 12시 반부터 1시 반까지 점심시간이에요.
やまだ たけし : 그렇군요. 아~, 다행이다.

일본의 회사 근무시간

한국에서도 일본에서도 하루 8시간 근무가 일반적인데 차이는 한국은 9시 출근 6시 퇴근이지만 일본은 9시 출근 5시 퇴근이 일반적이라는 점입니다. 즉 일본에서는 점심시간 1시간까지 근무시간으로 포함시켜서 8시간으로 되어 있어요. 법적으로는 휴식 시간을 제외하고 하루 8시간 이상 일을 시키면 안 되는 것으로 되어 있으니 점심시간을 8시간 근무에 포함시키지 않아도 되는데 대부분 9시 출근 5시 퇴근입니다. 물론 요새는 フレックスタイム制[ふれっくすたいむせい](플렉스타임제)가 도입되어 있는 곳도 많아서 그런 회사는 출퇴근 시간이 좀 자유롭지요. 일상 회화에서는 フレックスタイム制를 줄여서 フレックス[ふれっくす]라고 합니다.

예문 10-5.mp3

1 주어진 두 단어를 써서 ～は～でした(~는 ~였습니다)라는 문장으로 말해 보세요.

| 보기 | おととい (그저께) · くもり (흐림, 흐린 날씨)
→ おとといは くもりでした。(그저께는 흐린 날씨였습니다.)

1. 쓰지 말고 말해 보세요.
2.
3.
4.

2 주어진 두 단어를 써서 ～は～じゃありませんでした(~는 ~가 아니었습니다)라는 문장으로 말해 보세요.

| 보기 | きのう (어제) · ゆき (눈)
→ きのうは ゆきじゃありませんでした。
(어제는 눈이 오지 않았습니다.)

1. 쓰지 말고 말해 보세요.
2.
3.
4.

3 주어진 단어를 써서 ～は なんじから なんじまででしたか(~는 몇 시부터 몇 시까지였습니까?)라는 질문으로 말해 보세요.

| 보기 | しけん (시험)
→ しけんは なんじから なんじまででしたか。
(시험은 몇 시부터 몇 시까지였습니까?)

1. 쓰지 말고 말해 보세요.
2.
3.
4.

4 주어진 두 단어를 써서 ～から～まででした(~부터 ~까지였습니다)라고 대답해 보세요.

| 보기 | 2じ はん (2시 반) · 4じ はん (4시 반)
→ 2じ はんから 4じ はんまででした。
(2시 반부터 4시 반까지였습니다.)

1. 쓰지 말고 말해 보세요.
2.
3.
4.

명사 활용 정리하기

반말과 존댓말의 명사 활용을 한 번 정리해 보겠습니다.

반말

학생이야.	学生。
학생이 아니야.	学生じゃない。
학생이었어.	学生だった。
학생이 아니었어.	学生じゃなかった。

존댓말

학생입니다.	学生です。
학생이 아닙니다.	学生じゃありません。
학생이었습니다.	学生でした。
학생이 아니었습니다.	学生じゃありませんでした。

다른 책으로 공부한 적이 있는 분들 중에서 다음과 같은 질문을 하는 사람이 가끔 있습니다. '학생이야'라고 하려면 学生だ라고 해야 하는 게 아니냐고요. ~だ는 '~이다'라는 뜻이기 때문에 学生だ[がくせいだ]라고 하면 '학생이다'가 됩니다. '학생이야'라고 하려면 그냥 学生[がくせい]라고만 해야 합니다. 그런데 ~だ 뒤에 ~よ와 같은 조사가 붙는 경우는 学生だよ(학생이야)가 될 수 있습니다. ~よ에 대해서는 138쪽을 참조하세요.

| 단어 | 学生[がくせい] 학생

여기서 잠깐!

〈둘째마당〉으로 넘어가기 전에 꼭 해야 할 것들이 있습니다. 아래 사항들을 모두 끝내고 나서 〈둘째마당〉으로 넘어가세요. 그래야 공부가 순조롭게 진행됩니다.

1. 〈첫째마당〉 공부를 오디오만으로 하고 책을 전혀 안 보신 분들은 다시 1과부터 10과까지 이번에는 책을 보면서 오디오를 듣고 따라해 보세요. 이때 글자는 외우려 하지 마시고 그냥 구경한다는 느낌으로 편하게 책을 보면서 오디오를 듣고 따라하세요.

2. 위의 1번이 모두 끝난 후에는 554~557쪽에 있는 히라가나 연습노트를 이용하여 오디오를 들으면서 히라가나를 한두 번 써 보세요. 이때도 외우려 하지 마시고 한두 번만 써 보시면 됩니다.

3. 이번에는 1과부터 10과까지 소책자 파일을 보면서 오디오를 듣고 따라해 보세요. 소책자에는 첫째마당이 히라가나, 가타가나, 한자 혼용 표기로 되어 있습니다. 이때도 글자는 외우려 하지 마시고 그냥 편하게 일본어를 구경하면서 오디오를 듣고 따라하시면 됩니다.

위의 사항들을 빠짐없이 모두 끝냈다면 이제 〈둘째마당〉으로 Go!

: 둘째마당 :

일본어 형용사,
이것만 알면
기초는 끝!

첫째마디 · 명사와 비슷한 な형용사
둘째마디 · な형용사와 확연히 다른 い형용사

둘째마당부터는 일본어가 히라가나, 가타카나, 한자의 세 가지 글자가 사용되는 혼용 표기로 되어 있습니다. 한자는 한국에서도 사용되니 잘 아시죠? 히라가나와 가타카나가 일본 고유의 문자인데 히라가나와 가타카나는 글자의 개수도 발음도 똑같고 단지 모양만 다릅니다.

왜 두 가지 종류의 문자가 있냐면 가타카나는 외래어를 표기하기 위한 글자입니다. 그러니 일본어로 쓰인 문장을 보면 글자 모양으로 어떤 것이 외래어인지를 한눈에 알아 볼 수 있습니다.

처음에는 어렵게 느껴지실 지도 모르겠네요. 하지만 글자는 둘째 치고 소리에 집중해서 배우세요. 새로운 과를 공부할 때는 항상 소리만으로 공부한 다음에 책을 보면서 다시 한 번 공부하세요. 책은 구경한다는 느낌으로 편하게, 눈에 힘을 주지 마시고 귀에 힘을 주면서 공부하세요. 둘째마당이 끝날 때쯤에는 일본어 글자에 익숙해질 수 있을 겁니다.

첫째마디

명사와 비슷한 な형용사

일본어의 형용사에는 な형용사와 い형용사의 두 가지가 있습니다. 명사를 수식할 때 〈~な+명사〉의 형태를 갖는 것을 な형용사, 〈~い+명사〉의 형태를 갖는 것을 い형용사라고 부릅니다. 지금부터 배우는 な형용사는 명사와 거의 똑같이 활용됩니다. 명사 활용에 대해서는 이미 배웠으니 な형용사는 쉽게 익힐 수 있을 거예요. 그리고 이 책에서는 な형용사를 ~な라는 형태로 소개하지만 사전에서는 な를 뺀 형태로 찾아보셔야 해요. 이 책에서는 쉽게 배울 수 있도록 な를 붙인 형태로 소개해 드립니다. 자, 이제 な형용사를 정복하러 출발~!

학습일 월 일

11 반말로 말해요

有名な歌手。

유명한 가수야.

예문 11-1.mp3

워밍업 기본 회화 듣기

그림을 보면서 어떤 내용인지 추측하면서 회화를 들어 보세요.

예문 11-2.mp3

1단계 기본 단어 익히기

有名な[ゆうめいな] 유명한

元気な[げんきな] 활기 넘치는, 건강한

静かな[しずかな] 조용한

きれいな 예쁜, 아름다운, 깨끗한

簡単な[かんたんな] 간단한, 쉬운

大変な[たいへんな] 힘든

奥さん[おくさん] 부인, 아내 분

所[ところ] 곳

仕事[しごと] 일

明日[あした] 내일

すごく 엄청, 무지, 되게

そんなに 그렇게(까지), 그토록

どんな 어떤

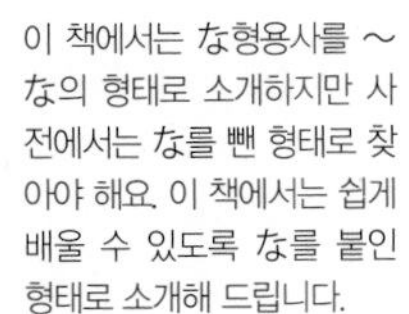

잠깐만요!

이 책에서는 な형용사를 ~な의 형태로 소개하지만 사전에서는 な를 뺀 형태로 찾아야 해요. 이 책에서는 쉽게 배울 수 있도록 な를 붙인 형태로 소개해 드립니다.

❶ ～な～。

～한 ～야.

な형용사로 명사를 수식할 때는 〈な형용사(～な)+명사〉의 형태로 말하면 됩니다.

すごく有名な歌手。	엄청 유명한 가수야.
すごく元気な人。	엄청 활기 넘치는 사람이야.
すごく静かな所。	무척 조용한 곳이야.
すごくきれいな人。	무지 예쁜 사람이야.

❷ ～な～じゃない。

～한 ～가 아니야.

な형용사로 명사를 수식할 때는 〈な형용사(～な)+명사〉의 형태로 말하면 된다고 했죠? 서술어가 명사이므로 '～가 아니야'라고 하려면 명사 뒤에 ～じゃない를 붙이면 됩니다.

そんなに簡単なテストじゃない。	그렇게 쉬운 시험이 아니야.
そんなに大変な仕事じゃない。	그렇게 힘든 일이 아니야.
そんなに有名な歌手じゃない。	그렇게 유명한 가수가 아니야.
そんなに静かな所じゃない。	그렇게 조용한 곳이 아니야.

잠깐만요!

히라가나를 보시면 작게 쓰이는 글자들이 있는 거 눈치 채셨나요? 히라가나 중에서 (가타카나도 마찬가지) や, ゆ, よ는 크게 쓰는 경우와 작게 쓰는 경우가 있습니다. や, ゆ, よ를 작게 쓰는 것을 '요음'이라고 하는데 や, ゆ, よ를 바로 앞에 있는 글자와 함께 읽어 주면 됩니다. 예를 들어 じゃ 같으면 앞에 있는 じ(지)와 や(야)를 합해서 じゃ(쟈)로 읽으면 되는 겁니다.

③ ~(な 삭제)。 ~해.

な형용사를 서술어로 쓸 때는 な형용사 뒤에 な를 붙이지 않습니다. な를 빼고 말해야 합니다. な는 명사를 수식할 때 필요한 것이거든요.

僕の彼女はすごく元気。 내 여자 친구는 엄청 활기 넘쳐.

あの人の奥さんはすごくきれい。 저 사람의 부인은 무지 예뻐.

今日のテストはすごく簡単。 오늘 (보는) 시험은 되게 쉬워.

その仕事はすごく大変。 그 일은 엄청 힘들어.

잠깐만요!

이번 과에서 きれいな(예쁜, 아름다운, 깨끗한)라는 단어가 나왔는데 1과 회화에서 かわいい(귀엽다, 예쁘다)라는 말이 나온 걸 기억하시나요? 거기에서 설명드렸듯이 둘 다 '예쁘다'라는 뜻으로 사용되지만 きれい는 예쁜 것 중에서도 '아름답다'에 가까운 '예쁘다'의 뜻이고 일상적으로 여자에게 '예쁘다'라고 할 때는 かわいい를 쓴다고 했죠? 여자가 조각처럼 예쁘게, 인형처럼 예쁘게, 아름답게 생긴 경우는 きれい라는 말을 써요. 참고로 きれいな는 한자로 奇麗な 혹은 綺麗な라고 씁니다.

④ ~(な 삭제) じゃない。 ~하지 않아.

な형용사로 부정문을 만들려면 な형용사 뒤에 じゃない를 붙이면 됩니다. な형용사 활용은 명사와 똑같다고 했지요? 이때도 な형용사 뒤에 오는 것이 명사가 아니기 때문에 な는 빼야 합니다.

その歌手はそんなに有名じゃない。 그 가수는 그렇게 안 유명해.

ここはそんなに静かじゃない。 여기는 그렇게 조용하지 않아.

あの人の奥さんはそんなにきれいじゃない。 저 사람의 아내 분은 그렇게 예쁘지 않아.

明日の試験はそんなに簡単じゃない。 내일 (보는) 시험은 그렇게 안 쉬워.

잠깐만요!

明日라는 한자어는 일상적으로는 あした라고 읽는 경우가 많지만 あすい みょうにち라고 읽을 수도 있습니다. 세 가지 모두 '내일'이라는 뜻인데 가장 흔히 쓰는 말이 あした이고 みょうにち는 매우 딱딱한 말이라 격식을 차려서 말할 때 씁니다. あす는 あした와 みょうにち의 중간 정도가 되는 말입니다.

❺ どんな～？

어떤 ～야?

9과의 〈회화로 다지기〉에서 どう(어떻게, 어때)라는 말을 배웠던 걸 기억하세요? 이번에는 どんな를 배우는데 どんな는 '어떤'이라는 뜻으로 명사 앞에 쓰입니다.

지금까지 배웠듯이 명사와 な형용사는 기본적인 활용이 같습니다. 그렇다면 어디서 차이가 나느냐면 명사를 수식할 때 차이가 납니다. 명사는 조사 ～の(～의)를 써서 〈명사+の+명사〉의 형태로 명사를 수식하는데, な형용사는 〈な형용사(～な)+명사〉의 형태로 명사를 수식합니다. 그런데 사전을 찾아보시면 아시겠지만 な형용사 중에는 명사로도 쓰이는 것들이 많습니다. 그런 단어의 경우는 명사를 ～の로 수식할 수도 있고 ～な로 수식할 수도 있는 것이지요.

どんな人？	어떤 사람이야?
どんな仕事？	어떤 일이야?
どんな所？	어떤 곳이야?
どんなテスト？	어떤 시험이야?

❻ ～な～。

～한 ～야.

どんな～？(어떤 ～야?)라는 질문에 대답할 때 여기에서 배운 な형용사를 사용하여 대답해 봅시다.

이번 과에서 仕事[しごと](일)라는 단어가 나왔는데 仕事는 '볼일'의 '일'이라는 뜻으로는 쓰지 않습니다. '직업'의 '일'이라는 뜻입니다. 잘못 쓰는 경우가 많으니 주의하세요. 참고로 '볼일'의 '일'은 用[よう] 혹은 用事[ようじ]라고 합니다.

すごく有名な人。	엄청 유명한 사람이야.
すごく大変な仕事。	무지 힘든 일이야.
すごくきれいな所。	엄청 아름다운 곳이야.
すごく簡単なテスト。	되게 쉬운 시험이야.

예문 11-4-1.mp3
예문 11-4-2.mp3

3단계
회화로 다지기

タイプ 타입

佐々木[ささき]라는 이름에서 가운데 글자 々가 특이하죠? 이것은 한자가 반복된다는 뜻의 표시입니다. 즉 佐라는 한자를 두 번 쓰는 건데, 두 번째 것은 다시 쓰지 않고 々로 대신 써서 한자를 생략한 거죠. 일본어에서는 같은 한자를 반복할 때는 々가 쓰이는 경우가 많습니다.

유리는 거리에서 사람들에게 둘러싸인 예쁜 여자를 보고는 亮[りょう]에게 물어보네요.

チョ・ユリ： あの人、誰？
佐々木 亮： どの人？
チョ・ユリ： あの人。あの、すごくきれいな人。
佐々木 亮： ああ、中川さくら。
チョ・ユリ： 中川さくら？ 有名な人？
佐々木 亮： うん、すごく有名。日本の歌手。
チョ・ユリ： ああ、そう。
佐々木 亮： きれい？
チョ・ユリ： うん。
佐々木 亮： そうかなぁ。俺のタイプじゃない。
チョ・ユリ： そう。

조유리 : 저 사람, 누구야?
ささき りょう : 어떤 사람? (어느 사람?)
조유리 : 저 사람. 저, 무척 예쁜 사람.
ささき りょう : 아~, なかがわ さくら야.
조유리 : なかがわ さくら? 유명한 사람이야?
ささき りょう : 응, 엄청 유명해. 일본 가수야.
조유리 : 아~, 그래.
ささき りょう : 예뻐?
조유리 : 응.
ささき りょう : 그런가. 내 타입이 아니야.
조유리 : 그래.

일본에서 이야기할 때는 작은 목소리로!

이번 과에 静かな[しずかな](조용한)라는 단어가 나왔죠? 일본 사람들은 조용한 것을 선호하는 경향이 있습니다. 일본 사람들은 한국 사람에 비해서 목소리가 작습니다. 그리고 목소리가 큰 것을 안 좋게 봅니다. 저도 목소리가 커서 어렸을 때부터 주의를 많이 받았어요. 한국에 오니까 목소리가 커도 아무도 뭐라 하지 않아서 얼마나 맘이 편한지 모릅니다.^^ 특히 일본에서 전철이나 버스를 탈 때는 주의하세요. 전철이나 버스 안이 매우 조용하거든요. 여행 와서 들뜬 기분이면 목소리가 더 커지기 마련이죠. 전철이나 버스에서 여럿이 모여 큰 소리로 떠드는 한국 사람들을 여러 번 봤습니다. 그러면 한국의 인상이 나빠질 수 있어요. 일본 사람들이 눈살을 찌푸리는 일이 없도록 조금 작은 소리로 말하세요. 참고로 しずか는 여자 이름으로도 많이 쓰여요. 그런데 조용한 것을 선호하는 일본 사람들이 祭り[まつり](축제)에서는 미친 듯이 떠들고 가마를 메고 행진하는 모습 등을 볼 수 있습니다. 그런 일본 사람들의 모습을 보고 깜짝 놀라는 외국인들도 많다고 합니다.

1 주어진 일본어 질문에 보기와 같이 うん(응)으로 대답해 보세요.

| 보기 | その人は有名な歌手？ (그 사람은 유명한 가수야?)
→ うん、有名な歌手。 (응, 유명한 가수야.)

1.
2.
3.
4.

2 주어진 일본어 질문에 보기와 같이 ううん(아니)으로 대답해 보세요.

| 보기 | そこは静か？ (거기는 조용해?)
→ ううん、静かじゃない。 (아니, 조용하지 않아.)

1.
2.
3.
4.

3 주어진 단어를 써서 どんな ～？(어떤 ～야?)라는 질문을 만들어 보세요.

| 보기 | 人 (사람)
→ どんな人？ (어떤 사람이야?)

1.
2.
3.
4.

예문 11-5.mp3

4 주어진 단어를 히라가나로 써 본 다음에 한자로도 써 보세요.
(외워야 한다고 생각하지 마시고 모르는 것은 찾아서 옮겨 써 보시면 됩니다.)

| 보기 | 조용한

히라가나: し ず か な

한자: 静 か な

1. 유명한

히라가나

한자

2. 활기 넘치는, 건강한

히라가나

한자

3. 힘든

히라가나

한자

4. 일

히라가나

한자

5. 내일

히라가나

한자

모음의 무성화

明日[あした]의 발음을 잘 들어 보세요. 쓰인 글자대로 발음이 나는 것 같지 않죠? 두 번째의 し 소리가 제대로 안 들리는 것 같죠? 입에서 바람만 나오는 그런 소리가 납니다. 이를 '모음의 무성화'라고 하는데 모음의 무성화는 무성 자음(k, s, t, h, p)과 무성 자음(k, s, t, h, p) 사이에 모음 i(い='ㅣ')나 u(う='ㅜ'와 'ㅡ' 중간 정도)가 끼면 모음이 무성화가 됩니다. 쉽게 말하면 발음이 약해지는 것이라고 할 수 있습니다. k, s, t, h, p는 か행, さ행, た행, は행, ぱ행 소리가 됩니다. 예를 들어 明日[あした]의 경우는 した가 sita(정확히는 ʃita)가 되어 모음 i(い)가 무성 자음 s와 t 사이에 끼었기 때문에 i가 무성화되어 し를 발음할 때 성대가 울리지 않고 입에서 바람만 나오는 소리가 됩니다. 이미 배운 단어에서 예를 들어 봅시다.

단어	올바른 발음
人[ひと] (사람)	h(i)と
鈴木さん[すずきさん] (すずき씨)	すずk(i)さん
試験[しけん] (시험)	ʃ(i)けん
学生[がくせい] (학생)	がk(u)せー
靴[くつ] (구두, 신발)	k(u)つ
薬[くすり] (약)	k(u)すり
奥さん[おくさん] (아내 분, 부인)	おk(u)さん

그 외 ～です(~입니다)와 ～ます(~합니다)의 끝소리 す에서도 모음의 무성화가 일어납니다. 그래서 발음이 ～でs, ～まs와 같이 발음됩니다. 다만 ～です一, ～ます一와 같이 꼬리를 길게 늘여서 발음하는 경우는 모음의 무성화가 일어나지 않습니다.

그런데 단어 하나하나를 머릿속에서 자음과 모음으로 나누어서 무성화를 시켜야 하는지 아닌지를 판단하면서 말할 수는 없죠. 가장 좋은 방법은 귀로 듣고 자연스러운 발음을 익히는 것입니다. 일본어를 공부할 때는 항상 귀에 힘주는 것 잊지 마세요.

첫째마당 가타카나 단어 연습

이제 글자를 익혀 나가야 하는 시점에 왔습니다. 히라가나와 한자는 본문 내용을 충실히 공부하면 금방 익힐 수 있는데 가타카나는 히라가나처럼 많이 나오지 않기 때문에 따로 연습할 필요가 있습니다. 이 책이 끝날 때쯤에는 가타카나도 제대로 알 수 있게 되도록 조금씩 연습해 봅시다.

주어진 단어의 뜻으로 옳은 것을 고르세요.

1. オーストラリア •	• ❶ 미국
2. フランス •	• ❷ 영국
3. カナダ •	• ❸ 프랑스
4. オランダ •	• ❹ 네덜란드
5. カメラ •	• ❺ 호주
6. アメリカ •	• ❻ 오스트리아
7. オーストリア •	• ❼ 캐나다
8. パソコン •	• ❽ 러시아
9. ロシア •	• ❾ 카메라
10. イギリス •	• ❿ PC

정답 1.❺ 2.❸ 3.❼ 4.❹ 5.❾ 6.❶ 7.❻ 8.❿ 9.❽ 10.❷

12 존댓말로 말해요

親切な人です。

친절한 사람입니다.

예문 12-1.mp3

워밍업 기본 회화 듣기

그림을 보면서 어떤 내용인지 추측하면서 회화를 들어 보세요.

예문 12-2.mp3

1단계 기본 단어 익히기

親切な[しんせつな] 친절한

まじめな 성실한, 진지한, 따분한

大切な[たいせつな] 소중한, 중요한

大事な[だいじな] 중요한, 소중한

好きな[すきな] 좋아하는, 좋은, 사랑하는

嫌いな[きらいな] 싫어하는, 싫은

嫌な[いやな] 싫은, 불쾌한

お父さん[おとうさん] 아버지

書類[しょるい] 서류

勉強[べんきょう] 공부

とても 아주, 매우, 무척

それほど 그다지, 그렇게, 그 정도(로)

잠깐만요!

일본에서는 한자를 약자로 쓰는 경우가 많습니다. 嫌은 오른쪽 맨 위의 두 획을 쓰는 방향이 한국과 다르게 가운데를 향하도록 씁니다. 類의 왼쪽 아랫부분은 한국에서는 犬으로 쓰지만 일본에서는 大로 씁니다. 이렇게 미세하게 다른 부분도 놓치지 않도록 정확히 알아두세요.

예문 12-3.mp3

2단계
기본 문형 익히기

❶ ~な~です。 ~한 ~입니다.

な형용사로 명사를 수식할 때는 〈な형용사(~な)+명사〉로 서술어가 명사이므로 '~입니다'라고 할 때는 ~です를 붙이면 됩니다.

잠깐만요!

まじめな는 원래 '성실하다, 진지하다'라는 긍정적인 뜻으로 쓰이는 말이지만, '따분하다, 융통성이 없다'라는 부정적인 뜻으로 쓰일 때도 있어요. 그리고 まじめな는 한자로 真面目な라고 씁니다.

とても親切な方です。	매우 친절한 분입니다.
とてもまじめな人です。	무척 성실한 사람입니다.
とても大切な本です。	아주 소중한 책이에요.
とても大事な書類です。	매우 중요한 서류예요.

❷ ~な~じゃありません。 ~한 ~가 아닙니다.

な형용사로 명사를 수식할 때는 서술어가 명사이므로 '~가 아닙니다'라고 하려면 명사 뒤에 ~じゃありません을 붙이면 됩니다.

잠깐만요!

それほど와 そんなに는 뜻이 같아서 대부분 바꿔 쓸 수 있습니다. 다만 '그 정도가 아니었다'의 뜻인 경우는 それほど를 써서 それほどじゃなかった라고 합니다. 이 경우에 そんなに는 쓰지 않습니다.

それほど親切な方じゃありません。	그다지 친절한 분이 아닙니다.
それほどまじめな人じゃありません。	그다지 성실한 사람이 아닙니다.
それほど大切な本じゃありません。	그렇게 소중한 책이 아니에요.
それほど大事な書類じゃありません。	그렇게 중요한 서류가 아니에요.

❸ ～(な 삭제)です。 ～합니다.

な형용사를 서술어로 쓸 때는 な를 붙이지 않고 바로 ～です를 붙이면 됩니다. 조사를 주의하세요. '～를 좋아하다/싫어하다'의 조사 '～을/를'이 일본어에서는 ～が(～이/가)가 됩니다.

잠깐만요!

好きな[すきな], 嫌いな[きらいな]는 일본어에서 모두 な형용사이지만 한국어에서는 '좋아하다', '싫어하다'가 동사이기 때문에 조사가 다른 겁니다. 한국어 해석을 '좋아하다', '싫어하다'가 아니라 '좋다', '싫다'로 해서 'たむら씨가 아주 좋습니다', '공부가 무척 싫습니다'라고 하면 한국어도 형용사가 되기 때문에 조사가 일본어와 같아집니다.

私は田村さんがとても好きです。 저는 たむら씨를 아주 좋아합니다.

私は勉強がとても嫌いです。 저는 공부를 무척 싫어합니다.

私はこの仕事がとても嫌です。 저는 이 일이 아주 싫어요.

先生はとても親切です。 선생님은 무척 친절해요.

❹ ～(な 삭제)じゃありません。 ～하지 않습니다.

な형용사의 부정문을 만들려면 な를 붙이지 않고 ～じゃありません을 붙이면 됩니다. 好きな[すきな](좋아하는), 嫌いな[きらいな](싫어하는)를 쓸 때는 조사에 주의해야 해요.

잠깐만요!

な형용사로 '～하지 않습니다'라고 하는 방법은 ～じゃありません 외에 반말 부정형인 ～じゃない(～하지 않아)에 ～です(～입니다)를 붙인 ～じゃないです로도 말할 수 있습니다. 다만 ～じゃないです는 반말 형태인 ～じゃない에 ～です를 붙인 것이니 ～じゃありません이 더 공손한 말투가 됩니다. ～じゃありません을 더 공손하게 하려면 ～ではありません이라고 하면 되는데, 이는 격식 차린 말투라서 일상회화에서는 잘 쓰이지 않습니다.

私は勉強がそれほど好きじゃありません。
저는 공부를 그렇게 좋아하지 않습니다.

私は田村さんが嫌いじゃありません。 저는 たむら씨를 안 싫어합니다.

この仕事はそれほど嫌じゃありません。 이 일은 그렇게 안 싫어요.

中野さんのお父さんはそれほどまじめじゃありません。
なかの씨의 아버지는 그렇게 성실하지 않아요.

⑤ どんな~ですか。 어떤 ~입니까?

どんな(어떤)는 항상 뒤에 명사가 이어집니다.

どんな書類ですか。 어떤 서류입니까?

どんな仕事ですか。 어떤 일입니까?

どんな先生ですか。 어떤 선생님이에요?

どんなお父さんですか。 어떤 아버지예요?

先生[せんせい](선생님)라는 단어를 보면 한자로 '선생'이라고 되어 있죠? 뒤에 '님'이라는 존칭을 붙이지 않고 先生만으로 '선생님'이라는 뜻이에요. 그래서 자신에 대해 말할 때는 先生라는 말을 쓰지 않고 教師[きょうし](교사)라는 말을 씁니다.

⑥ ~な~です。 ~한 ~입니다.

앞에서 배운 な형용사를 사용하여 질문에 대답해 봅시다.

とても大切な書類です。 아주 소중한 서류입니다.

とても嫌な仕事です。 무척 싫은 일입니다.

とてもまじめな先生です。 매우 성실한 선생님이에요.

とても親切なお父さんです。 매우 친절한 아버지예요.

大切な[たいせつな]와 大事な[だいじな]는 둘 다 '소중한, 중요한'이라는 뜻을 가지고 있어 교체도 가능한 단어들입니다. 그런데 大切な는 大事な보다 주관적인 감정, 애정이 느껴지는 말이고 大事な는 객관적인 중요성이 느껴지는 말입니다. 그래서 해석을 大切な는 '소중한'을 앞세웠고 大事な는 '중요한'을 앞세운 겁니다. '중요한'이라는 뜻을 가진 것으로 重要な[じゅうような]도 있는데, 이 세 단어의 뉘앙스 차이는 重要な는 '중요한', 大事な는 '중요한'과 '소중한'의 중간, 大切な는 '소중한'이라고 하면 가장 가까운 것 같습니다.

예문 12-4-1.mp3
예문 12-4-2.mp3

3단계
회화로 다지기

ええ 네
それに 게다가
実は[じつは] 실은, 사실은
今度[こんど] 이번, 다음
お見合いします[おみあいします] 선을 봅니다

잠깐만요!

ええ는 はい(네)와 같은 뜻인데 はい만큼 격식을 차린 느낌이 없어서 일상적인 편한 대화에서는 ええ를 더 많이 씁니다.

良子[りょうこ]는 맞선 상대가 선배인 고희철의 회사 동료라는 말을 듣고 그에게 물어보네요.

山口 良子: 松田太一さんはコさんの会社の方ですか。
コ・ヒチョル: 松田太一さんですか。
ええ、そうです。
山口 良子: 松田さんはどんな方ですか。
コ・ヒチョル: 松田さんですか。
とてもまじめな人です。
山口 良子: まじめですか。
コ・ヒチョル: ええ。それに、親切です。
山口 良子: そうですか。
実は、今度、お見合いします。
コ・ヒチョル: え?! そうですか。

やまぐち りょうこ : まつだ たいち씨는 고씨의 회사 분이에요?
고희철 : まつだ たいち씨 말이에요? 네, 그래요.
やまぐち りょうこ : まつだ씨는 어떤 사람이에요?
고희철 : まつだ씨요? 아주 성실한 사람이에요.
やまぐち りょうこ : 성실해요?
고희철 : 네. 게다가 친절해요.
やまぐち りょうこ : 그렇군요. 실은, 이번에 맞선을 봐요.
고희철 : 네?! 그렇군요.

'좋아해'가 '사랑해'?

아하, 일본에서는!

일본어로 '사랑해'를 愛してる[あいしてる]로 아는 사람들이 많은데 실생활에서는 이 말을 쓰는 경우가 그리 많지 않습니다. 이 말은 좀 무겁고 낯간지러운 말이거든요. 일상적으로 흔히 쓰는 말은 이번 과에서 배운 好き[すき]라는 표현입니다. 好き는 '좋아하다'라는 뜻인데 '사랑하다'라는 뜻으로도 쓰입니다. 만약 일본 사람이 당신에게 '好き'라는 말을 했다면 그건 '사랑해'라는 사랑의 고백입니다. '나를 친구로 좋아하는구나'하며 지나가지 마세요! '엄청 좋아해/사랑해'라고 할 때는 好き 앞에 大를 써서 大好き[だいすき]라고 하면 됩니다~!

예문 12-5.mp3

1 주어진 일본어 질문에 보기와 같이 はい(네)로 대답해 보세요.

| 보기 | 先生は親切な方ですか。(선생님은 친절한 분입니까?)
→ はい、親切な方です。(네, 친절한 분입니다.)

1. ______
2. ______
3. ______
4. ______

2 주어진 일본어 질문에 보기와 같이 いいえ(아니요)로 대답해 보세요.

| 보기 | 中野さんのお父さんはまじめですか。(なかの씨의 아버지는 성실합니까?)
→ いいえ、まじめじゃありません。(아니요, 성실하지 않습니다.)

1. ______
2. ______
3. ______
4. ______

3 주어진 단어를 써서 どんな～ですか(어떤 ~입니까?)라는 질문을 만들어 보세요.

| 보기 | 先生 (선생님)
→ どんな先生ですか。(어떤 선생님입니까?)

1. ______
2. ______
3. ______
4. ______

4 주어진 단어를 히라가나로 써 본 다음에 한자로도 써 보세요.

| 보기 | 이번, 다음

히라가나			한자	
こ	ん	ど	今	度

1. 친절한

히라가나

한자

2. 좋아하는, 좋은

히라가나

한자

3. 아버지

히라가나

한자

4. 서류

히라가나

한자

5. 공부

히라가나

한자

'싫어하다, 싫다'를 나타내는 嫌いな[きらいな]와 嫌な[いやな]

嫌いな[きらいな]와 嫌な[いやな]라는 두 단어를 헷갈리는 사람들이 많으니 차이점에 대해서 살펴보기로 하겠습니다. 이 두 단어의 차이는 반대말을 보면 쉽게 알 수 있습니다.

嫌いな[きらいな] (싫은, 싫어하는) ↔ 好きな[すきな] (좋은, 좋아하는)

嫌な[いやな] (싫은, 싫어하는) ↔ いい (좋은)

嫌い[きらい]는 '좋아하고 싫어하고'의 기호를 나타내는 말이며 대상에 대해 어떻게 느끼는지를 나타내는 말인데 비해서 嫌な[いやな]는 '불쾌한 것', '하기 싫은 것', '피하고 싶은 마음' 등을 나타냅니다. 따라서 다음과 같은 예에서는 嫌い[きらい]를 쓰지 못합니다.

結婚[けっこん]してください。(결혼해 주세요.) → 嫌[いや]です。(싫어요.)

이런 경우는 기호를 묻는 것이 아니기 때문에 嫌い[きらい]라고 대답하면 안 됩니다.

私は勉強が嫌いです。	저는 공부가 싫습니다/공부를 싫어합니다.
私はこの仕事が嫌いです。	저는 이 일이 싫어요/이 일을 싫어해요.

위의 두 예문은 기호를 나타내는 嫌い[きらい]를 쓰고 있기 때문에 '좋아하느냐 싫어하느냐'라는 기호를 말하는 감각에서 '싫어한다'고 표현한 것입니다.

私は勉強が嫌です。	저는 공부가 싫습니다/공부를 싫어합니다.
私はこの仕事が嫌です。	저는 이 일이 싫어요/이 일을 싫어해요.

위의 두 예문은 嫌[いや]를 쓰고 있기 때문에 '공부'나 '이 일'이 피하고 싶은 대상이고 하기 싫은 것, 불쾌감을 느끼는 것입니다. 따라서 嫌いな[きらいな]는 '싫어하는'으로 해석하고, 嫌な[いやな]는 '싫은'으로 해석하는 것이 느낌이 더 가깝지 않나 싶습니다.

한국어 발음과 비슷한 단어 (1)

이번에 연습하는 단어들은 앞에서 배웠던 단어들과 한국어와 일본어의 발음이 비슷한 것들입니다.

주어진 단어의 뜻으로 옳은 것을 고르세요.

1. コンサート •	• ❶ 선물
2. オイル •	• ❷ 스마트폰(약칭)
3. サイン •	• ❸ 콘서트
4. オレンジ •	• ❹ 시험
5. プレゼント •	• ❺ 잉크
6. テスト •	• ❻ 오일
7. サイズ •	• ❼ 오렌지
8. スマホ •	• ❽ 사이즈
9. サイクル •	• ❾ 사인
10. インク •	• ❿ 사이클

정답 1.❸ 2.❻ 3.❾ 4.❼ 5.❶ 6.❹ 7.❽ 8.❷ 9.❿ 10.❺

13 반말로 말해요

日本語が上手だった。

일본어를 잘했어.

예문 13-1.mp3

워밍업 기본 회화 듣기

그림을 보면서 어떤 내용인지 추측하면서 회화를 들어 보세요.

예문 13-2.mp3

1단계 기본 단어 익히기

上手な[じょうずな] 잘하는, 능숙한

下手な[へたな] 잘 못하는, 서투른

得意な[とくいな] 잘하는, 능숙한, 자신 있는

苦手な[にがてな] 잘 못하는, 서투른, 다루기 어려운

暇な[ひまな] 한가한, 시간이 있는, 심심한

変な[へんな] 이상한

英語[えいご] 영어

韓国語[かんこくご] 한국어

中国語[ちゅうごくご] 중국어

日[ひ] 날, 날짜

お母さん[おかあさん] 어머니

잠깐만요!

得意な[とくいな]의 억양은 '저-고-고-고'로 발음되기도 합니다.

예문 13-3.mp3

2단계
기본 문형 익히기

잠깐만요!

12과에서 설명 드렸던 것과 마찬가지로 上手な[じょうずな](잘하는), 下手な[へたな](잘 못하는), 得意な[とくいな](잘하는), 苦手な[にがてな](잘 못하는)도 な형용사이기 때문에 조사 ~が(~이/가)를 쓰는 겁니다. 한국어 해석을 '일본어가 엄청 능숙한 사람이었어', '영어가 무지 서투른 사람이었어'와 같이 '잘하다', '잘 못하다'를 '능숙하다', '서투르다'로 바꾸면 한국어도 형용사가 되기 때문에 조사가 일본어와 같아집니다.

1 ~な~だった。 ~한 ~였어.

な형용사로 명사를 수식할 때는 〈な형용사(~な)+명사〉가 되므로 명사 뒤에 ~だった를 붙이면 과거형이 됩니다. 그리고 '~을/를 잘하다/못하다'에서 조사 '~을/를'이 ~が(~이/가)가 된다는 점에 주의하세요.

日本語がすごく上手な人だった。 일본어를 엄청 잘하는 사람이었어.

英語がすごく下手な人だった。 영어를 무지 잘 못하는 사람이었어.

韓国語が得意な人だった。 한국어를 잘하는 사람이었어.

中国語が苦手な人だった。 중국어를 잘 못하는 사람이었어.

잠깐만요!

앞에서 や, ゆ, よ가 작게 쓰이는 '요음'에 대해서 설명 드린 바 있죠? 그런데 히라가나(가타카나도 마찬가지) つ도 작게 쓰입니다. つ가 작게 쓰이는 것을 '촉음'이라고 하는데 뒤에 이어지는 자음이 이중으로 겹치는 소리가 납니다. 예를 들어 ~だった, ~かった를 한글로 비슷하게 쓰면 た가 '타'가 되겠죠. 작은 つ는 뒤에 이어지는 자음 'ㅌ' 소리가 나니 ~だった, ~かった는 '닫타', '칻타'가 되는 겁니다.

2 ~な~じゃなかった。 ~한 ~가 아니었어.

な형용사로 명사를 수식할 때는 서술어가 명사이므로 '~가 아니었어'라고 하려면 명사 뒤에 ~じゃなかった를 붙이면 됩니다.

昨日はそんなに暇な日じゃなかった。 어제는 그렇게 한가한 날이 아니었어.

原田さんのお母さんは変な人じゃなかった。
はらだ씨의 어머니는 이상한 사람이 아니었어.

ヒョンジンは日本語が上手な人じゃなかった。
현진이는 일본어를 잘하는 사람이 아니었어.

駿は英語がそんなに下手な人じゃなかった。
しゅん은 영어를 그렇게 잘 못하는 사람이 아니었어.

❸

～(な 삭제)だった。

~했어.

な형용사를 서술어로 쓸 때는 な를 붙이지 않고 ～だった를 붙이면 됩니다. な형용사는 활용이 명사랑 같다고 했죠?

優奈は韓国語が得意だった。 ゆうな는 한국어를 잘했어.

ユノは中国語が苦手だった。 윤호는 중국어를 잘 못했어.

その日はすごく暇だった。 그 날은 엄청 한가했어.

和田さんのお母さんはすごく変だった。 わだ씨의 어머니는 되게 이상했어.

❹

～(な 삭제)じゃなかった。

~하지 않았어.

な형용사 과거의 부정문을 만들려면 な를 붙이지 않고 ～じゃなかった를 붙이면 됩니다.

ヒョンジンは日本語がそんなに上手じゃなかった。
현진이는 일본어를 그렇게 잘하지 않았어.

駿は英語が下手じゃなかった。 しゅん은 영어를 잘 못하지 않았어.

ユノは中国語が得意じゃなかった。 윤호는 중국어를 잘하지 않았어.

優奈は韓国語が苦手じゃなかった。 ゆうな는 한국어를 잘 못하지 않았어.

잠깐만요!

소리 학습을 제대로 하셨으면 이미 눈치 채셨을 텐데, 일본어의 う단(う라는 모음을 가진 소리)과 お단(お라는 모음을 가진 소리)의 소리는 한국어 'ㅜ'나 'ㅗ'와 소리가 다릅니다. 일본어의 う단 소리는 한국어 'ㅜ'에서 입술 힘을 뺀 소리예요. '우' 발음하면 입술이 둥글게 되죠? 거기에서 입술 힘을 빼세요. 그것이 일본어의 う단 소리입니다. お단 소리도 마찬가지로 '오' 발음하다 입술에서 힘을 빼세요. 그것이 일본어의 お단 소리입니다.

⑤ ～はどう？

～는 어때?

9과의 〈회화로 다지기〉에서 どう(어떻게, 어때)라는 말이 나왔지요? 여기에서 다시 연습해 봅시다. 과거형으로 쓰려면 뒤에 ～だった를 붙여서 どうだった？라고 하면 됩니다.

その日はどう？	그 날은 어때?
彼氏のお母さんはどう？	남자 친구의 어머니는 어때?
駿の英語はどうだった？	しゅん의 영어는 어땠어?
ヒョンジンの日本語はどうだった？	현진이의 일본어는 어땠어?

⑥ ～(な 삭제)。

～해.

이번에 배운 な형용사를 사용하여 질문에 대답해 봅시다.

暇。	한가해(시간 있어).
変。	이상해.
すごく上手だった。	엄청 잘했어.
下手だった。	잘 못했어.

잠깐만요!

'공부를 잘해'라는 말을 하고 싶어서 勉強が上手[べんきょうが じょうず]라고 하는 사람을 많이 본 적이 있는데 上手는 勉強에는 쓰지 못합니다. 上手, 下手[へた]는 '기술', '수완', '솜씨'에 대해서 쓰는 말입니다. 예를 들어 テニスが上手(테니스를 잘한다), 料理[りょうり]が上手(요리를 잘한다)와 같은 경우에 씁니다. '테니스'나 '요리' 등은 '기술', '솜씨'니까요. 그 외에 '계산', '노래', '영어(회화)'와 같은 경우에도 上手, 下手를 쓸 수 있습니다. 같은 영어라 해도 회화가 아니라 문법이나 어휘 실력에 관해서 말할 때는 쓰지 못합니다.

예문 13-4-1.mp3
예문 13-4-2.mp3

3단계
회화로 다지기

家族[かぞく] 가족
でも 그렇지만, 하지만
結婚[けっこん] 결혼
もうちょっと 좀 더
考える[かんがえる] 생각하다

잠깐만요!

もうちょっと(좀 더)라는 말은 もう(더)와 ちょっと(좀, 조금)가 합해진 말인데 한국어와 어순이 다르죠? 그리고 もう라는 단어가 단독으로 쓰일 때는 '더'라는 뜻으로는 쓰지 않고 '이제, 벌써, 곧'이라는 뜻으로 씁니다. 잘못 쓰는 경우가 많으니까 주의하세요.

聡[さとし]는 친구 태연이가 남자 친구의 부모님께 인사를 드렸다는 이야기를 들었어요.

松本 聡：彼氏の家族はどうだった？
ユン・テヨン：お母さんはすごくきれいな人だった。
松本 聡：そう。
ユン・テヨン：でも、そんなに親切じゃなかった。
松本 聡：お父さんは？
ユン・テヨン：お父さんはちょっと変な人だった。
松本 聡：変な人だった？
ユン・テヨン：うん。
松本 聡：彼氏の家族は韓国語上手？
ユン・テヨン：お父さんは下手。でも、お母さんは上手。
松本 聡：結婚は？
ユン・テヨン：ん……もうちょっと考える。
松本 聡：そう。

まつもと さとし : 남자 친구의 가족은 어땠어?
윤태연 : 어머니는 엄청 예쁜 사람이었어.
まつもと さとし : 그렇구나.
윤태연 : 그런데, 그렇게 친절하지 않았어.
まつもと さとし : 아버지는?
윤태연 : 아버지는 좀 이상한 사람이었어.
まつもと さとし : 이상한 사람이었어?
윤태연 : 응.
まつもと さとし : 남자 친구 가족은 한국어 잘해?
윤태연 : 아버지는 잘 못해. 그런데, 어머니는 잘해.
まつもと さとし : 결혼은?
윤태연 : 음…… 좀 더 생각할래.
まつもと さとし : 그렇구나.

일본의 결혼식

일본에서는 결혼식 청첩장이 '출석', '결석'을 알리는 답장을 보낼 수 있게 되어 있고, 이 청첩장에 '출석'하겠다고 답장을 보낸 사람만 결혼식에 참석할 수 있습니다. 그러니 초대도 받지 않았으면, 또 '출석'하겠다는 답장을 보내지 않았으면 결혼식에 갈 수 없습니다. 결혼식(피로연)은 모두 정해진 자리에 앉아서 보통 2시간 정도 코스 요리를 먹으면서 진행됩니다. 결혼식 도중에 나오는 것은 크게 실례가 되므로 꼭 끝까지 앉아서 지켜보세요. 축의금 금액은 보통 친구나 아는 사람인 경우 3만 엔은 넣어야 합니다. 한국의 경우를 생각하면 무척 비싼 금액이지만 코스 요리를 먹고 선물도 받게 되어 있기 때문에 그 정도는 내는 것이 예의입니다. 가족이나 친척인 경우는 5만 엔에서 10만 엔 정도를 내는 것이 일반적입니다. 손님을 전혀 부르지 않고 가족끼리만 결혼식을 하는 사람들도 많고 본인들끼리 둘이서만 결혼식을 올리는 경우도 있습니다. 이런 경우는 외국에서 결혼식을 올리는 사람이 많습니다. 그래서 여행사에 가면 해외 결혼식을 위한 패키지 상품도 많이 있습니다.

1 주어진 일본어 질문에 보기와 같이 ううん(아니)으로 대답해 보세요.

| 보기 | 今日は暇な日だった？ (오늘은 한가한 날이었어?)
→ ううん、暇な日じゃなかった。 (아니, 한가한 날이 아니었어.)

1.
2.
3.
4.

2 주어진 일본어 질문에 보기와 같이 うん(응)으로 대답해 보세요.

| 보기 | 優奈は韓国語が上手だった？ (ゆうな는 한국어를 잘했어?)
→ うん、上手だった。 (응, 잘했어.)

1.
2.
3.
4.

3 주어진 단어를 써서 ~はどう？(~는 어때?)라는 질문을 만들어 보세요.

| 보기 | この人 (이 사람)
→ この人はどう？(이 사람은 어때?)

1.
2.
3.
4.

예문 13-5.mp3

4 주어진 단어를 히라가나로 써 본 다음에 한자로도 써 보세요.

| 보기 | 가족 — 히라가나: か ぞ く — 한자: 家 族

1. 잘하는, 능숙한

히라가나 | | | | | | 한자 | | | |

2. 이상한

히라가나 | | | | 한자 | | |

3. 영어

히라가나 | | | | 한자 | | |

4. 중국어

히라가나 | | | | | | | 한자 | | | |

5. 날

히라가나 | | 한자 | |

'잘하는' ↔ '잘 못하는'이라는 뜻의 上手な[じょうずな] ↔ 下手な[へたな]와 得意な[とくいな] ↔ 苦手な[にがてな]

上手는 대상에 대한 객관적인 평가로 '잘한다'고 하는 말이고 得意는 주관적인 자신감을 나타냅니다. 그래서 得意는 '자신이 있다'로 해석하기도 합니다. 그런 뉘앙스 때문에 得意는 보통 주어가 그 일을 하는 것을 좋아하는데 上手는 주어가 그 일을 좋아하는지는 알 수 없습니다. 그래서 '잘하지만 하기를 싫어한다' 같은 경우에는 得意를 쓰지 못하지요.

ヒョンジンは日本語が上手。	현진이는 일본어를 잘해/일본어가 능숙해.
ヒョンジンは日本語が得意。	현진이는 일본어를 잘해/일본어가 능숙해.

위쪽 예문은 일본어 실력을 객관적으로 평가한 문장으로 그 외의 뉘앙스는 없습니다. 아래쪽 예문은 '일본어를 잘한다'는 평가와 함께 현진이가 자신이 있어 하는 모습이 느껴집니다. 上手는 객관적인 평가이므로 자기 자신에게 쓰면 매우 오만하고 교만하게 느껴지므로 주어가 '나'일 때는 절대로 쓰지 마세요. 得意라면 친한 사이에서는 써도 괜찮지만 약간 오만한 이미지가 있긴 해요. 일본 문화는 스스로를 매우 낮추는 문화입니다. 그래서 '나'가 주어일 때는 好き[すき](좋아하다) 혹은 ちょっとできる(조금 할 줄 안다)를 쓰세요.

이번에는 下手[へた]와 苦手[にがて]에 대해서 살펴봅시다. 이것도 역시 下手는 대상에 대한 객관적인 평가로 '잘 못한다'고 하는 말이고 苦手는 주관적으로 자신감이 없음을 나타냅니다. 따라서 苦手에는 주어가 그 일을 하는 것을 싫어하는 뉘앙스가 있어요.

優奈は英語が下手。	ゆうな는 영어를 잘 못해/영어가 서툴러.
優奈は英語が苦手。	ゆうな는 영어를 잘 못해/영어가 서툴러.

위쪽 예문에는 영어를 잘 못한다는 평가밖에 없는데 비해, 아래쪽은 ゆうな 본인이 느끼기에 영어를 잘 못하고 또 자신감이 없고 좋아하지 않는다는 뉘앙스가 있습니다. 下手는 '上手'와 달리 '나'에게도 쓸 수 있습니다. 왜냐하면 칭찬하는 말이 아니라 '헐뜯는' 말이기 때문에 '나'에게 씀으로써 스스로를 낮추는 효과가 있어 겸손하게 말할 때 많이 사용합니다.

한국어 발음과 비슷한 단어 (2)

이번에 연습하는 단어들은 한국어와 일본어의 발음이 비슷한 것들입니다.

주어진 단어의 뜻으로 옳은 것을 고르세요.

1. ステレオ •	• ❶ 사이렌
2. サイレン •	• ❷ 시스템
3. タイム •	• ❸ 스타일
4. テニス •	• ❹ 스테레오
5. スタイル •	• ❺ 센스
6. タイル •	• ❻ 타일
7. ビタミン •	• ❼ 타임
8. パイプ •	• ❽ 테니스
9. センス •	• ❾ 파이프
10. システム •	• ❿ 비타민

정답 1.❹ 2.❶ 3.❼ 4.❽ 5.❸ 6.❻ 7.❿ 8.❾ 9.❺ 10.❷

학습일 월 일

14

존댓말로 말해요

残念な結果でした。

아쉬운 결과였습니다.

예문 14-1.mp3

워밍업 기본 회화 듣기

그림을 보면서 어떤 내용인지 추측하면서 회화를 들어 보세요.

예문 14-2.mp3

1단계 기본 단어 익히기

便利な[べんりな] 편리한

不便な[ふべんな] 불편한

残念な[ざんねんな] 아쉬운, 유감스러운

丁寧な[ていねいな] 정중한, 공손한

賑やかな[にぎやかな] 번화한, 흥청거리는, 시끌벅적한

丈夫な[じょうぶな] 튼튼한

サイト 사이트

試合[しあい] 시합

結果[けっか] 결과

メール 메일

お祭り[おまつり] 축제

いかが 어떻습니까? 어떻게(どう의 높임말)

잠깐만요!

앞에서 〈お/ご+명사〉의 형태로 명사를 공손하게 만든다고 했죠? お祭り[おまつり]도 祭り라는 명사 앞에 お가 붙은 것입니다. 이 말은 お 없이 쓰면 매우 거친 느낌이 있어서 보통 여자들은 お祭り라고 쓰고 남자들도 거칠게 말할 때 외에는 お를 붙인 형태로 쓰는 경우가 많습니다.

예문 14-3.mp3

2단계
기본 문형 익히기

❶ ~な~でした。

~한 ~였습니다.

な형용사로 명사를 수식할 때 〈な형용사(~な)+명사〉가 된다고 했죠? 서술어가 명사이므로 '~였습니다'라고 할 때는 ~でした를 붙이면 됩니다.

とても便利なサイトでした。	아주 편리한 사이트였습니다.
とても不便な所でした。	매우 불편한 곳이었습니다.
とても残念な結果でした。	매우 아쉬운 결과였어요.
とても丁寧なメールでした。	아주 정중한 메일이었어요.

❷ ~な~じゃありませんでした。

~한 ~가 아니었습니다.

'~가 아니었습니다'라고 하려면 〈な형용사(~な)+명사〉 뒤에 ~じゃありませんでした를 붙이면 됩니다.

賑やかな所じゃありませんでした。	번화한 곳이 아니었습니다.
丈夫な傘じゃありませんでした。	튼튼한 우산이 아니었습니다.
便利なサイトじゃありませんでした。	편리한 사이트가 아니었어요.
不便な所じゃありませんでした。	불편한 곳이 아니었어요.

잠깐만요!

賑やかな를 '시끌벅적한'이라고 해석할 때도 있는데 '시끌벅적하다'는 약간 부정적인 느낌이 있죠? 일본어 賑やかな는 긍정적인 뜻입니다. 비꼬아서(반어적으로) 말할 때는 부정적인 뜻으로 쓰이기도 하지만 원래는 긍정적인 뜻의 단어입니다.

❸ ～(な 삭제)でした。 ～했습니다.

な형용사를 서술어로 쓸 때는 な를 붙이지 않고 ～でした를 붙이면 됩니다. な형용사는 활용이 명사랑 같다고 했죠?

お祭りはとても賑やかでした。 축제는 무척 성황이었습니다.

そのメールはとても丁寧でした。 그 메일은 아주 정중했습니다.

試合の結果はとても残念でした。 시합 결과는 무척 아쉬웠어요.

その傘は丈夫でした。 그 우산은 튼튼했어요.

❹ ～(な 삭제)じゃありませんでした。 ～하지 않았습니다.

な형용사 과거의 부정문을 만들려면 な를 붙이지 않고 ～じゃありませんでした를 붙이면 됩니다.

잠깐만요!

과거형의 부정문도 현재형과 마찬가지로 반말 형태인 ～じゃなかった(～하지 않았어)에 ～です(～입니다)를 붙여서 ～じゃなかったです라는 형태를 사용할 수 있습니다. 이것도 역시 ～じゃありませんでした가 더 공손한 말투가 됩니다.

このサイトはそれほど便利じゃありませんでした。 이 사이트는 그렇게 편리하지 않았습니다.

そこはそんなに不便じゃありませんでした。 거기는 그렇게 안 불편했습니다.

お祭りはそれほど賑やかじゃありませんでした。 축제는 그다지 성황이 아니었어요.

そのメールは丁寧じゃありませんでした。 그 메일은 정중하지 않았어요.

❺
～はいかがですか。
～는 어떠십니까?

どう(어때?)의 높임말인 いかが를 사용하여 질문해 봅시다.

13과에서 배운 どう(어때?)에 ～ですか를 붙여서 どうですか(어떻습니까?)라고 해도 존댓말이 되는데, どう를 どう의 높임말인 いかが로 바꾸면 매우 공손한 말이 됩니다.

このサイトはいかがですか。	이 사이트는 어떠십니까?
ここはいかがですか。	여기는 어떠세요?
お祭りはいかがでしたか。	축제는 어떠셨습니까?
試合の結果はいかがでしたか。	시합 결과는 어떠셨어요?

❻
～(な 삭제)です。
～합니다.

이번에 배운 な형용사를 사용하여 질문에 대답해 봅시다.

便利です。	편리합니다.
不便です。	불편해요.
とても賑やかでした。	매우 성황이었습니다.
残念でした。	아쉬웠어요.

※な형용사 활용에 대해서는 581쪽에 정리표가 있으니 참고하세요.

예문 14-4-1.mp3
예문 14-4-2.mp3

3단계
회화로 다지기

はじめて 처음, 첫 번째(로)
もっと 더
行きましょう[いきましょう] 갑시다

智子[ともこ]는 신지훈을 근처에서 열린 축제에 데려가서 함께 구경했어요.

井上 智子: 日本のお祭りははじめてですか。
シン・ジフン: ええ。
井上 智子: いかがですか。
シン・ジフン: とても賑やかですね。
井上 智子: 賑やかな所は嫌いですか。
シン・ジフン: いいえ、好きです。
井上 智子: でも、このお祭りはそれほど有名じゃありません。
シン・ジフン: そうですか。
井上 智子: 今度はもっと有名なお祭りに行きましょう。
シン・ジフン: ありがとうございます。

いのうえ ともこ : 일본 축제는 처음이에요?
신지훈 : 네.
いのうえ ともこ : 어떠세요?
신지훈 : 아주 활기가 넘치네요.
いのうえ ともこ : 시끌벅적한 곳은 싫어해요?
신지훈 : 아니요, 좋아합니다.
いのうえ ともこ : 그렇지만, 이 축제는 그렇게 유명하지 않아요.
신지훈 : 그래요?
いのうえ ともこ : 다음에는 더 유명한 축제에 갑시다.
신지훈 : 감사합니다.

일본 사람의 성씨는 몇 가지일까?

아하, 일본에서는!

한국인의 성씨는 250개 정도인 걸로 알고 있습니다. '김(金)', '이(李)', '박(朴)'이 많아서 이 세 가지 성씨가 한국인의 절반에 가깝다고 하죠? 일본인의 성씨는 몇 개 정도 되는지 아시나요? 10만 개가 넘는다고 합니다. 그리고 같은 성씨라도 한자를 약자로 쓰느냐 아니냐에 따라 다른 성씨로 구별하고, 똑같은 한자를 쓰는 성씨라도 음을 청음으로 읽는지 탁음으로 읽는지에 따라 다른 성씨로 구별하면 30만 개 정도나 된다고도 합니다. 성씨의 종류가 참 많죠? 그래서 학교를 다닐 때 한 반에 같은 성씨를 가진 친구가 하나도 없는 경우가 대부분이에요. 그래서 아래 이름 없이 성에 ~さん(~씨)만 붙여서 불러도 누구인지 구별이 되는 경우가 많습니다. 이 책에서는 회화의 등장인물 이름으로 일본인의 성씨 중에서 많이 쓰이는 것부터 사용했으니 참고하세요.

예문 14-5.mp3

1 주어진 일본어 질문에 보기와 같이 はい、とても～(네, 아주 ~)로 대답해 보세요.

| 보기 | そのメールは丁寧なメールでしたか。(그 메일은 정중한 메일이었습니까?)
→ はい、とても丁寧なメールでした。(네, 아주 정중한 메일이었습니다.)

1.
2.
3.
4.

2 주어진 일본어 질문에 보기와 같이 いいえ(아니요)로 대답해 보세요.

| 보기 | そのサイトは便利でしたか。(그 사이트는 편리했습니까?)
→ いいえ、便利じゃありませんでした。(아니요, 편리하지 않았습니다.)

1.
2.
3.
4.

3 주어진 단어를 써서 ～は いかがですか(~는 어떠십니까?)라는 질문을 만들어 보세요.

| 보기 | 仕事 (일)
→ 仕事はいかがですか。(일은 어떠십니까?)

1.
2.
3.
4.

4 주어진 단어를 히라가나로 써 본 다음에 한자로도 써 보세요.

| 보기 | 아쉬운 — 히라가나: ざんねんな — 한자: 残念な

1. 편리한

히라가나 | 한자

2. 불편한

히라가나 | 한자

3. 튼튼한

히라가나 | 한자

4. 시합

히라가나 | 한자

5. 결과

히라가나 | 한자

不便な[ふべんな]는 한국어의 '불편한'과 쓰임이 달라요!

便利な[べんりな](편리한)는 한국어와 거의 똑같이 사용됩니다. 그런데 반대말 不便な[ふべんな](불편한)는 한국어와 차이가 납니다.

ここは交通が不便な所です。	여기는 교통이 불편한 곳입니다.
田舎は不便です。	시골은 불편해요.

위처럼 '편리하지 않은(inconvenient)'이라는 뜻으로 쓸 때는 한국어와 거의 똑같이 사용되지만 다음과 같은 '몸이나 마음이 불편한(uncomfortable)'이라는 뜻으로 쓸 때는 일본어에서는 不便な[ふべんな]를 쓰지 않습니다. 잘못 사용하는 사람들이 많으니 조심하세요.

몸이 불편합니다. → (×) 不便な

그 사람과 같이 있으면 불편해요. → (×) 不便な

위와 같은 경우는 다음과 같이 표현합니다. 아직 배우지 않은 표현들이 나와서 어려우실 거예요. 지금은 한국어와 표현 방법이 다르다는 것만 아시면 돼요.

体の調子が悪いです。	몸이 불편합니다/몸의 상태가 나쁩니다.
その人は一緒にいると、居心地が悪いです。	그 사람은 같이 있으면 불편해요. / 그 사람은 같이 있기 힘듭니다.

| 단어 | 交通[こうつう] 교통　田舎[いなか] 시골　体[からだ] 몸　調子[ちょうし] 상태, 컨디션
悪い[わるい] 나쁘다　人[ひと] 사람　一緒に[いっしょに] 같이, 함께
居心地[いごこち] 어떤 자리에서 느끼는 기분

한국어 발음과 비슷한 단어 (3)

이번에 연습하는 단어들은 한국어와 일본어의 발음이 비슷한 것들입니다.

주어진 단어의 뜻으로 옳은 것을 고르세요.

1. ベル •	• ❶ 피아노
2. ペン •	• ❷ 핀
3. ベテラン •	• ❸ 핑크
4. ピアノ •	• ❹ 프로(전문가)
5. ペンチ •	• ❺ 벨
6. ピンク •	• ❻ 펜
7. ベンチ •	• ❼ 펜치
8. ホテル •	• ❽ 벤치
9. プロ •	• ❾ 베테랑
10. ピン •	• ❿ 호텔

정답 1.❺ 2.❻ 3.❾ 4.❶ 5.❼ 6.❸ 7.❽ 8.❿ 9.❹ 10.❷

둘째마디

な형용사와 확연히 다른 い형용사

명사를 수식할 때 〈~い+명사〉의 형태가 되는 것이 い형용사입니다. な형용사는 명사와 비슷해서 배우기 어렵지 않았죠? 그런데 지금부터 배우는 い형용사는 명사, な형용사와 활용이 전혀 다릅니다. 정신을 바짝 차려서 배우셔야 해요! 활용이 어려워도 눈에 의존하지 마시고 늘 소리부터 익히세요. 활용이 어려울수록 규칙을 외워서 적용하는 것보다 듣고 따라하면서 자연스러운 활용 형태가 입에 붙게 하는 것이 자연스러운 일본어를 더 쉽게 배울 수 있는 방법이에요. 귀에 힘을 주면서 い형용사의 세계로 갑시다~!

15 반말로 말해요

あの人はいい人。

저 사람은 좋은 사람이야.

예문 15-1.mp3

워밍업 기본 회화 듣기

그림을 보면서 어떤 내용인지 추측하면서 회화를 들어 보세요.

예문 15-2.mp3

1단계 기본 단어 익히기

いい 좋다

悪い[わるい] 나쁘다

大きい[おおきい] 크다

小さい[ちいさい] 작다

高い[たかい] 비싸다, 높다

安い[やすい] 싸다

声[こえ] 목소리

車[くるま] 차(자동차)

子[こ] 아이

잠깐만요!

이 과에서는 高い[たかい]를 '비싸다'라는 뜻으로 연습하는데 '높다'라는 뜻으로도 쓰입니다. '높다'의 반대말인 '낮다'는 低い[ひくい]라고 합니다.

예문 15-3.mp3

2단계
기본 문형 익히기

❶ ～い～。

～한 ～야.

い형용사로 명사를 수식할 때는 い형용사 뒤에 바로 명사를 붙여서 〈い형용사(～い)+명사〉의 형태로 말하면 됩니다. 즉 い형용사 원형이 '～다'라는 뜻 외에 '～은'이라는 뜻도 가지고 있다는 뜻이지요.

これはいい本。 이건 좋은 책이야.

あの人は悪い人。 저 사람은 나쁜 사람이야.

私の声は大きい声。 내 목소리는 큰 목소리야.

僕のは小さいかばん。 내 것은 작은 가방이야.

잠깐만요!

이번 과에서 悪い[わるい](나쁘다)라는 단어를 배우는데 12과에서 배운 嫌な[いやな]도 '나쁜'으로 번역하는 경우가 있습니다. 嫌な人[いやな ひと]는 '내가 싫은 사람', '내가 느끼기에 기분 나쁜 사람'이라는 뜻이고, 悪い人[わるい ひと]는 범죄자 등의 누가 봐도 객관적으로 '나쁜 사람'이라는 뜻입니다. 그러니 '내'가 맘에 안 들어서 '에잇, 나쁜 놈!'이라고 할 때는 嫌な[いやな]를 쓰세요.

❷ ～い～じゃない。

～한 ～가 아니야.

い형용사로 명사를 수식할 때는 〈い형용사(～い)+명사〉의 형태로 말하면 됩니다. '～가 아니야'라고 하려면 명사 뒤에 ～じゃない를 붙이면 되지요.

それは高い車じゃない。 그건 비싼 차가 아니야.

これは安い眼鏡じゃない。 이건 싼 안경이 아니야.

それはいい薬じゃない。 그건 좋은 약이 아니야.

この子は悪い子じゃない。 이 아이는 나쁜 애가 아니야.

잠깐만요!

▶眼鏡[めがね](안경)는 가타카나로 メガネ라고 쓰는 경우도 많습니다.

▶子[こ]는 앞에 この(이), その(그), あの(저)와 같은 말이 붙으면 억양이 '고(저)'로 바뀝니다.

❸ ～い。

～해.

い형용사가 서술어로 쓰일 때는 그냥 원형인 い형용사(～い)의 형태로 말하면 됩니다.

私は声が大きい。	나는 목소리가 커.
この洋服は小さい。	이 옷은 작아.
その眼鏡は高い。	그 안경은 비싸.
あの車は安い。	저 차는 싸.

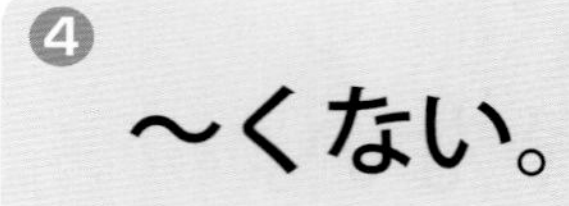

❹ ～くない。

～지 않아.

부정문은 い형용사의 끝소리 ～い를 ～く로 바꿔서 ない를 붙여 줍니다. 그런데 いい(좋다)는 예외입니다. いい는 활용이 되면 앞의 い가 よ로 바뀝니다. 그래서 '좋지 않다/좋지 않아'는 よくない가 됩니다.

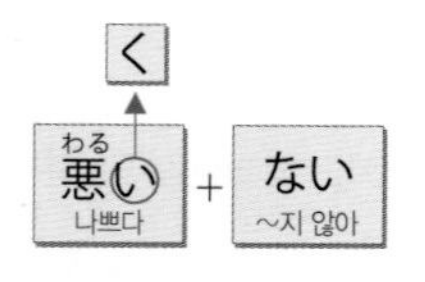

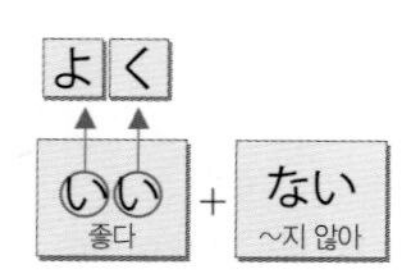

この子は悪くない。	이 아이는 나쁘지 않아.
あの洋服は大きくない。	저 옷은 크지 않아.
私は声が小さくない。	나는 목소리가 안 작아.
その薬はよくない。	그 약은 좋지 않아.

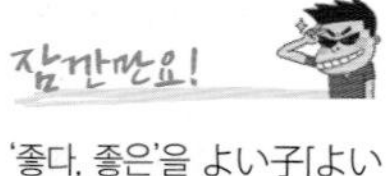

'좋다, 좋은'을 よい子[よいこ](좋은 아이, 착한 아이)와 같이 よい라는 형태로 쓰는 경우도 있습니다.

❺ ～は～より～。

～는 ～보다 ～.

'～보다'에 해당되는 일본어는 ～より입니다. 어순이 한국어랑 완전히 똑같아서 어렵지 않죠?

잠깐만요!

大きい[おおきい](크다), 小さい[ちいさい](작다)라는 말을 배웠는데, 일본어에서 '키가 크다/작다'라고 할 때는 背[せ]が高い[たかい](키가 높다), 背[せ]が低い[ひくい](키가 낮다)라고 표현합니다. 그런데 키 크기에 대해서 일본 사람들은 한국 사람들만큼 민감하지는 않아요~!

この車はあの車より高い。	이 차는 저 차보다 비싸.
その眼鏡はこの眼鏡より安い。	그 안경은 이 안경보다 싸.
この本はその本よりいい。	이 책은 그 책보다 좋아.
あの洋服はこの洋服より大きい。	저 옷은 이 옷보다 커.

❻ ～より～のほうが～。

～보다 ～가 더 ～.

이번에는 어순을 달리하여 ～より～のほうが～(~보다 ~가 더 ~)를 연습해 봅시다. '더'에 해당되는 부분에 ～のほうが(~쪽이)라는 말을 넣으면 됩니다.

잠깐만요!

한국 사람들이 흔히 하는 실수가 '더'라는 부분에 もっと(더)라는 부사를 넣어 버리는 겁니다. もっと를 쓰면 안 되고 ～のほうが를 써야 해요! ～のほうが를 한자로 쓰는 경우도 있는데 한자로 쓰면 ～の方が가 됩니다.

あの車よりこの車のほうが高い。	저 차보다 이 차가 더 비싸.
この眼鏡よりその眼鏡のほうが安い。	이 안경보다 그 안경이 더 싸.
その本よりこの本のほうがいい。	그 책보다 이 책이 더 좋아.
この洋服よりあの洋服のほうが大きい。	이 옷보다 저 옷이 더 커.

예문 15-4-1.mp3
예문 15-4-2.mp3

3단계
회화로 다지기

おっす 안녕(남자)
料理[りょうり] 요리
本当[ほんとう] 정말임, 진실

おっす라는 인사말은 일상적으로 남자들이 편한 상대에게 쓰는 인사말로, 가타카나 オッス나 한자 押忍로 쓰는 경우도 많습니다. 이것은 おはようございます(안녕하세요: 아침 인사)를 줄여서 만든 말로, 京都[きょうと]의 무도전문학교 학생들 사이에서 만들어진 말이랍니다. 나중에 押忍(누를 압, 참을 인)이라는 한자가 붙게 되었는데 이것은 '자아를 누르고 참는다'는 뜻이라고 합니다. 응원단이나 무도가 등은 おっす(おす)를 구호로 사용하는데 이것은 押忍의 뜻으로 서로를 격려할 때 사용한답니다.

洋平[ようへい]는 친구 혜선이가 교실에서 혼자 책을 읽는 모습을 보고 말을 거네요.

木村 洋平： おっす。
ノ・ヘソン： あ、洋平。
木村 洋平： それ、何の本？
ノ・ヘソン： 料理の本。
木村 洋平： 料理の本？ ヘソンは料理、好き？
ノ・ヘソン： ううん、好きじゃない。料理はちょっと苦手。
木村 洋平： そう。その本、いい？
ノ・ヘソン： そんなによくない。洋平は料理、上手？
木村 洋平： うん。俺、料理は得意。
ノ・ヘソン： 本当？
木村 洋平： うん！

きむら ようへい : 안녕.
노혜선 : 어, ようへい.
きむら ようへい : 그거, 무슨 책이야?
노혜선 : 요리책이야.
きむら ようへい : 요리책? 혜선이는 요리 좋아해?
노혜선 : 아니, 좋아하지 않아. 요리는 좀 잘 못해.
きむら ようへい : 그렇구나. 그 책, 좋아?
노혜선 : 그렇게 안 좋아. ようへい는 요리 잘해?
きむら ようへい : 응. 나, 요리는 잘해.
노혜선 : 정말?
きむら ようへい : 응!

일본은 교통비가 비싸요!

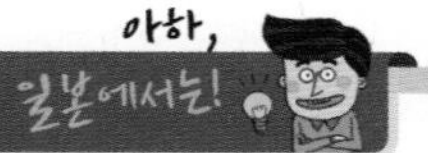

일본 택시요금은 지역에 따라 차이가 나지만 도쿄에서는 기본요금(1,052m까지)이 420엔입니다. 그 후 233m마다 80엔씩 올라갑니다. 속도가 시속 10km 이하가 되면 1분 25초마다 80엔이 올라갑니다. 또한 전화로 택시를 와 달라고 불렀을 때는 기본요금에 300엔에서 420엔이 추가됩니다. 도쿄 및 그 근교를 달리는 지하철이나 전철은 두세 정거장만 가는 경우는 140엔에서 180엔 정도가 되고, 그 후 거리가 길어질수록 요금이 올라갑니다. 그리고 한국과 차이가 나는 점은 운용회사가 다른 노선으로 갈아탈 때 개찰구를 나가서 다시 표를 사서 타야 한다는 점입니다. 그러니 운용회사가 다른 노선으로 여러 번 갈아타면 교통비가 매우 비싸집니다. 도쿄 중심부를 다니는 버스(都営[とえい]バス: 도영버스)의 경우는 거리와 상관없이 어른이 210엔입니다. 앞쪽 문에서 탈 때 요금을 내고 뒤쪽 문으로 내리면 됩니다. 그런데 도쿄 교외를 다니는 버스나 다른 지역을 다니는 버스는 지하철과 마찬가지로 거리에 따라 요금을 냅니다. 이런 버스는 뒤쪽 문에서 타는데, 탈 때 기계에서 나오는 표를 꼭 뽑고 타야 합니다. 그리고 앞쪽 문으로 내릴 때 뽑았던 표에 쓰여 있는 숫자와 같은 숫자에 적힌 요금을 내고 내려야 합니다.

예문 15-5.mp3

1 주어진 일본어 질문에 보기와 같이 うん(응)으로 대답해 보세요.

| 보기 | これはいい本？(이건 좋은 책이야?)
→ うん、いい本。(응, 좋은 책이야.)

1.
2.
3.
4.

2 주어진 일본어 질문에 보기와 같이 ううん(아니)으로 대답해 보세요.

| 보기 | その車は高い？(그 차는 비싸?)
→ ううん、高くない。(아니, 비싸지 않아.)

1.
2.
3.
4.

3 주어진 세 단어를 써서 ～は～より～(～는 ～보다 ～)라는 문장을 만들어 보세요.

| 보기 | その眼鏡(그 안경)・この眼鏡(이 안경)・安い(싸다)
→ その眼鏡はこの眼鏡より安い。(그 안경은 이 안경보다 싸.)

1.
2.
3.
4.

4 주어진 단어를 히라가나로 써 본 다음에 한자로도 써 보세요.

| 보기 | 목소리 — 히라가나: こ え / 한자: 声

1. 나쁘다

히라가나 한자

2. 크다

히라가나 한자

3. 작다

히라가나 한자

4. 비싸다

히라가나 한자

5. 싸다

히라가나 한자

일본어 한자음

한국에서는 보통 한자 하나에 음이 하나씩 있죠? 예외적인 것이 몇 개 있기는 하지만요. 일본어에서는 한자의 음이 '음독(音読)'과 '훈독(訓読)'의 두 가지가 있습니다. 이름 그대로 '음독'이라는 것은 '소리'로 한자를 읽는 것이고 '훈독'은 '뜻'으로 한자를 읽는 것입니다. 이해하기 쉽게 한국어로 설명 드릴게요.

예를 들어 '人[사람 (인)]' 같은 경우, 이 한자를 '인'으로 읽는 것이 음독이고 '사람'으로 읽는 것이 훈독입니다. 따라서 '이 人은 韓国人입니다'는 '이 사람은 한국인입니다'로 읽는 것이지요. '음독'은 소리로 읽는 것이기 때문에 한국어의 한자음과 비슷한 경우가 많습니다.

한자에 따라 음독만 있는 것, 훈독만 있는 것, 음독과 훈독이 하나씩 있는 것, 음독이 여러 개, 훈독이 여러 개가 있는 경우도 있습니다. 어떤 소리로 읽느냐는 단어 기준으로 알아야 해요. 그래서 일본어 한자 배우기가 참 어려운 부분인데 사실 일본 사람들도 어릴 때 한자 공부에 많이 시달립니다. 한국에서는 받아쓰기 시험을 많이 보죠? 일본에서는 받아쓰기는 거의 하지 않고(한국어와 달리 잘못 받아쓰는 경우가 거의 없어요) 한자 시험을 많이 봅니다. 일본 사람들도 힘들게 배우는 한자니 외국 사람들이 배우기 어려운 건 당연한 거예요. 그러니 부담 갖지 마시고 배운 단어를 하나하나 익혀 가면 돼요. 어휘력이 어느 정도 쌓인 후에 한 번 일본어 한자 학습서를 보시면 도움이 많이 되실 거예요. 이른 시기부터 한자 배우기에 너무 신경을 쓰게 되면 일본어 공부가 아니라 한자 공부를 하게 되는 경우가 많아요. 지금 단계에서는 크게 신경 쓰지 마세요.

한국어 발음과 비슷한 단어 (4)

이번에 연습하는 단어들은 한국어와 일본어의 발음이 비슷한 것들입니다.

주어진 단어의 뜻으로 옳은 것을 고르세요.

1.	メモ	❶ 마이크
2.	レベル	❷ 마스크
3.	ミス	❸ 미스
4.	ラベル	❹ 메모
5.	ライス	❺ 모델
6.	モデル	❻ 라이스
7.	マスク	❼ 라벨
8.	ワイン	❽ 레벨
9.	レストラン	❾ 레스토랑
10.	マイク	❿ 와인

정답 1.❹ 2.❽ 3.❸ 4.❼ 5.❻ 6.❺ 7.❷ 8.❿ 9.❾ 10.❶

16 존댓말로 말해요

暑いですね。

덥네요.

예문 16-1.mp3

워밍업 기본 회화 듣기

그림을 보면서 어떤 내용인지 추측하면서 회화를 들어 보세요.

예문 16-2.mp3

1단계 기본 단어 익히기

熱い[あつい] 뜨겁다

冷たい[つめたい] 차갑다, 차다

暑い[あつい] 덥다

寒い[さむい] 춥다

厚い[あつい] 두껍다

薄い[うすい] 얇다, 연하다

お茶[おちゃ] (마시는) 차

ジュース 주스

ノートパソコン 노트북PC

夏[なつ] 여름

冬[ふゆ] 겨울

あまり 그다지, 별로

ソウル 서울

東京[とうきょう] 도쿄

예문 16-3.mp3

2단계

기본 문형 익히기

① ～い～です。 ～한 ～입니다.

い형용사로 명사를 수식할 때는 〈い형용사(～い)+명사〉의 형태로 말하면 됩니다. '～입니다'라고 하려면 명사 뒤에 ～です를 붙이면 되지요.

これは熱いお茶です。 이것은 뜨거운 차입니다.

それは冷たいジュースです。 그것은 차가운 주스입니다.

ここはとても暑い所です。 여기는 매우 더운 곳이에요.

そこはとても寒い所です。 거기는 매우 추운 곳이에요.

② ～い～じゃありません。 ～한 ～가 아닙니다.

い형용사로 명사를 수식할 때는 서술어가 명사이므로 '～가 아닙니다'라고 하려면 명사 뒤에 ～じゃありません을 붙이면 됩니다.

その本はあまり厚い本じゃありません。 그 책은 별로 두꺼운 책이 아닙니다.

私のは薄いノートパソコンじゃありません。 제 것은 얇은 노트북PC가 아닙니다.

これは熱いお茶じゃありません。 이것은 뜨거운 차가 아니에요.

それは冷たいジュースじゃありません。 그것은 차가운 주스가 아니에요.

잠깐만요!

あまり와 それほど, そんなに는 세 가지 모두 같은 뜻이라서 바꿔 쓸 수 있는 경우가 많습니다. 다만 095쪽에서도 설명 드렸듯이 '그 정도가 아니다'라고 할 때는 それほど를 써서 それほどじゃない라고 합니다. 이 중에서는 あまり가 가장 딱딱한 느낌, 문어적인 느낌이 있어요. 편한 대화에서는 あまり에 ん을 넣어서 あんまり라고 하는 경우가 많습니다.

熱い[あつい](뜨겁다), 暑い[あつい](덥다), 厚い[あつい](두껍다)의 세 단어는 동음이의어라서 구별하기가 어려운데 억양(악센트)을 알면 도움이 됩니다. 熱い[あつい](뜨겁다)와 暑い[あつい](덥다)는 '저-고-저'의 억양으로 말합니다. 그런데 厚い[あつい](두껍다)는 '저-고-고'의 억양으로 말합니다. 따라서 厚い[あつい](두껍다)만은 억양으로 바로 구별이 됩니다. 나머지는 앞뒤 문장을 통해 어떤 뜻인지 판단해야 합니다. 일본어는 이와 같이 억양에 따라 구별되는 동음이의어가 많기 때문에 억양을 잘 배워야 합니다. 이런 억양을 잘 배우기 위해서는 소리학습이 최고의 방법이에요!

❸

~いです。

~합니다.

い형용사가 서술어로 쓰일 때는 い형용사(~い) 뒤에 바로 ~です를 붙이면 됩니다.

夏は暑いです。 여름은 덥습니다.

冬は寒いです。 겨울은 춥습니다.

この辞書はとても厚いです。 이 사전은 아주 두꺼워요.

そのノートパソコンは薄いです。 그 노트북PC는 얇아요.

❹

~くないです。

~하지 않습니다.

い형용사의 부정문을 만드는 방법에 대해서는 15과에서 배웠지요? 반말의 경우는 끝소리 ~い를 ~く로 바꾸고 ない를 붙이면 됩니다. 존댓말로 '~지 않습니다'라고 하려면 ~くない 뒤에 ~です를 붙이면 됩니다.

このお茶はあまり熱くないです。 이 차는 그다지 뜨겁지 않습니다.

そのジュースはあまり冷たくないです。 그 주스는 별로 안 차갑습니다.

ソウルの夏は暑くないです。 서울의 여름은 덥지 않아요.

東京の冬は寒くないです。 とうきょう의 겨울은 안 추워요.

い형용사의 존댓말 부정문은 ~くないです 외에 ~くありません이라는 형태도 있는데, ~くありません이 더 공손한 말투입니다. 뉘앙스 차이는 ~くないです가 '~하지 않아요', ~くありません이 '~하지 않습니다' 정도가 되는 것 같아요.

⑤ ～は～より～。 ～는 ～보다 ～.

'～보다'가 일본어로 ～より였지요. 이번에는 존댓말로 연습해 봅시다.

その本はこの本より厚いです。 그 책은 이 책보다 두껍습니다.

このパソコンはあのパソコンより薄いです。 이 PC는 저 PC보다 얇습니다.

東京はソウルより暑いです。 とうきょう는 서울보다 더워요.

ソウルは東京より寒いです。 서울은 とうきょう보다 추워요.

⑥ ～より～のほうが～。 ～보다 ～가 더 ～.

이번에는 ～より～のほうが～(～보다 ～가 더 ～)를 존댓말로 연습해 봅시다.

この本よりその本のほうが厚いです。 이 책보다 그 책이 더 두껍습니다.

あのパソコンよりこのパソコンのほうが薄いです。 저 PC보다 이 PC가 더 얇습니다.

ソウルより東京のほうが暑いです。 서울보다 とうきょう가 더 더워요.

東京よりソウルのほうが寒いです。 とうきょう보다 서울이 더 추워요.

예문 16-4-1.mp3
예문 16-4-2.mp3

3단계
회화로 다지기

いただきます 잘 먹겠습니다
ずっと 훨씬, 계속

冷たいジュースはいかがですか는 직역하면 '시원한 주스는 어떠세요?'가 됩니다. いかがですか를 '드시겠습니까?'라는 뜻으로도 써요. 그리고 昨日より今日のほうが暑くないです를 의역해서 '어제보다 오늘이 덜 덥네요'라고 해도 돼요. 일본어에는 '덜'이라는 표현이 없습니다.

香織[かおり]는 연수생으로 온 임준표에게 시원한 주스를 가져다 주려고 하네요.

林 香織: 冷たいジュースはいかがですか。
イム・ジュンピョ: あ、ありがとうございます。
いただきます。
林 香織: 今日も暑いですね。
イム・ジュンピョ: そうですね。でも、昨日より今日のほうが暑くないですね。
林 香織: そうですね。ソウルも夏は暑いですか。
イム・ジュンピョ: ソウルも夏は暑いです。
でも、ソウルより東京のほうが暑いです。
林 香織: 冬はどうですか。
イム・ジュンピョ: 冬はソウルのほうがずっと寒いですよ。

はやし かおり : 시원한 주스 드실래요?
임준표 : 어, 감사합니다.
잘 먹겠습니다.
はやし かおり : 오늘도 덥네요.
임준표 : 그러네요. 그래도 어제보다 오늘이 더 덥지 않네요.
はやし かおり : 그러네요. 서울도 여름은 더워요?
임준표 : 서울도 여름은 더워요. 그렇지만, 서울보다 とうきょう가 더 더워요.
はやし かおり : 겨울은 어때요?
임준표 : 겨울은 서울이 훨씬 추워요.

'주스'하면 생각나는 것!

'주스'하면 생각나는 것이 토마토주스입니다. 한국의 토마토주스는 달죠? 일본의 토마토주스는 짠맛이 납니다. 그리고 토마토를 먹을 때 소금을 뿌려 먹습니다. 일본 사람들은 토마토를 야채로 생각해요. 제가 한국에 온지 얼마 되지 않았을 때 토마토를 사러 야채가게에 갔던 적이 있는데, 한국에서는 토마토를 과일가게에서 팔더군요. ――;;; 생크림케이크 위에 방울토마토가 있는 경우도 있는데 일본 사람 눈에는 생크림케이크 위에 오이가 있는 거나 마찬가지입니다. 처음 봤을 때는 '허걱!' 했습니다. 한국 사람들이 일본에 가서 놀라는 것들 중의 하나가 수박에 소금을 뿌려 먹는 사람이 있다는 것입니다. 이건 수박을 야채라고 생각하는 게 아니라 소금을 살짝 뿌리면 단맛이 더 강하게 느껴진다고 하네요. 아무것도 뿌리지 않고 먹는 사람들도 많아요.^^ 그리고 차이를 느낀 것은 한국 사람들이 일본 사람들에 비해 과일을 한 번에 많이 먹는다는 점입니다. 한국에서는 수박을 통째로 사가는 사람이 많은데 일본에서는 절반이나 4분의 1, 6분의 1 등으로 잘라서 파는 경우가 많아요. 아예 작게 잘라서 한 사람이 먹기 좋은 소량만 컵에 넣어 팔기도 합니다.

1 주어진 일본어 질문에 보기와 같이 はい(네)로 대답해 보세요.

| 보기 | これは熱いお茶ですか。(이것은 뜨거운 차입니까?)
→ はい、熱いお茶です。(네, 뜨거운 차입니다.)

1.
2.
3.
4.

2 주어진 일본어 질문에 보기와 같이 いいえ(아니요)로 대답해 보세요.

| 보기 | そのジュースは冷たいですか。(그 주스는 차갑습니까?)
→ いいえ、冷たくないです。(아니요, 차갑지 않습니다.)

1.
2.
3.
4.

3 주어진 세 단어를 써서 ～より～のほうが～(~보다 ~가 더 ~)라는 문장을 만들어 보세요.

| 보기 | この本 (이 책) • その本 (그 책) • 厚い (두껍다)
→ この本よりその本のほうが厚いです。(이 책보다 그 책이 더 두껍습니다.)

1.
2.
3.
4.

4 주어진 단어를 히라가나로 써 본 다음에 한자로도 써 보세요.

|보기| 덥다 히라가나 あつい 한자 暑い

1. 차갑다
히라가나 | | | | 한자 | | |

2. 춥다
히라가나 | | | 한자 | |

3. (마시는) 차
히라가나 | | | 한자 | |

4. 여름
히라가나 | | 한자 |

5. 겨울
히라가나 | | 한자 |

문장 끝에 쓰이는 ね와 よ

16과에서 배운 〈회화로 다지기〉를 보면 문장 끝에 ね와 よ가 쓰인 것이 있었습니다. 일본어에는 이와 같이 문장 끝에 쓰이는 조사(종조사)들이 있습니다. 한국어에서도 '~네', '~군', '~지'와 같은 말들이 있으니 이와 같다고 보시면 어떤 것인지 쉽게 이해되시죠?

~ね에는 여러 뜻이 있지만 가장 기본적으로 알아야 하는 것은 상대방이 동의할 것을 기대하면서 말을 할 때(~지?/~지요?), 또 그 말에 동의를 표할 때 사용된다는 것입니다.

林香織：	今日も暑いですね。	오늘도 덥네요.
イム・ジュンピョ：	そうですね。	그러네요.

林香織(はやし かおり)는 今日も暑いですね(오늘도 덥네요)라는 말을 할 때 상대방이 '내가 하는 말에 '그렇다'고 동의하겠지'하는 기대를 하면서 말을 꺼낸 겁니다. 또 임준표는 그런 香織의 말에 そうですね(그러네요)하며 동의를 표하는 대답을 한 겁니다.

~よ라는 조사는 상대방이 모르는 것, 혹은 상대방이 잘못 알고 있는 것을 알려 주고자 할 때 문장 끝에 붙여 쓰는데, 한국어로는 이 뜻을 살려서 해석하기가 어렵습니다.

イム・ジュンピョ： 冬はソウルのほうがずっと寒いですよ。
겨울은 서울이 훨씬 추워요.

서울의 날씨가 어떤지에 대해서 전혀 모르는 香織[かおり]에게 알려 주려는 말투로 말한 문장입니다.

그런데 ~よ는 적절히 사용하면 친절한 말투나 정다운 말투가 되는데 상대방도 뻔히 아는 사실에 대해서 말할 때 ~よ를 붙이면 상대방을 무시하는 말투, 상대방을 깔보는 말투가 되므로 주의해야 합니다. 그리고 발음할 때 ~よ에서 살짝 올려서 발음하세요. 높낮이를 내리게 되면 '너 그런 것도 모르니?', '뭘 귀찮게 그런 걸 물어보니?'라는 식의 기분 나빠 하는 말투가 되므로 주의하세요.

일본어 소리가 장음이 되는 단어

지금까지 연습한 것들은 한국어와 일본어의 발음이 비슷한 것들이었는데 이번에 연습하는 것은 일본어에서는 소리가 장음(긴 소리)이 되는 것들입니다.

주어진 단어의 뜻으로 옳은 것을 고르세요.

1. カレー •	• ❶ 볼펜
2. ギター •	• ❷ 스크린
3. ニュース •	• ❸ 오토바이
4. ジュース •	• ❹ 코스
5. ボールペン •	• ❺ 주스
6. オートバイ •	• ❻ 알코올
7. スクリーン •	• ❼ 기타(악기)
8. コース •	• ❽ 뉴스
9. アルコール •	• ❾ 아이스크림
10. アイスクリーム •	• ❿ 카레

정답 1.❿ 2.❼ 3.❽ 4.❺ 5.❶ 6.❸ 7.❷ 8.❹ 9.❻ 10.❾

학습일 월 일

17 반말로 말해요

すごくおいしかった!

엄청 맛있었어!

강의 및 예문 듣기

예문 17-1.mp3

워밍업 기본 회화 듣기

그림을 보면서 어떤 내용인지 추측하면서 회화를 들어 보세요.

예문 17-2.mp3

1단계 기본 단어 익히기

おいしい 맛있다

うまい 맛있다, 잘하다

まずい 맛없다

新しい[あたらしい] 새롭다

古い[ふるい] 오래되다, 낡다

広い[ひろい] 넓다

狭い[せまい] 좁다

酒[さけ] 술

建物[たてもの] 건물

部屋[へや] 방

うち 집, 가정, 자기 집

잠깐만요!

酒[さけ]라는 단어는 거친 말이라서 보통 여자들은 お를 붙여서 씁니다. 남자라도 공손하게 말할 때는 お를 붙입니다.

예문 17-3.mp3

2단계
기본 문형 익히기

① ~い~だった。 ~한 ~였어.

'~한 ~였어'라고 말하려면 〈い형용사(~い)+명사〉의 형태 뒤에 과거형인 ~だった를 붙이면 됩니다.

すごくおいしい料理だった。	엄청 맛있는 요리였어.
うまい酒だった。	맛있는 술이었어.
すごくまずいジュースだった。	엄청 맛없는 주스였어.
新しい建物だった。	새 건물이었어.

잠깐만요!

おいしい와 うまい는 둘 다 '맛있다'라는 뜻인데 うまい는 주로 남자들이 씁니다. 또 うまい는 上手な[じょうずな]와 같이 '잘한다'의 뜻으로도 쓰이는데 이때도 역시 うまい는 약간 거친 말투가 됩니다. 그런데 '맛있다'는 뜻으로 쓸 때는 うまい가 여자들이 쓰기에는 매우 남성스러운 말투가 되는데 '잘한다'는 뜻으로 쓸 때는 그렇게까지 거친 말투가 아니라서 여자들도 흔히 사용합니다.

② ~い~じゃなかった。 ~한 ~가 아니었어.

'~한 ~가 아니었어'라고 말하려면 〈い형용사(~い)+명사〉의 형태 뒤에 과거의 부정을 나타내는 ~じゃなかった를 붙이면 됩니다.

それは古い時計じゃなかった。	그건 오래된 시계가 아니었어.
その部屋は広い部屋じゃなかった。	그 방은 넓은 방이 아니었어.
私のうちは狭いうちじゃなかった。	우리 집은 좁은 집이 아니었어.
そんなにおいしいお酒じゃなかった。	그렇게 맛있는 술이 아니었어.

잠깐만요!

한국어에서는 '우리 집', '우리 학교', '우리 회사' 등 '우리'라는 말을 쓰는 경우가 참 많지요. 그런데 일본어에서는 이런 것들을 대부분 私[わたし]の/僕[ぼく]の/俺[おれ]の(나의)로 표현합니다. 그러니 私[わたし]のうち도 직역하면 '내 집'이지만 의역해서 '우리 집'으로 하는 것이지요.

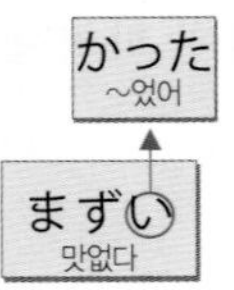

❸ ～かった。 ～했어.

'맛있었어', '넓었어'와 같이 い형용사가 서술어에 쓰일 때는 い형용사의 끝소리인 ～い가 ～かった로 바뀝니다.

その酒はうまかった。	그 술은 맛있었어.
彼氏の料理はまずかった。	남자 친구의 요리는 맛없었어.
その建物は新しかった。	그 건물은 새거였어.
その時計は古かった。	그 시계는 오래된 거였어.

❹ ～くなかった。 ～하지 않았어.

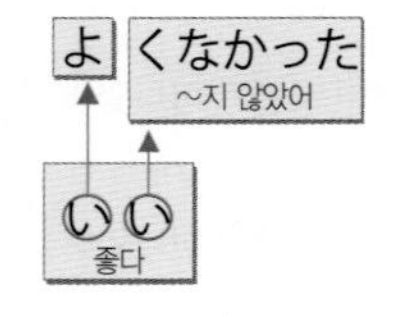

い형용사 과거의 부정문을 만들려면 い형용사의 끝소리인 ～い를 ～く로 바꾸고 なかった를 붙이면 됩니다.

その部屋は広くなかった。	그 방은 안 넓었어.
僕のうちは狭くなかった。	우리 집은 안 좁았어.
そのお酒はおいしくなかった。	그 술은 맛있지 않았어.
彼女の料理はうまくなかった。	여자 친구의 요리는 맛있지 않았어.

잠깐만요!

いい(좋다)는 활용이 불규칙이었죠? 그래서 부정이 よくない였는데 과거형도 마찬가지로 어두의 い가 よ로 바뀌어 よかった(좋았다), よくなかった(좋지 않았다)가 됩니다.

⑤ ～と～と、どっちが～？

～와 ～중에 어떤 게 더 ～?

비교문에서는 대상에 관계없이 どっち(어느 쪽)를 씁니다. 조사 '～와/과'는 일본어로 ～と입니다. ～と가 두 번 들어간다는 점에 주의하세요.

建物[たてもの]의 억양은 '저–고–고–저' 외에 '저–고–저–저'로도 발음됩니다.

金子さんの部屋と中山さんの部屋と、どっちが広かった？
かねこ씨 방과 なかやま씨 방 중에 어떤 게 더 넓었어?

日本料理とフランス料理と、どっちがおいしかった？
일본 요리와 프랑스 요리 중에 어떤 게 더 맛있었어?

その建物とあの建物と、どっちが新しかった？
그 건물과 저 건물 중에 어떤 게 더 새거였어?

お父さんの時計とお母さんの時計と、どっちが古かった？
아버지 시계와 어머니 시계 중에 어떤 게 더 오래된 거였어?

⑥ ～のほうが～。

～가 더 ～.

비교문 질문에는 ～のほうが(～쪽이)를 사용하여 대답합니다. ～のほうが를 직역하면 '～쪽이'인데 '～가 더 ～'로 해석하는 것이 자연스럽죠.

～のほうが는 한자로 ～の方が라고도 써요.

金子さんの部屋のほうが広かった。 かねこ씨 방이 더 넓었어.

フランス料理のほうがおいしかった。 프랑스 요리가 더 맛있었어.

あの建物のほうが新しかった。 저 건물이 더 새거였어.

お父さんの時計のほうが古かった。 아버지 시계가 더 오래된 거였어.

예문 17-4-1.mp3
예문 17-4-2.mp3

3단계
회화로 다지기

前[まえ] 앞, 전
今[いま] 지금
性格[せいかく] 성격

優子[ゆうこ]는 친구 지환이에게 새 여자 친구가 생겼다는 이야기를 들었어요.

清水 優子: 新しい彼女はどう？
クォン・ジファン: すごくかわいい。料理もすごく上手！
清水 優子: へえ～、料理が上手？
クォン・ジファン: うん。彼女の料理、すごくおいしいよ。
清水 優子: そう。前の彼女と今の彼女と、どっちがいい？
クォン・ジファン: 今の彼女のほうがずっといいよ。
清水 優子: そう。よかったね。
クォン・ジファン: 前の彼女は性格がよくなかった。
清水 優子: 性格が悪かった？
クォン・ジファン: うん。それに、料理もまずかった。

しみず ゆうこ : 새 여자 친구는 어때?
권지환 : 엄청 예뻐. 요리도 무지 잘해!
しみず ゆうこ : 오호~, 요리를 잘해?
권지환 : 응. 여자 친구의 요리, 엄청 맛있어.
しみず ゆうこ : 그렇구나. 예전 여자 친구와 지금의 여자 친구 중에 누가 더 좋아?
권지환 : 지금의 여자 친구가 훨씬 좋아.
しみず ゆうこ : 그렇구나. 잘 됐네.
권지환 : 예전 여자 친구는 성격이 좋지 않았어.
しみず ゆうこ : 성격이 나빴어?
권지환 : 응. 게다가 요리도 맛없었어.

まずい(맛없어)라는 직설적인 표현은 하지 마세요!

아하, 일본에서는!

이번 과에서 まずい(맛없다)라는 표현을 배웠는데 친한 일본 사람이라 해도 이런 직설적인 표현은 되도록 쓰지 않는 것이 무난해요. 일본은 부정적인 말을 잘 하지 않는 문화예요. 그래서 부정적인 말을 직설적으로 하면 예의가 없는 사람, 굉장히 거친 사람으로 평가 받을 수 있습니다. '맛있냐'는 질문에 즉답을 피하고 '음…' 아니면 ちょっと…(좀…)라고 하기만 해도 충분히 '맛없다'는 뜻의 대답이 됩니다. 좀 더 정확히 표현하려면 '私の口[くち]には合[あ]わない(내 입에는 맞지 않다)'라는 표현을 쓰거나 굳이 '맛없다'고 표현하고 싶다면 おいしくない(맛있지 않다)라는 표현을 쓰세요. 제가 아는 사람 중에도 일본에 유학 가서 아주 친한 일본인 친구에게 정말 맛없어서 まずい라는 표현을 썼더니 그 일본 사람이 깜짝 놀라면서 그런 표현은 쓰는 것이 아니라고 가르쳐 주었답니다. 저도 한국에서 오래 지내면서 한국식의 직설적인 표현에 익숙해져서 일본어로 말할 때도 가끔 직설적인 표현을 써 버리는 경우가 있어서 그런지 주변에서 '사람이 독해졌다'는 평가를 받을 때가 있어요. ^^; 일본어로 말할 때는 완곡한 표현을 쓰도록 하세요.

예문 17-5.mp3

1 주어진 일본어 질문에 보기와 같이 ううん(아니)으로 대답해 보세요.

| 보기 | そのお酒はまずかった？(그 술은 맛없었어?)
→ ううん、まずくなかった。(아니, 맛없지 않았어.)

1.
2.
3.
4.

2 주어진 세 단어를 써서 ～と～と、どっちが～？(~와 ~중에 어떤 게 더 ~?)라는 질문을 과거형으로 만들어 보세요.

| 보기 | その建物 (그 건물)・あの建物 (저 건물)・新しい (새롭다)
→ その建物とあの建物と、どっちが新しかった？
(그 건물과 저 건물 중에 어떤 게 더 새거였어?)

1.
2.
3.
4.

3 주어진 두 단어를 써서 ～のほうが～(~가 더 ~)라는 대답을 과거형으로 만들어 보세요.

| 보기 | その建物 (그 건물)・新しい (새롭다)
→ その建物のほうが新しかった。(그 건물이 더 새거였어.)

1.
2.
3.
4.

4 주어진 단어를 히라가나로 써 본 다음에 한자로도 써 보세요.

		히라가나	한자
❘보기❘	새롭다	あ た ら し い	新 し い

1. 오래되다, 낡다

히라가나 □□□ 한자 □□

2. 넓다

히라가나 □□□ 한자 □□

3. 술

히라가나 □□ 한자 □

4. 건물

히라가나 □□□□ 한자 □□

5. 방

히라가나 □□ 한자 □□

장음으로 발음되는 것들

性格[せいかく](성격)나 有名な[ゆうめいな](유명한), きれいな(예쁜, 아름다운, 깨끗한)와 같은 단어들은 쓰인 글자대로 발음하면 안 됩니다. 장음 즉, 길게 끄는 소리로 발음해야 하는 부분이 있거든요. 장음으로 발음되는 것은 다음과 같습니다.

あ단 소리 + あ	おかあさん (어머니) → おかーさん
い단 소리 + い	いいえ (아니요) → いーえ
う단 소리 + う	ちゅうごく (중국) → ちゅーごく
え단 소리 + え	おねえさん (누나, 언니) → おねーさん
え단 소리 + い	がくせい (학생) → がくせー
お단 소리 + お	おおきい (크다) → おーきー
お단 소리 + う	こうこうせい (고등학생) → こーこーせー

'あ단'이라는 것은 あ라는 모음을 가진 소리(あ, か, さ, た, な, は, ま, や, ら, わ)입니다. 한국어로 말하면 'ㅏ'가 붙는 소리들이지요. い단, う단, え단, お단 모두 이와 같이 그 해당 모음을 가진 소리들입니다. 550쪽에 있는 표를 참조하시면 쉽게 이해가 되실 겁니다. 그러니 性格[せいかく]는 발음이 せーかく가 되고 有名な[ゆうめいな]는 발음이 ゆーめーな, きれいな는 きれーな가 되는 것이지요.

이와 같이 쓰인 글자대로 발음하면 안 되는 것들이 일본어에는 많이 있습니다. 앞에서 배웠던 모음의 무성화도 마찬가지죠. 이런 것들을 가장 쉽게 배우는 길은 소리로 익히는 겁니다. 눈에 힘을 주지 말고 귀에 힘을 주고 배우세요!

한국어 모음 'ㅡ'가 お단 소리가 되는 단어

이번에는 한국어에서는 모음이 'ㅡ'가 되는데 일본어에서는 お단(お라는 모음을 갖는 소리, 즉 お, こ, そ, と, の, ほ, も, よ, ろ) 소리가 되는 것들입니다. 이처럼 한국어에서 'ㅡ' 모음을 가진 소리가 일본어에서 お단 소리가 되는 것들이 꽤 있습니다.

주어진 단어의 뜻으로 옳은 것을 고르세요.

1. アクセント •	• ❶ 노트
2. テント •	• ❷ 카드
3. ドライブ •	• ❸ 텐트
4. ドラマ •	• ❹ 드라마
5. ベルト •	• ❺ 벨트
6. ノート •	• ❻ 드라이브
7. アルバイト •	• ❼ 스타트
8. カード •	• ❽ 가이드
9. スタート •	• ❾ 아르바이트
10. ガイド •	• ❿ 악센트

정답 1.❿ 2.❸ 3.❻ 4.❹ 5.❺ 6.❶ 7.❾ 8.❷ 9.❼ 10.❽

18 존댓말로 말해요

面白かったです。

재미있었어요.

예문 18-1.mp3

워밍업
기본 회화 듣기

그림을 보면서 어떤 내용인지 추측하면서 회화를 들어 보세요.

예문 18-2.mp3

1단계
기본 단어 익히기

面白い[おもしろい] 재미있다

つまらない 재미없다

楽しい[たのしい] 즐겁다

忙しい[いそがしい] 바쁘다

難しい[むずかしい] 어렵다

易しい[やさしい] 쉽다

優しい[やさしい] 상냥하다, 마음씨가 곱다, 다정하다

映画[えいが] 영화

ドラマ 드라마

一日[いちにち] 하루

今週[こんしゅう] 이번 주

先週[せんしゅう] 지난주

先々週[せんせんしゅう] 지지난 주

잠깐만요!

先々週[せんせんしゅう]의 가운데 글자 々가 한자의 반복 표시라고 했지요. 즉 先이라는 한자를 두 번 쓰는 건데, 두 번째 것은 다시 쓰지 않고 々로 생략한 거죠. '이번 주', '다음 주', '다다음주' 등의 표현에 대해서는 561쪽을 참조하세요.

예문 18-3.mp3

2단계

기본 문형 익히기

❶ ～い～でした。

～한 ～였습니다.

서술어가 명사이기 때문에 〈い형용사(～い)+명사〉의 형태 뒤에 과거를 나타내는 ～でした를 붙이면 됩니다.

それは面白い映画でした。 그것은 재미있는 영화였습니다.

それはつまらないドラマでした。 그것은 재미없는 드라마였습니다.

昨日は楽しい一日でした。 어제는 즐거운 하루였어요.

今日は忙しい一日でした。 오늘은 바쁜 하루였어요.

❷ ～い～じゃありませんでした。

～한 ～가 아니었습니다.

서술어가 명사이기 때문에 〈い형용사(～い)+명사〉의 형태 뒤에 과거의 부정을 나타내는 ～じゃありませんでした를 붙이면 됩니다.

難しいテストじゃありませんでした。 어려운 시험이 아니었습니다.

易しい試験じゃありませんでした。 쉬운 시험이 아니었습니다.

優しい人じゃありませんでした。 상냥한 사람이 아니었어요.

面白い映画じゃありませんでした。 재미있는 영화가 아니었어요.

잠깐만요!

11과에서 簡単な[かんたんな](쉬운, 간단한)를 배웠죠? 이번에 배운 易しい[やさしい]도 같은 뜻을 나타냅니다. 그런데 '간략한'이라는 뜻으로 쓰일 때는 簡単な를 씁니다. '쉽다'는 뜻으로 쓸 때는 둘 다 사용하는데 易しい보다 簡単な를 더 많이 씁니다. やさしい라는 말은 易しい(쉽다)보다 優しい(상냥하다, 마음씨가 곱다)라는 뜻으로 쓰는 경우가 많습니다.

❸ ～かったです。

～했습니다.

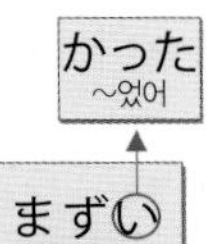

17과에서 배운 い형용사의 과거형은 끝소리인 ～い가 ～かった로 바뀌었었죠? 존댓말의 경우는 ～かった 뒤에 ～です만 붙이면 됩니다.

そのドラマはつまらなかったです。	그 드라마는 재미없었습니다.
昨日は楽しかったです。	어제는 즐거웠습니다.
今週は忙しかったです。	이번 주는 바빴어요.
先週のテストは難しかったです。	지난주 (본) 시험은 어려웠어요.

잠깐만요!

先週のテスト는 직역하면 '지난주의 시험'이지요.

❹ ～くなかったです。

～하지 않았습니다.

い형용사 과거의 부정문은 끝소리인 ～い가 ～く로 바뀌고 なかった가 붙었었죠? 존댓말의 경우는 ～くなかった 뒤에 ～です만 붙이면 됩니다.

先々週の試験は易しくなかったです。	지지난 주 (본) 시험은 안 쉬웠습니다.
その人は優しくなかったです。	그 사람은 상냥하지 않았습니다.
このドラマは面白くなかったです。	이 드라마는 재미있지 않았어요.
その映画はつまらなくなかったです。	그 영화는 재미없지 않았어요.

잠깐만요!

12과에서 親切な[しんせつな](친절한)라는 단어를 배웠습니다. 이번에 배운 優しい[やさしい]와 의미 상 유사한 점이 있지만 확연히 다른 말입니다. 어떤 사람에 대해 親切[しんせつ]라는 말을 쓰는 경우는 그 사람이 예의 바르게 행동하고, 겉으로 보이는 행동이 '친절하다'는 것이지 그 사람이 본질적으로 친절하고 좋은 사람이라는 뜻이 아닙니다. 그 사람이 본질적으로 친절하고 마음씨가 곱고 착한 사람이라면 優しい[やさしい]라고 표현합니다.

❺ ～と～と、どちらが～。

～와 ～중에 어느 쪽이 더 ～?

두 가지를 비교할 때는 대상에 관계없이 どちら(어느 쪽)를 씁니다. 17에서 배운 どっち(어느 쪽)보다 どちら가 더 공손한 말투입니다.

先週と今週と、どちらが忙しかったですか。
지난주와 이번 주 중에 언제가 더 바빴습니까?

英語のテストと日本語のテストと、どちらが難しかったですか。
영어 시험과 일본어 시험 중에 어느 쪽이 더 어려웠습니까?

フランス語の先生と中国語の先生と、どちらが優しかったですか。
프랑스어 선생님과 중국어 선생님 중에 누가 더 상냥했어요?

日本のドラマと韓国のドラマと、どちらが面白かったですか。
일본 드라마와 한국 드라마 중에 어느 쪽이 더 재미있었어요?

❻ ～のほうが～。

～가 더 ～.

대답할 때는 ～のほうが(～가 더 ～)를 써서 말하면 됩니다.

今週のほうが忙しかったです。 이번 주가 더 바빴습니다.

英語のほうが難しかったです。 영어가 더 어려웠습니다.

フランス語の先生のほうが優しかったです。 프랑스어 선생님이 더 상냥했어요.

韓国のドラマのほうが面白かったです。 한국 드라마가 더 재미있었어요.

※い형용사 활용에 대해서는 582쪽에 정리표가 있으니 참고하세요.

잠깐만요!

'한국 드라마'는 일본어로 韓国のドラマ(한국의 드라마)라고 하지만 일본에서 몇 년 전부터 한류 붐이 일어나면서 の(의)를 빼고 하나의 명사로 만든 韓国ドラマ라는 말이 사용되기 시작했고 지금은 이 말이 더 많이 사용되고 있습니다.

예문 18-4-1.mp3
예문 18-4-2.mp3

3단계
회화로 다지기

こんにちは 안녕하세요(낮 인사)
見ました[みました] 보았습니다

中島[なかじま]씨는 이웃에 사는 송현재씨를 길에서 우연히 만나게 되었어요.

中島 美紀 : こんにちは。
ソン・ヒョンジェ : あ、こんにちは。今日も寒かったですね。
中島 美紀 : ええ。ソンさん、今日は忙しかったですか。
ソン・ヒョンジェ : いいえ、暇でした。今日は映画を見ました。
中島 美紀 : どんな映画ですか。
ソン・ヒョンジェ : 日本の映画です。
中島 美紀 : 面白かったですか。
ソン・ヒョンジェ : いいえ、あまり面白くなかったです。
中島 美紀 : そうですか。私は韓国のドラマを見ました。
ソン・ヒョンジェ : そうですか。どうでしたか。
中島 美紀 : とても面白かったです。
ソン・ヒョンジェ : 日本のドラマと韓国のドラマと、どちらが好きですか。
中島 美紀 : 私は韓国のドラマのほうが好きです。

なかじま みき : 안녕하세요(낮 인사).
송현재 : 어, 안녕하세요(낮 인사). 오늘도 추웠네요.
なかじま みき : 네. 송 씨, 오늘은 바빴어요?
송현재 : 아니요, 한가했어요. 오늘은 영화를 봤어요.
なかじま みき : 어떤 영화예요?
송현재 : 일본 영화예요.
なかじま みき : 재미있었어요?
송현재 : 아니요, 별로 재미있지 않았어요.
なかじま みき : 그렇군요. 저는 한국 드라마를 봤어요.
송현재 : 그래요. 어땠어요?
なかじま みき : 아주 재미있었어요.
송현재 : 일본 드라마와 한국 드라마 중에 어느 쪽을 더 좋아해요?
なかじま みき : 저는 한국 드라마를 더 좋아해요.

표준어로 안 되는 것도 사투리에서는 OK!

아하, 일본에서는!

일본은 한국보다 국토가 남북으로 훨씬 길기 때문에 사투리가 한국보다 더 심합니다. 그런데 재미있는 것은 표준어에서는 틀린 문법이 사투리에서는 사용되는 경우도 있다는 것입니다. きれいな(예쁜, 아름다운, 깨끗한)라는 な형용사를 배웠죠? 따라서 활용이 きれいじゃない, きれいだった이지요. 명사를 수식할 때는 きれいな人가 되고요. 그런데 大阪[おおさか] 지역에서는 きれくない, きれかった, きれい人와 같이 い형용사 활용을 합니다. 하지만 일본어 시험에서 이렇게 쓰면 안 됩니다.

1 주어진 일본어 질문에 보기와 같이 いいえ(아니요)로 대답해 보세요.

| 보기 | そのドラマはつまらなかったですか。(그 드라마는 재미없었습니까?)
→ いいえ、つまらなくなかったです。(아니요, 재미없지 않았습니다.)

1. ______
2. ______
3. ______
4. ______

2 주어진 세 단어를 써서 ～と～と、どちらが～(~와 ~중에 어느 쪽이 더 ~)라는 질문을 과거형으로 만들어 보세요.

| 보기 | 先週 (지난주)・今週 (이번 주)・忙しい (바쁘다)
→ 先週と今週と、どちらが忙しかったですか。
(지난주와 이번 주 중에 언제가 더 바빴습니까?)

1. ______
2. ______
3. ______
4. ______

3 주어진 두 단어를 써서 ～のほうが～(~가 더 ~)라는 대답을 과거형으로 만들어 보세요.

| 보기 | 今週 (이번 주)・忙しい (바쁘다)
→ 今週のほうが忙しかったです。(이번 주가 더 바빴습니다.)

1. ______
2. ______
3. ______
4. ______

4 주어진 단어를 히라가나로 써 본 다음에 한자로도 써 보세요.

|보기| 재미있다

히라가나					한자		
お	も	し	ろ	い	面	白	い

1. 즐겁다

히라가나 / 한자

2. 바쁘다

히라가나 / 한자

3. 영화

히라가나 / 한자

4. 하루

히라가나 / 한자

5. 이번 주

히라가나 / 한자

형용사, 반대말로 정리하기

형용사는 반대말이 짝으로 되어 있는 것들이 많습니다. 반대말을 함께 보는 것이 공부에 도움이 되니 여기에서 한 번 형용사를 표로 정리해 보겠습니다. 표에는 이 책에서 배우지 않은 형용사도 들어 있습니다. 어떤 말들이 있는지 구경만 해 보세요.

静かな[しずかな] 조용한	賑やかな[にぎやかな] 번화한, 활기찬, 성황인 うるさい 시끄럽다
好きな[すきな] 좋아하는, 좋은, 사랑하는	嫌いな[きらいな] 싫어하는, 싫은
大好きな[だいすきな] 아주 좋아하는	大嫌いな[だいきらいな] 아주 싫어하는
上手な[じょうずな] 잘하는, 능숙한 うまい 잘하다, 맛있다	下手な[へたな] 잘 못하는, 서투른
得意な[とくいな] 잘하는, 자신 있는	苦手な[にがてな] 잘 못하는, 다루기 어려운
便利な[べんりな] 편리한	不便な[ふべんな] 불편한
親切な[しんせつな] 친절한	不親切な[ふしんせつな] 불친절한
まじめな 성실한, 진지한	不まじめな[ふまじめな] 불성실한
きれいな 깨끗한, 예쁜, 아름다운	汚い[きたない] 더럽다
丁寧な[ていねいな] 정중한, 공손한, 세심한	雑な[ざつな] 조잡한, 엉성한, 거친
安全な[あんぜんな] 안전한	危険な[きけんな] 위험한 危ない[あぶない] 위험하다
十分な[じゅうぶんな] 충분한	不十分な[ふじゅうぶんな] 불충분한
必要な[ひつような] 필요한	不必要な[ふひつような] 불필요한
複雑な[ふくざつな] 복잡한	簡単な[かんたんな] 쉬운, 간단한
いい 좋다	悪い[わるい] 나쁘다 嫌な[いやな] 싫은
大きい[おおきい] 크다	小さい[ちいさい] 작다
高い[たかい] 비싸다, 높다	安い[やすい] 싸다 低い[ひくい] 낮다

熱い[あつい] 뜨겁다	冷たい[つめたい] 차갑다, 차다
暑い[あつい] 덥다	寒い[さむい] 춥다
厚い[あつい] 두껍다 濃い[こい] 진하다	薄い[うすい] 얇다, 연하다
おいしい 맛있다 うまい 맛있다, 잘하다	まずい 맛없다
新しい[あたらしい] 새롭다	古い[ふるい] 오래되다, 낡다
広い[ひろい] 넓다	狭い[せまい] 좁다
面白い[おもしろい] 재미있다	つまらない 재미없다
忙しい[いそがしい] 바쁘다	暇な[ひまな] 한가한, 시간이 있는
難しい[むずかしい] 어렵다	簡単な[かんたんな] 쉬운, 간단한 易しい[やさしい] 쉽다
明るい[あかるい] 밝다	暗い[くらい] 어둡다
暖かい[あたたかい] 따뜻하다	涼しい[すずしい] 서늘하다, 시원하다
多い[おおい] 많다	少ない[すくない] 적다
速い[はやい] 빠르다 早い[はやい] 이르다	遅い[おそい] 느리다, 늦다
重い[おもい] 무겁다	軽い[かるい] 가볍다
遠い[とおい] 멀다	近い[ちかい] 가깝다
強い[つよい] 강하다	弱い[よわい] 약하다
太い[ふとい] 굵다	細い[ほそい] 가늘다
長い[ながい] 길다	短い[みじかい] 짧다

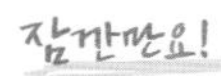

十分な[じゅうぶんな](충분한), 不十分な[ふじゅうぶんな](불충분한)는 한자를 充分な, 不充分な로도 씁니다.

한국어와 다른 일본어 경어법

일본어는 경어법이 한국어와 다릅니다. 경어를 쓸 때는 '나(화자)'의 그룹과 '상대방(청자)'의 그룹으로 구별하여 사용합니다. 그리고 '나'의 그룹에 속하는 사람들은 무조건 모두 낮추고 '상대방'의 그룹에 속하는 사람들은 무조건 모두 높입니다. 그러니 조부모나 부모와 같이 자기보다 손윗사람이라도 다른 사람과 이야기할 때는 '나'의 그룹에 속하는 사람들이기 때문에 낮춰서 말해야 합니다.

예를 들어 고객으로부터 사장님을 찾는 전화가 걸려 왔는데 사장님이 지금 자리에 안 계시는 상황인 경우에 한국어로는 '김 사장님은 지금 자리에 안 계십니다'라고 하겠지요. 하지만 일본어로는 '김은 지금 자리에 없습니다'라고 말해야 합니다. 왜냐하면 '나'와 '고객' 사이에서 '사장님'은 '나'의 그룹에 속하는 사람이므로 낮춰서 말해야 하기 때문입니다.

또 다른 예로, 친구인 나현이 집으로 전화를 걸었는데 나현이 어머니가 전화를 받은 상황인 경우에 한국어로 '나현이 있어요?'라고 하겠지요. 하지만 일본어로는 아무리 친구라도 '나현씨 계십니까?'라고 말해야 합니다. 왜냐하면 '나'와 '나현이 어머니' 사이에서 '나현이'는 '상대방'의 그룹에 속하는 사람이기 때문에 높여서 말해야 하는 겁니다.

그래서 일본어에서는 가족의 호칭도 높이는 것과 높이지 않는 것이 있는 것입니다.

한국어 모음 'ㅐ'가 あ단 소리가 되는 단어

이번에는 한국어에서는 'ㅐ'로 표기되는데 일본어에서는 あ단(あ라는 모음을 갖는 소리, 즉 あ, か, さ, た, な, は, ま, や, ら, わ)으로 표기되는 단어들입니다.

주어진 단어의 뜻으로 옳은 것을 고르세요.

1. サンプル •	• ❶ 샌들
2. ハンガー •	• ❷ 샘플
3. ナプキン •	• ❸ 스탠드
4. ハンドル •	• ❹ 택시
5. サンダル •	• ❺ 행거
6. ハンドバッグ •	• ❻ 핸드백
7. プログラム •	• ❼ 핸들
8. スタンド •	• ❽ 램프
9. ランプ •	• ❾ 프로그램
10. タクシー •	• ❿ 냅킨

정답 1.❷ 2.❺ 3.❿ 4.❼ 5.❶ 6.❻ 7.❾ 8.❸ 9.❽ 10.❹

: 셋째마당 :

알쏭달쏭 동사 현재형, 깔끔하게 끝내기!

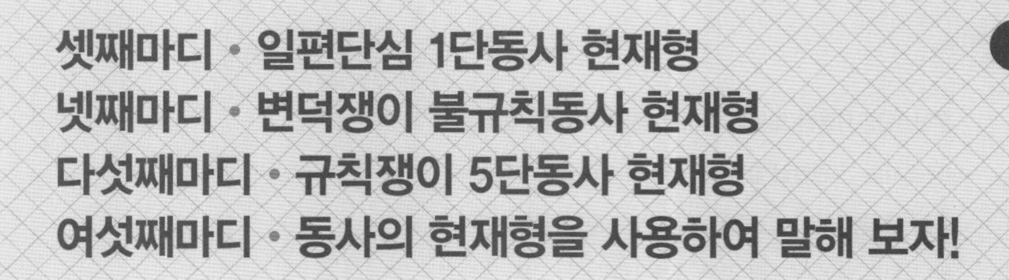

셋째마디 • 일편단심 1단동사 현재형
넷째마디 • 변덕쟁이 불규칙동사 현재형
다섯째마디 • 규칙쟁이 5단동사 현재형
여섯째마디 • 동사의 현재형을 사용하여 말해 보자!

드디어 동사를 배우는 단계까지 왔습니다. 일본어 동사는 1단동사, 불규칙동사, 5단동사의 3가지로 나누어집니다. 일본어 소리는 '단'과 '행'으로 나누어지는데 '단'은 모음에 의해서, '행'은 자음에 의해서 나누어지는 겁니다. 한글로 말하자면 '가나다라마바사…'는 '단'으로 나눈 것이고 '가갸거겨고교…'는 '행'으로 나눈 것이죠(550쪽 참조). 일본어에는 5개의 '단'이 있는데 あ단, い단, う단, え단, お단이 그것입니다. '1단동사'는 5개 중 하나의 단에서만 활용이 일어나는 동사를 말하고, '불규칙동사'는 말 그대로 활용이 불규칙적으로 일어나는 동사를 말하며, '5단동사'는 이 5개의 단에 걸쳐서 활용이 일어나는 동사를 말합니다.

좀 어렵게 느껴지시죠? 그럴수록 눈에 힘을 주지 말고 귀에 힘을 주면서 배우셔야 해요. 규칙을 외우는 것이 아니라 자연스러운 활용 형태를 입에 붙게 하는 것이 중요하니까요. 동사를 쓸 수 있게 되면 말할 수 있는 내용의 폭이 확 넓어집니다. 일본어의 달인이 되기 위하여 동사의 세계로 슝~~!

셋째마디

일편단심 1단동사 현재형

우선 1단동사부터 일본어 동사를 배우기 시작하겠습니다. 1단동사는 '일편단심'입니다. 원래 가지고 있는 형태를 꾸준히 유지합니다. 끝소리만 갈아끼워 주면 돼요. 여기서 하나 짚고 넘어가야 할 것은 1단동사에는 두 가지 형태가 있다는 것입니다. 1단동사의 사전형(기본형)은 끝소리가 항상 る로 끝나게 되어 있는데, 이 る 바로 앞의 소리가 반드시 い단(い라는 모음을 갖는 소리) 혹은 え단(え라는 모음을 갖는 소리)입니다. 즉 1단동사의 사전형(기본형) 끝소리는 반드시 〈い단+る〉 혹은 〈え단+る〉의 형태가 됩니다. 도대체 무슨 말인지 감이 잘 안 잡히시죠? 구체적인 예를 배워 보면 금방 이해되실 테니 걱정 마세요!

19 반말로 말해요

ご飯、食べる?

밥 먹을래?

예문 19-1.mp3

워밍업 기본 회화 듣기

그림을 보면서 어떤 내용인지 추측하면서 회화를 들어 보세요.

예문 19-2.mp3

1단계 기본 단어 익히기

食べる[たべる] 먹다

見る[みる] 보다

開ける[あける] 열다

閉める[しめる] 닫다

借りる[かりる] 빌리다

着る[きる] 입다

ご飯[ごはん] 밥

テレビ TV

窓[まど] 창문

ドア 문

スーツ 수트, 양복

잠깐만요!

1단동사는 끝소리 る 앞에 오는 소리가 い단 혹은 え단 소리라고 했지요? 見る[みる](보다), 借りる[かりる](빌리다), 着る[きる](입다)는 〈い단+る〉의 예들이고, 食べる[たべる](먹다), 開ける[あける](열다), 閉める[しめる](닫다)는 〈え단+る〉의 예들이지요.

예문 19-3.mp3

2단계
기본 문형 익히기

❶ 사전형(기본형)

～を～る。

～를 ～할래/～할 거야/～해.

'～할래/～할 거야/～해'라고 할 때는 1단동사의 사전형을 그대로 쓰면 됩니다. 사전형이란 '사전에서 찾아볼 수 있는 형태', 즉 기본형을 가리키는 것이죠. 즉 동사의 사전형은 '～다'라는 뜻 외에 '～할래/～할 거야/～해'라는 뜻도 가지고 있습니다. 1단동사의 사전형은 꼭 ～る로 끝납니다.

잠깐만요!

동사 사전형을 '～해'로 해석할 때는 '～해라'라는 명령의 뜻이 아니라는 점에 주의하세요.

ご飯を食べる。	밥을 먹을래.
テレビを見る。	TV를 볼래.
窓を開ける。	창문을 열 거야.
ドアを閉める。	문을 닫을 거야.

ない형(부정형)

～を～ない。

～를 ～하지 않을래/～하지 않을 거야/～하지 않아.

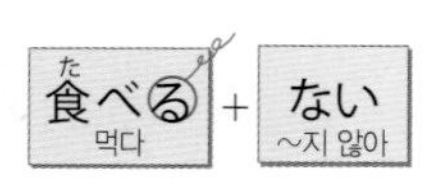

1단동사로 부정문을 만들려면 끝소리 る를 빼고 ない를 붙이면 됩니다. 이 ない가 붙은 형태를 'ない형(부정형)'이라고 부릅니다. 이처럼 1단동사는 활용할 때 항상 끝소리 る를 다른 것으로 갈아 끼우면 됩니다.

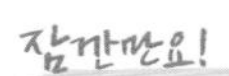

'양복'이라는 뜻의 スーツ는 남자 양복뿐만이 아니라 여자 정장도 뜻합니다. 남자 양복을 뜻하는 背広[せびろ]는 젊은 사람들은 잘 쓰지 않습니다. 한자 洋服(양복)은 ようふく라고 읽고 '옷'이라는 뜻이니 착각하지 않도록 주의하세요.

お金を借りない。	돈을 빌리지 않을래.
スーツを着ない。	양복을 입지 않을래.
ご飯を食べない。	밥을 안 먹을 거야.
テレビを見ない。	TV를 안 봐.

❸ ～る？

～할래?/～할 거야?/～해?

한국어도 '창문 열래.'와 '창문 열래?'는 형태는 완전히 똑같고, 억양에 따라 질문인지 아닌지를 구별하죠? 일본어도 마찬가지입니다. 1단동사의 사전형을 쓰고 뒷부분의 억양을 올려 주면 의문문이 됩니다.

잠깐만요!

한국어에서도 '～을/를'이라는 조사는 회화에서는 생략하는 경우가 많죠? 일본어도 마찬가지입니다. 예를 들어 문장으로는 窓を開ける？(창문을 열어?)가 되지만 회화에서는 ～を(～을/를)를 빼고 窓、開ける？(창문 열래?)라고 하는 경우가 많은 거죠.

窓、開ける？	창문 열래?(명령의 뜻이 아님)
ドア、閉める？	문 닫을래?(명령의 뜻이 아님)
お金、借りる？	돈 빌릴 거야?
スーツ、着る？	양복 입어?

❹ うん、～る。 ううん、～ない。

응, ～할래/～할 거야/～해.

아니, ～하지 않을래/～하지 않을 거야/～하지 않아.

긍정 대답은 쉽죠. うん(응)이라고 말한 다음에 1단동사의 사전형을 붙여 말하면 됩니다. 부정으로 대답하려면 ううん(아니)이라고 말한 다음에 1단동사의 ない형을 붙여 말하면 됩니다.

うん、開ける。	응, 열래.
うん、閉める。	응, 닫을래.
ううん、借りない。	아니, 빌리지 않을 거야.
ううん、着ない。	아니, 안 입어.

⑤ ～ない？

～하지 않을 거야?/～하지 않아?

'안 먹을 거야?'와 같이 부정으로 물어보려면 1단동사의 ない형을 그대로 쓰고 말끝의 억양만 올려 주면 됩니다.

일반적으로는 동사를 배울 때 5단동사, 1단동사, 불규칙동사의 순으로 배우는데, 이 책에서는 1단동사, 불규칙동사, 5단동사의 순으로 배우겠습니다. 왜냐하면 일본어 동사 중에서 가장 어려운 것이 5단동사이기 때문입니다. 새로운 것을 배울 때는 쉬운 것부터 배워야 쉽게 익힐 수 있는 법! 배우기 쉬운 1단동사로 기본을 다져 놓고 가장 어려운 5단동사도 쉽게 극복해 봅시다!

ご飯、食べない？	밥 안 먹어?
テレビ、見ない？	TV 안 봐?
窓、開けない？	창문 안 열 거야?
ドア、閉めない？	문 안 닫을 거야?

⑥ うん、～ない。 ううん、～る。

응, ～하지 않을 거야/～하지 않아.

아니, ～할 거야/～해.

'응, 안 먹을 거야'라고 대답하려면 うん(응)이라고 말한 다음에 1단동사의 ない형을 붙여 말하면 됩니다. '아니, 먹을 거야'라고 대답하려면 ううん(아니)이라고 말한 다음에 1단동사의 사전형을 붙여 말하면 됩니다.

うん、食べない。	응, 안 먹어.
うん、見ない。	응, 안 봐.
ううん、開ける。	아니, 열 거야.
ううん、閉める。	아니, 닫을 거야.

예문 19-4-1.mp3
예문 19-4-2.mp3

3단계 회화로 다지기

哲也[てつや]와 서현이는 결혼 3년차 부부인데, 요즘 의견이 안 맞는 경우가 많아졌어요.

ファン・ソヒョン：そろそろご飯食べる？
山崎 哲也：うん、食べる。
ファン・ソヒョン：テレビも見る？
山崎 哲也：ううん、テレビは見ない。
ファン・ソヒョン：このドラマ、面白いよ。
山崎 哲也：そう？じゃ、見る。
(잠시 후) これ、面白い？
ファン・ソヒョン：うん。面白くない？
山崎 哲也：うん、あんまり面白くない。
ファン・ソヒョン：そう。ごめん。
山崎 哲也：でも、この女優はかわいいね。
ファン・ソヒョン：あら、私よりかわいい？
山崎 哲也：……。

황서현 : 이제 밥 먹을래?
やまざき てつや : 응, 먹을래.
황서현 : TV도 볼래?
やまざき てつや : 아니, TV는 안 볼래.
황서현 : 이 드라마, 재미있어.
やまざき てつや : 그래? 그럼 볼게.
(잠시 후) 이거 재미있어?
황서현 : 응. 재미없어?
やまざき てつや : 응, 별로 재미없어.
황서현 : 그렇구나. 미안해.
やまざき てつや : 하지만 이 여배우는 예쁘네.
황서현 : 어머, 나보다 예뻐?
やまざき てつや : …….

そろそろ 이제, 이제 슬슬
あんまり 별로
ごめん 미안, 미안해
女優[じょゆう] 여배우
あら 어머, 어머나

잠깐만요!

あんまり는 あまり(그다지, 별로)와 같은 뜻으로 あまり가 좀 딱딱한 말인데 비해 あんまり는 회화에서 많이 쓰는 말입니다. 또 あんまり는 '너무 한다', '너무 지나치다'라는 뜻으로 쓰일 때도 있습니다.

일본에서 다른 사람들과 식사할 때는 주의하세요!

일본에서는 여럿이 함께 먹는 반찬을 먹을 때는 먹던 젓가락을 그대로 쓰면 안 됩니다. 젓가락을 180도 돌려서 입에 안 넣었던 쪽으로 해서 반찬을 앞 접시에 가져오고, 젓가락을 다시 180도 돌려서 입에 넣었던 쪽으로 해서 먹습니다. 즉 자기 침이 묻은 쪽을 이용해서 같이 나누어 먹는 반찬에 손대면 안 되는 거죠. 반찬을 자신의 앞 접시에 가져오기 위한 젓가락이 따로 준비되어 있는 경우도 많이 있습니다. 가족이나 친한 사이에서는 젓가락을 돌리지 않고 그대로 먹는 경우도 많지만 가족 사이에서도 자기가 먹던 젓가락을 그대로 반찬을 가져올 때 사용하지 않는 집도 있습니다. 자기가 먹던 젓가락 그대로 반찬에 손대면 그 반찬을 먹지 않는 사람도 있으니 주의하세요. 그리고 일본 식당에서는 반찬을 더 주는 일은 없습니다. 더 먹으려면 새로 주문해야 합니다.

1 주어진 일본어 질문에 보기와 같이 ううん(아니)으로 대답해 보세요.

| 보기 | ご飯、食べる？ (밥 먹을래?)
→ ううん、食べない。 (아니, 안 먹을래.)

1. ________________
2. ________________
3. ________________
4. ________________

2 주어진 일본어 질문에 보기와 같이 ううん(아니)으로 대답해 보세요.

| 보기 | テレビ、見ない？ (TV 안 볼 거야?)
→ ううん、見る。 (아니, 볼 거야.)

1. ________________
2. ________________
3. ________________
4. ________________

3 (　　) 속에 들어갈 적절한 글자를 보기와 같이 써 보세요.

| 보기 | スーツ(を)着る。 양복을 입을래.

1. お金を借り(　　)。 돈을 빌릴 거야.
2. ご飯を食べ(　　　　)。 밥을 안 먹을래.
3. テレビ(　　)見る？ TV를 볼 거야?
4. (　　　　　　)、見ない。 아니, 안 볼 거야.

4 주어진 단어를 히라가나로 써 본 다음에 한자로도 써 보세요.

| 보기 | 입다 | 히라가나: き る | 한자: 着 る |

1. 먹다
히라가나
한자

2. 보다
히라가나
한자

3. 열다
히라가나
한자

4. 닫다
히라가나
한자

5. 빌리다
히라가나
한자

일본어 동사의 시제

일본어 동사의 사전형(기본형)은 '~할래', '~할 거야', '~해(명령이 아님)'라는 뜻 외에 '~하다', '~한다', '~할게', '~하겠다' 등의 뜻으로도 해석됩니다. 그런데 어떻게 해석하는지는 문장에 따라 판단해야 합니다. 여기에서 본 예문을 하나 들어서 설명해 드릴게요.

ご飯を食べる。 밥을 먹을래/먹을 거야/먹어(명령이 아님)/먹다/먹는다/먹을게/먹겠다.

부정문도 마찬가지입니다. 구체적인 예를 살펴봅시다.

ご飯を食べない。
밥을 안 먹을래/안 먹을 거야/안 먹어/안 먹다/안 먹는다/안 먹을게/안 먹겠다.

또 주의해야 할 점은 동작을 나타내는 동사의 사전형(기본형)은 현재가 아니라 미래를 나타낸다는 점입니다. 예를 들어 ご飯を食べる를 '밥을 먹을래', '밥을 먹을 거야'라고 해석하면 한국어도 일본어와 같이 미래를 나타내는 문장이 되지만 '밥을 먹어(명령이 아님)'로 해석하면 '밥을 먹고 있다'는 뜻으로도 받아들여질 수 있죠? 그런데 일본어에는 이런 현재진행의 뜻은 없습니다. 즉 지금 먹고 있는 상황이 아니라 '밥을 먹을 거야'라는 미래의 뜻으로 말한 것입니다. 일본어는 지금 하는 동작에 대해서는 현재 진행형으로 말합니다. 잘못 이해하기 쉬우니 주의하세요!

한국어 모음 'ㅓ'가 あ단 소리가 되는 단어

이번에는 한국어에서 'ㅓ' 소리가 나는 단어들 중에서 일본어의 あ단(あ라는 모음을 갖는 소리, 즉 あ, か, さ, た, な, は, ま, や, ら, わ)소리가 되는 단어들입니다.

주어진 단어의 뜻으로 옳은 것을 고르세요.

1. アナウンサー	•	•	❶ 버터
2. バター	•	•	❷ 아나운서
3. マイナス	•	•	❸ 콘서트
4. ウーマン	•	•	❹ 인터뷰
5. マスター	•	•	❺ 우먼
6. インタビュー	•	•	❻ 서비스
7. サービス	•	•	❼ 보너스
8. メンバー	•	•	❽ 마이너스
9. ボーナス	•	•	❾ 마스터
10. コンサート	•	•	❿ 멤버

정답 1.❷ 2.❶ 3.❽ 4.❺ 5.❾ 6.❹ 7.❻ 8.❿ 9.❼ 10.❸

학습일 월 일

20 존댓말로 말해요

映画を見ます。

영화를 봅니다.

강의 및 예문 듣기

예문 20-1.mp3

워밍업

기본 회화 듣기

그림을 보면서 어떤 내용인지 추측하면서 회화를 들어 보세요.

예문 20-2.mp3

1단계

기본 단어 익히기

食べます[たべます] 먹습니다

見ます[みます] 봅니다

開けます[あけます] 엽니다

閉めます[しめます] 닫습니다

借ります[かります] 빌립니다

着ます[きます] 입습니다

果物[くだもの] 과일

門[もん] 대문

カーテン 커튼

制服[せいふく] 교복

예문 20-3.mp3

2단계
기본 문형 익히기

① ～ます。

ます형

～합니다/～할 겁니다.

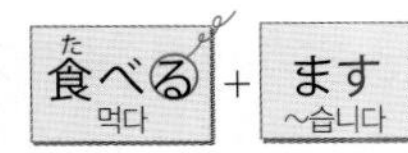

1단동사의 사전형(기본형)에서 끝소리 る를 빼고 ます를 붙이면 '～합니다'라는 존댓말이 됩니다. ～ます라는 형태를 동사의 'ます형'이라고 합니다. ます형을 사용하여 문장을 만들어 봅시다.

잠깐만요!

19과에서 ドア(door)라는 말을 배웠죠? 앞뒤로 밀거나 당겨서 열고 닫는 문을 ドア(door)라고 하고 옆으로 밀어서 열고 닫는 미닫이 문은 戸[と]라고 합니다. 그리고 '문'이라고 읽는 한자 門[もん]은 일본어에서 '대문'을 뜻합니다.

果物を食べます。	과일을 먹습니다.
映画を見ます。	영화를 볼 겁니다.
門を開けます。	대문을 열어요.
カーテンを閉めます。	커튼을 닫을 거예요.

② ～ません。

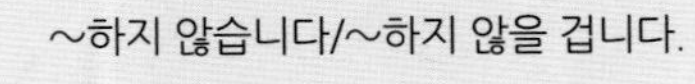

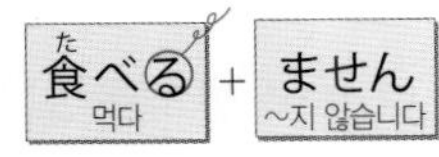

존댓말의 부정문을 만들려면 ます를 ません으로 바꾸기만 하면 됩니다. 즉 1단동사의 경우는 사전형(기본형)의 끝소리 る를 빼고 ません을 붙이면 되는 거죠.

잠깐만요!

DVD의 일본어 발음은 ディー・ブイ・ディー가 됩니다. D는 장음 ディー가 되고 V는 ブイ라는 소리가 되는 것이지요.

DVDを借りません。	DVD를 빌리지 않습니다.
制服を着ません。	교복을 안 입습니다.
果物を食べません。	과일을 먹지 않을 거예요.
映画を見ません。	영화를 안 볼 거예요.

❸ ～ますか。

～합니까?/～할 겁니까?

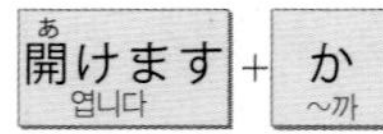

존댓말의 의문문을 만들려면 ます 뒤에 か를 붙여서 ～ますか라고 하면 됩니다. 그리고 조사 ～を(～을/를)는 여기에서는 넣고 연습하지만 일상 회화에서는 생략하는 경우가 많습니다. 한국어도 마찬가지죠?

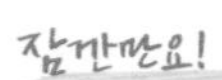

일본에서는 '교복'을 制服[せいふく](제복)라고 합니다. 물론 '제복'도 制服지요.

門を開けますか。	대문을 엽니까?
カーテンを閉めますか。	커튼을 닫을 겁니까?
DVDを借りますか。	DVD를 빌려요?
制服を着ますか。	교복을 입을 거예요?

❹ はい、～ます。
いいえ、～ません。

네, ～합니다/～할 겁니다.

아니요, ～하지 않습니다/～하지 않을 겁니다.

긍정 대답은 はい라고 말한 다음에 1단동사의 ます형을 붙여 말하면 되고, 부정 대답은 いいえ라고 말한 다음에 1단동사의 ません을 붙여 말하면 됩니다.

はい、開けます。	네, 엽니다.
はい、閉めます。	네, 닫을 겁니다.
いいえ、借りません。	아니요, 빌리지 않아요.
いいえ、着ません。	아니요, 안 입을 거예요.

⑤ ～ませんか。 ～하지 않습니까?/～하지 않을 겁니까?

'～하지 않습니까?'라고 말하려면 부정을 나타내는 ません 뒤에 か를 붙여서 ～ませんか라고 하면 됩니다.

果物を食べませんか。 과일을 먹지 않습니까?

映画を見ませんか。 영화를 안 볼 겁니까?

門を開けませんか。 대문을 열지 않을 거예요?

カーテンを閉めませんか。 커튼을 안 닫을 거예요?

⑥ はい、～ません。 네, ～하지 않습니다/～하지 않을 겁니다.
いいえ、～ます。 아니요, ～합니다/～할 겁니다.

'네, ～하지 않습니다'라고 할 때는 はい라고 말한 다음에 1단동사의 ません을 붙여 말하면 됩니다. '아니요, ～합니다'라고 대답할 때는 いいえ라고 말한 다음에 1단동사의 ます형을 붙여 말하면 됩니다.

はい、食べません。 네, 먹지 않습니다.

はい、見ません。 네, 안 볼 겁니다.

いいえ、開けます。 아니요, 열 거예요.

いいえ、閉めます。 아니요, 닫을 거예요.

예문 20-4-1.mp3
예문 20-4-2.mp3

3단계 회화로 다지기

一緒[いっしょ]に 같이, 함께
明後日[あさって] 모레

잠깐만요!

一緒[いっしょ]는 뒤에 に를 붙인 一緒に의 형태로 '같이, 함께'라는 뜻이 됩니다. 그리고 한자 緒를 잘 보세요. 한국에서 쓰는 한자와 다르게 오른쪽 아래 日 위에 점이 없습니다. 잘못 쓰지 않도록 주의하세요.

和也[かずや]는 평소 관심 있던 혜림이에게 함께 영화를 보러 가자고 말을 걸었어요.

小川 和也：ヘリムさん、映画は好きですか。
ナム・ヘリム：ええ、好きです。
小川 和也：じゃ、一緒に映画を見ますか。
ナム・ヘリム：ええ。どんな映画を見ますか。
小川 和也：(잡지를 보여 주며) この映画はどうですか。
ナム・ヘリム：いいですね。いつ見ますか。
小川 和也：明日はどうですか。
ナム・ヘリム：明日はちょっと……。
小川 和也：じゃ、明後日は？
ナム・ヘリム：いいですよ。石田さんも一緒にどうですか。
小川 和也：え？ 石田さんもですか。
ナム・ヘリム：ええ。みんな一緒のほうが楽しいですよ。
小川 和也：そ、そうですね。

おがわ かずや : 혜림 씨, 영화는 좋아해요?
남혜림 : 네, 좋아해요.
おがわ かずや : 그럼, 같이 영화를 볼까요?
남혜림 : 네. 어떤 영화를 볼까요?
おがわ かずや : (잡지를 보여 주며) 이 영화는 어때요?
남혜림 : 좋아요. 언제 볼까요?
おがわ かずや : 내일은 어때요?
남혜림 : 내일은 좀…….
おがわ かずや : 그럼, 모레는요?
남혜림 : 좋아요. いしだ씨도 같이 보는 게 어때요?(いしだ씨도 함께 어때요?)
おがわ かずや : 에? いしだ씨도요?
남혜림 : 네. 다 같이 보는 게 더 즐겁죠.
おがわ かずや : 그, 그러네요.

일본의 교복

한국과 마찬가지로 일본에서도 중고등학교는 교복이 있는 학교가 많습니다. 일본의 대표적인 교복은 남자는 学ラン[がくらん], 여자는 セーラー服[せーらーふく](세일러복)입니다. 学ラン은 남학생들이 입는 교복으로 검정색 옷에 세워진 칼라가 특징입니다. 칼라에는 보통 학교 휘장을 답니다. 단추는 금색단추가 5개 달려 있습니다. 위에서 두 번째 단추는 사랑하는 사람에게 주는 단추라고 해서 졸업식 때 좋아하는 여학생에게 주는 경우도 있고 또 여학생이 좋아하는 남학생(졸업생)한테 가서 두 번째 단추를 달라고 하기도 합니다. 왜 学ラン[がくらん]으로 불리냐면 江戸[えど]시대(1603년~1867년) 때 서양식 옷을 ランダ[らんだ]라고 불렀던 데에서 学生[がくせい](학생)이 입는 ランダ(옷)라는 뜻으로 学ラン이라고 불리게 된 것입니다.

예문 20-5.mp3

1 주어진 일본어 질문에 보기와 같이 いいえ(아니요)로 대답해 보세요.

| 보기 | 果物を食べますか。(과일을 먹습니까?)
→ いいえ、食べません。(아니요, 먹지 않습니다.)

1. ______
2. ______
3. ______
4. ______

2 주어진 일본어 질문에 보기와 같이 いいえ(아니요)로 대답해 보세요.

| 보기 | 映画を見ませんか。(영화를 보지 않습니까?)
→ いいえ、見ます。(아니요, 봅니다.)

1. ______
2. ______
3. ______
4. ______

3 ( ) 속에 들어갈 적절한 글자를 보기와 같이 써 보세요.

| 보기 | 制服(を)着ます。교복을 입습니다.

1. DVDを借り(   )。DVD를 빌립니다.
2. 果物を食べます(   )。과일을 먹습니까?
3. 映画を見(   )。영화를 보지 않습니다.
4. 門(   )開けます。대문을 엽니다.

4 주어진 단어를 히라가나로 써 본 다음에 한자로도 써 보세요.

| 보기 | 영화 히라가나 えいが 한자 映画

1. 닫습니다
히라가나 한자

2. 입습니다
히라가나 한자

3. 과일
히라가나 한자

4. 대문
히라가나 한자

5. 교복
히라가나 한자

いいですよ와 いいですね의 차이

〈회화로 다지기〉에서 いいですよ와 いいですね가 나왔죠? 둘 다 '좋아요'로 해석되어 있는데 뉘앙스 차이가 있습니다. 말끝에 붙이는 よ는 상대방에게 뭔가를 알려 줄 때, 상대방이 잘못 알고 있는 것을 고쳐 줄 때, 붙여 쓴다고 했죠? 그런데 いいです에 よ를 붙여서 いいですよ라고 하면 상대방의 제안에 대해 허락하는 말투가 됩니다. 이에 비해 ね를 붙여서 いいですね라고 하는 경우는 상대방의 생각에 대해 동조하는 경우입니다.

어떤 사람의 말에 いい라는 단어를 써서 대답할 때 いい/いいです, いいよ/いいですよ, いいね/いいですね라는 세 가지로 말할 수 있습니다. 세 가지 모두 '좋아/좋습니다'로 해석할 수 있기 때문에 잘못 쓰는 분들이 참 많은 것 같습니다. 예를 들어 볼게요. 누군가가 '영화를 보자'라고 제안했다고 가정해 봅시다. いい/いいです라고 대답하면 '됐어/됐습니다'라는 '거절'의 뜻이 됩니다. 그러니 같이 가고 싶은데 いい/いいです라고 하면 안 되죠.

いいよ/いいですよ 와 いいね/いいですね는 둘 다 '가겠다'라는 뜻으로 쓸 수 있습니다. いいよ/いいですよ라고 하면 '같이 가 줄 수 있어'라는 '허락'을 나타냅니다. 이에 비해 いいね/いいですね는 '좋은 생각이야'라는 '동조, 찬성'을 나타냅니다. 그러므로 예를 들어 회사 동료나 부하가 '영화를 보자'라고 했다면 いいよ를 써도 いいね를 써도 괜찮겠지만, 상사가 부하인 나에게 '영화 보자'라고 했다면 いいですよ(좋아요, 같이 가 줄 수 있습니다)라고 하면 안 되겠죠. いいですね(좋은 생각입니다)라고 하는 것이 좋지요.

いいね/いいですね는 못 쓰고 いいよ/いいですよ를 써야 하는 경우도 있습니다. 예를 들어, 친구가 내가 먹고 있는 과자를 보고 달라고 했다면, 그런 경우는 いいよ/いいですよ라고 해야지, いいね/いいですね라고 하면 안 됩니다. 왜냐하면 '허락'을 해 주는 상황이지 '좋은 생각이야'라고 '동조, 찬성'을 하는 상황은 아니기 때문이죠. 이처럼 '허락'을 해 줄 때는 いいね/いいですね는 못 씁니다.

자, 잘 기억하세요! いい/いいです는 주로 '됐어/됐습니다'라는 뜻의 '거절'을 나타내고, いいよ/いいですよ는 '좋아, 그렇게 해'라는 뜻의 '허락'을 나타내고, いいね/いいですね는 '좋은 생각이야'라는 뜻의 '동조, 찬성'을 나타내는 것입니다.

영어에서 'F' 발음이 들어있는 단어

이번에는 영어에서 'F' 발음이 있는 단어들을 연습합니다.
영어 'F'는 한국어에서는 'ㅍ' 소리로 읽거나 쓰지만 일본어에서는 は행(は, ひ, ふ, へ, ほ) 소리가 됩니다. 그리고 가타카나에서는 ア(あ), イ(い), エ(え), オ(お)가 작게 쓰이는 경우가 있습니다. 히라가나에서는 작게 쓰이는 글자가 や, ゆ, よ, つ의 4개인데 외래어 표기에서는 원음에 가깝게 표기하기 위해서 ア(あ), イ(い), エ(え), オ(お)를 작게 쓰는 경우가 있습니다.

주어진 단어의 뜻으로 옳은 것을 고르세요.

1. フィルター	•	• ❶ 소파
2. フォーク	•	• ❷ 파일
3. ソフト	•	• ❸ 오피스
4. ユニフォーム	•	• ❹ 필터
5. オフィス	•	• ❺ 나이프
6. ファイル	•	• ❻ 소프트
7. ソファー	•	• ❼ 프라이팬
8. フェリー	•	• ❽ 페리
9. ナイフ	•	• ❾ 포크
10. フライパン	•	• ❿ 유니폼

정답 1.❹ 2.❾ 3.❻ 4.❿ 5.❸ 6.❷ 7.❶ 8.❽ 9.❺ 10.❼

넷째마디

변덕쟁이 불규칙동사 현재형

이번에는 변덕쟁이 불규칙동사에 대해 배우겠습니다. 불규칙동사는 이름 그대로 활용이 불규칙적으로 일어나는 동사입니다. 그러니 무조건 활용 형태를 외워야겠죠. 그런데 다행히 불규칙동사는 단 두 개밖에 없습니다. 来る[くる](오다)와 する(하다)입니다. 来る[くる](오다)와 する(하다)는 각각 '가져오다', '걸어오다' 혹은 '공부하다', '결혼하다'와 같이 다른 단어가 앞에 붙어서 하나의 동사로 사용되는 경우가 많이 있는데 이것 역시 불규칙 활용을 합니다. 사전형(기본형)인 来る[くる](오다)와 する(하다)만 알면 다 똑같이 활용되는 것들입니다. 불규칙동사는 활용을 무조건 외울 수밖에 없지만 '외운다'고 생각하지 마시고 듣고 따라하면서 자연스러운 활용 형태를 몸으로 익힌다고 생각하고 배우세요!

21 반말로 말해요

学校に来る?

학교에 와?

예문 21-1.mp3

워밍업 기본 회화 듣기

그림을 보면서 어떤 내용인지 추측하면서 회화를 들어 보세요.

예문 21-2.mp3

1단계 기본 단어 익히기

来る[くる] 오다

する 하다

持って来る[もってくる] 가져오다

ゲーム 게임

バイト 알바

弁当[べんとう] 도시락

来週[らいしゅう] 다음 주

再来週[さらいしゅう] 다다음 주

よく 잘, 자주

잠깐만요!

持って来る[もってくる](가져오다)와 같이 〈~来る〉의 형태를 지닌 단어들은 来る를 히라가나 くる로 쓰는 경우가 많습니다. 여기에서는 이해하기 쉽도록 한자로 나타냈습니다.

예문 21-3.mp3

2단계

기본 문형 익히기

잠깐만요!

先々週[せんせんしゅう](지지난 주), 先週[せんしゅう](지난주), 今週[こんしゅう](이번 주), 来週[らいしゅう](다음 주), 再来週[さらいしゅう](다다음 주) 뒤에는 '~에'에 해당되는 조사 ~にが 붙지 않습니다. 자세한 설명은 189쪽을 참조하세요. 그냥 今週, 来週라고만 해도 '이번 주에', '다음 주에'라는 해석이 됩니다. 再来週[さらいしゅう](다다음 주) 등의 때를 나타내는 단어에 대해서는 561쪽을 참조하세요.

❶ ~に来る[くる]。 ~をする。

사전형(기본형)

~に来る[くる]。 ~에 올래/올 거야/와(명령이 아님).

~をする。 ~를 할래/할 거야/해(명령이 아님).

'~에 오다'라고 할 때 조사 '~에'는 ~に가 됩니다. '~할래, ~할 거야, ~해'라고 하려면 사전형을 그대로 쓰면 되지요. 일상회화에서는 조사 ~を(~을/를)가 생략되는 경우가 많지만 여기에서는 넣고 연습해 봅시다.

来週、美佳がソウルに来る。 다음 주에 みか가 서울에 와.

学校にノートパソコンを持って来る。 학교에 노트북PC를 가져올 거야.

再来週からバイトをする。 다다음 주부터 알바를 할래.

よくゲームをする。 자주 게임을 해.

❷ ~に来ない[こない]。 ~をしない。

ない형(부정형)

~に来ない[こない]。 ~에 오지 않을래/오지 않을 거야/오지 않아.

~をしない。 ~를 하지 않을래/하지 않을 거야/하지 않아.

こ ↑ 来る(오다) + ない(~지 않아)

し ↑ する(하다) + ない(~지 않아)

来る[くる]의 ない형은 来ない[こない]가 됩니다. 한자는 똑같지만 한 자음이 바뀐다는 점에 유의하세요. する의 ない형은 しない가 됩니다.

悟はソウルに来ない。 さとる는 서울에 오지 않아.

会社にお弁当を持って来ない。 회사에 도시락을 안 가져올 거야.

私は料理をしない。 나는 요리를 하지 않아.

来週からバイトをしない。 다음 주부터 알바를 안 할래.

③ ~に来る？ ~(を)する？

~에 올래?/올 거야?/와?

~(를) 할래?/할 거야?/해?

来る[くる](오다)와 する(하다)로 질문을 해 봅시다. 반말 회화에서 조사 ~を(~을/를)는 생략하는 경우가 많으니 생략해서 연습해 봅시다.

잠깐만요!

お弁当[おべんとう]는 弁当[べんとう] 앞에 お가 붙어서 말을 꾸며 준 것으로, 남자들은 お 없이 쓰는 경우도 많습니다. 다만 お가 없으면 좀 거친 말이 되기 때문에 여자들은 보통 お를 붙여서 씁니다. 弁当[べんとう]는 억양이 '저-고-고-저'이지만 앞에 お가 붙어서 お弁当가 되면 억양이 '저-고-고-고-고'로 바뀝니다.

悟は東京に来る？	さとる는 とうきょう에 올 거야?
会社にお弁当を持って来る？	회사에 도시락을 가져올 거야?
よくゲームする？	자주 게임해?
よく料理する？	자주 요리해?

④ うん、~る。 ううん、~ない。

응, ~할래/~할 거야/~해.

아니, ~하지 않을래/~하지 않을 거야/~하지 않아.

긍정 대답은 うん(응)이라고 한 다음에 사전형으로 대답하고, 부정 대답은 ううん(아니)이라고 한 다음에 ない형으로 대답하면 되지요.

잠깐만요!

バイト는 アルバイト(아르바이트)를 줄인 말입니다. バイト는 주로 학생들이 하는 아르바이트를 가리키고 주부들이 하는 파트타임 일은 パート라고 합니다.

うん、来る。	응, 올 거야.
ううん、持って来ない。	아니, 가져오지 않을 거야.
うん、する。	응, 해.
ううん、しない。	아니, 안 해.

❺ ～に来ない？ ～(を)しない？

～에 오지 않을 거야?/오지 않아?

～(를) 하지 않을 거야?/하지 않아?

ない형을 사용하여 질문을 해 봅시다.

美佳は東京に来ない？	みかは とうきょう에 오지 않을 거야?
学校にお弁当を持って来ない？	학교에 도시락을 안 가져올 거야?
来週はバイトしない？	다음 주는 알바 안 해?
ゲームはあんまりしない？	게임은 별로 하지 않아?

잠깐만요!

よく(잘, 자주)를 잘못 쓰는 예로 勉強[べんきょう]をよくする라는 말이 있어요. 이 말은 '공부를 자주 하다' 즉 '공부를 열심히/성실히 하다'라는 뜻이지 '공부를 잘한다'는 뜻이 아닙니다. 잘못 쓰는 사람이 많으니 주의하세요~! '공부를 잘한다'고 말하고 싶으면 勉強ができる(공부를 할 줄 안다, 공부를 할 수 있다)라고 하면 됩니다.

❻ うん、～ない。 ううん、～る。

응, ~하지 않을 거야/~하지 않아.

아니, ~할 거야/~해.

긍정 대답은 うん(응), 부정 대답은 ううん(아니)을 사용하여 대답하면 되지요.

うん、来ない。	응, 오지 않을 거야.
ううん、持って来る。	아니, 가져올 거야.
うん、しない。	응, 안 해.
ううん、よくする。	아니, 자주 해.

예문 21-4-1.mp3
예문 21-4-2.mp3

3단계 회화로 다지기

モデル 모델
ヘアモデル 헤어모델
紹介[しょうかい] 소개

祐介[ゆうすけ]는 집에 가는 길에 과에서 예쁘기로 유명한 지아를 만났어요.

岡田 祐介：ジア、明日も学校に来る？
ソン・ジア：ううん、明日は来ない。
岡田 祐介：来ない？
ソン・ジア：うん、明日はバイトする。
岡田 祐介：バイト？ どんなバイト？
ソン・ジア：モデル。
岡田 祐介：モデル?! かっこいい! 何のモデル？
ソン・ジア：ヘアモデル。
岡田 祐介：へえ、ヘアモデル。
ソン・ジア：祐介もヘアモデルする？
岡田 祐介：俺が？
ソン・ジア：うん。紹介するよ。

おかだ ゆうすけ : 지아야, 내일도 학교에 와?
송지아 : 아니, 내일은 안 와.
おかだ ゆうすけ : 안 와?
송지아 : 응, 내일은 알바해.
おかだ ゆうすけ : 알바? 어떤 알바야?
송지아 : 모델이야.
おかだ ゆうすけ : 모델?! 멋지다! 무슨 모델이야?
송지아 : 헤어모델이야.
おかだ ゆうすけ : 오호, 헤어모델.
송지아 : ゆうすけ도 헤어모델 할래?
おかだ ゆうすけ : 내가?
송지아 : 응. 소개할게.

일본의 평균 수입은?

알바 이야기가 나와서 일본의 아르바이트 수입이 어느 정도인지 소개해 드릴게요. 아르바이트는 보통 시간당으로 수입이 정해져 있는 곳이 많은데 전국 평균은 시간당 1,065엔이랍니다(2022년 1월 통계). 가장 비싼 곳은 東京[とうきょう]를 중심으로 한 関東[かんとう] 지역으로 시간당 1,150엔이고 가장 싼 곳은 九州[きゅうしゅう] 지역으로 시간당 954엔이었다고 합니다. 그렇다면 직장인의 수입은 어느 정도일까요? 직장인들의 평균 수입은 10대에서 70대 이상까지 모두 포함하면 연 403만 엔이랍니다(2021년 통계). 남자 평균은 447만 엔, 여자 평균은 345만 엔이랍니다. 20대 평균은 남자 363만 엔, 여자 317만 엔, 30대 평균은 남자 474만 엔, 여자 378만 엔, 40대 평균은 남자 563만 엔, 여자 402만 엔, 50대 평균은 남자 664만 엔, 여자 435만 엔이랍니다.

예문 21-5.mp3

1 주어진 일본어 질문에 보기와 같이 ううん(아니)으로 대답해 보세요.

| 보기 | 美佳はソウルに来る？ (みかは 서울에 올 거야?)
→ ううん、来ない。 (아니, 오지 않을 거야.)

1.

2.

3.

4.

2 주어진 일본어 질문에 보기와 같이 ううん(아니)으로 대답해 보세요.

| 보기 | 明日、バイトをしない？ (내일 알바를 하지 않을 거야?)
→ ううん、する。 (아니, 할 거야.)

1.

2.

3.

4.

3 (　　) 속에 들어갈 적절한 글자를 보기와 같이 써 보세요.

| 보기 | 悟は東京(に)来る。 さとるは とうきょう에 와.

1. 来週(　　　　)バイト(　　)する。 다음 주부터 알바를 해.

2. 会社(　　)お弁当(　　)持って来る。 회사에 도시락을 가져올 거야.

3. 今日はゲームを(　　　　　　)。 오늘은 게임을 하지 않아.

4. 美佳は東京に(　　　　　　)。 みかは とうきょう에 안 와.

4 주어진 단어를 히라가나로 써 본 다음에 한자로도 써 보세요.

| 보기 | 소개 — 히라가나: しょうかい / 한자: 紹介

1. 오다
히라가나 　　한자

2. 가져오다
히라가나 　　한자

3. 도시락
히라가나 　　한자

4. 다다음주
히라가나 　　한자

5. 오늘
히라가나 　　한자

조사 に를 붙여 쓰는 것과 붙여 쓰지 않는 것

이번 과에서 来週[らいしゅう](다음 주)를 해석할 때 일본어에는 '~에'에 해당되는 조사 ~に가 없는데 한국어 해석에는 '~에'를 넣었죠? 来週에는 조사 ~に를 사용하지 않는 것이 원칙입니다. 일본어에는 이와 같이 단어에 따라서 ~に를 붙여 쓰는 것과 ~に를 붙여 쓰지 않는 것으로 나누어집니다. 어떤 경우에 조사 ~に를 쓰고 어떤 경우에 쓰지 못하느냐는 '지금'과 관련이 있느냐 없느냐입니다. '지금'과 관련해서 시간이 정해지는 것에는 ~に가 붙지 않고 '지금'과 관련되지 않는 어떤 특정한 시간을 나타내는 것에는 ~に가 붙습니다. 설명만 보면 복잡하죠? 구체적인 예를 보겠습니다.

昨日[きのう](어제), 今日[きょう](오늘), 明日[あした](내일), 先週[せんしゅう](지난주), 今週[こんしゅう](이번 주), 来週[らいしゅう](다음 주), 去年[きょねん](작년), 今年[ことし](올해), 来年[らいねん](내년) 등에는 조사 ~に를 붙여 쓰지 않습니다. 이런 단어들은 모두 '지금'을 기준으로 해서 그 시간이 정해집니다. 예를 들어 '어제 만났어'라는 말은 이 말을 한 시점이 오늘이라면 '어제'가 어제가 되지만 이 말을 한 시점이 어제라면 '어제'가 그저께가 되지요.

이에 비해 ~年[ねん](~년), ~月[がつ](~월), ~日[にち](~일), ~時[じ](~시), ~分[ふん](~분) 등에는 조사 ~に를 붙여 씁니다. 이런 단어들은 '지금'과 전혀 관련 없이 특정한 시간을 나타내기 때문이지요.

그런데 똑같은 ~に라고 해도 '시점'을 나타내는 뜻이 아니라 '도달점'을 나타내는 뜻으로 쓰인 ~に인 경우는 쓸 수 있습니다. 또 원래는 ~に를 써야 하는데 생략되는 경우 등도 있고 또 원래는 ~に를 쓰지 말아야 하는데 써 버리는 경우 등도 종종 보입니다. 사람들이 항상 말을 올바르게만 사용하는 것이 아니니 어쩔 수 없는 일이겠지요. 일단 원칙은 위와 같다는 것을 알아 두세요.

영어에서 'L' 발음이 들어있는 단어

이번에는 영어에서 'L' 발음이 있는 단어들을 연습합니다.
영어 'L'은 한국어에서는 받침 'ㄹ' 소리나 'ㄹㄹ'(받침 'ㄹ' + 초성 'ㄹ') 소리가 되지만 일본어에서는 ら행(ら, り, る, れ, ろ) 소리가 됩니다. 즉 일본어에서는 'R'도 'L'도 구별 없이 같은 소리로 발음되는 겁니다.

주어진 단어의 뜻으로 옳은 것을 고르세요.

1. バイオリン •	• ❶ 샐러드
2. スケジュール •	• ❷ 샐러리맨
3. メロディー •	• ❸ 바이올린
4. キロ •	• ❹ 칼로리
5. サラダ •	• ❺ 블루
6. ミルク •	• ❻ 스케줄
7. ソロ •	• ❼ 밀크
8. カロリー •	• ❽ 킬로
9. ブルー •	• ❾ 솔로
10. サラリーマン •	• ❿ 멜로디

정답 1.❸ 2.❻ 3.❿ 4.❽ 5.❶ 6.❼ 7.❾ 8.❹ 9.❺ 10.❷

22 존댓말로 말해요

連絡します。

연락할게요.

예문 22-1.mp3

워밍업 기본 회화 듣기

그림을 보면서 어떤 내용인지 추측하면서 회화를 들어 보세요.

예문 22-2.mp3

1단계 기본 단어 익히기

行って来る[いってくる] 갔다 오다, 다녀오다

連れて来る[つれてくる] 데려오다

けんか 싸움

連絡[れんらく] 연락

インド 인도

今月[こんげつ] 이번 달

来月[らいげつ] 다음 달

母[はは] 어머니

父[ちち] 아버지

弟[おとうと] 남동생

妹[いもうと] 여동생

잠깐만요!

母[はは](어머니), 父[ちち](아버지)는 높이지 않는 호칭입니다. 가족의 호칭에 대해서는 198쪽을 참조하세요. 그리고 来月[らいげつ](다음 달)와 같은 단어에 대해서는 561쪽을 참조하세요.

예문 22-3.mp3

2단계

기본 문형 익히기

❶
~へ来ます。 ~を します。

ます형

~로 옵니다/올 겁니다.

~를 합니다/할 겁니다.

来る[くる]의 ます형은 来ます[きます]가 되고 する(하다)의 ます형은 します가 됩니다. 소리가 많이 바뀌니 주의하세요. 그리고 ~へ(~로)라는 조사를 연습하겠습니다. ~へ가 조사로 쓰일 때는 발음이 え가 된다는 점에 주의하세요.

잠깐만요!

'어머니를 여기로 모시고 올게요'라고 하고 싶죠? 198쪽에서 설명 드렸듯이 일본어에서는 자기 가족에 대해 다른 사람에게 말할 때는 가족 모두를 낮춰서 말해야 합니다. 그러니 '어머니를 모시고 오다'라고 하면 안 되고 '데려오다'라고 해야 바른 일본어 표현이 됩니다.

来月、インドへ行って来ます。 다음 달에 인도로 갔다 옵니다.

明日、母をここへ連れて来ます。 내일 어머니를 여기로 데려올 겁니다.

弟はよくけんかをします。 남동생은 자주 싸움을 해요.

明日、連絡をします。 내일 연락을 할게요.

❷
~へ来ません。 ~を しません。

~로 오지 않습니다/오지 않을 겁니다.

~를 하지 않습니다/하지 않을 겁니다.

来ます[きます]의 부정은 来ません[きません]이 되고 します의 부정은 しません이 됩니다.

잠깐만요!

21과에서 ~に(~에)를 연습했죠? 여기에서 배우는 ~へ(~로)는 ~に와 뜻이 같다고 보시면 되는데 느낌 차이는 한국어 '~에', '~로'의 차이와 같습니다. 즉 ~に(~에)가 좀 더 범위가 좁고 정확한 장소를 가리킨다는 느낌인데 비해 ~へ(~로)는 범위가 좀 더 넓고 방향성으로 이야기한다는 느낌이에요.

今月は外国へ行って来ません。 이번 달은 외국으로 갔다 오지 않습니다.

父はここへ連れて来ません。 아버지는 여기로 안 데려올 겁니다.

妹はけんかをしません。 여동생은 싸움을 하지 않아요.

今日は連絡をしません。 오늘은 연락을 안 할 거예요.

❸ ～へ来ますか。 ～로 옵니까?/올 겁니까?
～(を)しますか。 ～(를) 합니까?/할 겁니까?

来ます[きます]와 します를 사용하여 질문을 해 봅시다.

今月、インドへ行って来ますか。 이번 달에 인도로 갔다 옵니까?

お母さんをここへ連れて来ますか。 어머니를 여기로 데려올 겁니까?

弟さんはよくけんかしますか。 남동생 분은 자주 싸워요?

明日、連絡しますか。 내일 연락할 거예요?

잠깐만요!

'남동생'은 일본어로 弟[おとうと]인데 다른 사람의 남동생에 대해서 말할 때는 뒤에 ～さん(～씨)을 붙여서 弟さん과 같이 높여서 말해야 합니다. '여동생'도 마찬가지로 다른 사람의 여동생에 대해서 말할 때는 妹さん[いもうとさん]이라고 말해야 합니다.

❹ はい、～ます。 네, ～합니다/～할 겁니다.
いいえ、～ません。 아니요, ～하지 않습니다/～하지 않을 겁니다.

긍정 대답은 はい(네), 부정 대답은 いいえ(아니요)를 사용하여 대답하면 되지요.

はい、行って来ます。 네, 갔다 옵니다.

いいえ、連れて来ません。 아니요, 안 데려올 겁니다.

はい、よくします。 네, 자주 해요.

いいえ、しません。 아니요, 안 할 거예요.

❺ ~へ来ませんか。 ~로 오지 않습니까?/오지 않을 겁니까?
~(を)しませんか。 ~(를) 하지 않습니까?/하지 않을 겁니까?

来ません[きません]과 しません을 사용하여 질문을 해 봅시다.

한국어에는 남녀를 구별하지 않는 '동생'이라는 단어가 있는데 일본어에는 없습니다. 弟[おとうと](남동생) 아니면 妹[いもうと](여동생)가 돼요.

来月は外国へ行って来ませんか。	다음 달은 외국으로 갔다 오지 않습니까?
お父さんはここへ連れて来ませんか。	아버지는 여기로 안 데려올 겁니까?
妹さんはけんかしませんか。	여동생 분은 싸우지 않아요?
今日は連絡しませんか。	오늘은 연락 안 할 거예요?

❻ はい、~ません。 네, ~하지 않습니다/ ~하지 않을 겁니다.
いいえ、~ます。 아니요, ~합니다/ ~할 겁니다.

긍정 대답은 はい(네), 부정 대답은 いいえ(아니요)를 사용하여 대답하면 되지요.

はい、来月は行って来ません。	네, 다음 달은 갔다 오지 않습니다.
いいえ、父も連れて来ます。	아니요, 아버지도 데려올 겁니다.
はい、しません。	네, 안 해요.
いいえ、します。	아니요, 할 거예요.

예문 22-4-1.mp3
예문 22-4-2.mp3

3단계
회화로 다지기

キムチ 김치
のり 김

絵美[えみ]는 한국에 간다는 우창민에게 언제 또 일본에 오는지 물어보네요.

後藤 絵美: チャンミンさん、いつまた日本へ来ますか。
ウ・チャンミン: 来月です。来月は母を連れて来ます。
後藤 絵美: そうですか。
ウ・チャンミン: 絵美さんはキムチが好きですか。
韓国のキムチはおいしいですよ。
後藤 絵美: そうですか。
でも、私はキムチはちょっと苦手です。
ウ・チャンミン: じゃ、のりはどうですか。
後藤 絵美: 韓国ののりはとても好きです。
ウ・チャンミン: じゃ、のりを持って来ますね。
後藤 絵美: ありがとうございます。
ウ・チャンミン: じゃ、また連絡します。
後藤 絵美: じゃ、お気を付けて。

のり(김)는 한자로 海苔라고 씁니다.

ごとう えみ : 창민 씨, 언제 또 일본에 와요?
우창민 : 다음 달이요.
다음 달에는 어머니를 데려와요.
ごとう えみ : 그렇군요.
우창민 : えみ씨는 김치를 좋아해요?
한국 김치는 맛있어요.
ごとう えみ : 그래요.
그런데 저는 김치는 좀 잘 못 먹어요.
우창민 : 그럼, 김은 어때요?
ごとう えみ : 한국 김은 무척 좋아해요.
우창민 : 그럼, 김을 가져올게요.
ごとう えみ : 고마워요.
우창민 : 그럼, 또 연락할게요.
ごとう えみ : 그럼, 조심히 갔다 오세요.

일본 사람들이 좋아하는 한국 선물

일본 사람들에게 선물로 김치를 가져가면 좋아하는 사람이 많지만 무겁기도 하고 냄새도 나고 여름 같으면 금방 쉬어 버리는 것이 흠이지요. 먹거리 중에서 가장 편하게 가져갈 수 있는 것이 바로 김입니다. 일본에도 김이 있지만 한국 김과 양념이 다르고 또 일본 김은 한국 김에 비해 두께가 두꺼워서 약간 뻣뻣한 느낌이 납니다. 그런 촉감 차이도 있어서 한국 김 맛이 일본 사람들에게는 색다른 맛입니다. 또 한국의 전통 차도 좋습니다. 유자차, 모과차, 오미자차와 같은 차는 일본에 없어서 선물로 주면 좋아합니다. 그 외에는 한지 공예품(한지로 된 접시 등)이나 매듭 공예품도 좋아요. 매듭이 외국 사람들이 보기에도 참 예쁘고 좋아요. 저는 귀국할 때 매듭이 달려 있는 주머니를 여러 개 사 갖고 갈 때가 많아요. 크기와 색깔이 다양해서 여러 가지 사 가서 사람들에게 선물해 주면 무척 좋아합니다.

1 주어진 일본어 질문에 보기와 같이 いいえ(아니요)로 대답해 보세요.

| 보기 | 森田さんはソウルへ来ますか。(もりた씨는 서울로 옵니까?)
→ いいえ、来ません。(아니요, 오지 않습니다.)

1.
2.
3.
4.

2 주어진 일본어 질문에 보기와 같이 いいえ(아니요)로 대답해 보세요.

| 보기 | バイトをしませんか。(알바를 하지 않습니까?)
→ いいえ、します。(아니요, 합니다.)

1.
2.
3.
4.

3 (　　) 속에 들어갈 적절한 글자를 보기와 같이 써 보세요.

| 보기 | バイト(を)します。알바를 합니다.

1. 母(　　)ここ(　　)連れて来ます。어머니를 여기로 데려옵니다.
2. 弟(　　)よくけんか(　　)します。남동생은 자주 싸움을 합니다.
3. 今月(　　)外国(　　)行って来(　　　　　　)。
   이번 달은 외국으로 갔다 오지 않습니다.
4. 明日、連絡(　　)し(　　　　)。내일 연락을 합니다.

예문 22-5.mp3

4 주어진 단어를 히라가나로 써 본 다음에 한자로도 써 보세요.

| 보기 | 이번 달 — 히라가나: こんげつ — 한자: 今月

1. 다음 달

히라가나 | | | |
한자 | |

2. 어머니(높이지 않는 호칭)

히라가나 | |
한자 |

3. 아버지(높이지 않는 호칭)

히라가나 | |
한자 |

4. 남동생(높이지 않는 호칭)

히라가나 | | | |
한자 |

5. 여동생(높이지 않는 호칭)

히라가나 | | | |
한자 |

가족의 호칭

일본어는 가족이나 친척에 관한 호칭이 '높이는 호칭', '높이지 않는 호칭', '직접 부르는 호칭'의 세 가지로 나누어집니다. '높이는 호칭'은 다른 사람의 가족에 대해서 말할 때 쓰고 '높이지 않는 호칭'은 자기 가족에 대해서 다른 사람에게 말할 때 씁니다.

일본어는 경어를 쓸 때 '나(화자)'의 그룹과 '상대방(청자)'의 그룹으로 구별하여 '나'의 그룹에 속하는 사람들은 무조건 모두 낮추고 '상대방'의 그룹에 속하는 사람들은 무조건 모두 높입니다.

	높이지 않는 호칭	높이는 호칭	직접 부르는 호칭
할아버지	祖父[そふ]	おじいさん	おじいちゃん
할머니	祖母[そぼ]	おばあさん	おばあちゃん
아버지	父[ちち]	お父さん [おとうさん]	お父さん [おとうさん]
어머니	母[はは]	お母さん [おかあさん]	お母さん [おかあさん]
형, 오빠	兄[あに]	お兄さん [おにいさん]	お兄ちゃん [おにいちゃん]
누나, 언니	姉[あね]	お姉さん [おねえさん]	お姉ちゃん [おねえちゃん]
남동생	弟[おとうと]	弟さん [おとうとさん]	이름, 애칭
여동생	妹[いもうと]	妹さん [いもうとさん]	이름, 애칭
남편	• 主人[しゅじん] • 夫[おっと]	ご主人 [ごしゅじん]	이름, 애칭 あなた

부인	・家内[かない] ・妻[つま]	奥さん [おくさん]	이름, 애칭 お前[おまえ]
아들	息子[むすこ]	・息子さん [むすこさん] ・お坊っちゃん [おぼっちゃん]	이름, 애칭
딸	娘[むすめ]	・お嬢さん [おじょうさん] ・娘さん [むすめさん]	이름, 애칭
부모님의 형제 및 남자 배우자 **큰아버지** **작은아버지** **고모부** **이모부** **외삼촌**	おじ	おじさん	おじちゃん おじさん
부모님의 자매 및 여자 배우자 **큰어머니** **작은어머니** **고모** **이모** **외숙모**	おば	おばさん	おばちゃん おばさん
사촌	いとこ	いとこさん	이름, 애칭
조카(남자)	甥[おい]	甥御さん [おいごさん]	이름, 애칭
조카(여자)	姪[めい]	姪御さん [めいごさん]	이름, 애칭
손자	孫[まご]	お孫さん [おまごさん]	이름, 애칭

영어에서 '–ng' 발음이 들어있는 단어

이번에는 영어에서 단어 끝에 '–ng'가 붙는 단어들입니다. 한국어에서는 받침 'ㅇ' 소리가 나지만 일본어에서는 'ング' 소리가 납니다.

주어진 단어의 뜻으로 옳은 것을 고르세요.

1. スプリング •	• ❶ 클리닝
2. ソング •	• ❷ 롱
3. ロング •	• ❸ 스프링
4. ウォーキング •	• ❹ 타이밍
5. ウェディング •	• ❺ 바이킹
6. バイキング •	• ❻ 송
7. クリーニング •	• ❼ 마케팅
8. マーケティング •	• ❽ 웨딩
9. オープニング •	• ❾ 워킹
10. タイミング •	• ❿ 오프닝

정답 1.❸ 2.❻ 3.❷ 4.❾ 5.❽ 6.❺ 7.❶ 8.❼ 9.❿ 10.❹

다섯째마디

규칙쟁이 5단동사 현재형

이번에는 규칙쟁이 5단동사에 대해 배우겠습니다. 일본어 동사 중에서 5단동사가 가장 활용이 복잡하고 어렵습니다. '규칙쟁이'라는 이름에서도 알 수 있듯이 5단동사는 규칙에 맞추어 활용이 됩니다. 활용은 あ단, い단, う단, え단, お단의 5단에 걸쳐서 일어납니다. 그래서 이름이 '5단' 동사인 겁니다. 규칙이 복잡하고 어려워도 규칙을 외우려 하지 마세요. 규칙은 참고로만 하시고 듣고 따라하면서 몸으로 익히세요. 그것이 일본어의 달인이 될 수 있는 지름길입니다.

학습일 월 일

23 반말로 말해요

日本に行く。

일본에 갈 거야.

예문 23-1.mp3

워밍업 기본 회화 듣기

그림을 보면서 어떤 내용인지 추측하면서 회화를 들어 보세요.

예문 23-2.mp3

1단계 기본 단어 익히기

行く[いく] 가다

帰る[かえる] 돌아가다, 돌아오다

買う[かう] 사다

飲む[のむ] 마시다

呼ぶ[よぶ] 부르다

出す[だす] 내다, 제출하다

お土産[おみやげ] (여행지 등에서 사오는) 기념 선물

ビール 맥주

友達[ともだち] 친구

レポート 리포트, 과제

예문 23-3.mp3

2단계
기본 문형 익히기

❶ 사전형(기본형)

～う단。

～할래/～할 거야/～해(명령이 아님).

'～할래/～할 거야/～해(명령이 아님)'라고 할 때는 사전형 그대로 말하면 되는데, 5단동사 사전형의 특징은 끝소리가 'う단'으로 끝난다는 점입니다. 끝소리가 'う단'이라는 점을 확인하면서 연습하세요.

学校に行く。	학교에 갈래.
お土産を買う。	선물을 살래.
うちに帰る。	집에 갈 거야.
ビールを飲む。	맥주를 마실 거야.

잠깐만요!

うちに帰る는 직역하면 '집에 돌아갈래/돌아갈 거야'가 되죠. '집에 가다'를 직역해서 うちに行く라고 하면 자신의 집이 아니라 '다른 사람의 집에 간다'는 뜻이 되므로 주의하세요. 자신의 집에 갈 때는 帰る[かえる](돌아가다)를 씁니다.

❷ ない형(부정형)

～ない。

～하지 않을래/～하지 않을 거야/～하지 않아.

5단동사의 ない형은 〈あ단+ない〉의 형태가 됩니다. 즉 사전형의 끝소리를 あ단으로 바꾼 다음 ない를 붙이면 되는 것이지요. 단, 買う[かう]와 같이 '～う'로 끝나는 5단동사는 あ단으로 바꿀 때 모두 あ가 아니라 わ가 됩니다.

か
↑
行く(いく) 가다 + ない ～지 않아

友達を呼ばない。	친구를 부르지 않을래.
レポートを出さない。	리포트를 내지 않을 거야.
学校に行かない。	학교에 안 가.
お土産を買わない。	선물을 안 살 거야.

잠깐만요!

'단'이라는 것은 모음에 의해서 나누어지는 것을 뜻합니다. 일본어에는 あ단, い단, う단, え단, お단이라는 5단이 있지요. '단'에 대해서 생각이 나지 않을 때는 550쪽을 보세요.

❸ ～う단？

～할래?/～할 거야?/～해?

5단동사의 사전형을 그대로 쓰고 끝부분의 억양만 올려서 의문문을 나타냅니다. 한국어와 똑같죠? 그리고 조사 ～を(～을/를)는 회화에서는 생략하는 경우가 많습니다.

うちに帰る？	집에 갈 거야?
ビール、飲む？	맥주 마실래?
友達、呼ぶ？	친구 부를래?
レポート、出す？	리포트 제출해?

❹ うん、～う단。 ううん、～ない。

응, ～할래/～할 거야/～해.

아니, ～하지 않을래/～하지 않을 거야/～하지 않아.

질문에 대답해 봅시다. 긍정 대답에는 5단동사의 사전형을 쓰고, 부정 대답에는 5단동사의 ない형을 쓰면 되지요.

うん、帰る。	응, 집에 갈래.
うん、飲む。	응, 마실 거야.
ううん、呼ばない。	아니, 안 부를 거야.
ううん、出さない。	아니, 제출하지 않아.

잠깐만요!

그런데 ある(있다)라는 5단동사는 예외입니다. 규칙대로 활용시키면 ない형이 あらない가 되지만 그렇게 되지 않고 그냥 ない라는 단어가 됩니다. 잘 기억해 두세요~! ある라는 단어에 대해서는 나중에 다시 자세히 연습하기로 합시다.

⑤ ～ない？

～하지 않을 거야?/～하지 않아?

プレゼント도 お土産[おみやげ]도 둘 다 '선물'이라는 뜻인데 차이가 있습니다. プレゼント는 생일이나 크리스마스 등에 일상적으로 주고받는 선물을 뜻하는데 비해, お土産는 주로 여행이나 출장 등 다른 지역에 가서 거기서 사오는 선물을 뜻합니다. 또한 남의 집에 놀러 갈 때 사 갖고 가는 선물도 お土産라고 합니다. 이밖에도 '선물'이라는 뜻을 갖는 단어로 贈り物[おくりもの]가 있는데 이것은 プレゼント와 같은 뜻이지만 격식을 차려서 보내는(드리는) 선물에 대해서 말할 때 씁니다.

이번에는 5단동사의 ない형을 사용하여 ～ない？(～하지 않을 거야?/～하지 않아?)라는 질문을 만들어 봅시다.

今日、学校に行かない？	오늘 학교에 가지 않을 거야?
お土産、買わない？	선물 사지 않을 거야?
今うちに帰らない？	지금 집에 안 가?
ビール飲まない？	맥주 안 마셔?

⑥ うん、～ない。 ううん、～う단。

응, ～하지 않을 거야/～하지 않아.

아니, ～할 거야/～해.

대답할 때 '응/아니' 사용법은 한국어와 똑같습니다. 긍정 대답은 うん이라고 말한 다음에 5단동사의 ない형을 붙여 말하면 되고, 부정 대답은 ううん이라고 말한 다음에 5단동사의 사전형을 붙여 말하면 됩니다.

うん、行かない。	응, 가지 않을 거야.
うん、買わない。	응, 안 살 거야.
ううん、帰る。	아니, 집에 갈 거야.
ううん、飲む。	아니, 마셔.

예문 23-4-1.mp3
예문 23-4-2.mp3

3단계
회화로 다지기

시원이는 한국에 온 친구 茜[あかね]를 위해 함께 구경을 다니며 안내를 하고 있어요.

チャ・シウォン: 日本にいつ帰る？
中川 茜: 明後日。
チャ・シウォン: お土産は買わない？
中川 茜: ううん、買うよ。
チャ・シウォン: じゃ、あそこの店がいいよ。
中川 茜: そう？じゃ、あのお店に行く！
(가게에 들어가서) 何がいいかなぁ……。
これ、かわいい！
チャ・シウォン: それ買う？
中川 茜: うん、友達のお土産。
チャ・シウォン: 家族のお土産は買わない？
中川 茜: ううん、買う。何がいいかなぁ……。
チャ・シウォン: のりはどう？
中川 茜: あ、のりがいい！のり買う！

~かなぁ는 '~ㄹ까?'라는 뜻으로 혼잣말을 할 때도 쓰고 상대방에게 의논할 때도 쓰는 말투입니다.

차시원 : 일본에 언제 돌아가?
なかがわ あかね : 모레야.
차시원 : 선물은 안 살 거야?
なかがわ あかね : 아니, 살 거야.
차시원 : 그럼, 저기에 있는 가게가 좋아.
なかがわ あかね : 그래? 그럼 저 가게에 갈래! (가게에 들어가서) 뭐가 좋을까……. 이거 예쁘다!
차시원 : 그거 살 거야?
なかがわ あかね : 응, 친구 선물.
차시원 : 가족 선물은 안 사?
なかがわ あかね : 아니, 살 거야. 뭐가 좋을까…….
차시원 : 김은 어때?
なかがわ あかね : 아, 김이 좋네! 김 살래!

일본에서 남자가 여자 친구의 핸드백을 들어 주게 된 건 한국의 영향?

한국에서는 여자들의 짐을, 그것도 아주 작은 핸드백까지도 남자 친구가 들어 주는 것을 오래 전부터 본 것 같고 길을 가다 보면 흔히 보는 광경이죠. 이에 대한 찬반 의견은 있겠지만 긍정적으로 보는 사람들이 많은 것 같아요. 얼마 전까지만 해도 일본에서는 남자가 여자 가방을 들어 주는 경우가 거의 없었는데 요새는 들어 주는 남자들이 있습니다. 일본에서는 아직까지 부정적으로 보는 사람이 많은 모양이에요. 몇 년 전에 한류 붐이 일어나 일본에서 한국 드라마가 인기를 끌면서 여자들의 작은 핸드백을 남자 친구가 들어 주기 시작했다고 하는 사람들도 있습니다.

예문 23-5.mp3

1 주어진 일본어 질문에 보기와 같이 ううん(아니)으로 대답해 보세요.

| 보기 | 今日、学校に行く？ (오늘 학교에 갈 거야?)
→ ううん、行かない。 (아니, 안 갈 거야.)

1.
2.
3.
4.

2 주어진 일본어 질문에 보기와 같이 ううん(아니)으로 대답해 보세요.

| 보기 | お土産、買わない？ (선물 안 살 거야?)
→ ううん、買う。 (아니, 살 거야.)

1.
2.
3.
4.

3 (　　) 속에 들어갈 적절한 글자를 보기와 같이 써 보세요.

| 보기 | レポート(を)出(す)。 리포트를 제출할 거야.

1. うち(　　)友達(　　)呼(　　)。 집에 친구를 부를래.
2. 今日、学校(　　)行(　　　　　　)。 오늘 학교에 가지 않을 거야.
3. ビール飲(　　)？ 맥주 마실래?
4. 友達(　　)お土産(　　)買(　　　　　　)。 친구 선물을 안 살 거야.

4 주어진 단어를 히라가나로 써 본 다음에 한자로도 써 보세요.

| 보기 | 부르다 | 히라가나: よ ぶ | 한자: 呼 ぶ |

1. 가다

히라가나 | 한자

2. 돌아가다

히라가나 | 한자

3. 사다

히라가나 | 한자

4. 마시다

히라가나 | 한자

5. 내다

히라가나 | 한자

명사 앞에 쓰이는 お와 ご

이번 과에 お土産[おみやげ](선물)라는 단어가 나왔지요. 이것은 앞에서도 설명 드렸듯이 土産[みやげ]라는 단어 앞에 단어를 꾸미기 위한 お라는 접두사가 붙은 것입니다. 그런데 일반적으로 お를 붙인 お土産의 형태로 쓰입니다. 이와 같이 명사를 꾸미기 위해 명사 앞에 붙는 접두사는 お와 ご인데, 보통 명사가 순일본어인 경우는 お를 붙이고, 한자어인 경우는 ご를 붙입니다. 물론 예외는 있지만요.

실은 お와 ご 둘 다 한자로는 御라고 씁니다. 소리만 다르게 읽는 것이지요. 지금까지 배운 단어들 중에서 お金[おかね](돈), お手洗い[おてあらい](화장실), お祭り[おまつり](축제), お茶[おちゃ](차), お酒[おさけ](술), ご主人[ごしゅじん](남편 분), ご出身[ごしゅっしん](출신) 등이 명사 앞에 お나 ご가 붙은 예들입니다.

그렇다고 모든 명사에 お나 ご를 붙여 쓸 수 있는 것은 아니에요. 단어에 따라 붙이는 것도 있고 안 붙이는 것도 있습니다. 한국어에서 동사에 '기'를 붙이면 '~하기', '먹기'와 같이 명사로 쓰일 수 있지만, 그렇다고 해서 모든 동사에 똑같이 적용되는 것이 아닌 것과 같은 이치입니다. 또 お나 ご가 붙은 형태가 일반적으로 사용되고 お나 ご를 뺀 형태를 잘 쓰지 않는 단어들도 있습니다. 시대, 집단, 지역에 따라 다를 수 있지요. 오디오를 듣고 따라하시다 보면 자연히 귀에 익어 입으로 나옵니다. 일본 영화, 애니메이션, 드라마를 자주 보는 것도 익숙해질 수 있는 좋은 방법이랍니다.

한국어 모음 'ㅔ+이'가 장음이 되는 단어

한국어에서는 'ㅔ+이' 소리가 나는 것이 일본어에서는 장음이 되는 예들입니다. 앞에서도 설명 드렸듯이 〈え단+い〉는 일본어에서 장음으로 발음되는데 외래어에도 이것이 적용되는 것이지요.

주어진 단어의 뜻으로 옳은 것을 고르세요.

1. エスカレーター •	• ❶ 테이프
2. トレーニング •	• ❷ 페이지
3. ケース •	• ❸ 에스컬레이터
4. デート •	• ❹ 케이스
5. ゲーム •	• ❺ 게임
6. セール •	• ❻ 메일
7. ページ •	• ❼ 트레이닝
8. メール •	• ❽ 커뮤니케이션
9. テープ •	• ❾ 데이트
10. コミュニケーション •	• ❿ 세일

정답 1.❸ 2.❼ 3.❹ 4.❾ 5.❺ 6.❿ 7.❷ 8.❻ 9.❶ 10.❽

학습일 월 일

24

존댓말로 말해요

早くうちへ帰ります。

일찍 집으로 갑니다.

예문 24-1.mp3

워밍업
기본 회화 듣기

그림을 보면서 어떤 내용인지 추측하면서 회화를 들어 보세요.

예문 24-2.mp3

1단계
기본 단어 익히기

図書館[としょかん] 도서관

マンション 아파트

コーヒー 커피

社長[しゃちょう] 사장, 사장님

問題[もんだい] 문제

早く[はやく] 일찍

毎朝[まいあさ] 매일 아침

❶ ～ます。

ます형
～합니다/ ～할 겁니다.

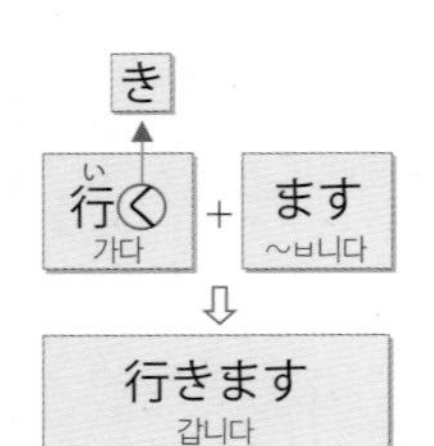

5단동사의 ます형은 〈い단+ます〉의 형태가 됩니다. 즉 5단동사 사전형의 끝소리를 い단으로 바꾼 다음에 ます를 붙이면 됩니다.

今日は図書館に行きます。	오늘은 도서관에 갑니다.
明日は早くうちへ帰ります。	내일은 일찍 집으로 갈 겁니다.
来月、マンションを買います。	다음 달에 아파트를 살 거예요.
私は毎朝、コーヒーを飲みます。	저는 매일 아침 커피를 마셔요.

❷ ～ません。

～하지 않습니다/～하지 않을 겁니다.

5단동사의 ます형에서 ます를 ません으로 바꾸면 '～하지 않습니다'라는 뜻이 됩니다. ます만 활용되는 것이라서 끝소리가 い단으로 바뀐 다음에 붙는 것은 똑같습니다.

飲み会に社長を呼びません。	술 모임에 사장님을 부르지 않을 겁니다.
その先生は難しい問題を出しません。	그 선생님은 어려운 문제를 내지 않습니다.
明日は図書館へ行きません。	내일은 도서관으로 가지 않아요.
今日は早くうちに帰りません。	오늘은 일찍 집에 안 갈 거예요.

잠깐만요!

社長[しゃちょう], 部長[ぶちょう], 課長[かちょう] 등은 각각 '사장', '부장', '과장'인데 뒤에 아무 말 없이 '사장님', '부장님', '과장님'이라는 뜻으로도 쓰입니다. 그러니 '김 사장님'이라면 キム社長라고만 하면 되고 뒤에 ～さん(～씨)이나 ～様[さま](～님)와 같은 말은 붙이지 마세요. 그런데 문서 등에서는 'イ部長'라고만 쓰기가 꺼려지므로 '～部長 イ様(～부장 이 님)'의 형태로 쓰면 됩니다.

❸ ～ますか。

～합니까?/～할 겁니까?

～ます 다음에 か를 붙여서 ～ますか로 만들면 의문문이 됩니다. 일본어 동사의 현재형은 주로 미래를 나타낸다고 했지요? ～ますか도 '～합니까?' 외에 '～할 겁니까?', '～할 거예요?' 등으로 해석하기도 합니다.

マンションを買いますか。	아파트를 살 겁니까?
毎朝コーヒーを飲みますか。	매일 아침 커피를 마십니까?
飲み会に社長も呼びますか。	술 모임에 사장님도 부를 거예요?
その先生は難しい問題を出しますか。	그 선생님은 어려운 문제를 내요?

잠깐만요!

コーヒー를 한국어 발음 '커피'와 비슷하게 발음하면 コピー(복사)로 들립니다. ヒー 소리가 '피'가 되지 않도록 '히'로 발음하는 것에 주의하세요. 그리고 コー를 길게 발음해야 하는데 길이만 길게 하는 것이 아니라 낮은 소리에서 높은 소리로 확실히 올려 줘야 제대로 장음으로 들립니다.

❹ はい、～ます。 いいえ、～ません。

네, ～합니다/～할 겁니다.

아니요, ～하지 않습니다/～하지 않을 겁니다.

질문에 대한 대답을 연습해 봅시다.

はい、買います。	네, 살 겁니다.
はい、飲みます。	네, 마십니다.
いいえ、呼びません。	아니요, 부르지 않을 거예요.
いいえ、出しません。	아니요, 안 내요.

⑤ ～ませんか。

～하지 않습니까?/～하지 않을 겁니까?

이번에는 ～ませんか로 질문해 봅시다.

明日は図書館に行きませんか。	내일은 도서관에 가지 않습니까?
今日は早く帰りませんか。	오늘은 일찍 집에 안 갈 겁니까?
マンションを買いませんか。	아파트를 사지 않을 거예요?
コーヒーを飲みませんか。	커피를 안 마셔요?

⑥ はい、～ません。 いいえ、～ます。

はい、～ません。 네, ～하지 않습니다/～하지 않을 겁니다.

いいえ、～ます。 아니요, ～합니다/～할 겁니다.

질문에 대한 대답을 연습해 봅시다.

はい、行きません。	네, 가지 않습니다.
はい、早く帰りません。	네, 일찍 집에 안 갈 겁니다.
いいえ、買います。	아니요, 살 거예요.
いいえ、飲みます。	아니요, 마셔요.

예문 24-4-1.mp3
예문 24-4-2.mp3

3단계 회화로 다지기

金曜日[きんようび] 금요일
夜[よる] 밤
パーティー 파티

一輝[かずき]는 이번 주에 계획하고 있는 파티에 대해 유빈이에게 이야기하네요.

坂本 一輝 : 今週の金曜日の夜、うちでパーティーをします。
ナ・ユビン : そうですか。パーティーに誰を呼びますか。
坂本 一輝 : 会社の人をみんな呼びます。
ナ・ユビン : 社長も呼びますか。
坂本 一輝 : いいえ、社長は呼びません。
ナ・ユビン : 社長は呼びませんか。
坂本 一輝 : ええ、社長は呼びません。
ナ・ユビン : そうですか。
坂本 一輝 : でも、部長は呼びます。
ナ・ユビン : そうですか。
坂本 一輝 : ユビンさんも来ますか。
ナ・ユビン : はい、行きます。

さかもと かずき : 이번 주 금요일 밤에 우리 집에서 파티를 할 거예요.
나유빈 : 그렇군요. 파티에 누구를 부를 거예요?
さかもと かずき : 회사 사람들을 모두 다 부를 거예요.
나유빈 : 사장님도 부를 거예요?
さかもと かずき : 아니요, 사장님은 부르지 않을 거예요.
나유빈 : 사장님은 부르지 않아요?
さかもと かずき : 네, 사장님은 안 불러요.
나유빈 : 그렇군요.
さかもと かずき : 하지만, 부장님은 부를 거예요.
나유빈 : 그렇군요.
さかもと かずき : 유빈 씨도 올래요?
나유빈 : 네, 갈게요.

일본의 アパート는 한국의 '아파트'와 전혀 달라요!

아하, 일본에서는!

일본어 アパート라는 단어를 그대로 '아파트'라고 번역하는 경우가 많은데 アパート와 '아파트'는 전혀 다릅니다. アパート는 '연립, 빌라'를 가리키는 말이고 '아파트'는 일본어의 マンション을 가리킵니다. 그런데 アパート와 マンション이라는 명칭 사용에 관한 명확한 규정은 없다고 합니다. 일반적으로 철근 콘크리트나 중량철골로 만들어진 것을 マンション, 목조나 경량철골로 만들어지고 높이가 3층 이하인 것을 アパート라고 한답니다. 그리고 コーポ(コーポラス(코포러스)의 준말), ハイツ(하이츠), メゾン(메종)과 같은 명칭들도 많이 쓰이는데 이건 건물 구조의 종류를 나타내는 것이 아니라 그저 명칭의 종류에 불과합니다. 이런 명칭들은 대체로 アパート에 사용되는데 アパート라는 명칭보다 이미지가 좋다는 이유로 쓰이는 것 같아요. 결국 アパート, コーポ, ハイツ, メゾン은 모두 같은 것이라고 생각하시면 돼요.

1 주어진 일본어 질문에 보기와 같이 いいえ(아니요)로 대답해 보세요.

| 보기 | 今日は図書館に行きますか。(오늘은 도서관에 갑니까?)
→ いいえ、行きません。(아니요, 가지 않습니다.)

1.
2.
3.
4.

2 주어진 일본어 질문에 보기와 같이 いいえ(아니요)로 대답해 보세요.

| 보기 | 今日は早くうちへ帰りませんか。(오늘은 일찍 집으로 가지 않을 겁니까?)
→ いいえ、早く帰ります。(아니요, 일찍 집에 갈 겁니다.)

1.
2.
3.
4.

3 (　　) 속에 들어갈 적절한 글자를 보기와 같이 써 보세요.

| 보기 | その先生(は)難しい問題(を)出(します)。
그 선생님은 어려운 문제를 냅니다.

1. 飲み会(　　)先生(　　)呼(　　　　　　　　)。
술 모임에 선생님을 부르지 않을 겁니다.

2. 明日(　　)図書館(　　)行(　　　　　　)。 내일은 도서관으로 갑니다.

3. 毎朝コーヒー(　　)飲(　　　　　　　　)。 매일 아침 커피를 마셔요?

4. 今日(　　)早くうち(　　)帰(　　　　　　　　)。
오늘은 일찍 집으로 안 갈 거예요?

4 주어진 단어를 히라가나로 써 본 다음에 한자로도 써 보세요.

| 보기 | 밤 | 히라가나: よ る | 한자: 夜

1. 도서관

히라가나 | | | | | 한자 | | |

2. 사장, 사장님

히라가나 | | | | | 한자 | |

3. 문제

히라가나 | | | | 한자 | |

4. 일찍

히라가나 | | | 한자 | |

5. 매일 아침

히라가나 | | | | 한자 | |

한국어 '디 · 티'가 'ジ・チ'가 되는 단어

이번에는 한국어에서는 '디', '티' 소리가 나는데 일본어에서는 ジ, チ가 되는 단어들입니다.

주어진 단어의 뜻으로 옳은 것을 고르세요.

1. モルジブ	•	• ❶ 에티켓
2. エチケット	•	• ❷ 멀티
3. ガンジー	•	• ❸ 플라스틱
4. プラスチック	•	• ❹ 팀
5. チーム	•	• ❺ 팁
6. ラジオ	•	• ❻ 간디
7. エジソン	•	• ❼ 몰디브
8. チップ	•	• ❽ 라디오
9. サウジアラビア	•	• ❾ 에디슨
10. マルチ	•	• ❿ 사우디아라비아

정답 1.❼ 2.❶ 3.❻ 4.❸ 5.❹ 6.❽ 7.❾ 8.❺ 9.❿ 10.❷

여섯째마디

동사의 현재형을 사용하여 말해 보자!

여기에서는 앞에서 배운 1단동사, 불규칙동사, 5단동사의 현재형을 사용하여 쓸 수 있는 표현들을 몇 가지 배우겠습니다. 동사의 종류에 따라서 활용하는 형태가 다르니 헷갈리지 않도록 주의하세요~! 늘 강조하지만 가장 좋은 방법은 소리학습을 통해서 자연스러운 활용 형태를 귀에 익게 하고 입에 붙게 하는 것입니다~! 모든 동사의 현재형을 충분히 연습하면서 내 것으로 확실히 만들어 버립시다!

25

반말로 말해요

写真撮らない?

사진 찍지 않을래?

예문 25-1.mp3

워밍업

기본 회화 듣기

그림을 보면서 어떤 내용인지 추측하면서 회화를 들어 보세요.

예문 25-2.mp3

1단계

기본 단어 익히기

教える[おしえる] ① 가르치다, 알리다

撮る[とる] ⑤ 찍다

休む[やすむ] ⑤ 쉬다

読む[よむ] ⑤ 읽다

遊ぶ[あそぶ] ⑤ 놀다

買い物[かいもの] 쇼핑, 장보기

ベトナム 베트남

デパート 백화점

写真[しゃしん] 사진

店[みせ] 가게

※①은 1단동사, ⑤는 5단동사를 뜻합니다.

잠깐만요!

'백화점'을 나타내는 말로 百貨店[ひゃっかてん]도 있습니다. 요즘 젊은 사람들은 百貨店을 더 즐겨 사용한다고 해요. 예전에는 百貨店이 더 노티 나는 말이었는데 다시 바뀌어서 デパート가 더 노티 나는 말이 되었답니다. 구체적인 백화점 이름을 말하는 경우가 더 많으니 백화점 이름으로 말하세요.

예문 25-3.mp3

2단계

기본 문형 익히기

❶ ~で~ない？

~에서 ~하지 않을래?

동사의 ない형으로 질문을 하면 '~하지 않을 거야?'라는 뜻 외에 '~하자', '~하는 게 어때?'라는 권유의 뜻을 나타내는 '~하지 않을래?'라는 뜻도 됩니다. 그리고 조사 ~で는 '~에서'라는 뜻입니다.

잠깐만요!

そこのお店는 직역하면 '거기의 가게'가 되는데 '거기에 있는 가게', '거기에 보이는 가게'라는 뜻입니다. 그리고 店[みせ] 앞에 お가 붙어서 お店가 되면 억양이 '저-고-고'로 바뀝니다.

ベトナムで一緒に韓国語を教えない？
베트남에서 같이 한국어를 가르치지 않을래?

デパートで一緒に買い物しない？
백화점에서 같이 쇼핑 안 할래?

ここで一緒に写真撮らない？
여기에서 같이 사진 안 찍을래?

そこのお店でちょっと休まない？
거기에 있는 가게에서 잠깐 쉬지 않을래?

❷ ~の？

~하는 거야?/ ~할 거야?

이번에는 〈사전형+の〉의 형태로 질문을 만들어 봅시다. ~の를 붙이면 '~하는 거야?'라는 말투가 되어 질문자의 알고 싶어 하는 마음이나 상대방에 대한 관심이 더 강하게 나타납니다.

図書館で本を読むの？
도서관에서 책을 읽는 거야?

うちで遊ぶの？
집에서 놀 거야?

ベトナムで韓国語を教えるの？
베트남에서 한국어를 가르치는 거야?

デパートで買い物するの？
백화점에서 쇼핑할 거야?

③ うん、～よ。 응, ~할 거야/~해.
ううん、～ないよ。 아니, ~하지 않을 거야/~하지 않아.

끝에 ～よ를 붙여서 대답을 해 봅시다. ～よ를 붙이면 상대방에게 자기 생각이나 대답을 알려 주고자 하는 마음이 나타납니다. 발음할 때 ～よ를 내리지 말고 살짝 올려서 발음해야 한다는 점에 유의하세요.

잠깐만요!

말끝에 쓰이는 ～よ는 뉘앙스를 살려서 한국어로 해석하기가 어렵습니다. ～よ가 붙으면 상대방에게 알려 주고자 하는 말투라는 걸 의식하면서 일본어를 느껴 보세요~!

うん、図書館で読むよ。	응, 도서관에서 읽어.
うん、うちで遊ぶよ。	응, 집에서 놀 거야.
ううん、ベトナムで教えないよ。	아니, 베트남에서 가르치지 않아.
ううん、デパートで買い物しないよ。	아니, 백화점에서 쇼핑하지 않을 거야.

④ ～ないの？ ~하지 않는 거야?/~하지 않을 거야?

이번에는 〈ない형+の〉의 형태로 질문을 만들어 봅시다. 사전형 뒤에 ～の를 붙인 것과 마찬가지로 질문자의 알고 싶어 하는 마음이나 상대방에 대한 관심이 더 강하게 나타납니다.

ここで写真撮らないの？	여기에서 사진 안 찍는 거야?
そのお店で休まないの？	그 가게에서 쉬지 않을 거야?
ベトナムで韓国語を教えないの？	베트남에서 한국어를 가르치지 않는 거야?
デパートで買い物しないの？	백화점에서 쇼핑 안 할 거야?

⑤ うん、～ないよ。 응, ~하지 않을 거야/~하지 않아.
ううん、～よ。 아니, ~할 거야/~해.

이번에도 끝에 ~よ를 붙여서 대답해 봅시다.

うん、撮らないよ。	응, 안 찍어.
うん、休まないよ。	응, 쉬지 않을 거야.
ううん、教えるよ。	아니, 가르쳐.
ううん、するよ。	아니, 할 거야.

⑥ ～なきゃ。 ~해야지.

동사 ない형의 끝소리 い를 きゃ로 바꿔서 ~なきゃ라고 하면 '~해야지'라는 뜻이 됩니다. 이 말은 혼잣말로 쓸 수도 있고 상대방에게 말을 걸 때도 쓸 수 있습니다.

잠깐만요!

~なきゃ는 ~なければ의 준말로 '~하지 않으면'이라는 뜻입니다. 즉 '~하지 않으면 안 돼'라는 표현에서 뒤의 '안 돼'가 생략되고 앞의 '~하지 않으면'만 남아서 그것이 '~해야지'라는 말이 된 겁니다.

ここで写真を撮らなきゃ。	여기에서 사진을 찍어야지.
明日は休まなきゃ。	내일은 쉬어야지.
もっと本を読まなきゃ。	더 책을 읽어야지.
今日は買い物しなきゃ。	오늘은 장 봐야지.

예문 25-4-1.mp3
예문 25-4-2.mp3

3단계
회화로 다지기

大阪城[おおさかじょう] おおさか성
桜[さくら] 벚꽃
チーズ 치즈

지영이와 竜也[りゅうや]는 함께 おおさか성 구경을 갔어요.

チュ・ジヨン： ここが大阪城？ 桜がきれい！
村上 竜也： 大阪城は桜が有名なんだ。
チュ・ジヨン： そう。
村上 竜也： ここで写真撮る？
チュ・ジヨン： うん。
村上 竜也： はい、チーズ！
チュ・ジヨン： 竜也も写真撮らない？
村上 竜也： ううん、俺はいい。
チュ・ジヨン： 撮らないの？
村上 竜也： うん、撮らない。(おおさか성 구경을 다 하고 나와서)
そこのお店でちょっと休まない？
チュ・ジヨン： うん。一緒にお茶飲む？
村上 竜也： それよりご飯食べない？
チュ・ジヨン： うん、いいよ。

주지영 : 여기가 おおさか성이야? 벚꽃이 예쁘다!
むらかみ りゅうや : おおさか성은 벚꽃이 유명하거든.
주지영 : 그렇구나.
むらかみ りゅうや : 여기서 사진 찍을래?
주지영 : 응.
むらかみ りゅうや : 자, 치즈!
주지영 : りゅうや도 사진 찍지 않을래?
むらかみ りゅうや : 아니, 난 됐어.
주지영 : 안 찍을 거야?
むらかみ りゅうや : 응, 안 찍을래. (おおさか성 구경을 다 하고 나와서) 거기 있는 가게에서 잠깐 쉬지 않을래?
주지영 : 응. 같이 차 마실래?
むらかみ りゅうや : 그것보다 밥 안 먹을래?
주지영 : 응. 좋아.

사진을 찍을 때 뭐라고 하나?

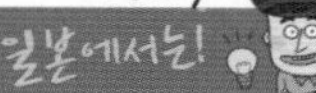

일본에서는 사진을 찍을 때「はい、チーズ」라는 말이 일반적으로 사용되어 왔습니다. 이는 'Say cheese'를 번역한 말이라고 하는데 요즘은 특히 젊은 사람들은 안 쓰는 경우가 많지만 이 말을 대신할 말이 없어서 소개해 드렸습니다. 이 말 외에는 사진을 찍는 사람이「1＋1は？[いち たす いちは]」(1+1은?)라는 말을 걸고 사진을 찍히는 사람들이「2[に]～！」(2~!)라고 대답하는 것, 그냥「撮るよ～[とるよ～]」(찍을게~)라고 하는 것,「行きま～す！[いきま～す]」(갑니다~!)라고 하는 것,「せ～の！(せえの)」(하나 둘~!, 영차),「いちにのさん！」(하나, 둘(의), 셋!)라고 하는 것 등이 있습니다. 참고로 도쿄디즈니랜드에서는 디즈니랜드 캐릭터 이름인「ミッキー」(미키)라는 말을 하면서 찍는다고 합니다. ^^

예문 25-5.mp3

1 주어진 일본어 질문에 보기와 같이 ううん、～よ(아니, ~할 거야)로 대답해 보세요.

| 보기 | ここで写真撮らないの？ (여기에서 사진 안 찍을 거야?)
→ ううん、撮るよ。 (아니, 찍을 거야.)

1.
2.
3.
4.

2 주어진 일본어 문장을 〈～なきゃ〉(~해야지)의 형태로 바꿔 보세요.

| 보기 | 韓国語を教える。(한국어를 가르쳐.)
→ 韓国語を教えなきゃ。(한국어를 가르쳐야지.)

1.
2.
3.
4.

3 (　　) 속에 들어갈 적절한 글자를 보기와 같이 써 보세요.

| 보기 | 図書館(で)本(を)読(まない)？ 도서관에서 책을 읽지 않을래?

1. うち(　　)遊(　　　　)？ 집에서 놀 거야?
2. ううん、うち(　　)遊(　　　　　　　)。
아니, 집에서 놀지 않아. [알려 주고자 하는 말투로]
3. ベトナム(　　)韓国語(　　)教(　　　　　　　)？
베트남에서 한국어를 가르치지 않는 거야?
4. もっと本を読(　　　　　　　)。 더 책을 읽어야지.

4 주어진 단어를 히라가나로 써 본 다음에 한자로도 써 보세요.

| 보기 | 놀다 | 히라가나: あ そ ぶ | 한자: 遊 ぶ |

1. 가르치다

히라가나

한자

2. 쉬다

히라가나

한자

3. 읽다

히라가나

한자

4. 사진

히라가나

한자

5. 가게

히라가나

한자

食べる？와 食べるの？의 차이

앞에서 사전형(기본형)을 이용한 '~할 거야?'라는 의문문을 연습했지요? 이번에 배우는 〈사전형+の?〉도 해석이 '~할 거야?'가 될 수 있어서 어떤 차이가 있는지 궁금하신 분들이 계실 겁니다. 〈사전형?〉 형태로 질문하면 단순히 '~할 것인지'를 묻는 질문이 되고 또 질문자인 '나'와 같이 하는지를 묻는 경우가 될 수도 있습니다. '나'가 포함되지 않을 수도 있고요. 이에 비해 이번에 배우는 〈사전형+の？〉로 질문하면 질문자의 '네가 할 것인지 알고 싶다'는 관심을 더 강하게 나타내게 됩니다. 그리고 '나'와 같이 하는 경우가 아니라 '너'가 하는지를 묻는 질문이 됩니다. 즉 '나'가 포함될 수 없습니다. 상황에 '나'가 포함될 수 있는지 없는지에 초점을 맞춰서 해석하자면 〈사전형?〉는 '~할래?'가 되겠고 〈사전형+の？〉는 '~할 거야?'가 될 수 있습니다. 이해하기 쉽게 예를 들어 볼게요.

ご飯、食べる？

ご飯、食べるの？

위의 두 문장을 '나'가 포함되는지에 초점을 맞춰서 해석하면 위쪽은 '밥 먹을래?'가 되고 아래쪽은 '밥 먹을 거야?'가 됩니다. 또 상대방에 대한 관심에 초점을 맞춰서 해석하면 위쪽은 '밥 먹을 거야?'가 되고 아래쪽은 '밥 먹는 거야?'가 됩니다. 단, 한국어와 차이가 나는 점은 한국어에서는 '밥 먹는 거야?'라는 말은 '지금 먹고 있는지'를 묻는 질문으로 받아들여지는 가능성이 크지만 일본어는 미래의 이야기라는 점입니다.

〈ない형(부정형)+の？〉도 똑같은 뉘앙스 차이가 있습니다.

ご飯、食べない？

ご飯、食べないの？

위의 두 문장을 '나'가 포함되는지에 초점을 맞춰서 해석하면 위쪽은 '밥 안 먹을래?'가 되고 아래쪽은 '밥 안 먹을 거야?'가 됩니다. 또 상대방에 대한 관심에 초점을 맞춰서 해석하면 위쪽은 '밥 안 먹을 거야?'가 되고 아래쪽은 '밥 안 먹는 거야?'가 됩니다. 어떻게 해석할지는 앞뒤에 따라서, 말투에 따라서 판단해야겠지요.

한국어 '디 · 티'가 'デ · テ'가 되는 단어

이번에는 한국어에서는 '디', '티' 소리가 나는데 일본어에서는 デ, テ가 되는 단어들입니다.

주어진 단어의 뜻으로 옳은 것을 고르세요.

1. ビデオ	❶ 디자인
2. スチュワーデス	❷ 디저트
3. デザイン	❸ 디지털
4. デトロイト	❹ 비디오
5. ステッカー	❺ 브랜디(술)
6. デザート	❻ 디트로이트
7. ブランデー	❼ 스튜어디스
8. パワーステアリング	❽ 스티커
9. デジタル	❾ 캡틴
10. キャプテン	❿ 파워 스티어링

일본어로 ステッカー는 선전용으로 붙이는 쪽지를 뜻하는 것이 일반적입니다. 아이들이 붙이면서 노는 '스티커'는 シール라고 합니다.

정답 1.❹ 2.❼ 3.❶ 4.❻ 5.❽ 6.❷ 7.❺ 8.❿ 9.❸ 10.❾

학습일 월 일

존댓말로 말해요

チョコレートを渡すんですか。 초콜릿을 주는 거예요?

예문 26-1.mp3

워밍업
기본 회화 듣기

그림을 보면서 어떤 내용인지 추측하면서 회화를 들어 보세요.

예문 26-2.mp3

1단계
기본 단어 익히기

書く[かく] ⑤ 쓰다

渡す[わたす] ⑤ 건네주다

頼む[たのむ] ⑤ 의뢰하다, 부탁하다

貸す[かす] ⑤ 빌려주다

返す[かえす] ⑤ 돌려주다, 반납하다

手紙[てがみ] 편지

彼[かれ] 남자 친구, 그

チョコレート 초콜릿

外国人[がいこくじん] 외국인

アパート 연립주택, 빌라

잠깐만요!

'남자 친구'를 앞에서 彼氏[かれし]라고 배웠죠? 여기에서는 氏[し]가 빠진 彼[かれ]라고만 나왔는데 彼에는 '남자 친구'의 뜻 외에 '그(남자)'라는 뜻도 있습니다. 일상적으로는 '남자 친구'의 뜻으로 쓰이는 경우가 많습니다.

예문 26-3.mp3

2단계

기본 문형 익히기

❶ ～に～ませんか。

～에게 ～하지 않겠습니까?/～하지 않을래요?

～ませんか라고 하면 '～하지 않습니까?'라는 뜻 외에 '～하지 않겠습니까?', '～하지 않을래요?'라는 권유의 뜻도 됩니다. 그리고 조사 ～に는 '～(사람)에게'라는 뜻으로도 쓰입니다.

잠깐만요!

渡す[わたす]는 '주다'로 해석을 하는데 '건네주다', '손에서 손으로 전하다'라는 뜻입니다. 또 '넘겨주다', '걸치다' 등의 뜻으로도 쓰이는데 이런 사용법에 대해서는 나중에 배우기로 합시다.

大切な人に手紙を書きませんか。 소중한 사람에게 편지를 쓰지 않겠습니까?

彼にチョコレートを渡しませんか。 남자 친구에게 초콜릿을 주지 않겠습니까?

その仕事は前田さんに頼みませんか。 그 일은 まえだ씨에게 부탁하지 않을래요?

外国人に部屋を貸しませんか。 외국 사람에게 방을 빌려주지 않을래요?

❷ ～んですか。

～하는 겁니까?

이번에는 〈사전형+んですか〉의 형태로 질문해 봅시다. 반말인 〈사전형+の？〉(～하는 거야?)의 존댓말이 됩니다. ～んですか의 ん은 원래 の인데 구어체에서는 소리가 ん으로 바뀌는 경우가 많습니다.

잠깐만요!

앞에서 말했듯이 일본어 アパート(아파트)는 한국어 '아파트'와 전혀 다릅니다. '아파트'는 マンション이고 アパート는 '연립, 빌라' 정도가 됩니다.

アパートを借りるんですか。 연립을 빌리는 겁니까?

お金を返すんですか。 돈을 돌려주는 겁니까?

お母さんに手紙を書くんですか。 어머니에게 편지를 쓰는 거예요?

彼にチョコレートを渡すんですか。 남자 친구에게 초콜릿을 주는 거예요?

❸ はい、～ますよ。いいえ、～ませんよ。

네, ~합니다/~할 겁니다.
아니요, ~하지 않습니다/~하지 않을 겁니다.

~よ를 붙여서 대답해 봅시다. ~よ는 자신의 생각을 상대방에게 알려 주고자 하는 마음이 나타나는 거였죠. 발음할 때 ~よ를 내리지 말고 살짝 올려서 발음해야 한다는 점에 주의하세요.

はい、借りますよ。 네, 빌립니다.

はい、返しますよ。 네, 돌려줄 겁니다.

いいえ、書きませんよ。 아니요, 쓰지 않아요.

いいえ、渡しませんよ。 아니요, 안 줄 거예요.

❹ ～ないんですか。

~하지 않는 겁니까?

앞에서 ~ないの？(~하지 않는 거야?)라는 표현을 배웠지요? 이것의 존댓말이 〈ない형+んですか〉의 형태입니다.

その仕事は前田さんに頼まないんですか。
그 일은 まえだ씨에게 부탁하지 않는 겁니까?

外国人に部屋を貸さないんですか。 외국 사람에게 방을 안 빌려주는 겁니까?

アパートを借りないんですか。 연립을 빌리지 않는 거예요?

お金を返さないんですか。 돈을 안 돌려주는 거예요?

❺ はい、～ませんよ。 네, ~하지 않습니다/~하지 않을 겁니다.
いいえ、～ますよ。 아니요, ~합니다/~할 겁니다.

～よ를 붙여서 대답해 봅시다.

はい、頼みませんよ。 네, 부탁하지 않습니다.

はい、貸しませんよ。 네, 안 빌려줄 겁니다.

いいえ、借りますよ。 아니요, 빌려요.

いいえ、返しますよ。 아니요, 돌려줄 거예요.

❻ ～なければなりません。 ~해야 합니다.

동사 ない형의 끝소리 い를 ければなりません으로 바꿔서 ～なければなりません이라고 하면 '~해야 합니다', '~하지 않으면 안 됩니다'라는 뜻이 됩니다. ～なければ가 '~하지 않으면'이고 なりません이 '안 됩니다'의 뜻입니다.

書類を書かなければなりません。 서류를 써야 합니다.

この仕事を前田さんに頼まなければなりません。 이 일을 まえだ씨에게 부탁해야 합니다.

部屋を借りなければなりません。 방을 빌려야 해요.

友達にお金を返さなければなりません。 친구에게 돈을 돌려줘야 해요.

잠깐만요!

～なければなりません을 직역하면 '~하지 않으면 안 됩니다'가 됩니다. 일본어에는 '~해야 한다'라는 직설적인 표현이 없고 '~하지 않으면 안 된다'라는 표현을 씁니다. 앞에서 배운 ～なきゃ(~해야지)는 ～なければ의 준말입니다. 존댓말에서도 ～なきゃなりません을 쓰기도 합니다. 참고로 なりません 대신에 いけません을 써서 ～なければいけません이라고 할 수도 있는데 뜻은 똑같습니다.

예문 26-4-1.mp3
예문 26-4-2.mp3

3단계
회화로 다지기

飴[あめ] 사탕
ホワイトデー 화이트데이

잠깐만요!

飴[あめ](사탕)는 한자가 어려워서 시험이나 교재에서는 히라가나로 나옵니다. 그렇지만 일상적으로는 한자로 쓰는 경우가 꽤 있어서 한자로 제시했습니다. ホワイトデー(화이트데이) 같은 경우는 飴보다 キャンディー(캔디)라는 말을 더 많이 씁니다. 참고로 일본에는 밸런타인데이와 화이트데이만 있지 블랙데이나 로즈데이 등은 없습니다. 3月14日은 さんがつ じゅうよっか라고 읽습니다. 월일에 대해서는 564쪽을 보세요.

沙織[さおり]는 친구 真奈美[まなみ]가 좋아하는 정우영에게 화이트데이에 대해 물었어요.

藤井 沙織： ウヨンさん、こんにちは。
チョン・ウヨン： あ、こんにちは。
藤井 沙織： 今日、真奈美に飴を渡しますか。
チョン・ウヨン： 飴ですか。
藤井 沙織： ええ、今日はホワイトデーですよ。
チョン・ウヨン： ああ、3月14日ですね。
藤井 沙織： ええ。
チョン・ウヨン： 飴は渡しません。
藤井 沙織： 渡さないんですか。
チョン・ウヨン： ええ。僕は真奈美さんが好きじゃありません。
藤井 沙織： ああ、そうですか。

ふじい さおり : 우영 씨, 안녕하세요(낮 인사).
전우영 : 아, 안녕하세요(낮 인사).
ふじい さおり : 오늘 まなみ에게 사탕을 줄 거예요?
전우영 : 사탕이요?
ふじい さおり : 네, 오늘은 화이트데이예요.
전우영 : 아~, 3월 14일이네요.
ふじい さおり : 네.
전우영 : 사탕은 안 줄 거예요.
ふじい さおり : 주지 않을 거예요?
전우영 : 네. 나는 まなみ씨를 좋아하지 않아요.
ふじい さおり : 아~, 그렇군요.

일본의 밸런타인데이

2월 14일이 バレンタインデー(밸런타인데이)지요. 일본에서도 밸런타인데이에는 여자들이 사랑하는 사람에게 초콜릿을 선물합니다. 이번 과에서는 チョコレートを渡[わた]す(초콜릿을 건네주다)라는 표현을 연습했는데 あげる(주다)라는 단어를 써서 チョコレートをあげる(초콜릿을 주다)라고 할 수도 있습니다. 한국어는 '주다'라고 하는 것이 더 자연스럽죠? 일본어에서는 약간의 뉘앙스 차이가 있습니다. 渡す[わたす](건네주다)는 손에서 손으로 전달되는 느낌이 있는데 비해 あげる(주다)는 그냥 주는 것만을 뜻하게 됩니다. 아주 미묘한 차이죠.
그리고 밸런타인데이 때 주는 초콜릿 중 義理[ぎり]チョコ(의리 초콜릿)라는 것이 있어요. 일본어에서는 チョコレート(초콜릿)을 チョコ로 줄여서 말하는 경우가 많은데, 義理チョコ라는 것은 사랑하거나 좋아하지는 않지만 친구 사이 혹은 아는 사이라서 그냥 주는 초콜릿을 말합니다. 말 그대로 '의리'로 주는 초콜릿이죠.

1 주어진 일본어 문장을 〈～んですか〉(~하는 겁니까?)의 형태로 바꿔 보세요.

| 보기 | アパートを借ります。(연립을 빌립니다.)
→アパートを借りるんですか。(연립을 빌리는 겁니까?)

1.
2.
3.
4.

2 주어진 일본어 문장을 〈～なければなりません〉(~해야 합니다)의 형태로 바꿔 보세요.

| 보기 | これを渡します。(이것을 줍니다.)
→これを渡さなければなりません。(이것을 줘야 합니다.)

1.
2.
3.
4.

3 (　　) 속에 들어갈 적절한 글자를 보기와 같이 써 보세요.

| 보기 | 外国人(に)部屋(を)貸(さないんですか)。
외국 사람에게 방을 빌려주지 않는 겁니까?

1. その仕事は前田さん(　　)頼(　　　　　　　　　　)。
그 일은 まえだ씨에게 부탁하지 않겠습니까?

2. アパート(　　)借(　　　　　　　　　　)。 연립을 빌리는 겁니까?

3. 彼(　　)チョコレート(　　)渡(　　　　　　　　　　)。
남자 친구에게 초콜릿을 주지 않는 거예요?

4. 友達(　　)お金を返(　　　　　　　　　　)。
친구에게 돈을 돌려줘야 해요.

4 주어진 단어를 히라가나로 써 본 다음에 한자로도 써 보세요.

| 보기 | 돌려주다 | 히라가나: か え す | 한자: 返 す |

1. 쓰다

히라가나 한자

2. 빌려주다

히라가나 한자

3. 편지

히라가나 한자

4. 남자 친구

히라가나 한자

5. 외국인

히라가나 한자

가타카나 순서 맞추기 (1)

주어진 단어의 가타카나 표기를 옳은 순서로 나열해 보세요.

1. 카페 カ ェ フ

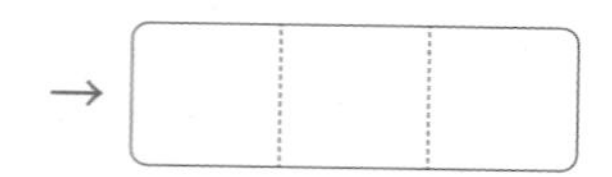

2. 인도 ン ド イ

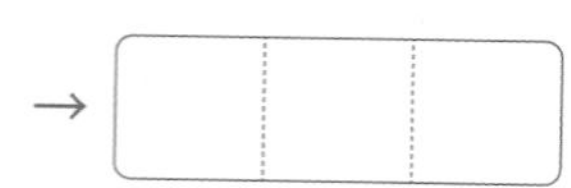

3. 김치 キ チ ム

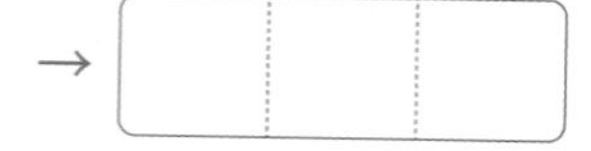

4. 부산 サ プ ン

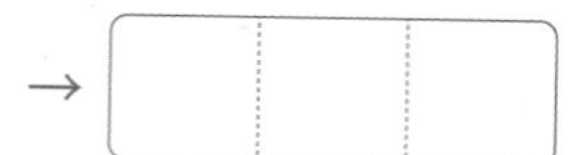

5. 알바 イ ト バ

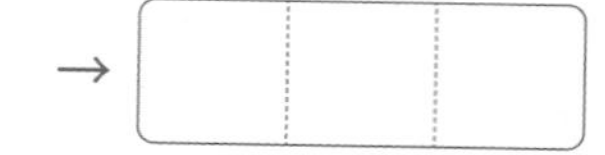

6. 양복 ス ツ ー

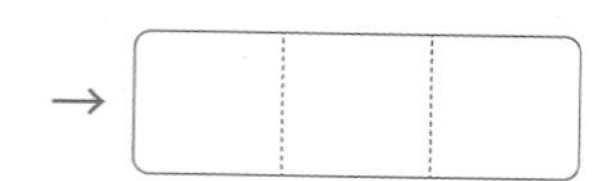

7. TV ビ レ テ

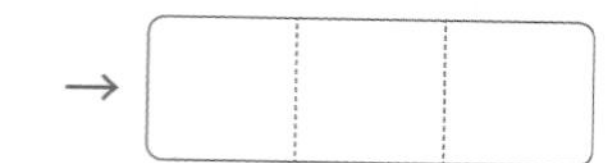

8. 서울 ソ ル ウ

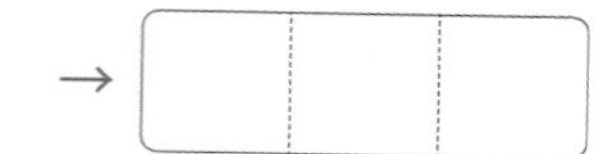

9. 사이트 ト サ イ

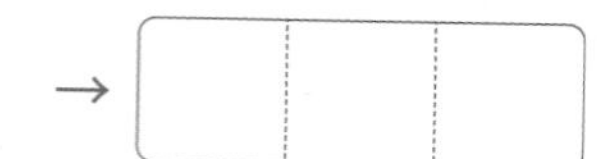

10. 잼 ャ ム ジ

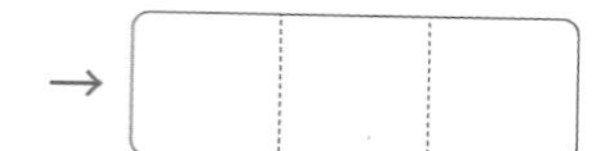

정답 1.カフェ 2.インド 3.キムチ 4.プサン 5.バイト 6.スーツ 7.テレビ 8.ソウル 9.サイト 10.ジャム

27 반말로 말해요

結婚するつもり。

결혼할 생각이야.

예문 27-1.mp3

워밍업 기본 회화 듣기

그림을 보면서 어떤 내용인지 추측하면서 회화를 들어 보세요.

예문 27-2.mp3

1단계 기본 단어 익히기

聞く[きく] ⑤ 듣다, 묻다

泳ぐ[およぐ] ⑤ 헤엄치다, 수영하다

会う[あう] ⑤ 만나다

待つ[まつ] ⑤ 기다리다

持つ[もつ] ⑤ 가지다, 들다

歌[うた] 노래

週末[しゅうまつ] 주말

海[うみ] 바다

両親[りょうしん] 부모, 양친

部長[ぶちょう] 부장, 부장님

鞄[かばん] 가방

何で[なんで] 왜

잠깐만요!

聞く[きく](듣다)는 '묻다'라는 뜻으로도 쓰입니다. 質問する[しつもんする](질문하다)는 학교 교실에서 쓰는 말이고, 尋ねる[たずねる]와 問う[とう]는 둘 다 격식을 차린 말투라서 일상적으로는 聞く를 더 많이 씁니다. 또 問う는 '심문하다', '추궁하다'의 뜻으로도 쓰는 말입니다.

예문 27-3.mp3

2단계
기본 문형 익히기

❶ ～つもり。

～할 생각이야/～할 작정이야.

〈사전형+つもり〉의 형태로 '～할 생각이야', '～할 작정이야'라는 뜻을 나타냅니다.

来月またソウルに来るつもり。	다음 달에 또 서울에 올 생각이야.
日本の歌を聞くつもり。	일본 노래를 들을 생각이야.
週末、海で泳ぐつもり。	주말에 바다에서 수영할 생각이야.
彼の両親に会うつもり。	남자 친구의 부모님을 만날 생각이야.

잠깐만요!

'～를 만나다/보다'라고 할 때는 조사 ～を가 아니라 ～に를 써서 ～に会う라고 말한다는 점에 유의하세요. 이러한 동사는 조사와 함께 외워 두는 것이 좋습니다. 조사 ～と(～와/과)를 써서 ～と会う(～와 만나다/보다)라고 하기도 합니다. 그리고 한국어에서는 사람을 만나는 것을 '～를 보다'라고도 말하죠? 일본어로는 이런 경우에 見る[みる](보다)라는 단어를 쓰지 않아요. ～(사람)を見る(～를 보다)라고 하면 '(사람을)구경하다'의 뜻이 되므로 주의하세요.

❷ ～ないつもり。

～하지 않을 생각이야.

〈ない형+つもり〉의 형태로 '～하지 않을 생각이야'라는 뜻이 됩니다.

部長を待たないつもり。	부장님을 기다리지 않을 생각이야.
彼女の鞄を持たないつもり。	여자 친구의 가방을 들지 않을 생각이야.
来月はソウルに来ないつもり。	다음 달에는 서울에 안 올 생각이야.
日本の歌を聞かないつもり。	일본 노래를 안 들을 생각이야.

鞄[かばん](가방)은 앞에서 かばん으로 배웠었죠? 한자로 나오는 경우도 많으니 여기에서는 한자로 소개해 드렸어요.

❸ ～ないつもり？ ～하지 않을 생각이야?

〈ない형+つもり〉(～하지 않을 생각이야)의 형태를 사용하여 질문해 봅시다.

週末、海で泳がないつもり？	주말에 바다에서 수영하지 않을 생각이야?
彼のご両親に会わないつもり？	남자 친구의 부모님을 만나지 않을 생각이야?
部長を待たないつもり？	부장님을 안 기다릴 생각이야?
彼女の鞄を持たないつもり？	여자 친구의 가방을 안 들 생각이야?

잠깐만요!

待つ[まつ](기다리다)와 持つ[もつ](가지다, 들다)는 한자의 모양이 매우 비슷하죠? 왼쪽이 두인변(彳)이냐 손수변(扌)이냐의 차이만 있고 오른쪽은 똑같이 寺를 씁니다. 물건은 보통 손으로 들기 때문에 '들다'라는 뜻의 持つ는 손수변을 쓴다고 기억하시면 좋을 거예요.

❹ うん、～ないつもり。 응, ～하지 않을 생각이야.
ううん、～つもり。 아니, ～할 생각이야.

질문에 대한 대답을 연습해 봅시다.

うん、泳がないつもり。	응, 수영하지 않을 생각이야.
うん、会わないつもり。	응, 안 만날 생각이야.
ううん、待つつもり。	아니, 기다릴 생각이야.
ううん、持つつもり。	아니, 들 생각이야.

⑤ 何で～の？

왜 ~ㄴ 거야?

何で[なんで]는 '왜'라는 뜻 외에 '무엇으로'라는 뜻으로도 쓰는 경우가 있습니다. 그런데 '무엇으로'라는 뜻으로 쓸 때는 일반적으로 なにで라고 발음합니다. 한자 何의 소리는 뒤에 た행, だ행, な행 소리가 이어지는 경우는 なん으로 읽고 그 외의 경우는 なに로 읽는 것이 규칙이기 때문에 이 규칙에 맞추면 何で는 なんで로 읽어야 하지만, なんで와 なにで의 두 가지가 모두 쓰이므로 なんで라고 하면 '왜', なにで라고 하면 '무엇으로'의 뜻이 된다는 점을 알아 두세요. 다만 '무엇으로'로 질문할 때는 何で로 묻기보다는 どうやって(어떻게, 어떻게 해서)로 묻는 것이 더 일반적이긴 합니다.

반말에서 '왜'라고 물어볼 때는 何で[なんで]를 쓰는 경우가 많습니다. 문장 끝에 ～の(~ㄴ 거야)를 붙여서 질문을 만들어 봅시다.

何で来月またソウルに来るの？	왜 다음 달에 또 서울에 오는 거야?
何で日本の歌を聞かないの？	왜 일본 노래를 안 듣는 거야?
何で彼のご両親に会うの？	왜 남자 친구의 부모님을 만나는 거야?
何で彼女の鞄を持たないの？	왜 여자 친구의 가방을 들지 않는 거야?

⑥ ～から。

~니까/~해서.

앞에서 조사 ～から는 '~부터'라는 뜻으로 배웠죠? '~부터' 외에 '~니까'라는 뜻으로도 쓰입니다. 여기에서는 현재형만 취급했지만 과거형인 경우에 명사와 な형용사는 ～だったから, い형용사는 ～かったから의 형태가 됩니다.

이유를 나타낼 때는 ～から(~니까, ~해서)라는 조사를 쓰면 됩니다. ～から는 반말 형태(보통체형) 뒤에 바로 붙이면 됩니다. 다만 명사와 な형용사는 현재형 긍정문일 때는 문장 끝에 ～だ를 붙인 다음에 ～から를 붙여야 합니다.

仕事が忙しいから。	일이 바빠서.
日本の歌が好きじゃないから。	일본 노래를 좋아하지 않으니까.
結婚するから。	결혼하니까.
嫌だから。	싫어서.

예문 27-4-1.mp3
예문 27-4-2.mp3

3단계
회화로 다지기

晩ご飯[ばんごはん] 저녁밥
今晩[こんばん] 오늘 저녁, 오늘 밤
独身主義[どくしん しゅぎ] 독신주의

잠깐만요!

晩ご飯[ばんごはん]은 晩御飯, 晩ごはん으로도 많이 씁니다. '저녁'이라는 뜻의 晩[ばん]과 '밥'이라는 뜻의 ご飯[ごはん]이 합해진 말이지요. 참고로 '아침밥'은 朝ご飯[あさごはん], '점심밥'은 昼ご飯[ひるごはん]이 됩니다. 또 朝食[ちょうしょく](조식), 昼食[ちゅうしょく](주식), 夕食[ゆうしょく](석식)라는 말도 써요.

恵子[けいこ]는 같은 회사에서 일하는 우현식에게 같이 저녁을 먹자는 말을 겁니다.

石井 恵子： ねえ、今日、晩ご飯一緒に食べない？
ウ・ヒョンシク： ごめん。今日はちょっと早く帰るから。
石井 恵子： そう。何で早く帰るの？
ウ・ヒョンシク： 今晩、彼女の両親に会うから。
石井 恵子： 彼女のご両親に？じゃ、結婚？
ウ・ヒョンシク： うん。結婚するつもり。
石井 恵子： 本当?! おめでとう！
ウ・ヒョンシク： 恵子は結婚しないつもり？
石井 恵子： うん。私は独身主義。

いしい けいこ : 있잖아, 오늘 저녁 같이 먹지 않을래?
우현식 : 미안. 오늘은 좀 일찍 집에 가니까.
いしい けいこ : 그렇구나. 왜 일찍 집에 가는 거야?
우현식 : 오늘 밤에 여자 친구의 부모님을 만나니까.
いしい けいこ : 여자 친구의 부모님을? 그럼 결혼?
우현식 : 응. 결혼할 생각이야.
いしい けいこ : 정말?! 축하해!
우현식 : けいこ는 결혼하지 않을 생각이야?
いしい けいこ : 응. 나는 독신주의야.

'독신주의'를 '비혼주의'라고도 해요~!

独身主義[どくしん しゅぎ](독신주의)라는 말이 나왔는데, 요즘은 非婚主義[ひこん しゅぎ](비혼주의)라는 말을 쓰기도 합니다. '독신주의자', '비혼주의자'라고 하려면 뒤에 者[しゃ](자)를 붙여서 独身主義者[どくしん しゅぎしゃ], 非婚主義者[ひこん しゅぎしゃ]라고 하면 됩니다. 그 외 결혼 출산과 관련된 단어로는 シングルマザー(싱글 마더, 미혼모), シングルファーザー/シングルファザー(싱글 파더, 미혼부)라는 말이 있어요. 예전에는 母子家庭[ぼし かてい](모자 가정), 父子家庭[ふし かてい](부자 가정)라는 말이 많이 쓰였는데 요즘은 シングルマザー, シングルファーザー/シングルファザー라는 말을 쓰는 경우가 많아졌습니다.

1 주어진 일본어 문장을 〈～つもり/～ないつもり〉(～할 생각이야/～하지 않을 생각이야)의 형태로 바꿔 보세요.

| 보기 | 来月またソウルに来ます。(다음 달에 또 서울에 옵니다.)
→ 来月またソウルに来るつもり。(다음 달에 또 서울에 올 생각이야.)

1. ....
2. ....
3. ....
4. ....

2 주어진 일본어 문장을 〈何で～の？〉(왜 ～ㄴ 거야?)의 형태로 바꿔 보세요.

| 보기 | 日本の歌を聞きません。(일본 노래를 듣지 않습니다.)
→ 何で日本の歌を聞かないの？(왜 일본 노래를 안 듣는 거야?)

1. ....
2. ....
3. ....
4. ....

3 (　　) 속에 들어갈 적절한 글자를 보기와 같이 써 보세요.

| 보기 | 彼の両親に会う(つもり)。남자 친구의 부모님을 만날 생각이야.

1. 週末、海で泳(　　　　　　)つもり。주말에 바다에서 수영하지 않을 생각이야.
2. 日本の歌を聞(　　)つもり。일본 노래를 들을 생각이야.
3. (　　　　　　)彼女の鞄を持たない(　　)？ 왜 여자 친구의 가방을 들지 않는 거야?
4. 嫌だ(　　　　)。싫으니까.

4 주어진 단어를 히라가나로 써 본 다음에 한자로도 써 보세요.

|보기| 노래 — 히라가나: う た / 한자: 歌

1. 듣다
히라가나
한자

2. 헤엄치다
히라가나
한자

3. 만나다
히라가나
한자

4. 기다리다
히라가나
한자

5. 가지다, 들다
히라가나
한자

보통체형과 정중체형

이번 과에서 ~から(~니까)를 배울 때 설명에 '보통체형'이라는 말이 나왔었죠? '보통체형'은 쉽게 말하면 반말체이고 존댓말은 '정중체형'이라고 합니다. 다만 명사와 な형용사의 현재형 긍정문인 경우에 '보통체형'일 때는 뒤에 ~だ가 붙어서 学生だ(학생이다), 有名だ(유명하다)의 형태를 가리킵니다. (동사 과거형은 아직 배우지 않았습니다.)

보통체형

	현재 긍정	현재 부정	과거 긍정	과거 부정
学生[がくせい] (학생)	学生だ (학생이다)	学生じゃない (학생이 아니다)	学生だった (학생이었다)	学生じゃなかった (학생이 아니었다)
有名な[ゆうめいな] (유명한)	有名だ (유명하다)	有名じゃない (유명하지 않다)	有名だった (유명했다)	有名じゃなかった (유명하지 않았다)
大きい[おおきい] (크다)	大きい (크다)	大きくない (크지 않다)	大きかった (컸다)	大きくなかった (크지 않았다)
会う[あう] (만나다)	会う (만나다)	会わない (만나지 않다)	会った (만났다)	会わなかった (만나지 않았다)

정중체형

	현재 긍정	현재 부정	과거 긍정	과거 부정
学生 (학생)	学生です (학생입니다)	学生じゃありません (학생이 아닙니다)	学生でした (학생이었습니다)	学生じゃありませんでした (학생이 아니었습니다)
有名な (유명한)	有名です (유명합니다)	有名じゃありません (유명하지 않습니다)	有名でした (유명했습니다)	有名じゃありませんでした (유명하지 않았습니다)
大きい (크다)	大きいです (큽니다)	大きくないです (크지 않습니다)	大きかったです (컸습니다)	大きくなかったです (크지 않았습니다)
会う (만나다)	会います (만납니다)	会いません (만나지 않습니다)	会いました (만났습니다)	会いませんでした (만나지 않았습니다)

※보통체형과 정중체형 둘 다 부정문의 ~じゃ는 ~では로 쓰이는 경우도 있습니다.

가타카나 순서 맞추기 (2)

주어진 단어의 가타카나 표기를 옳은 순서로 나열해 보세요.

1. 수영장 ー ル プ

→ 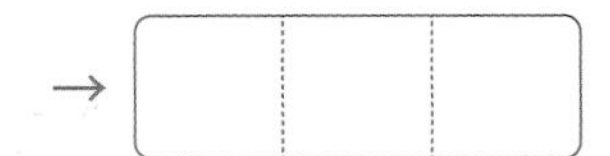

2. 드레스 レ ス ド

→ 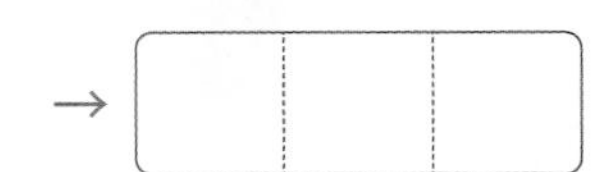

3. 양동이 バ ツ ケ

→ 

4. 플러스 ラ ス プ

→ 

5. 리듬 ム ズ リ

→ 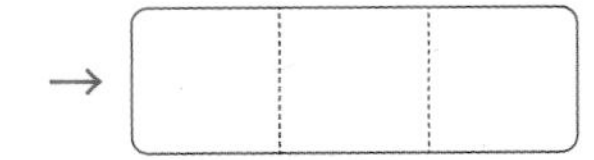

6. 런치 ン ラ チ

→ 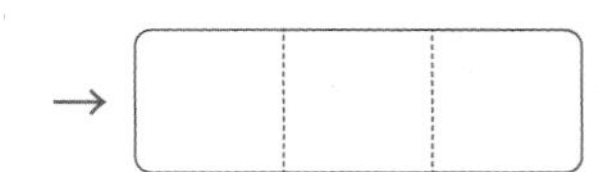

7. 댄스 ス ダ ン

→ 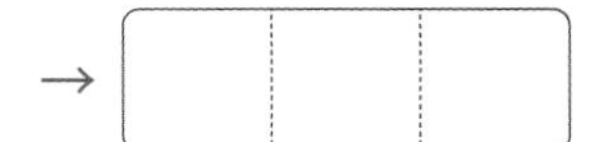

8. 타입 イ プ タ

→ 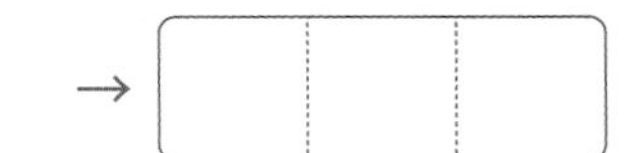

9. 컬러 ラ ー カ

→ 

10. 코치 コ チ ー

→ 

정답 1.プール 2.ドレス 3.バケツ 4.プラス 5.リズム 6.ランチ 7.ダンス 8.タイプ 9.カラー 10.コーチ

28 존댓말로 말해요

早く起きるつもりです。

일찍 일어날 생각입니다.

예문 28-1.mp3

워밍업
기본 회화 듣기

그림을 보면서 어떤 내용인지 추측하면서 회화를 들어 보세요.

예문 28-2.mp3

1단계
기본 단어 익히기

起きる[おきる] ① 일어나다

働く[はたらく] ⑤ 일하다

習う[ならう] ⑤ 배우다

売る[うる] ⑤ 팔다

ある ⑤ (무생물이)있다

コピー 복사

ノート 노트

来年[らいねん] 내년

絵[え] 그림

どうして 왜

잠깐만요!

앞에서 仕事[しごと](일)라는 단어를 배웠죠? 仕事をする라고 해도 '일을 하다'라는 뜻이 됩니다. 働く[はたらく]도 '일하다'라는 뜻이기 때문에 바꿔 쓸 수도 있습니다. 일상 회화에서는 仕事をする를 더 많이 사용하는 것 같아요. 또 働く는 '작용하다'라는 뜻으로도 사용합니다.

예문28-3.mp3

2단계
기본 문형 익히기

① ~つもりです。 ~할 생각입니다/~할 작정입니다.

27과에서 〈사전형+つもり〉의 형태를 배웠지요? 존댓말로 하려면 이 뒤에 です만 붙이면 됩니다.

お茶[おちゃ]는 앞에서 '(마시는)차'라는 뜻으로 배웠는데 '다도'라는 뜻으로도 쓰입니다. 참고로 '다도'라는 뜻의 단어로 茶道[さどう]도 있습니다. 茶道는 현재는 さどう라고 하는 것이 일반적이지만 옛날에는 ちゃどう라고 하는 것이 더 일반적이었다고 합니다.

明日、早く起きるつもりです。 내일 일찍 일어날 생각입니다.

友達のノートをコピーするつもりです。 친구의 노트를 복사할 생각입니다.

来年から働くつもりです。 내년부터 일할 생각이에요.

お茶を習うつもりです。 다도를 배울 생각이에요.

② ~ないつもりです。 ~하지 않을 생각입니다.

〈ない형+つもり〉의 경우도 이 형태 뒤에 です만 붙이면 존댓말이 됩니다.

頼む[たのむ](의뢰하다, 부탁하다)라는 단어가 나왔죠? '부탁하다'라는 뜻으로 お願いする[おねがいする]라는 표현을 먼저 배우시는 분들이 많을 겁니다. お願いする는 願う[ねがう](바라다, 기원하다)라는 동사의 공손한 형태입니다. 따라서 '부탁합니다'라고 할 때는 頼みます보다 お願いします를 써야 공손해집니다. 참고로 願い[ねがい]라고 하면 명사가 되어 '소원'이라는 뜻이 됩니다.

この仕事は小野さんに頼まないつもりです。
이 일은 おの씨에게 부탁하지 않을 생각입니다.

その絵は売らないつもりです。 그 그림은 안 팔 생각입니다.

明日は早く起きないつもりです。 내일은 일찍 일어나지 않을 생각이에요.

友達のノートをコピーしないつもりです。
친구의 노트를 복사 안 할 생각이에요.

❸ ～ないつもりですか。 ～하지 않을 생각입니까?

〈ない형+つもり〉(～하지 않을 생각이다)의 형태를 사용하여 질문해 봅시다.

来年から働かないつもりですか。 내년부터 일하지 않을 생각입니까?

お茶を習わないつもりですか。 다도를 안 배울 생각입니까?

この仕事は小野さんに頼まないつもりですか。 이 일은 おの씨에게 부탁하지 않을 생각이에요?

その絵は売らないつもりですか。 그 그림은 안 팔 생각이에요?

❹ はい、～ないつもりです。 네, ～하지 않을 생각입니다.
いいえ、～つもりです。 아니요, ～할 생각입니다.

질문에 대한 대답을 연습해 봅시다.

はい、来年から働かないつもりです。 네, 내년부터 일하지 않을 생각입니다.

はい、習わないつもりです。 네, 안 배울 생각입니다.

いいえ、小野さんに頼むつもりです。 아니요, おの씨에게 부탁할 생각이에요.

いいえ、売るつもりです。 아니요, 팔 생각이에요.

❺ どうして~んですか。

왜 ~ㄴ 겁니까?

27과에서는 '왜'를 何で[なんで]로 연습했지요? 좀 더 부드럽게 말할 때는 どうして라는 말을 씁니다. どうして는 반말에서도 쓸 수 있습니다.

'왜'라는 뜻으로 なぜ라는 단어를 아시는 분들이 계실지도 모르겠습니다만 이 말은 매우 딱딱한 문어체 말투로 보통 글에서 쓰거나 말할 때는 연설 등의 매우 격식을 차려서 말하는 경우에 쓰는 말입니다. 일상적인 회화에서는 どうして를, 편하게 말하는 상대라면 何で[なんで]를 쓰세요. どうして와 何で는 둘 다 반말에도 존댓말에도 쓸 수 있는데 どうして가 何で보다 더 부드럽고 정중한 말투입니다.

どうして明日、早く起きるんですか。 왜 내일 일찍 일어나는 겁니까?

どうして友達のノートをコピーするんですか。 왜 친구의 노트를 복사하는 거예요?

どうしてこの仕事を小野さんに頼まないんですか。 왜 이 일을 おの씨에게 부탁하지 않는 겁니까?

どうしてその絵を売らないんですか。 왜 그 그림을 안 파는 거예요?

❻ ~から。

~니까요/~해서요.

27과에서는 ~から를 반말 형태(보통체형)에 바로 붙여서 썼지요? 그런데 ~から는 존댓말 형태(정중체형) 뒤에도 붙여 쓸 수 있습니다.

週末じゃありませんから。 주말이 아니니까요.

テストがありますから。 시험이 있으니까요.

小野さんが嫌いですから。 おの씨를 싫어해서요.

その絵は大切ですから。 그 그림은 소중해서요.

예문 28-4-1.mp3
예문 28-4-2.mp3

3단계
회화로 다지기

ゆっくり 천천히, 푹
ジャズ 재즈
チケット 티켓
~枚[まい] ~장
ご馳走する[ごちそうする] 밥을 사다

'밥을 사 주다'라는 표현은 존댓말로 말할 때는 ご馳走する[ごちそうする]라고 하고 반말로 말할 때는 おごる라고 합니다. '밥을 사다'를 직역해서 買う[かう](사다)라는 동사를 쓰면 안 됩니다. 그런 표현은 일본어에 없습니다. 그리고 ご馳走する의 ご馳走[ごちそう]는 '맛있는 음식', '진수성찬'이라는 뜻입니다.

拓也[たくや]는 예은이에게 재즈 콘서트에 같이 가자는 말을 걸어 보기로 했어요.

森 拓也: イェウンさん、今度の日曜日、何をしますか。
ソン・イェウン: うちでゆっくり休むつもりです。森さんは？
森 拓也: 僕はジャズのコンサートに行くつもりです。
ソン・イェウン: ジャズのコンサートですか。いいですね。
森 拓也: イェウンさんはジャズが好きですか。
ソン・イェウン: ええ。
森 拓也: じゃ、一緒に行きませんか。
ソン・イェウン: え？ 一緒に？
森 拓也: ええ、チケットが2枚ありますから。
ソン・イェウン: 本当ですか。ありがとうございます。
森 拓也: コンサートは8時からですから、一緒に晩ご飯も食べませんか。
ソン・イェウン: じゃ、晩ご飯は私がご馳走しますね。

もり たくや: 예은씨, 이번 일요일에 뭘 할 거예요?
손예은: 집에서 푹 쉴 생각이에요. もり씨는요?
もり たくや: 나는 재즈 콘서트에 갈 생각이에요.
손예은: 재즈 콘서트요? 좋겠네요.
もり たくや: 예은씨는 재즈를 좋아해요?
손예은: 네.
もり たくや: 그럼, 같이 가지 않을래요?
손예은: 에? 같이요?
もり たくや: 네, 티켓이 2장 있어서요.
손예은: 정말이에요? 고마워요.
もり たくや: 콘서트는 8시부터니까, 같이 저녁도 먹지 않을래요?
손예은: 그럼, 저녁은 내가 살게요.

프리터 · 니트족 · 은둔형 외톨이

フリーター(프리터)는 아르바이트로 생계를 유지하는 사람을 말합니다. NEET(ニート Not in Education, Employment or Training)는 이 말을 만든 영국의 정의와는 달리 일본에서는 만 15세에서 34세까지의 사람들 중에서 직업을 가진 사람과 학생, 주부를 제외하고 구직 활동을 하지 않는 사람이라고 정의합니다. フリーター와 NEET의 차이는 취직하고자 하는 의욕이 있는지 없는지가 됩니다. 또한 요즘 사회적인 문제로 떠오르는 것이 '은둔형 외톨이'인데 이를 일본어로 引きこもり[ひきこもり]라고 합니다. 일본 정부에서는 引きこもり도 NEET로 취급하고 있습니다. 그리고 최근 새로 SNEP(スネップ Solitary Non-Employed Persons)라는 말이 등장했습니다. 2012년에 발표된 이 호칭은 만 20세 이상 59세 이하의 미혼 무직자들 중(학생은 제외)에서 평상시 가족 외에 함께 하는 사람이 없는 사람들을 가리킨답니다. NEET와의 차이는 대상 연령대의 폭이 더 넓다는 점과 NEET는 취직활동의 유무에 따라 구별한 것에 비해 SNEP는 친구 등 대인관계의 유무에 따라 구별했다는 점입니다. 이 말이 정착할지는 아직 알 수 없는 상황입니다.

예문 28-5.mp3

1 주어진 일본어 문장을 〈~つもりです/~ないつもりです〉(~할 생각입니다/~하지 않을 생각입니다)의 형태로 바꿔 보세요.

| 보기 | 明日、早く起きます。(내일 일찍 일어납니다.)
→ 明日、早く起きるつもりです。(내일 일찍 일어날 생각입니다.)

1. ______________________________

2. ______________________________

3. ______________________________

4. ______________________________

2 주어진 일본어 문장을 〈どうして~んですか〉(왜 ~ㄴ 겁니까?)의 형태로 바꿔 보세요.

| 보기 | 友達のノートをコピーします。(친구의 노트를 복사합니다.)
→ どうして友達のノートをコピーするんですか。
(왜 친구의 노트를 복사하는 겁니까?)

1. ______________________________

2. ______________________________

3. ______________________________

4. ______________________________

3 (　　) 속에 들어갈 적절한 글자를 보기와 같이 써 보세요.

| 보기 | 来年(から)働く(つもり)です。내년부터 일할 생각입니다.

1. 友達(　　)ノートをコピー(　　　　　　　)つもりです。
친구의 노트를 복사하지 않을 생각이에요.

2. この仕事は小野さん(　　)頼(　　)つもりです。
이 일은 おの씨에게 부탁할 생각입니다.

3. (　　　　　　　)明日、早く起きる(　　　　　　　)。
왜 내일 일찍 일어나는 거예요?

4. 週末じゃありません(　　　　)。 주말이 아니니까요.

4 주어진 단어를 히라가나로 써 본 다음에 한자로도 써 보세요.

| 보기 | 일하다   히라가나: はたらく   한자: 働く

1. 일어나다

히라가나   한자

2. 배우다

히라가나   한자

3. 팔다

히라가나   한자

4. 내년

히라가나   한자

5. 그림

히라가나   한자

가타카나 순서 맞추기 (3)

주어진 단어의 가타카나 표기를 옳은 순서로 나열해 보세요.

1. 커피　ー コ ー ヒ
→ □□□□

2. 샤워　ワ ー ャ シ
→ □□□□

3. 스포츠　ス ツ ー ポ
→ □□□□

4. 테이블　ー テ ル ブ
→ □□□□

5. 넥타이　タ ネ イ ク
→ □□□□

6. 안테나　ナ ン テ ア
→ □□□□

7. 그룹　グ ー プ ル
→ □□□□

8. 코러스　ラ コ ス ー
→ □□□□

9. 시즌　ズ シ ー ン
→ □□□□

10. 스케이트　ト ケ ー ス
→ □□□□

정답 1.コーヒー 2.シャワー 3.スポーツ 4.テーブル 5.ネクタイ 6.アンテナ 7.グループ 8.コーラス 9.シーズン 10.スケート

29 반말로 말해요

日本語を話すことができる。 일본어를 할 줄 알아.

예문 29-1.mp3

워밍업
기본 회화 듣기

그림을 보면서 어떤 내용인지 추측하면서 회화를 들어 보세요.

예문 29-2.mp3

1단계
기본 단어 익히기

弾く[ひく] ⑤ (현악기, 건반악기를)치다, 연주하다

話す[はなす] ⑤ 이야기하다

浴びる[あびる] ① 들쓰다, 뒤집어쓰다, 쬐다

吸う[すう] ⑤ (담배를)피우다

洗う[あらう] ⑤ 씻다

ギター 기타

シャワー 샤워

たばこ 담배

外[そと] 밖, 바깥

食事[しょくじ] 식사

チューニング 튜닝

手[て] 손

잠깐만요!

たばこ(담배)는 가타카나 タバコ로 쓰기도 하고 한자 煙草로 쓰기도 합니다. 담배가 '연기 나는 풀'이기 때문에 煙(연기 연)에 草(풀 초)를 쓰는 모양입니다.

예문 29-3.mp3

2단계
기본 문형 익히기

❶ ～ことができる。 ～할 수 있어/～할 줄 알아.

〈사전형+ことができる〉의 형태로 '～할 수 있어'라는 뜻입니다. '～할 수 없어'라고 말하려면 できる를 ない형인 できない로 바꾸기만 하면 됩니다. できる는 '할 수 있다, 가능하다'라는 뜻을 가진 1단동사입니다.

잠깐만요!

〈사전형+こと〉의 형태는 '～하는 것'이라는 뜻으로 명사구를 만드는 문형입니다. 여기에 ～が가 붙어서 '～하는 것이'의 뜻이 되고 그 뒤에 できる(할 수 있다, 가능하다)가 붙어서 '～하는 것이 가능하다', 즉 '～할 수 있다'라는 뜻이 된 겁니다.

姉はギターを弾くことができる。 누나/언니는 기타를 칠 줄 알아.

日本語を話すことができる。 일본어를 말할 줄 알아.

シャワーを浴びることができる。 샤워를 할 수 있어.

ここはたばこを吸うことができる。 여기는 담배를 피울 수 있어.

❷ ～ことがある。 ～하는 경우가 있어/～할 때가 있어.

〈사전형+ことがある〉의 형태로 직역하면 '～하는 것이 있다'가 되는데 '～하는 경우가 있다, ～할 때가 있다'라는 뜻입니다. 앞에서 배운 〈사전형+ことができる〉(～할 수 있어/있다)의 できる(할 수 있다, 가능하다)를 ある(있다)로 바꾼 것입니다.

잠깐만요!

'～하는 경우도 있다'라고 할 때도 있죠? 조사 '～가'가 '～도'로 바뀐 것인데 일본어도 똑같이 ～が(～이/가)를 ～も(～도)로 바꾸기만 하면 됩니다. 즉 ～こともある(～하는 경우도 있다)가 되는 것이죠. 또 '～하는 경우는 있다'라고 할 때도 조사를 바꿔서 ～ことはある라고 하면 됩니다. 한국어와 일본어, 참 비슷하죠? ^^

ゲームをすることがある。 게임을 하는 경우가 있어.

週末は外で食事をすることがある。 주말에는 밖에서 식사를 하는 경우가 있어.

姉はギターを弾くことがある。 누나/언니는 기타를 칠 때가 있어.

兄はたばこを吸うことがある。 형/오빠는 담배를 피울 때가 있어.

❸ ～ないことがある。

～하지 않는 경우가 있어/～하지 않을 때가 있어.

～ことがある 앞에 사전형이 아니라 ない형을 붙여서 〈ない형+ことがある〉의 형태가 되면 '～하지 않는 경우가 있다, ～하지 않을 때가 있다'라는 뜻이 됩니다.

잠깐만요!

～ないことがある(～하지 않는 경우가 있다)도 ～ないこともある(～하지 않는 경우도 있다), ～ないことはある(～하지 않는 경우는 있다)와 같이 조사를 바꿔 쓸 수 있습니다.

その人は日本語を話さないことがある。
그 사람은 일본어를 말하지 않는 경우가 있어.

シャワーを浴びないことがある。 샤워를 하지 않을 때가 있어.

連絡をしないことがある。 연락을 안 하는 경우가 있어.

朝は食事をしないことがある。 아침에는 식사를 안 할 때가 있어.

❹ ～前に[まえに]

～하기 전에

〈사전형+前に[まえに]〉의 형태는 '～하기 전에'라는 뜻이 됩니다.

ギターを弾く前にチューニングをする。 기타를 치기 전에 튜닝을 해.

日本語を話す前によく考える。 일본어를 말하기 전에 잘 생각해.

会議をする前にたばこを吸う。 회의를 하기 전에 담배를 피워.

食事をする前に手を洗う。 식사를 하기 전에 손을 씻어.

❺ ～の前に[まえに]

～전에

～前に[まえに]가 명사 뒤에 이어질 때는 중간에 조사 ～の(～의)가 들어가서 〈명사+の前に〉의 형태가 됩니다.

잠깐만요!

～の前に[まえに] 앞에 오는 명사가 1年[いちねん](1년), 3時間[さんじかん](3시간)과 같은 수사인 경우에는 1年前[いちねんまえ](1년 전), 3時間前[さんじかん まえ](3시간 전)와 같이 조사 ～の가 들어가지 않고 바로 이어집니다.

食事の前に手を洗う。	식사 전에 손을 씻어.
テストの前にノートをコピーする。	시험 전에 노트를 복사해.
会議の前にたばこを吸う。	회의 전에 담배를 피워.
コンサートの前にチューニングをする。	콘서트 전에 튜닝을 해.

동사를 구별하는 방법 (1)

일본어 동사는 종류에 따라 활용이 다르므로 1단동사인지 5단동사인지를 구별할 줄 알아야 제대로 활용할 수 있겠지요. 여기에서는 사전형과 ない형으로 구별하는 방법을 확인해 보겠습니다. 사전형의 경우에, 1단동사는 반드시 끝소리가 る로 끝나게 되어 있습니다. 따라서 끝소리가 る가 아닌 것들은 모두 5단동사가 됩니다. 예를 들어 弾く[ひく](치다, 연주하다), 話す[はなす](이야기하다), 吸う[すう](담배를 피우다), 洗う[あらう](씻다)는 모두 끝소리가 る가 아니기 때문에 5단동사임을 알 수 있지요.
ない형의 경우에, 5단동사 ない형은 〈あ단+ない〉의 형태가 되므로 ない 바로 앞의 소리가 あ단이 아니면 1단동사가 됩니다. 예를 들어 浴びない[あびない](들쓰지 않아, 뒤집어쓰지 않아), 起きない[おきない](일어나지 않아), 教えない[おしえない](가르치지 않아) 등은 모두 ない 바로 앞의 소리가 あ단이 아니기 때문에 1단동사임을 알 수 있지요.

예문 29-4-1.mp3
예문 29-4-2.mp3

3단계
회화로 다지기

あれ 어라, 어
いつも 항상, 늘, 언제나
ヘビースモーカー 골초
頑張って[がんばって] 힘내
サンキュー 땡큐

そっか(그렇구나)는 そうか를 짧게 한 말로 주로 회화에서 많이 사용됩니다. 존댓말로 하면 そうですか가 되지요.

지연이는 학교에서 걸어가다가 친구 雄太[ゆうた]가 담배를 피우고 있는 것을 보았어요.

クァク・チヨン: あれ? 雄太、たばこ吸うの?
前田 雄太: うん。よく吸うよ。
クァク・チヨン: へえ。ヘビースモーカー?
前田 雄太: ヘビースモーカーまでは行かないよ。
クァク・チヨン: そう。
前田 雄太: でも、テストの前にいつも吸うよ。
クァク・チヨン: それから?
前田 雄太: それから……レポートを書く前に吸うことがある。
クァク・チヨン: 今日はテスト?
前田 雄太: うん。2時から。
クァク・チヨン: そっか。頑張って。
前田 雄太: サンキュー。

곽지연 : 어라? ゆうた, 담배 피우는 거야?
まえだ ゆうた : 응, 자주 피워.
곽지연 : 오호, 골초야?
まえだ ゆうた : 골초까지는 안 가.
곽지연 : 그렇구나.
まえだ ゆうた : 하지만, 시험 전에 항상 피워.
곽지연 : 그리고?
まえだ ゆうた : 그리고…… 리포트를 쓰기 전에 피우는 경우가 있어.
곽지연 : 오늘은 시험이야?
まえだ ゆうた : 응. 2시부터야.
곽지연 : 그렇구나. 힘내.
まえだ ゆうた : 땡큐.

일본 사람들은 인사를 중시해요!

일본 사람들은 인사를 중시하는 경향이 있어요. 그래서 인사는 꼬박꼬박 잘하는 것이 좋습니다. 특히 '감사' 인사와 '사죄' 인사의 경우에 한국에서는 가까운 사이일수록 생략하는 경향이 있으므로 주의하셔야 합니다. 제가 서울에서 학교를 다녔을 적에 옆에 앉아 있던 같은 과 학생과 살짝 팔이 부딪친 경우가 있었는데 저는 거의 조건반사적으로 '미안해'(ごめん)라고 했습니다. 그랬더니 '뭐가 미안해요?'라고 하며 약간 서운해 하는 눈빛이었습니다. 또 사소한 일에도 '고마워'(ありがとう)라는 말을 했더니 '뭐가 고마워요?'라고 하며 역시 약간 서운해 하는 반응을 보였습니다. 한국에서는 가까운 사이에서는 '미안하다', '고맙다'와 같은 인사를 자주 하면 오히려 섭섭한 느낌을 받는 모양이죠? 그런데 일본에서는 아무리 가까운 사이라고 해도 해야 할 인사는 꼬박꼬박 하는 것이 일반적입니다. 일본에 가게 되면 예의 없는 사람으로 오해받지 않도록 인사는 잘 챙겨서 하세요. 그리고 편한 상대에게는 サンキュー(땡큐)라는 말을 쓰는 경우도 많아요. 물론 ありがとう(고마워)를 써도 되지만 サンキュー가 좀 더 가벼운 느낌이 있습니다. 그리고 남자의 경우는 ごめん(미안) 대신 悪い[わるい](나쁘다)라는 말을 '미안해'의 뜻으로 쓰는 경우가 있습니다. 일본어 인사말에 대해서는 573~580쪽을 참조하세요.

예문 29-5.mp3

1 주어진 일본어 문장을 〈～ことができる〉(~할 수 있어/~할 줄 알아)의 형태로 바꿔 보세요.

| 보기 | 姉はギターを弾きます。(누나/언니는 기타를 칩니다.)
→ 姉はギターを弾くことができる。(누나/언니는 기타를 칠 줄 알아.)

1. ______________________
2. ______________________
3. ______________________
4. ______________________

2 주어진 일본어 문장을 〈～ことがある/～ないことがある〉(~하는 경우가 있어/~하지 않는 경우가 있어)의 형태로 바꿔 보세요.

| 보기 | シャワーを浴びません。(샤워를 하지 않습니다.)
→ シャワーを浴びないことがある。(샤워를 하지 않는 경우가 있어.)

1. ______________________
2. ______________________
3. ______________________
4. ______________________

3 (　　) 속에 들어갈 적절한 글자를 보기와 같이 써 보세요.

| 보기 | 日本語を話す(ことが)できる。일본어를 할 줄 알아.

1. 連絡を(　　　　　　)ことがある。연락을 하지 않는 경우가 있어.
2. ギターを弾(　　)前にチューニングをする。기타를 치기 전에 튜닝을 해.
3. 食事(　　)前に手を洗う。식사 전에 손을 씻어.
4. 週末は外(　　)食事をすることが(　　　　)。주말에는 밖에서 식사를 할 때가 있어.

4 주어진 단어를 히라가나로 써 본 다음에 한자로도 써 보세요.

|보기| 피우다 — 히라가나: す う / 한자: 吸 う

1. 이야기하다

히라가나 / 한자

2. 들쓰다, 뒤집어쓰다

히라가나 / 한자

3. 씻다

히라가나 / 한자

4. 밖, 바깥

히라가나 / 한자

5. 식사

히라가나 / 한자

가타카나 순서 맞추기 (4)

주어진 단어의 가타카나 표기를 옳은 순서로 나열해 보세요.

1\. 스테이지 ス ジ テ ー

→

2\. 스피드 ー ピ ド ス

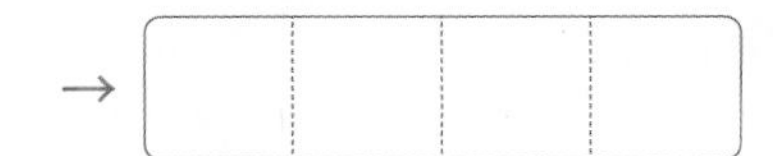

3\. 찬스 ャ チ ス ン

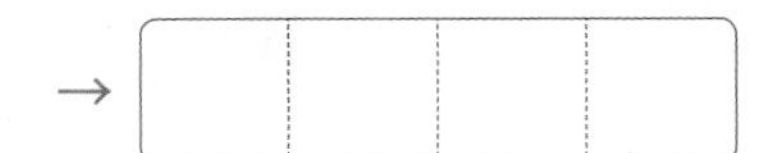

4\. 트럭 ク ラ ト ッ

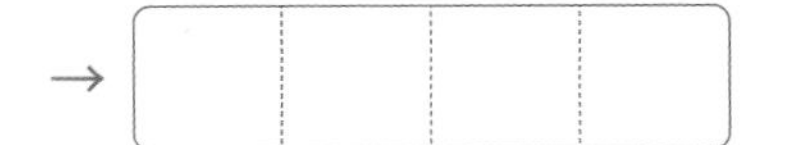

5\. 넘버 ナ ー バ ン

6\. 밸런스 ン ラ バ ス

→

7\. 비닐 ー ニ ル ビ

8\. 블라우스 ウ ラ ブ ス

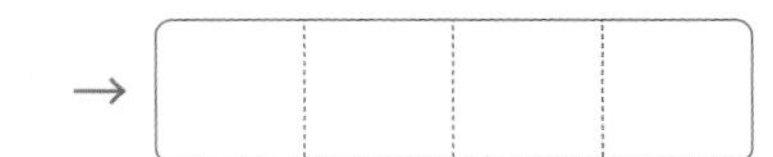

9\. 포스터 タ ス ー ポ

10\. 라이터 イ タ ラ ー

정답 1.ステージ 2.スピード 3.チャンス 4.トラック 5.ナンバー 6.バランス 7.ビニール 8.ブラウス 9.ポスター 10.ライター

30 존댓말로 말해요

掃除の前に洗濯をします。

청소 전에 빨래를 합니다.

예문 30-1.mp3

워밍업 기본 회화 듣기

그림을 보면서 어떤 내용인지 추측하면서 회화를 들어 보세요.

예문 30-2.mp3

1단계 기본 단어 익히기

歌う[うたう] ⑤ (노래를)부르다

入る[はいる] ⑤ 들어가다, 들어오다

話[はなし] 이야기

箸[はし] 젓가락

自転車[じてんしゃ] 자전거

カラオケ 노래방

洗濯[せんたく] 세탁, 빨래

掃除[そうじ] 청소

風呂[ふろ] 목욕, 욕실

石けん[せっけん] 비누

잠깐만요!

앞 과에서 話す[はなす](이야기하다)라는 동사를 배웠죠? 이때는 한자 話의 음이 はな였는데 이번 과에서는 はなし가 되어 있죠? '이야기하다'라는 동사로 쓰일 때는 話의 음이 はな가 되어 話す[はなす]가 되고, '이야기'라는 명사로 쓰일 때는 話의 음이 はなし가 되는 겁니다.

예문 30-3.mp3

2단계
기본 문형 익히기

❶ ～で～ことができます。

～로 ～할 수 있습니다/～할 줄 압니다.

〈사전형+ことができる〉의 できる(할 수 있다, 가능하다)를 できます로 바꾸면 '～할 수 있습니다, ～할 줄 압니다'라는 존댓말이 됩니다. 조사 ～で는 수단이나 방법을 나타내는 '～(으)로'라는 뜻입니다.

中国語でメールを書くことができます。	중국어로 메일을 쓸 줄 압니다.
フランス語で話をすることができます。	프랑스어로 이야기를 할 수 있습니다.
箸で食事をすることができます。	젓가락으로 식사를 할 줄 알아요.
学校まで自転車で行くことができます。	학교까지 자전거로 갈 수 있어요.

잠깐만요!

箸[はし](젓가락)라는 단어를 발음할 때는 꼭 억양에 주의하세요! 높은 소리에서 낮은 소리로 발음해야 '젓가락'이라는 뜻이 됩니다. 반대로 낮은 소리에서 높은 소리로 발음하면 '(강에 걸려 있는)다리'라는 뜻이 됩니다. 아래의 억양 표시를 참고하세요. 그리고 箸라고만 하면 약간 거친 느낌이 있으니 여자든 남자든 공손하게 말할 때는 앞에 お를 붙여서 お箸[おはし]라고 하세요.

はし (젓가락)
はし (다리)

❷ ～ことがあります。

～하는 경우가 있습니다/～할 때가 있습니다.

〈사전형+ことがある〉도 ある(있다)를 あります로 바꾸면 '～하는 경우가 있습니다, ～할 때가 있습니다'라는 존댓말이 됩니다.

車で会社に行くことがあります。	차로 회사에 가는 경우가 있습니다.
カラオケで歌うことがあります。	노래방에서 노래를 부를 때가 있습니다.
外で食事することがあります。	밖에서 식사하는 경우가 있어요.
僕が洗濯をすることがあります。	내가 빨래를 할 때가 있어요.

❸ ~ないことがあります。

~하지 않는 경우가 있습니다/~하지 않을 때가 있습니다.

〈ない형+ことがある〉도 역시 ある를 あります로 바꾸면 '~하지 않는 경우가 있습니다, ~하지 않을 때가 있습니다'라는 존댓말이 되지요.

自転車で学校に行かないことがあります。
자전거로 학교에 가지 않는 경우가 있습니다.

お風呂に入らないことがあります。 목욕하지 않을 때가 있습니다.

掃除をしないことがあります。 청소를 안 하는 경우가 있어요.

洗濯をしないことがあります。 빨래를 안 할 때가 있어요.

'목욕하다'는 お風呂[ふろ]に入[はい]る(욕실에 들어가다)라고 합니다. 風呂는 '욕실'이라는 뜻으로도 쓰이고 '목욕', '대중목욕탕'이라는 뜻으로도 쓰입니다. 風呂라고만 하면 약간 거친 느낌이 있어서 여자들이 말할 때나 남자라도 공손하게 말할 때는 앞에 お를 붙여서 お風呂[おふろ]라고 합니다. 風呂의 억양은 〈기본 단어 익히기〉에서 연습했듯이 ふろ(저-고)인데 앞에 お가 붙어서 お風呂가 되면 おふろ(저-고-저)가 됩니다.

❹ ~前に[まえに]

~하기 전에

〈사전형+前に〉라고 하면 '~하기 전에'라는 뜻이었지요.

カラオケで歌う前にお酒を飲みます。
노래방에서 노래를 부르기 전에 술을 마십니다.

うちに帰る前に連絡します。 집에 가기 전에 연락합니다.

晩ご飯を食べる前にお風呂に入ります。 저녁을 먹기 전에 목욕을 해요.

掃除をする前に洗濯をします。 청소를 하기 전에 빨래를 해요.

일본어로 '노래를 부르다'라고 할 때는 '노래를'이라는 목적어 없이 歌う[うたう]라고만 해도 됩니다~! '노래방'은 원래는 カラオケボックス(가라오케 박스)라고 하는데 보통 줄여서 カラオケ라고만 합니다. 옛날에는 무대가 있는 술집에서 부르고 싶은 노래를 쪽지로 신청하고 한 사람씩 돌아가면서 노래를 부르는 곳을 カラオケ라고 했어요. 그때는 모르는 사람들의 노래도 다 들어 줘야 했고 또 자기 순서도 오래 기다려야 했지요.

⑤ ～の前に[まえに]

～전에

명사를 쓰는 경우는 조사 ～の(～의)를 써서 〈명사+の前に〉였지요.

掃除の前に洗濯をします。	청소 전에 빨래를 합니다.
晩ご飯の前にお風呂に入ります。	저녁 식사 전에 목욕합니다.
食事の前に石けんで手を洗います。	식사 전에 비누로 손을 씻어요.
コンサートの前に食事をします。	콘서트 전에 식사를 해요.

잠깐만요!

石けん[せっけん](비누)은 한자로 石鹸이라고 쓰는데 뒤쪽의 한자는 어려워서 히라가나로 쓰는 경우가 많습니다.

동사를 구별하는 방법 (2)

사전형의 끝소리가 る로 끝나지 않으면 5단동사가 되지요? 그런데 1단동사는 る 앞에 오는 소리가 い단 혹은 え단이므로 る 앞에 오는 소리가 あ단, う단, お단 소리이면 5단동사가 됩니다. 예를 들어 撮る[とる](찍다), 売る[うる](팔다), ある(있다) 등은 る 바로 앞의 소리가 い단이나 え단이 아닌 소리들이라서 5단동사임을 알 수 있지요.

ます형으로도 동사의 종류를 구별할 수 있습니다. 5단동사는 〈い단+ます〉의 형태라서 ます 바로 앞의 소리가 い단이 아닌 경우는 모두 1단동사가 됩니다. 예를 들어 食べます[たべます](먹습니다), 開けます[あけます](엽니다), 考えます[かんがえます](생각합니다)는 ます 바로 앞의 소리가 い단이 아니기 때문에 1단동사임을 알 수 있지요.

사전형과 ない형, ます형을 통하여 동사를 구별하는 방법을 소개해 드렸는데 이런 방법들을 써도 완벽하게 구별할 수 있는 것은 아닙니다. 가장 좋은 것은 자연스러운 활용 형태를 몸으로 익히는 것입니다. 귀를 쫑긋 세워 잘 듣고 따라해 보세요~!

예문 30-4-1.mp3
예문 30-4-2.mp3

3단계
회화로 다지기

バス 버스
～ぐらい ～정도

이 회화에서는 何で가 '왜'라는 뜻이 아니라 '무엇으로'라는 뜻이기 때문에 발음을 なにで로 하세요. なんで로 발음하면 '왜'의 뜻으로 알아듣게 됩니다. 그리고 いつも를 29과에서 '항상, 늘'로 배웠죠? 그런데 여기 회화에서 보면 아시겠지만 '평상시, 보통 때'라는 뜻으로도 쓰입니다.

태민이는 아침 출근길에 처음으로 근처에 사는 遠藤[えんどう]씨를 만나게 되었어요.

遠藤 貴弘: おはようございます。
イム・テミン: あ、おはようございます。
遠藤 貴弘: 会社まで何で行きますか。
イム・テミン: 今日は車で行きます。
遠藤 貴弘: いつもは車で行かないんですか。
イム・テミン: ええ。いつもは自転車で行きます。
遠藤 貴弘: 自転車で行くんですか。
イム・テミン: はい、近いですから。
遠藤 貴弘: そうですか。いいですね。
イム・テミン: 遠藤さんは何で行きますか。
遠藤 貴弘: バスで行きます。
イム・テミン: そうですか。バスで何分ぐらいですか。
遠藤 貴弘: バスで40分ぐらいです。

えんどう たかひろ : 안녕하세요(아침 인사).
임태민 : 아, 안녕하세요(아침 인사).
えんどう たかひろ : 회사까지 뭘 타고(뭘로) 가요?
임태민 : 오늘은 차로 갑니다.
えんどう たかひろ : 평상시는 차로 가지 않는 건가요?
임태민 : 네. 평상시는 자전거로 갑니다.
えんどう たかひろ : 자전거로 가는 거예요?
임태민 : 네, 가까워서요.
えんどう たかひろ : 그렇군요. 좋겠네요.
임태민 : えんどう씨는 뭘 타고(뭘로) 갑니까?
えんどう たかひろ : 버스로 가요.
임태민 : 그렇군요. 버스로 몇 분 정도예요?
えんどう たかひろ : 버스로 40분 정도예요.

일본에서는 식사할 때 젓가락만 사용해요!

일본에서는 식사할 때 보통 젓가락만 사용합니다. 카레나 양식 등을 먹을 때는 숟가락을 쓰지만 일반적인 식사 때는 젓가락만 써요. 숟가락을 쓰지 않으면 국을 먹을 때 불편할 거라고 생각되시죠? 일본에서는 밥그릇, 국그릇, 앞 접시는 손에 들고 먹는 것이 예의입니다. 숟가락을 쓰지 않고 젓가락만으로 식사를 하기 때문에 그릇을 들고 먹지 않으면 새우등이 되어 얼굴을 그릇 가까이에 대고 먹게 되지요. 그 모습은 犬食い[いぬぐい](개처럼 먹는 방식)라고 해서 매우 안 좋게 봅니다. 그래서 국을 먹을 때도 국그릇을 들어서 국그릇에 직접 입을 대고 먹습니다. 한국에서는 반대로 밥그릇, 국그릇, 앞 접시를 들고 먹으면 안 좋은 소리를 듣죠? 한국에서는 들지 않고 먹어야 하고 일본에서는 들고 먹어야 하니 식사할 때는 주의하세요~!

예문30-5.mp3

1 주어진 단어와 문장을 ～で로 연결해서 ～で～ことができます(~로 ~할 수 있습니다/~할 줄 압니다)라는 문장을 만들어 보세요.

| 보기 | 車 (차)・会社まで行きます。(회사까지 갑니다.)
→ 車で会社まで行くことができます。(차로 회사까지 갈 수 있습니다.)

1. ______________________
2. ______________________
3. ______________________
4. ______________________

2 주어진 일본어 문장을 〈～ことがあります/～ないことがあります〉(~하는 경우가 있습니다/~하지 않는 경우가 있습니다)의 형태로 바꿔 보세요.

| 보기 | 僕が洗濯をします。(내가 빨래를 합니다. –남자)
→ 僕が洗濯をすることがあります。(내가 빨래를 하는 경우가 있습니다.)

1. ______________________
2. ______________________
3. ______________________
4. ______________________

3 (　　) 속에 들어갈 적절한 글자를 보기와 같이 써 보세요.

| 보기 | カラオケで歌う(こと)があります。
노래방에서 노래를 부르는 경우가 있습니다.

1. 箸で食事をすることが(　　　　　　　)。 젓가락으로 식사를 할 수 있습니다.
2. 洗濯を(　　　　　　)ことがあります。 빨래를 하지 않을 때가 있습니다.
3. うち(　　)帰る(　　　　　　)連絡します。 집에 가기 전에 연락합니다.
4. 食事(　　　　　　　)石けん(　　)手を洗います。
식사 전에 비누로 손을 씻습니다.

4 주어진 단어를 히라가나로 써 본 다음에 한자로도 써 보세요.

| 보기 | 자전거 | 히라가나: じ て ん し ゃ | 한자: 自 転 車 |

1. 노래 부르다

히라가나 | 한자

2. 들어가다

히라가나 | 한자

3. 이야기

히라가나 | 한자

4. 빨래, 세탁

히라가나 | 한자

5. 청소

히라가나 | 한자

일본어는 억양이 중요해요!

일본어는 억양(악센트)이 중요하다는 말씀을 드렸죠? 원래는 '악센트'라고 해야 하는 것인데 악센트라고 하면 대부분의 사람들이 영어와 같은 강약 악센트를 떠올리기 때문에 저는 '억양'이라는 말을 즐겨 씁니다. 일본어의 악센트는 강약 악센트가 아니라 '고저 악센트'거든요. 소리의 높이가 올라갔다 내려갔다 하는 것이죠. 이번 과에서 나온 箸[はし](젓가락)라는 단어의 설명을 보고 억양의 중요성을 실감하셨나요? 일본어는 억양이 틀리면 다른 단어가 되어 버리는 경우도 많습니다. 그리고 억양이 틀리면 알아듣기가 힘들기도 하고요.

일본어 표준어의 억양에 대해서 설명 드리겠습니다. 일본어에서는 하나의 단어 속에서 첫 번째 소리(음절)와 두 번째 소리의 높이가 반드시 다릅니다. 따라서 낮은 소리로 시작된 단어는 두 번째 소리가 반드시 올라가게 되고, 높은 소리로 시작된 단어는 두 번째 소리가 반드시 내려가게 됩니다.

낮은 소리로 시작되면 두 번째 소리가 올라감

높은 소리로 시작되면 두 번째 소리가 내려감

그리고 하나의 단어 속에서 한 번 내려간 소리는 다시 올라가지 않습니다. 이것이 일본어 억양의 기본 원칙입니다. 소리(음절)가 4개로 된 것으로 예를 들어서 일본어 단어의 억양이 어떻게 되는지 보여 드리면 다음과 같습니다.

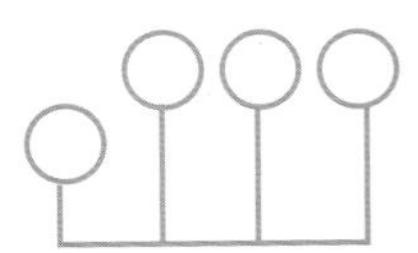

두 번째 소리에서 올라간 높이가 끝까지 유지되는 경우

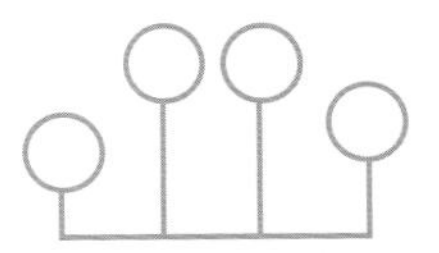

두 번째 소리에서 올라간 높이가 유지되다가 끝에서 내려가는 경우

두 번째 소리에서 올라간 높이가 세 번째 소리에서 내려가는 경우

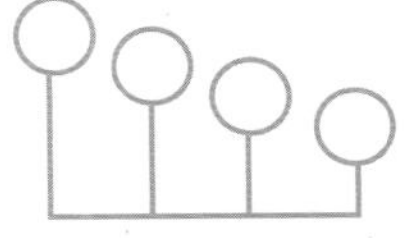

높은 소리로 시작되었다가 두 번째 소리에서 내려가는 경우

더 긴 단어들은 낮은 소리에서 올라갔다가 중간에서 내려가는 위치가 다양해집니다. 또 뒤에 이어지는 조사 등의 억양이 어떻게 되는지에 따라서도 구별되고 해서 실제로는 더 복잡하게 나누어지지만 이것만 봐도 대충 감이 잡히시죠? 그리고 한국 사람들이 흔히 하는 실수 중의 하나가 낮은 소리로 시작하는 단어의 세 번째 소리(음절)를 두 번째 소리보다 더 높여 버리는 것입니다. 이것은 일본의 북쪽 지방 사투리로 표준어에서는 있을 수 없습니다. 세 번째 이후의 소리 높이는 두 번째 소리보다 더 높을 수 없습니다.

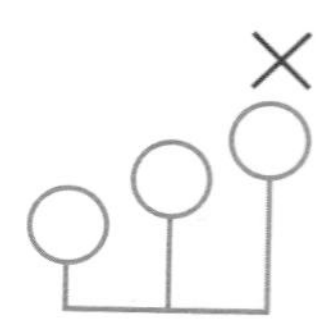

세 번째 이후의 소리가 두 번째 소리보다 올라갈 수 없음(표준어)

이와 같이 첫 번째 소리와 두 번째 소리의 높이가 다르기 때문에 소리가 올라갔다 내려갔다 하는 것이 많이 느껴지는 것이 일본어 억양의 특징입니다. 그래서 일본 사람들이 한국어를 하면 경상도 사투리를 쓴다는 소리를 많이 들어요. 경상도 사투리가 억양이 올라갔다 내려갔다 하죠? 경상도 분들은 알아서 잘 하실 것 같고요. 그 외의 지역 분들은 경상도 사투리를 쓴다는 느낌으로 일본어 억양을 연습해 보세요~! ^^

가타카나 순서 맞추기 (5)

주어진 단어의 가타카나 표기를 옳은 순서로 나열해 보세요.

1. 라켓 ケ ッ ト ラ

→

6. 코멘트 ン コ ト メ

→ 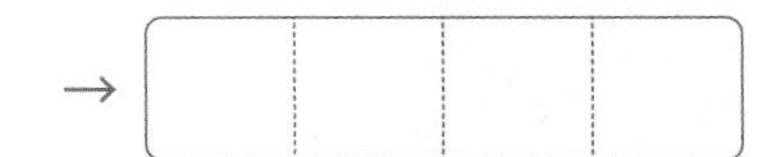

2. 라커 ロ ー カ ッ

→ 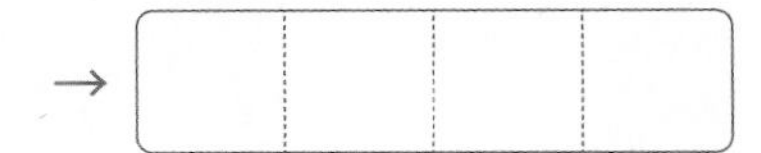

7. 시나리오 シ オ ナ リ

→ 

3. 오픈 ー オ ン プ

→ 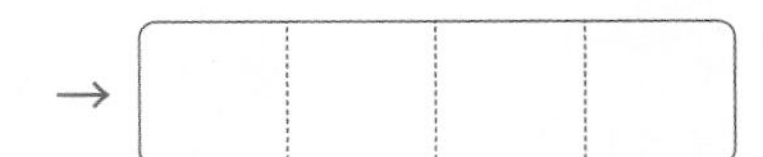

8. 점프 ャ プ ジ ン

→ 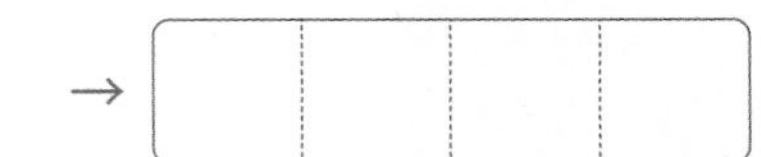

4. 트러블 ル ラ ト ブ

→ 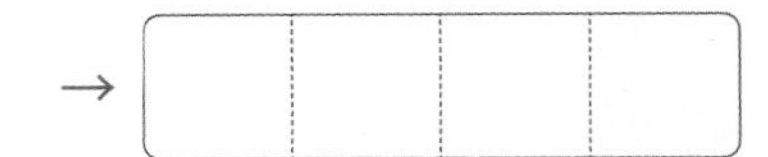

9. 스팀 チ ー ム ス

→ 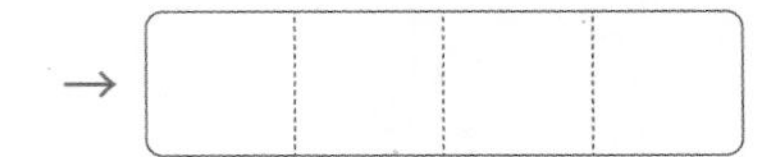

5. 코너 ー ナ ー コ

→ 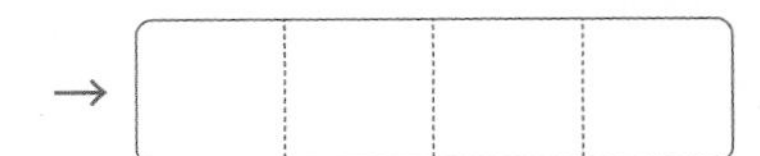

10. 타이틀 ル ト タ イ

→ 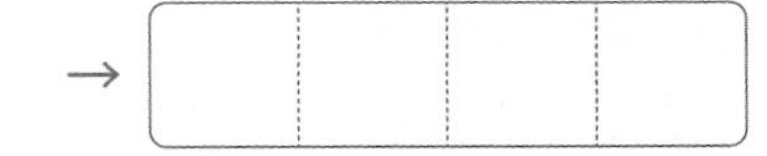

정답 1.ラケット 2.ロッカー 3.オープン 4.トラブル 5.コーナー 6.コメント 7.シナリオ 8.ジャンプ 9.スチーム 10.タイトル

: 넷째마당 :

대략난감 동사, 과거형 정복하기!

일곱째마디 • 일편단심 1단동사 과거형
여덟째마디 • 변덕쟁이 불규칙동사 과거형
아홉째마디 • 규칙쟁이 5단동사 과거형
열째마디 • 동사 과거형을 이용하여 말해 보자!

이번에는 동사의 과거형을 배우겠습니다. 5단동사의 ない형(부정형) 익히기가 쉽지 않았죠? 그런데 과거형은 활용이 더 복잡해서 ない형보다 더 어려울 수 있어요. 그럴수록 눈에 힘을 주지 말고 귀에 힘을 주면서 배우셔야 하는 거 아시죠? 규칙을 외워서 그 규칙에 적용해서 활용시키는 것이 아니라 자연스러운 활용 형태를 귀로 듣고 따라하면서 입에 붙게 하는 것이 가장 좋은 방법이라는 것을 잊지 마세요!

일곱째마디

일편단심 1단동사 과거형

우선 가장 쉬운 1단동사부터 시작합시다. 1단동사는 '일편단심'이라고 했죠? 끝소리만 갈아 끼워주면 됩니다. 그런데 1단동사의 특징 기억하세요? 사전형이 〈~い단+る〉, 〈~え단+る〉라는 두 가지 형태로 되어 있다는 것이었죠. 활용시킬 때는 항상 끝소리의 る가 다른 소리로 바뀝니다!

31 반말로 말해요

起きた?

일어났어?

예문 31-1.mp3

워밍업 기본 회화 듣기

그림을 보면서 어떤 내용인지 추측하면서 회화를 들어 보세요.

예문 31-2.mp3

1단계 기본 단어 익히기

寝る[ねる] ① 자다

覚える[おぼえる] ① 외우다, 기억하다

降りる[おりる] ① (버스, 전철 등에서) 내리다

出かける[でかける] ① 외출하다

かける ① 걸다

今朝[けさ] 오늘 아침

夕べ[ゆうべ] 어젯밤

遅く[おそく] 늦게

単語[たんご] 단어

電話[でんわ] 전화

番号[ばんごう] 번호

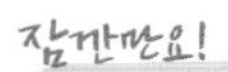

出かける[でかける](외출하다)는 한자 出掛ける로 쓰기도 합니다.

예문31-3.mp3

2단계
기본 문형 익히기

❶ ~た。

た형
~했어.

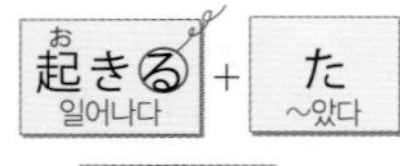

⇨ 起きた 일어났다

'~했다', '~했어'라고 하려면 1단동사 사전형에서 끝소리 る를 た로 바꾸면 됩니다. 이 형태를 동사의 'た형'이라고 합니다. 즉 동사 た형이 과거형인 거죠.

今朝、早く起きた。	오늘 아침에 일찍 일어났어.
夕べは遅く寝た。	어젯밤에는 늦게 잤어.
新しい単語を覚えた。	새 단어를 외웠어.
今、バスを降りた。	지금 버스에서 내렸어.

早く[はやく] 일찍, 빨리
起きる[おきる] ① 일어나다
新しい[あたらしい] 새롭다
今[いま] 지금

잠깐만요!

今朝[けさ](오늘 아침), 夕べ[ゆうべ](어젯밤)는 뒤에 ~に(~에)라는 조사가 사용되지 않습니다. ~に 없이 '오늘 아침에', '어젯밤에'라는 뜻으로 쓰입니다.

❷ ~なかった。

~하지 않았어.

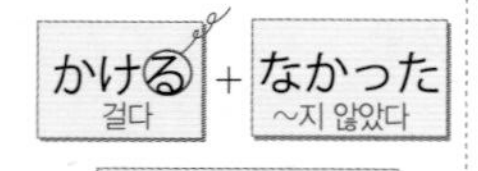

⇨ かけなかった 걸지 않았다

1단동사 과거형의 부정은 사전형에서 끝소리 る를 빼고 ~なかった(~하지 않았어/않았다)를 붙이면 됩니다. 부정을 나타내는 ~ない의 い를 かった로 바꾸어 과거를 첨가한 거예요.

昨日は出かけなかった。	어제는 외출하지 않았어.
両親に電話をかけなかった。	부모님에게 전화를 걸지 않았어.
今朝、シャワーを浴びなかった。	오늘 아침에 샤워를 안 했어.
夕べは遅く寝なかった。	어젯밤에는 늦게 안 잤어.

昨日[きのう] 어제
両親[りょうしん] 부모, 양친
浴びる[あびる] ① 들쓰다, 뒤집어쓰다, 쬐다

③ ～た？ ～했어?

'～했어', '～했다'를 뜻하는 た형 끝의 억양을 올려서 말하면 의문문이 됩니다. 그리고 목적격 조사 ～を(～을/를)는 넣을 수도 있지만 반말 회화에서는 생략하는 경우가 많으니 생략해서 연습합시다.

新しい単語、覚えた？	새 단어, 외웠어?
バス、降りた？	버스 내렸어?
今日は出かけた？	오늘은 외출했어?
電話番号、教えた？	전화번호 알려줬어?

今日[きょう] 오늘
教える[おしえる] ① 가르치다, 알려주다

잠깐만요!

'버스에서 내리다'라고 할 때는 조사에 주의하세요. バスを降りる와 같이 조사 ～を(～을/를)를 씁니다. 그런데 여기에서는 ～を라는 조사가 생략됐죠? 한국어와 똑같이 대화에서는 ～を(～을/를)라는 조사를 생략하는 경우가 많아요~!

④ うん、～た。 응, ～했어.
ううん、～なかった。 아니, ～하지 않았어.

긍정 대답은 うん(응)이라고 한 다음에 た형으로 대답하고, 부정 대답은 ううん(아니)이라고 한 다음에 ～なかった으로 대답하면 됩니다.

うん、覚えた。	응, 외웠어.
うん、今降りた。	응, 지금 내렸어.
ううん、出かけなかった。	아니, 외출하지 않았어.
ううん、教えなかった。	아니, 안 알려줬어.

⑤ ～なかった？ ～하지 않았어?

窓[まど] 창문
開ける[あける] ① 열다
閉める[しめる] ① 닫다

'～하지 않았어?'라고 하려면 ～なかった(～하지 않았어) 끝의 억양을 올려서 말하면 됩니다. 그리고 조사 ～を(～을/를)는 반말 회화에서 생략하는 경우가 많습니다.

窓、開けなかった？	창문 열지 않았어?
ドア、閉めなかった？	문 닫지 않았어?
夕べ、早く寝なかった？	어젯밤에 일찍 안 잤어?
新しい単語、覚えなかった？	새 단어 안 외웠어?

⑥ うん、～なかった。 응, ～하지 않았어.
ううん、～た。 아니, ～했어.

긍정 대답은 うん(응)이라고 한 다음에 ～なかった로 대답하고, 부정 대답은 ううん(아니)이라고 한 다음에 た형으로 대답하면 됩니다.

うん、開けなかった。	응, 열지 않았어.
うん、閉めなかった。	응, 안 닫았어.
ううん、早く寝た。	아니, 일찍 잤어.
ううん、みんな覚えた。	아니, 다 외웠어.

잠깐만요!

앞에서 みんな(모두, 다)를 배웠을 때는 전부 사람을 가리키는 것으로 배웠는데 사람이 아닌 것에도 쓸 수 있습니다. 나중에 배우는 全部[ぜんぶ](전부, 다)와 비슷하게 쓰이는데 全部는 사람을 뜻할 수 없다는 점이 다릅니다.

예문31-4-1.mp3
예문31-4-2.mp3

3단계
회화로 다지기

和子[かずこ]는 일찍 집에서 나왔는데 아이들이 궁금해서 집에 전화를 걸어 봅니다.

上田 修： はい、上田です。
上田 和子： もしもし、私。陸はもう起きた？
上田 修： ううん、まだ。
上田 和子： 陸は夕べ早く寝なかったから……。七海は起きた?
上田 修： うん、七海はもう出かけた。
上田 和子： もう出かけた？
上田 修： うん、学校。
上田 和子： そう。
上田 修： 今どこ？
上田 和子： 今バス降りた。
上田 修： そう。じゃ、行ってらっしゃい。
上田 和子： 行ってきます。

うえだ おさむ : 네, うえだ입니다.
うえだ かずこ : 여보세요, 나야. りく는 이제 일어났어?
うえだ おさむ : 아니, 아직.
うえだ かずこ : りく는 어젯밤에 일찍 안 잤으니까……. ななみ는 일어났어?
うえだ おさむ : 응, ななみ는 벌써 나갔어.
うえだ かずこ : 벌써 나갔어?
うえだ おさむ : 응, 학교야.
うえだ かずこ : 그래.
うえだ おさむ : 지금 어디야?
うえだ かずこ : 지금 (막) 버스 내렸어.
うえだ おさむ : 그래. 그럼 잘 갔다 와.
うえだ かずこ : 다녀올게.

もしもし 여보세요
もう 벌써, 이미, 이제
学校[がっこう] 학교
行ってらっしゃい[いってらっしゃい] 다녀오세요
行ってきます[いってきます] 다녀오겠습니다

잠깐만요!

行ってきます[いってきます](다녀오겠습니다)와 行ってらっしゃい[いってらっしゃい](다녀오세요)는 반말에서도 이대로 쓰는 경우가 많습니다. 참고로 行ってらっしゃい는 行っていらっしゃい의 い가 생략된 형태로, 일상적으로는 い를 생략해서 씁니다.

일본에서는 가족의 성(姓)이 모두 같아요.

일본에서는 결혼하면 부부가 성이 같아집니다. 대부분은 여자가 남자 성을 따르는데 남자가 여자 성을 따르는 경우도 있어요. 따라서 가족은 모두 똑같은 성을 갖게 되지요.
이혼하면 어떻게 되느냐 하면 결혼 전의 성으로 다시 바꾸는 사람이 많아요. 일본은 호적제를 쓰는데 한국과 달리 결혼 전에는 아버지 호적 밑에 있다가 결혼하면서는 부모 호적에서 빠져서 남자가 호적주가 되어 그 밑에 아내와 아이들이 들어가게 됩니다. 이혼 후 엄마가 아이를 양육하는 경우 엄마가 남편 호적에서 빠져서 새로 호적주가 되어 그 밑에 아이들이 들어가게 됩니다. 이때 엄마가 성을 결혼 전의 성으로 되돌리는 경우 아이들의 성도 엄마 성을 따르게 되지요. 성이 바뀌는 것을 원하지 않을 때는 남편의 성을 그대로 유지할 수도 있어요. 한국과 많이 다르죠?

1 주어진 일본어 질문에 보기와 같이 ううん(아니)으로 대답해 보세요.

| 보기 | 今朝、早く起きた？ (오늘 아침에 일찍 일어났어?)
→ ううん、早く起きなかった。(아니, 일찍 일어나지 않았어.)

1.

2.

3.

4.

2 주어진 일본어 질문에 보기와 같이 ううん(아니)으로 대답해 보세요.

| 보기 | 夕べは早く寝なかった？ (어젯밤에는 일찍 안 잤어?)
→ ううん、早く寝た。(아니, 일찍 잤어.)

1.

2.

3.

4.

3 ( ) 속에 들어갈 적절한 글자를 보기와 같이 써 보세요.

| 보기 | 電話(を)かけた。 전화를 걸었어.

1. 今朝、早く起き( )。 오늘 아침에 일찍 일어났어.
2. 夕べ( )遅く寝( )。 어젯밤에는 늦게 자지 않았어.
3. バス( )降りた。 버스에서 내렸어.
4. 昨日は出かけ( )。 어제는 외출하지 않았어.

4 주어진 동사를 활용시켜 보세요.

사전형	~하지 않아(ない형)	~했어(た형)	~하지 않았어
1. 覚える[おぼえる] (외우다)			
2. 出かける[でかける] (외출하다)			

5 주어진 단어를 우선 히라가나로 써 본 다음에 한자로도 써 보세요.

| 보기 | 내리다 히라가나: お り る 한자: 降 り る

1. 외우다
히라가나 / 한자

2. 외출하다
히라가나 / 한자

3. 오늘 아침
히라가나 / 한자

4. 단어
히라가나 / 한자

5. 번호
히라가나 / 한자

가타카나 순서 맞추기 (6)

주어진 단어의 가타카나 표기를 옳은 순서로 나열해 보세요.

1. 스커트　　ー ス ト カ
→ [ ] [ ] [ ] [ ]

2. 슬리퍼　　ス ッ リ パ
→ [ ] [ ] [ ] [ ]

3. 포크(fork)　　ク ー フ ォ
→ [ ] [ ] [ ] [ ]

4. 커튼　　テ ン カ ー
→ [ ] [ ] [ ] [ ]

5. 숍　　ッ ョ シ プ
→ [ ] [ ] [ ] [ ]

6. 시리즈　　シ ズ リ ー
→ [ ] [ ] [ ] [ ]

7. 로켓　　ケ ロ ト ッ
→ [ ] [ ] [ ] [ ]

8. 나일론　　ン イ ナ ロ
→ [ ] [ ] [ ] [ ]

9. 패턴　　パ ン タ ー
→ [ ] [ ] [ ] [ ]

10. 머플러　　ラ フ ー マ
→ [ ] [ ] [ ] [ ]

정답 1. スカート 2. スリッパ 3. フォーク 4. カーテン 5. ショップ 6. シリーズ 7. ロケット 8. ナイロン 9. パターン 10. マフラー

32 존댓말로 말해요

今朝、7時に起きました。

오늘 아침에 7시에 일어났습니다.

예문 32-1.mp3

워밍업 기본 회화 듣기

그림을 보면서 어떤 내용인지 추측하면서 회화를 들어 보세요.

예문 32-2.mp3

1단계 기본 단어 익히기

電車[でんしゃ] 전철, 전차

タクシー 택시

子供[こども] 아이, 자녀, 어린이

朝[あさ] 아침

意味[いみ] 의미, 뜻

全然[ぜんぜん] 전혀

잠깐만요!

電車[でんしゃ](전철, 전차)는 억양을 '고저저'로 발음하는 경우도 있습니다. 젊은 사람들은 〈기본 단어 익히기〉에서 소개해 드린 '저고고'로 발음하는 경우가 많습니다.

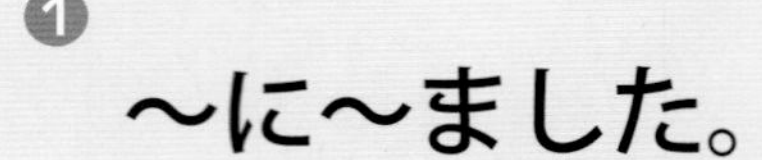

❶ ~に~ました。

~에 ~했습니다.

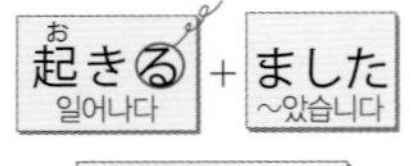

1단동사는 끝소리 る를 ます로 바꾸면 ます형이 되지요? '~했습니다'라고 하려면 ~ます를 ~ました로 바꾸면 됩니다. ~ました는 ~ます의 과거형입니다. ~に(~에)는 시간을 나타내는 말 뒤에 쓰이는 조사입니다.

~時[じ] ~시
半[はん] 반

今朝、7時に起きました。 오늘 아침에 7시에 일어났습니다.

夕べ、11時半に寝ました。 어젯밤에 11시 반에 잤습니다.

3時にタクシーを降りました。 3시에 택시에서 내렸어요.

昨日、朝9時に子供と出かけました。 어제 아침 9시에 아이와 외출했어요.

~時[じ](~시)라는 표현이 잘 생각나지 않을 때는 566쪽을 보세요.

❷ ~ませんでした。

~하지 않았습니다.

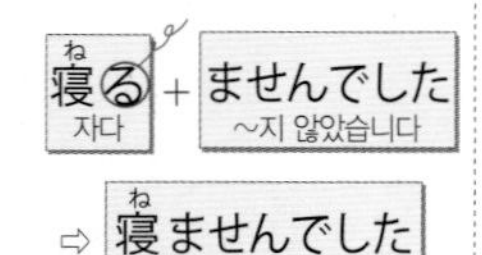

1단동사로 '~하지 않았습니다'라고 하려면 사전형 끝소리 る를 빼고 ませんでした를 붙이면 됩니다. ~ません이 '~하지 않습니다'라는 부정의 뜻이고 ~でした가 '~였습니다'라는 과거의 뜻이죠.

見る[みる] ① 보다
一昨日[おととい] 그저께
晩ご飯[ばんごはん] 저녁밥
食べる[たべる] ① 먹다
先週[せんしゅう] 지난주

単語の意味を覚えませんでした。 단어(의) 뜻을 외우지 않았습니다.

夕べはテレビを全然見ませんでした。 어젯밤에는 TV를 전혀 안 봤습니다.

一昨日は晩ご飯を食べませんでした。 그저께는 저녁을 안 먹었어요.

先週は子供と全然出かけませんでした。 지난주에는 아이와 전혀 외출하지 않았어요.

③ **~ましたか。** ~했습니까?

~ました(~했습니다)에 ~か를 붙여서 ~ましたか라고 하면 '~했습니까?'라는 뜻이 됩니다.

'택시에서 내렸습니다'라고 할 때는 조사 ~を를 써서 タクシーを降りました라고 해야 합니다.

単語の意味を覚えましたか。	단어(의) 뜻을 외웠습니까?
タクシーを降りましたか。	택시에서 내렸습니까?
今日の朝は6時に起きましたか。	오늘(의) 아침은 6시에 일어났어요?
電車で寝ましたか。	전철에서 잤어요?

④ **はい、~ました。** 네, ~했습니다.
いいえ、~ませんでした。 아니요, ~하지 않았습니다.

긍정 대답은 はい(네)라고 한 다음에 ~ました로 대답하고, 부정 대답은 いいえ(아니요)라고 한 다음에 ~ませんでした로 대답하면 됩니다.

'네, ~입니다' 대신에 '네, 그렇습니다/그래요'라고 대답할 때는 はい、そうです라고 말해요.

はい、覚えました。	네, 외웠습니다.
はい、降りました。	네, 내렸습니다.
いいえ、6時に起きませんでした。	아니요, 6시에 일어나지 않았어요.
いいえ、寝ませんでした。	아니요, 안 잤어요.

⑤ ～ませんでしたか。 ～하지 않았습니까?

お金[おかね] 돈
借りる[かりる] ① 빌리다
着る[きる] ① 입다

'～하지 않았습니다'를 뜻하는 ～ませんでした에 ～か를 붙여서 ～ませんでしたか라고 하면 '～하지 않았습니까?'라는 뜻이 됩니다.

お金を借りませんでしたか。	돈을 빌리지 않았습니까?
スーツを着ませんでしたか。	정장을 안 입었습니까?
子供と出かけませんでしたか。	아이와 외출하지 않았어요?
電車で全然寝ませんでしたか。	전철에서 전혀 안 잤어요?

⑥ はい、～ませんでした。 네, ～하지 않았습니다. いいえ、～ました。 아니요, ～했습니다.

긍정 대답은 はい(네)라고 한 다음에 ～ませんでした로 대답하고, 부정 대답은 いいえ(아니요)라고 한 다음에 ～ました로 대답하면 됩니다.

はい、借りませんでした。	네, 빌리지 않았습니다.
はい、着ませんでした。	네, 안 입었습니다.
いいえ、出かけました。	아니요, 외출했어요.
いいえ、ちょっと寝ました。	아니요, 잠깐 잤어요.

예문 32-4-1.mp3
예문 32-4-2.mp3

3단계
회화로 다지기

目[め] 눈
赤い[あかい] 빨갛다
仕事[しごと] 일, 직업
忙しい[いそがしい] 바쁘다
大変な[たいへんな] 힘든, 큰일인
来週[らいしゅう] 다음 주
楽しい[たのしい] 즐겁다

잠깐만요!

▶ 앞에서 설명 드렸듯이 일본에서는 친한 경우가 아니면 성(姓)에 さん을 붙여서 부르는 것이 일반적입니다. 그런데 한국어로 해석할 때 '김 씨', '이 씨'라고 하면 어색하죠? 그래서 성 뒤에 이름을 (　　) 속에 넣어서 제시했습니다.

▶ よかった는 직역하면 '좋았다/좋았어'라는 뜻인데 '다행이다', '잘 됐다'라는 뜻으로도 쓰입니다.

藤田純子[ふじた じゅんこ]가 출근했더니, 벌써 심근석 씨가 사무실에 와 있네요.

藤田 純子：シムさん、おはようございます。
シム・グンソク：あ、おはようございます。
藤田 純子：シムさん、目が赤いですよ。夕べ、遅く寝ましたか。
シム・グンソク：夕べ、寝ませんでした。
藤田 純子：全然寝ませんでしたか。
シム・グンソク：ええ。
藤田 純子：どうして寝ませんでしたか。
シム・グンソク：仕事が忙しかったですから。
藤田 純子：そうですか。大変ですね。
シム・グンソク：ええ、来週までとても忙しいです。
藤田 純子：そうですか。
シム・グンソク：でも、仕事は楽しいです。
藤田 純子：そうですか。それはよかったですね。

ふじた じゅんこ：심(근석)씨, 안녕하세요(아침 인사).
심근석：어, 안녕하세요(아침 인사).
ふじた じゅんこ：심(근석)씨, 눈이 빨개요. 어젯밤에 늦게 잤어요?
심근석：어젯밤에 안 잤어요.
ふじた じゅんこ：전혀 자지 않았어요?
심근석：네.
ふじた じゅんこ：왜 자지 않았어요?
심근석：일이 바빠서요.
ふじた じゅんこ：그렇군요. 힘드시겠네요.
심근석：네, 다음 주까지 무척 바빠요.
ふじた じゅんこ：그래요.
심근석：그렇지만, 일은 즐거워요.
ふじた じゅんこ：그래요. 그건 다행이네요.

한국 사람들은 활동시간이 길어요!

일본에서는 밤늦게까지 밖에 있는 사람들이 많지 않습니다. 번화가에서 조금만 떨어져도 밤늦은 시간에는 인기척이 없어집니다. 일본 사람들이 서울에 오면 밤늦은 시간까지 사람들이 거리를 다니고 거리는 마치 불야성 같아 놀랍니다. 한국 사람들은 밤늦은 시간까지 활동하는데 아침에는 또 일찍 움직이죠. 학원들은 아침 일찍부터 수업을 하죠? 수영장이나 헬스장 같은 운동시설들도 대부분 아침 일찍부터 하지요. 참고로 '헬스'를 일본어로 할 때는 フィットネスクラブ[ふぃっとねすくらぶ](휘트니스클럽), スポーツジム[すぽーつじむ](스포츠짐), スポーツクラブ[すぽーつくらぶ](스포츠클럽)이라고 하세요. 일본어로 '헬스(ヘルス)'라고 하면 여자가 성적인 서비스를 제공하는 가게를 뜻합니다. '나 매일 헬스 다녀'라는 말을 일본어로 직역하면 엄청난 오해를 사게 되니 조심하세요~! ^^;

1 주어진 일본어 질문에 보기와 같이 いいえ(아니요)로 대답해 보세요.

| 보기 | 今朝、7時に起きましたか。(오늘 아침에 7시에 일어났습니까?)
→ いいえ、7時に起きませんでした。(아니요, 7시에 일어나지 않았습니다.)

1. ________________
2. ________________
3. ________________
4. ________________

2 주어진 일본어 질문에 보기와 같이 いいえ(아니요)로 대답해 보세요.

| 보기 | お金を借りませんでしたか。(돈을 빌리지 않았습니까?)
→ いいえ、借りました。(아니요, 빌렸습니다.)

1. ________________
2. ________________
3. ________________
4. ________________

3 (　) 속에 들어갈 적절한 글자를 보기와 같이 써 보세요.

| 보기 | 今朝(は)遅く起きました。오늘 아침에는 늦게 일어났습니다.

1. 昨日、9時(　　)出かけました。어제 9시에 외출했습니다.
2. 電車(　　)降りました。전철에서 내렸습니다.
3. 夕べは全然寝(　　　　　　　　)。어젯밤에는 전혀 자지 않았어요.
4. 単語の意味を覚え(　　　　　　)。단어(의) 뜻을 외웠어요.

4 주어진 동사를 활용시켜 보세요.

사전형	~합니다(ます형)	~하지 않습니다	~했습니다	~하지 않았습니다
1. 降りる[おりる] (내리다)				
2. 寝る[ねる] (자다)				

5 주어진 단어를 우선 히라가나로 써 본 다음에 한자로도 써 보세요.

| 보기 | 눈 | 히라가나: め | 한자: 目 |

1. 전철, 전차

히라가나 [ ][ ][ ][ ]　한자 [ ][ ]

2. 아이, 자녀, 어린이

히라가나 [ ][ ][ ]　한자 [ ][ ]

3. 아침

히라가나 [ ][ ]　한자 [ ]

4. 의미, 뜻

히라가나 [ ][ ]　한자 [ ][ ]

5. 전혀

히라가나 [ ][ ][ ][ ]　한자 [ ][ ]

1단동사 활용 정리하기

일곱째마디에서 배운 1단동사의 반말과 존댓말 활용을 다시 한 번 정리해 봅시다.

1단동사의 반말 활용—보통체형

1단동사는 사전형 끝소리가 반드시 る로 끝난다고 했죠? 활용할 때는 이 る만 바꿔 주면 됩니다. '보통체형'이라는 용어는 반말 활용 형태라고 생각하시면 돼요. 나중에 다양한 표현을 배우게 되면 접속을 설명할 때 '보통체형'이라는 말이 나오게 되니 알아 두세요.

사전형	ない형	た형	과거 부정
見る [みる] 보다	見ない [みない] 보지 않다	見た [みた] 보았다	見なかった [みなかった] 보지 않았다

1단동사의 존댓말 활용—정중체형

사전형 끝소리 る를 빼고 ます를 붙이면 되죠. ～ます가 여러 형태로 활용이 됩니다. '정중체형'이라는 용어는 존댓말 활용 형태라고 생각하시면 됩니다.

ます형(긍정)	부정	과거	과거 부정
見ます [みます] 봅니다	見ません [みません] 보지 않습니다	見ました [みました] 보았습니다	見ませんでした [みませんでした] 보지 않았습니다

가타카나 순서 맞추기 (7)

주어진 단어의 가타카나 표기를 옳은 순서로 나열해 보세요.

1. 스마트　　ス ー ト マ

→

6. 쇼크　　ク ッ シ ョ

→ 

2. 슬라이드　　ド ラ ス イ

→

7. 프런트　　ロ ト フ ン

→ 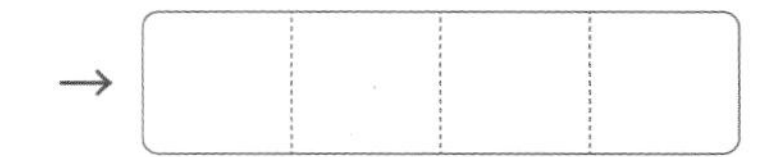

3. 커리어　　ャ キ ア リ

→ 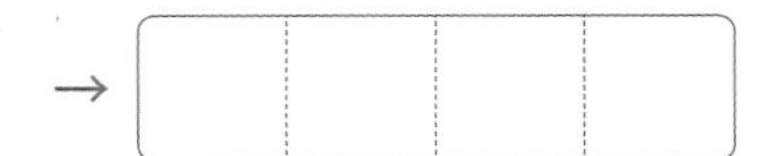

8. 포인트　　ポ ト イ ン

→ 

4. 크레인　　レ ン ク ー

→

9. 매스컴　　ス コ マ ミ

→ 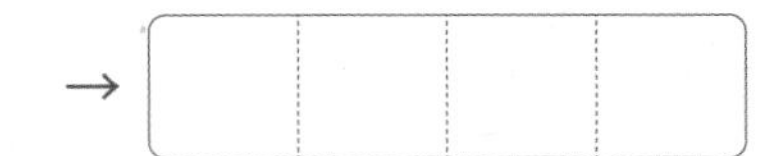

5. 장르　　ン ジ ル ャ

→ 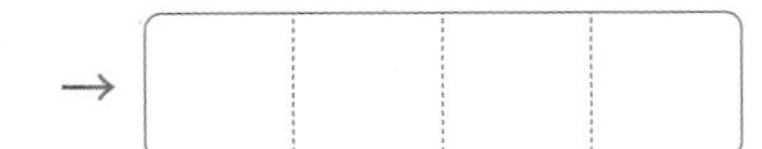

10. 아이템　　イ ム ア テ

→ 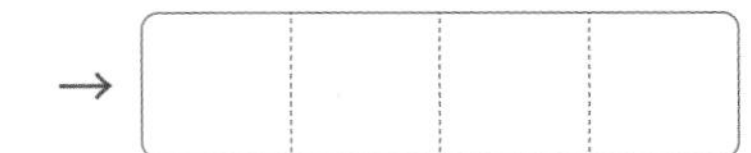

정답 **1.**スマート **2.** スライド **3.** キャリア **4.** クレーン **5.** ジャンル **6.** ショック **7.** フロント **8.** ポイント **9.** マスコミ **10.** アイテム

여덟째마디

변덕쟁이 불규칙동사 과거형

이번에는 변덕쟁이 불규칙동사를 연습하겠습니다. 불규칙동사는 이름 그대로 활용이 불규칙적으로 일어나는 동사였죠? 그러니 무조건 활용 형태를 외워야겠죠. 불규칙동사가 몇 개 있었죠? 来る[くる](오다)와 する(하다), 단 두 개뿐입니다. 다만 '가져오다', '걸어오다', '공부하다', '결혼하다'와 같이 다른 단어가 앞에 붙어서 하나의 동사로 사용되는 경우가 많이 있는데 이것들도 역시 불규칙 활용이 된다고 했죠? 불규칙동사는 활용을 무조건 외울 수밖에 없지만 '외운다'고 생각하지 마시고 듣고 따라하면서 자연스러운 활용 형태를 몸으로 익힌다고 생각하고 연습하세요!

33 반말로 말해요

宿題、持って来た?

숙제 가져왔어?

예문 33-1.mp3

워밍업
기본 회화 듣기

그림을 보면서 어떤 내용인지 추측하면서 회화를 들어 보세요.

예문 33-2.mp3

1단계
기본 단어 익히기

鉛筆[えんぴつ] 연필

消しゴム[けしごむ] 지우개

兄[あに] 형, 오빠(높이지 않는 호칭)

お兄さん[おにいさん] 형, 오빠(높이는 호칭)

カフェ 카페, 커피숍

課長[かちょう] 과장, 과장님

理由[りゆう] 이유

説明[せつめい] 설명

中間[ちゅうかん] 중간

期末[きまつ] 기말

準備[じゅんび] 준비

예문 33-3.mp3

2단계

기본 문형 익히기

❶

来た。 した。

た형

왔어.

했어.

来る[くる](오다)의 た형(과거형)은 来た[きた], する(하다)의 た형은 した가 됩니다. 지금까지 〈~をする〉의 형태만 연습했지만 〈~を+명사+する〉의 형태도 가능합니다. 여기에서는 두 가지 형태를 모두 연습하겠습니다. 조사 ~と는 '~와/과'라는 뜻입니다.

持って来る[もってくる] 가져오다

父[ちち] 아버지 (높이지 않는 호칭)

連れて来る[つれてくる] 데려오다

試験[しけん] 시험

学校に鉛筆と消しゴムを持って来た。 학교에 연필과 지우개를 가져왔어.

父と兄をカフェに連れて来た。 아버지와 형을 카페에 데려왔어.

課長に理由を説明した。 과장님에게 이유를 설명했어.

中間試験の準備をした。 중간고사(의) 준비를 했어.

잠깐만요!

'커피숍'을 뜻하는 단어로 喫茶店[きっさてん]이라는 말도 있는데 요새는 잘 안 쓰는 말입니다. 써도 이해가 되긴 하지만 좀 노티 나는 말이에요. 그런데 일상적으로는 カフェ라는 단어보다 커피숍의 이름을 구체적으로 말하는 경우가 대부분입니다.

❷

来なかった。 しなかった。

오지 않았어.

하지 않았어.

来る[くる](오다)의 과거형 부정은 来なかった[こなかった]가 되고, する(하다)의 과거형 부정은 しなかった가 됩니다.

学校に鉛筆と消しゴムを持って来なかった。 학교에 연필과 지우개를 가져오지 않았어.

父と兄をカフェに連れて来なかった。 아버지와 오빠를 카페에 안 데려왔어.

課長に理由を説明しなかった。 과장님에게 이유를 설명하지 않았어.

期末試験の準備をしなかった。 기말고사(의) 준비를 안 했어.

❸ 来た？ 왔어?
した？ 했어?

お父さん[おとうさん] 아버지(높이는 호칭)

友達[ともだち] 친구

来た[きた](왔어)와 した(했어)를 사용하여 질문을 해 봅시다. 그리고 조사 ～と는 '～와/과'라는 뜻 외에 '～와/과 함께'라는 뜻으로도 쓰입니다. 회화에서는 조사 ～を(～을/를)를 생략하는 경우가 꽤 있습니다.

자신의 형/오빠에 대해서 남들에게 말할 때는 兄[あに]라는 높이지 않는 호칭을 쓰고, 남의 형/오빠에 대해서 말할 때는 お兄さん[おにいさん]이라는 높이는 호칭을 씁니다. 참고로 姉[あね](누나, 언니)의 높이는 호칭은 お姉さん[おねえさん]입니다. 301쪽을 참고하세요.

学校に鉛筆と消しゴム、持って来た？ 학교에 연필과 지우개, 가져왔어?

お父さんとお兄さんをカフェに連れて来た？ 아버지와 형을 카페에 데려왔어?

課長に理由を説明した？ 과장님에게 이유를 설명했어?

友達と期末試験の準備した？ 친구랑 같이 기말고사(의) 준비 했어?

❹ うん、～た。 응, ～했어.
ううん、～なかった。 아니, ～하지 않았어.

긍정 대답은 うん(응)이라고 한 다음에 ～た로 대답하고, 부정 대답은 ううん(아니)이라고 한 다음에 ～なかった로 대답하면 됩니다.

説明した？[せつめいした](설명했어?)라는 질문에 대한 대답에서 説明[せつめい](설명)를 빼고 した(했어)라고만 해도 됩니다.

うん、持って来た。 응, 가져왔어.

ううん、連れて来なかった。 아니, 데려오지 않았어.

うん、説明した。 응, 설명했어.

ううん、しなかった。 아니, 안 했어.

❺ 来なかった? 오지 않았어?
しなかった? 하지 않았어?

이번에는 来なかった[こなかった](오지 않았어)와 しなかった(하지 않았어)를 사용하여 질문을 해 봅시다. 조사 ～を(～을/를)는 회화에서는 생략하는 경우가 많습니다.

学校に鉛筆と消しゴム、持って来なかった？
학교에 연필과 지우개, 가져오지 않았어?

お兄さんをカフェに連れて来なかった？ 오빠를 카페에 안 데려왔어?

課長に理由を説明しなかった？ 과장님에게 이유를 설명하지 않았어?

中間試験の準備しなかった？ 중간고사(의) 준비 안 했어?

❻ うん、～なかった。 응, ～하지 않았어.
ううん、～た。 아니, ～했어.

긍정 대답은 うん(응)이라고 한 다음에 ～なかった로 대답하고, 부정 대답은 ううん(아니)이라고 한 다음에 ～た로 대답하면 됩니다.

うん、持って来なかった。 응, 안 가져왔어.

ううん、連れて来た。 아니, 데려왔어.

うん、説明しなかった。 응, 설명하지 않았어.

ううん、した。 아니, 했어.

예문 33-4-1.mp3
예문 33-4-2.mp3

3단계 회화로 다지기

宿題[しゅくだい] 숙제
一番[いちばん] 가장, 제일

嵩[たかし]와 소희는 같은 반 친구 사이로, 항상 소희가 嵩를 잘 챙겨줍니다.

チョン・ソヒ： 嵩、今日は宿題、持って来た？
池田 嵩： うん、持って来た。
チョン・ソヒ： そう。よかった。
昨日、嵩、宿題持って来なかったから。
池田 嵩： ねえ、中間試験の準備、した？
チョン・ソヒ： 中間試験の準備？
桃子のノート、コピーした。
池田 嵩： 桃子のノート？
チョン・ソヒ： うん。桃子のノートが一番いいから。
嵩もコピーする？
池田 嵩： うん！ する、する！

전소희 : たかし, 오늘은 숙제 가져왔어?
いけだ たかし : 응, 가져왔어.
전소희 : 그래. 다행이다. 어제 たかし 숙제 안 가져왔으니까 (걱정돼서).
いけだ たかし : 있잖아, 중간고사 준비했어?
전소희 : 중간고사 준비? ももこ의 노트 복사했어.
いけだ たかし : ももこ의 노트라고?
전소희 : 응. ももこ의 노트가 가장 좋으니까. たかし도 복사할래?
いけだ たかし : 응! 할래, 할래!

'중간'과 '기말' 시험

아하, 일본에서는!

한국에서도 '중간고사'와 '기말고사'가 있죠? 일본에서도 똑같이 있습니다. 위에서 배웠듯이 中間試験[ちゅうかん しけん](중간시험), 期末試験[きまつ しけん](기말시험)이라고 하기도 하고 中間テスト, 期末テスト라고도 합니다. 일상생활에서는 줄여서 中間[ちゅうかん], 期末[きまつ]라고만 하는 경우가 많아요.
그런데 한국과 일본은 학기제가 약간 다릅니다. 일본의 초중고등학교는 3학기제입니다. 4월에 새 연도가 시작되어 4월에서 7월까지가 1학기, 9월에서 12월까지가 2학기, 1월에서 3월까지가 3학기입니다. 물론 매 학기마다 성적이 나오지요. 또 대학교는 학교마다 과목마다 차이가 있기는 하지만 일반적으로 1년 동안 한 과목을 배웁니다. 몇 년 전부터 한 학기에 끝나는 과목이 늘기 시작했지만 아직도 1년 동안 이어지는 강의가 더 많답니다. 여름방학 전까지가 '전기', 여름방학 이후부터 봄방학까지가 '후기'의 두 학기로 나뉘는 경우가 많습니다.

1 주어진 일본어 질문에 보기와 같이 ううん(아니)으로 대답해 보세요.

| 보기 | 昨日、ここに来た？ (어제 여기에 왔어?)
→ ううん、来なかった。(아니, 안 왔어.)

1.
2.
3.
4.

2 주어진 일본어 질문에 보기와 같이 ううん(아니)으로 대답해 보세요.

| 보기 | 連絡しなかった？ (연락하지 않았어?)
→ ううん、した。(아니, 했어.)

1.
2.
3.
4.

3 (　　) 속에 들어갈 적절한 글자를 보기와 같이 써 보세요.

| 보기 | 昨日、ここ(に)来た。어제 여기에 왔어.

1. 学校(　　)鉛筆(　　)消しゴム(　　)持って来た。
학교에 연필과 지우개를 가져왔어.

2. 理由を説明(　　　　)。 이유를 설명했어.

3. 兄(　　)カフェ(　　)連れて(　　　　　　　　)。
형을 카페에 데려오지 않았어.

4. 中間試験(　　)準備(　　)(　　　　　　　　)。
중간고사(의) 준비를 안 했어.

4 주어진 동사를 활용시켜 보세요.

사전형	~하지 않아(ない형)	~했어(た형)	~하지 않았어
1. 来る[くる] (오다)			
2. する (하다)			

5 주어진 단어를 우선 히라가나로 써 본 다음에 한자로도 써 보세요.

| 보기 | 준비 히라가나 じ ゅ ん び 한자 準 備

1. 형, 오빠(높이는 호칭)

히라가나 | | | | | 한자 | | | |

2. 이유

히라가나 | | | 한자 | |

3. 설명

히라가나 | | | | 한자 | |

4. 중간

히라가나 | | | | | 한자 | |

5. 기말

히라가나 | | | 한자 | |

가타카나 순서 맞추기 (8)

주어진 단어의 가타카나 표기를 옳은 순서로 나열해 보세요.

1. 모니터　タ モ ー ニ
→ [　|　|　|　]

2. 라이벌　ラ バ ル イ
→ [　|　|　|　]

3. 레슨　ス レ ン ッ
→ [　|　|　|　]

4. 체크　ッ チ ク ェ
→ [　|　|　|　]

5. 스톱　プ ッ ス ト
→ [　|　|　|　]

6. 스피치　ー ピ ス チ
→ [　|　|　|　]

7. 오케이　ケ オ ー ー
→ [　|　|　|　]

8. 캐치　チ ャ キ ッ
→ [　|　|　|　]

9. 스트레스　ト ス レ ス
→ [　|　|　|　]

10. 스페이스　ペ ー ス ス
→ [　|　|　|　]

정답 1. モニター 2. ライバル 3. レッスン 4. チェック 5. ストップ 6. スピーチ 7. オーケー 8. キャッチ 9. ストレス 10. スペース

34 존댓말로 말해요

大阪へ行って来ました。

おおさか로 갔다 왔습니다.

강의 및 예문 듣기

예문 34-1.mp3

워밍업

기본 회화 듣기

그림을 보면서 어떤 내용인지 추측하면서 회화를 들어 보세요.

예문 34-2.mp3

1단계

기본 단어 익히기

病院[びょういん] 병원

大阪[おおさか] 오사카(지명)

京都[きょうと] 교토(지명)

百貨店[ひゃっかてん] 백화점

姉[あね] 누나, 언니(높이지 않는 호칭)

お姉さん[おねえさん] 누나, 언니(높이는 호칭)

練習[れんしゅう] 연습

先月[せんげつ] 지난달

잠깐만요!

百貨店[ひゃっかてん](백화점)은 억양을 '저고고고고'로 발음하기도 합니다. デパート라는 단어도 있는데, 요즘 젊은 사람들은 百貨店을 더 선호합니다.

예문 34-3.mp3

2단계
기본 문형 익히기

❶ 来ました。 왔습니다.
しました。 했습니다.

来ます[きます](옵니다)의 과거형은 来ました[きました], します(합니다)의 과거형은 しましたが 됩니다. 조사는 ~に(~에)를 쓸 수도 있지만 여기에서는 ~へ(~로)를 사용하여 연습해 봅시다.

柴田さんと原さんが病院へ来ました。 しばた씨와 はら씨가 병원으로 왔습니다.

先月、大阪と京都へ行って来ました。
지난달에 おおさか와 きょうと로 갔다 왔어요.

百貨店で姉と買い物をしました。 백화점에서 누나와 함께 쇼핑을 했습니다.

学校で友達と歌を練習しました。 학교에서 친구랑 노래를 연습했어요.

行って来る[いってくる] 갔다 오다, 다녀오다
買い物[かいもの] 장보기, 쇼핑
歌[うた] 노래

百貨店[ひゃっかてん](백화점)이라는 단어보다 구체적인 백화점 이름으로 말하는 경우가 더 많습니다.

❷ 来ませんでした。 오지 않았습니다.
しませんでした。 하지 않았습니다.

来ました[きました](왔습니다)의 부정은 来ませんでした[きませんでした]가 되고, しました(했습니다)의 부정은 しませんでしたが 됩니다.

原さんは病院へ来ませんでした。 はら씨는 병원으로 오지 않았습니다.

京都へ行って来ませんでした。 きょうと로 안 갔다 왔어요.

姉と百貨店で買い物をしませんでした。
언니랑 백화점에서 쇼핑을 안 했습니다.

友達とうちで歌を練習しませんでした。
친구랑 집에서 노래를 연습하지 않았어요.

❸ 来ましたか。 왔습니까?
しましたか。 했습니까?

来ました[きました](왔습니다)와 しました(했습니다)를 사용하여 질문을 해 봅시다.

柴田さんと原さんが病院へ来ましたか。
しばた씨와 はら씨가 병원으로 왔습니까?

先月、大阪と京都へ行って来ましたか。
지난달에 おおさか와 きょうと로 갔다 왔어요?

お姉さんと百貨店で買い物をしましたか。
누나와 함께 백화점에서 쇼핑을 했습니까?

友達とうちで歌を練習しましたか。 친구랑 같이 집에서 노래를 연습했어요?

❹ はい、～ました。 네, ～했습니다.
いいえ、～ませんでした。 아니요, ～하지 않았습니다.

긍정 대답은 はい(네)라고 한 다음에 ～ました로 대답하고, 부정 대답은 いいえ(아니요)라고 한 다음에 ～ませんでした로 대답하면 됩니다.

はい、来ました。 네, 왔습니다.

いいえ、行って来ませんでした。 아니요, 갔다 오지 않았어요.

はい、しました。 네, 했습니다.

いいえ、しませんでした。 아니요, 안 했어요.

⑤ 来ませんでしたか。 오지 않았습니까?
しませんでしたか。 하지 않았습니까?

来ませんでした[きませんでした](오지 않았습니다)와 しませんでした(하지 않았습니다)를 사용하여 질문을 해 봅시다.

原さんは病院へ来ませんでしたか。 はら씨는 병원으로 오지 않았습니까?

先月、大阪へ行って来ませんでしたか。 지난달에 おおさか로 갔다 오지 않았어요?

お姉さんと買い物をしませんでしたか。 언니랑 장을 보지 않았습니까?

友達と歌を練習しませんでしたか。 친구랑 노래를 연습하지 않았어요?

⑥ はい、～ませんでした。 네, ~하지 않았습니다.
いいえ、～ました。 아니요, ~했습니다.

긍정 대답은 はい(네)라고 한 다음에 ～ませんでした로 대답하고, 부정 대답은 いいえ(아니요)라고 한 다음에 ～ました로 대답하면 됩니다.

はい、来ませんでした。 네, 오지 않았습니다.

いいえ、行って来ました。 아니요, 갔다 왔어요.

はい、しませんでした。 네, 안 했습니다.

いいえ、しました。 아니요, 했어요.

예문34-4-1.mp3
예문34-4-2.mp3

3단계
회화로 다지기

阿部[あべ]씨가 집으로 돌아가는 길에 옆집에 사는 유동건 씨를 우연히 만났습니다.

阿部 裕美： こんばんは。

ユ・ドンゴン： あ、こんばんは。

阿部 裕美： どこへ行って来ましたか。

ユ・ドンゴン： 大阪へ行って来ました。

阿部 裕美： そうですか。大阪はどうでしたか。

ユ・ドンゴン： とても賑やかでした。
阿部さんはどこへ行って来ましたか。

阿部 裕美： 友達のうちに行って来ました。
今日は友達のうちで歌の練習をしました。

ユ・ドンゴン： 歌の練習ですか。

阿部 裕美： ええ。来月、コンサートをしますから。

ユ・ドンゴン： コンサートですか。すごいですね。

阿部 裕美： ドンゴンさんも、ぜひ来てください。

ユ・ドンゴン： はい。ありがとうございます。

あべ ゆみ : 안녕하세요(저녁 인사).
유동건 : 어, 안녕하세요(저녁 인사).
あべ ゆみ : 어디로 갔다 왔어요?
유동건 : おおさか로 갔다 왔습니다.
あべ ゆみ : 그렇군요. おおさか는 어땠어요?
유동건 : 아주 번화했습니다. あべ씨는 어디로 갔다 왔습니까?
あべ ゆみ : 친구 집에 갔다 왔어요. 오늘은 친구 집에서 노래 연습을 했어요.
유동건 : 노래 연습이요?
あべ ゆみ : 네. 다음 달에 콘서트를 하니까요.
유동건 : 콘서트요? 대단하시네요.
あべ ゆみ : 동건씨도 꼭 와 주세요.
유동건 : 네. 감사합니다.

賑やかな[にぎやかな] 번화한, 흥청거리는, 시끌벅적한
来月[らいげつ] 다음 달
ぜひ 꼭
来てください[きて ください] 오십시오, 오세요, 와 주세요

잠깐만요!

ぜひ를 잘못 쓰는 경우가 많아서 한 번 설명 드립니다. ぜひ는 '희망'이나 '의지', '권유'를 나타낼 때 쓰이는 '꼭'이라는 말로, '꼭 ~해야 한다', '꼭 이렇게 된다' 등과 같은 뜻으로는 쓰이지 않습니다. 이 회화에서도 '꼭 와 주세요'라는 '권유'의 뜻으로 쓰였지요. 참고로 ぜひ는 한자로 是非라고 씁니다.

욕처럼 들리는 일본 사람의 성(姓)이 많아요!

이번 과의 〈기본 문형 익히기〉 코너에서 柴田[しばた]라는 이름이 나왔죠? 혹시 욕처럼 들려서 좀 당황하지 않으셨나요? ^^ 일본 사람의 성씨 중에는 욕처럼 들리는 것들이 꽤 있습니다. 몇 개만 소개해 드릴게요. 같은 소리를 갖는 성이라도 한자가 다른 경우가 있으니 히라가나로 소개해 드리고 한자는 뒤에 적어 드립니다. 한자는 대표적인 것만 정리했는데 이 외의 한자를 쓰는 경우도 있습니다.

しば[柴, 芝, 司馬]	しいば[椎葉]	しいばし[椎橋]	しばさき[柴崎, 芝崎]
しばやま[柴山, 芝山]	はしば[羽柴, 羽芝]	せき[関, 積]	せきかわ[関川, 関河]
せきぐち[関口, 石口]	せきね[関根, 赤根]	せきや[関谷, 関屋, 関矢]	いせき[井関]

제가 멀리 아는 일본 사람 중에서 성이 しば이고 이름이 せきや라는 남자 분이 있는데, 이 분은 한국에는 오지 않는 것이 좋겠구나 하는 생각이 들더군요. ^^

1 주어진 일본어 질문에 보기와 같이 いいえ(아니요)로 대답해 보세요.

| 보기 | お姉さんを連れて来ましたか。(누나를 데려왔습니까?)
→いいえ、連れて来ませんでした。
(아니요, 데려오지 않았습니다.)

1. ________________
2. ________________
3. ________________
4. ________________

2 주어진 일본어 질문에 보기와 같이 いいえ(아니요)로 대답해 보세요.

| 보기 | お兄さんを連れて来ませんでしたか。(오빠를 데려오지 않았습니까?)
→いいえ、連れて来ました。(아니요, 데려왔습니다.)

1. ________________
2. ________________
3. ________________
4. ________________

3 (　　) 속에 들어갈 적절한 글자를 보기와 같이 써 보세요.

| 보기 | 姉(を)連れて来ました。언니를 데려왔습니다.

1. 昨日、原さん(　　)病院(　　)来ませんでした。
어제 はら씨는 병원으로 오지 않았습니다.

2. 先月、大阪(　　)京都(　　)行って来ました。
지난달에 おおさか와 きょうと로 갔다 왔습니다.

3. 兄(　　)百貨店(　　)買い物(　　)(　　　　　　　　)。
형과 함께 백화점에서 쇼핑을 했어요.

4. 友達(　　)うち(　　)歌(　　)練習(　　　　　　　　)。
친구랑 집에서 노래를 연습하지 않았어요.

4 주어진 동사를 활용시켜 보세요.

사전형	~합니다(ます형)	~하지 않습니다	~했습니다	~하지 않았습니다
1. 来る[くる] (오다)				
2. する (하다)				

5 주어진 단어를 우선 히라가나로 써 본 다음에 한자로도 써 보세요.

| 보기 | 오늘 | 히라가나: き ょ う | 한자: 今 日 |

1. 병원

히라가나 | 한자

2. 백화점

히라가나 | 한자

3. 누나, 언니(높이는 호칭)

히라가나 | 한자

4. 연습

히라가나 | 한자

5. 지난달

히라가나 | 한자

불규칙동사 활용 정리하기

여덟째마디에서 배운 불규칙동사의 반말과 존댓말 활용을 다시 한 번 정리해 봅시다.

불규칙동사의 반말 활용—보통체형

불규칙동사는 이름 그대로 활용이 불규칙적으로 일어나기 때문에 규칙에 대해서 뭐라고 설명 드릴 수가 없어요. 무조건 자연스러운 형태를 익힐 수밖에 없습니다.

사전형	ない형	た형	과거 부정
来る [くる] 오다	来ない [こない] 오지 않다	来た [きた] 왔다	来なかった [こなかった] 오지 않았다
する 하다	しない 하지 않다	した 했다	しなかった 하지 않았다

불규칙동사의 존댓말 활용—정중체형

~ます에 접속될 때 来る[くる]는 来ます[きます]가 되고, する는 します가 됩니다. 그리고 활용은 ます 부분에서 일어납니다.

ます형(긍정)	부정	과거	과거 부정
来ます [きます] 옵니다	来ません [きません] 오지 않습니다	来ました [きました] 왔습니다	来ませんでした [きませんでした] 오지 않았습니다
します 합니다	しません 하지 않습니다	しました 했습니다	しませんでした 하지 않았습니다

가타카나 순서 맞추기 (9)

주어진 단어의 가타카나 표기를 옳은 순서로 나열해 보세요.

1. 스푼, 숟가락　プ ー ス ン

→

2. 스웨터　ー タ セ ー

→

3. 스테이크　ス キ テ ー

→

4. 서클, 동아리　ル ク サ ー

→

5. 시멘트　ト メ ン セ

→ 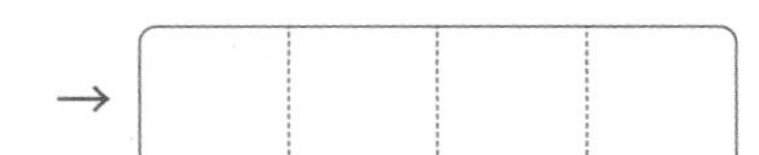

6. 마라톤　ソ ラ マ ン

→ 

7. 스튜디오　ス ジ オ タ

→ 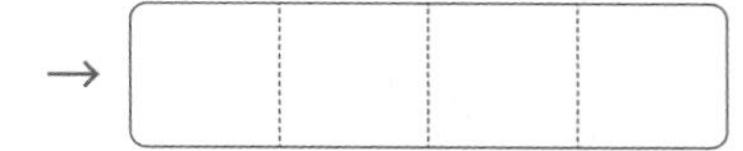

8. 타이머　マ イ タ ー

→ 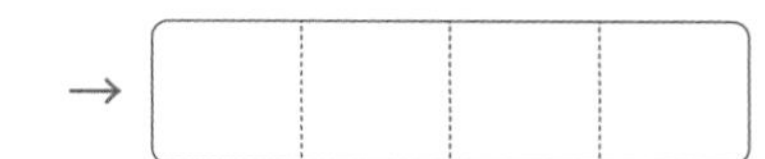

9. 체인지　ン チ ジ ェ

→ 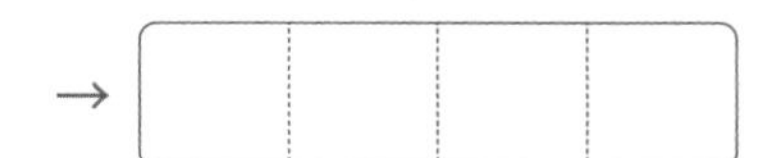

10. 텍스트　ス ト テ キ

→ 

정답 1.スプーン 2. セーター 3. ステーキ 4. サークル 5. セメント 6. マラソン 7. スタジオ 8. タイマー 9. チェンジ 10. テキスト

아홉째마디

규칙쟁이 5단동사 과거형

이번에는 규칙쟁이 5단동사를 연습하겠습니다. 5단동사는 사전형 끝소리에 따라 4가지 그룹으로 나누어집니다. 즉 사전형의 끝소리가 〈く, ぐ로 끝나는 것〉, 〈う, つ, る로 끝나는 것〉, 〈ぬ, む, ぶ로 끝나는 것〉, 〈す로 끝나는 것〉의 4가지입니다. 현재형을 배울 때는 활용 형태가 나누어지지 않았지만 과거형을 배울 때는 사전형 끝소리에 따라 활용이 달라지기 때문에 4가지 그룹으로 나누어서 배워야 합니다. 늘 강조하는 말이지만 규칙을 외우려 하지 마시고, 규칙은 참고만 하여 듣고 따라하면서 자연스럽게 입에 붙게 연습하세요~!

35 반말로 말해요 사전형 끝소리가 く, ぐ인 5단동사

空港に着いた。

공항에 도착했어.

강의 및 예문 듣기

예문 35-1.mp3

워밍업 기본 회화 듣기

그림을 보면서 어떤 내용인지 추측하면서 회화를 들어 보세요.

예문 35-2.mp3

1단계 기본 단어 익히기

はく ⑤ (바지, 치마 등을)입다, (신발을)신다

着く[つく] ⑤ 도착하다

脱ぐ[ぬぐ] ⑤ 벗다

ズボン 바지

パンツ 바지

スカート 치마

空港[くうこう] 공항

上着[うわぎ] 외투, 겉옷

映画館[えいがかん] 영화관

プール 수영장

잠깐만요!

'바지'를 뜻하는 말로 ズボン와 パンツ의 두 가지가 나왔는데, 젊은 사람들은 보통 パンツ라고 합니다.

예문 35-3.mp3

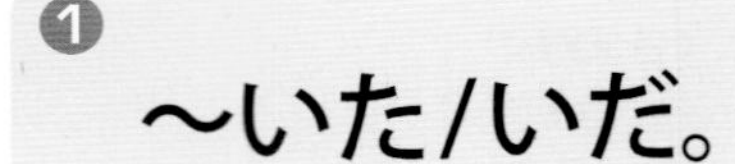

❶ ~いた/いだ。

た형
~했어.

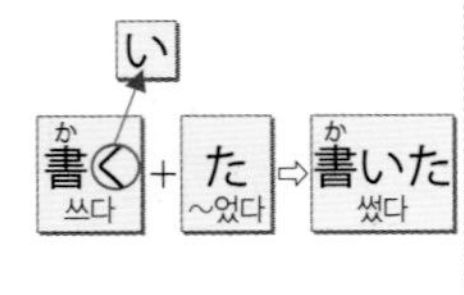

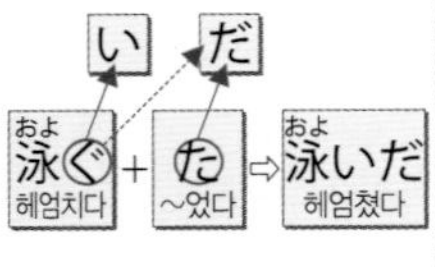

店[みせ] 가게
行く[いく] ⑤ 가다

잠깐만요!

お店[おみせ](가게)는 남자들의 경우에 お 없이 店[みせ]라고만 하는 경우도 많습니다. 다만 공손하게 말해야 하는 경우는 お를 붙입니다.

사전형 끝소리가 く, ぐ인 5단동사는 た형(과거형)을 만들 때 く, ぐ가 い로 바뀌고 그 뒤에 く의 경우는 た가 붙고, ぐ의 경우는 だ가 붙게 됩니다. 단, 行く[いく](가다)는 예외로 行いた가 아니라 行った가 됩니다. 잘못 사용하지 않도록 따로 기억해 두세요.

ズボンをはいた。 바지를 입었어.

5時に空港に着いた。 5시에 공항에 도착했어.

お店で上着を脱いだ。 가게에서 외투를 벗었어.

映画館に行った。 영화관에 갔어.

❷ ~なかった。

~하지 않았어.

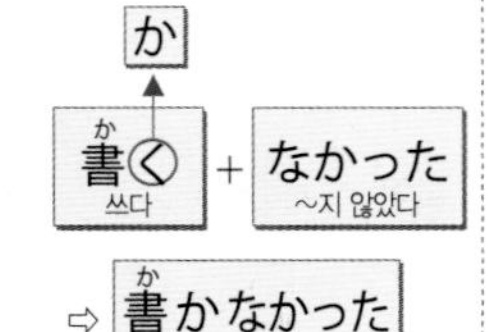

泳ぐ[およぐ] ⑤ 헤엄치다, 수영하다
書く[かく] ⑤ 쓰다
車[くるま] 차(자동차)
聞く[きく] ⑤ 듣다, 묻다

5단동사 ない형을 만들 때는 〈あ단+ない〉가 된다고 했죠? 과거형의 부정도 마찬가지입니다. ~ない를 ~なかった로 바꿔서 〈あ단+なかった〉라고 하면 됩니다.

プールで泳がなかった。 수영장에서 수영하지 않았어.

メールを書かなかった。 메일을 쓰지 않았어.

車で歌を聞かなかった。 차에서 노래를 안 들었어.

お店で上着を脱がなかった。 가게에서 외투를 안 벗었어.

❸ ~いた/いだ? ~했어?

靴[くつ] 구두, 신발

はく는 '신다'라는 뜻으로도 쓰입니다. 다만 한자로 쓸 경우에 '바지/치마를 입다'의 뜻일 때는 穿く로 쓰고, '신발을 신다'의 뜻일 때는 履く로 씁니다. 履く는 한자로 쓰는 경우가 많이 있지만 穿く는 히라가나로 쓰는 경우가 더 많습니다.

た형을 사용하여 질문을 해 봅시다. 조사 ~を(~을/를)는 반말 회화에서는 생략하는 경우가 많습니다.

パンツ、はいた?	바지 입었어?
空港に着いた?	공항에 도착했어?
昨日、映画館に行った?	어제 영화관에 갔어?
友達のうちで靴、脱いだ?	친구 집에서 신발 벗었어?

❹ うん、~いた/いだ。 응, ~했어.
ううん、~なかった。 아니, ~하지 않았어.

긍정 대답은 うん(응)이라고 한 다음에 た형으로 대답하고, 부정 대답은 ううん(아니)이라고 한 다음에 ~なかった로 대답하면 됩니다.

うん、はいた。	응, 입었어. [치마, 바지 등]
うん、着いた。	응, 도착했어.
ううん、行かなかった。	아니, 가지 않았어.
ううん、脱がなかった。	아니, 안 벗었어.

子[こ] 아이, 자녀
働く[はたらく] ⑤ 일하다
弾く[ひく] ⑤ (현악기, 건반악기를)치다, 연주하다

⑤ ～なかった？

～하지 않았어?

이번에는 ～なかった(～하지 않았어)를 사용하여 질문을 해 봅시다.

その子は全然働かなかった？ 그 애는 전혀 일하지 않았어?

ピアノ、弾かなかった？ 피아노 치지 않았어?

スカート、はかなかった？ 치마 안 입었어?

友達のうちで靴、脱がなかった？ 친구 집에서 신발 안 벗었어?

⑥ うん、～なかった。
ううん、～いた/いだ。

응, ～하지 않았어.
아니, ～했어.

긍정 대답은 うん(응)이라고 한 다음에 ～なかった로 대답하고, 부정 대답은 ううん(아니)이라고 한 다음에 た형으로 대답하면 됩니다.

うん、全然働かなかった。 응, 전혀 일하지 않았어.

うん、弾かなかった。 응, 안 쳤어.

ううん、はいた。 아니, 입었어. [치마, 바지 등]

ううん、脱いだ。 아니, 벗었어.

예문35-4-1.mp3
예문35-4-2.mp3

3단계 회화로 다지기

さっき 좀 전에, 아까
飛行機[ひこうき] 비행기
暑い[あつい] 덥다
明日[あした] 내일
会議[かいぎ] 회의
頑張って[がんばって] 힘내

잠깐만요!

▶ 'そっち(그쪽, 거기)'는 そちら의 구어체입니다.

▶ 맨 끝의 じゃあね는 じゃ(그럼)를 길게 발음해서 끝에 ね를 붙인 말로, 헤어질 때 하는 '안녕'이라는 뜻으로 쓰입니다. 편하게 반말을 쓰는 상대가 아니라면 じゃあ、また(그럼 또 봐요)라고 하면 되고, 공손하게 말하고 싶을 때는 失礼します[しつれいします](실례하겠습니다, 가보겠습니다)라고 하면 됩니다.

미국으로 출장을 떠난 남편으로부터 전화가 걸려왔네요.

石川 拓海：もしもし。
石川 真由美：あ、拓海？
石川 拓海：うん。今、着いたよ。さっき飛行機、降りた。
石川 真由美：そう。そっちはどう？
石川 拓海：暑いよ。
石川 真由美：そんなに暑い？
石川 拓海：うん。上着、脱いだ。
石川 真由美：そう。今日から仕事？
石川 拓海：ううん、明日から。
明日の10時から会議がある。
石川 真由美：そう。頑張ってね。
石川 拓海：うん。じゃ、また電話するね。
石川 真由美：うん。じゃあね。

いしかわ たくみ：여보세요.
いしかわ まゆみ：어, たくみ야?
いしかわ たくみ：응. 지금 도착했어. 좀 전에 비행기 내렸어.
いしかわ まゆみ：그래. 거기는 어때?
いしかわ たくみ：더워.
いしかわ まゆみ：그렇게 더워?
いしかわ たくみ：응. 외투 벗었어.
いしかわ まゆみ：그래. 오늘부터 일해?
いしかわ たくみ：아니, 내일부터야. 내일 10시부터 회의가 있어.
いしかわ まゆみ：그렇구나. 힘내.
いしかわ たくみ：응. 그럼 또 전화할게.
いしかわ まゆみ：응. 안녕.

'바지'와 '팬티(속옷)', 억양에 조심하세요!

이번 과에서 '바지'라는 뜻의 단어로 ズボン과 パンツ, 두 가지가 나왔죠? ズボン이라는 단어는 노티 나는 말입니다. 그래도 일본어 교과서에서는 ズボン을 지도하게 되어 있어서 ズボン을 제시했지만 요새 젊은 사람들은 パンツ라고 합니다. '바지'의 뜻으로 スラックス(슬랙스)라는 말을 쓰기도 해요. 그런데 パンツ라는 단어를 사용할 때는 반드시 억양에 주의하세요! 높은 소리에서 낮은 소리로 발음하면 속옷인 '팬티'를 뜻하게 됩니다. '바지'라는 뜻으로 쓸 때는 낮은 소리에서 높은 소리로 발음해야 합니다. '바지를 안 입고 치마를 입었어'라는 뜻으로 말하려다가 '팬티를 안 입고 치마를 입었어'라는 말이 될 수도 있어요! 오른쪽의 억양 표시를 참고하세요. 참고로 '팬티'는 ショーツ라고 하기도 합니다.

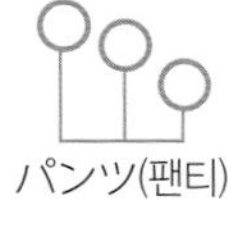
パンツ(팬티)

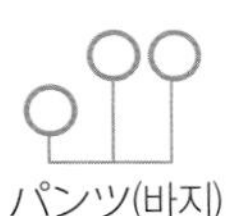
パンツ(바지)

1 주어진 일본어 질문에 보기와 같이 ううん(아니)으로 대답해 보세요.

| 보기 | ズボン、はいた？ (바지 입었어?)
→ ううん、はかなかった。(아니, 안 입었어.)

1. ______________________
2. ______________________
3. ______________________
4. ______________________

2 주어진 일본어 질문에 보기와 같이 ううん(아니)으로 대답해 보세요.

| 보기 | 車で歌、聞かなかった？ (차에서 노래 안 들었어?)
→ ううん、聞いた。(아니, 들었어.)

1. ______________________
2. ______________________
3. ______________________
4. ______________________

3 (　　) 속에 들어갈 적절한 글자를 보기와 같이 써 보세요.

| 보기 | 今日(は)パンツ(を)はいた。오늘은 바지를 입었어.

1. 5時(　　)空港(　　)着(　　　　　　　　)。
   5시에 공항에 도착하지 않았어.
2. 映画館に行(　　　　)。영화관에 갔어.
3. お店(　　)上着、脱(　　　　)？ 가게에서 외투 벗었어?
4. ううん、脱(　　　　　　　　)。아니, 안 벗었어.

예문 35-5.mp3

4 주어진 동사를 활용시켜 보세요.

사전형	~하지 않아(ない형)	~했어(た형)	~하지 않았어
1. はく ((바지 등을) 입다)			
2. 脱ぐ[ぬぐ] (벗다)			

5 주어진 단어를 우선 히라가나로 써 본 다음에 한자로도 써 보세요.

|보기| 비행기 히라가나 ひ こ う き 한자 飛 行 機

1. 도착하다
히라가나
한자

2. 벗다
히라가나
한자

3. 공항
히라가나
한자

4. 외투, 겉옷
히라가나
한자

5. 영화관
히라가나
한자

가타카나 순서 맞추기 (10)

주어진 단어의 가타카나 표기를 옳은 순서로 나열해 보세요.

1. 와이셔츠　シ ワ ャ イ ツ →
2. 에티켓　ト チ エ ケ ッ →
3. 클래식　ラ ク ク ッ シ →
4. 크리스마스　マ リ ス ス ク →
5. 콩쿠르　コ ー ク ル ン →
6. 셔터　ー ッ シ ャ タ →
7. 퍼센트(%)　ン ー セ ト パ →
8. 에어메일, 항공우편　エ メ ル ア ー →
9. 마켓　ッ マ ケ ト ー →
10. 로그아웃　グ ト ウ ア ロ →

정답 1. ワイシャツ 2. エチケット 3. クラシック 4. クリスマス 5. コンクール 6. シャッター 7. パーセント 8. エアメール 9. マーケット 10. ログアウト

학습일 월 일

36

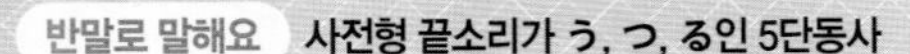

興味を持った。

관심을 가졌어.

강의 및 예문 듣기

예문 36-1.mp3

워밍업 기본 회화 듣기

그림을 보면서 어떤 내용인지 추측하면서 회화를 들어 보세요.

예문 36-2.mp3

1단계 기본 단어 익히기

使う[つかう] ⑤ 사용하다, 쓰다

降る[ふる] ⑤ (비, 눈 등이)내리다

かぶる ⑤ (머리에)쓰다, 뒤집어쓰다

興味[きょうみ] 관심, 흥미

ヘルメット 헬멧

言葉[ことば] 말

잠깐만요!

ヘルメット(헬멧)는 억양을 '고저저저저'로 발음하는 경우도 있습니다.

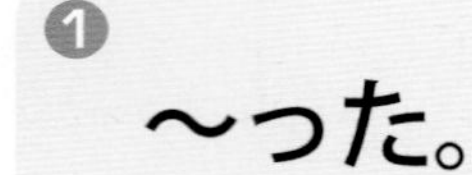

❶ ～った。

た형

～했어.

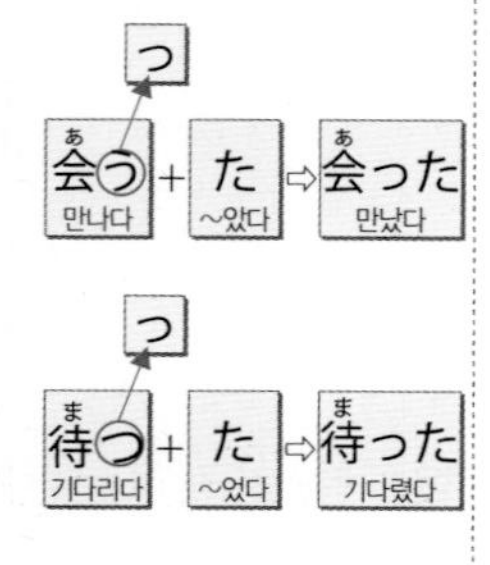

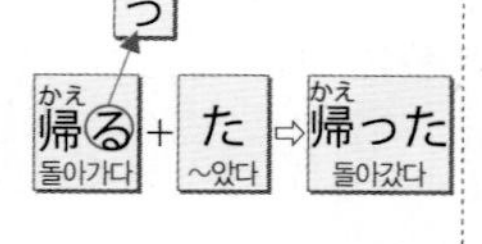

持つ[もつ] ⑤ 가지다, 들다
雨[あめ] 비

사전형 끝소리가 う, つ, る인 5단동사는 た형을 만들 때 う, つ, る가 っ(작은 っ)로 바뀌고 그 뒤에 た가 붙게 됩니다. 늘 강조하지만 규칙을 외우려 하지 말고 듣고 따라하면서 자연스럽게 입에 붙게 하세요.

きれいな言葉を使った。	고운 말을 썼어.
子供が興味を持った。	아이가 관심을 가졌어.
雨が降った。	비가 내렸어.
ヘルメットをかぶった。	헬멧을 썼어.

❷ ～なかった。

～하지 않았어.

英語[えいご] 영어
習う[ならう] ⑤ 배우다

과거형 부정은 〈あ단+なかった〉가 된다고 했지요. 여기에서 주의해야 할 점은 사전형 끝소리가 う인 모든 5단동사는 あ가 아니라 わ가 된다는 점입니다.

きれいな言葉を使わなかった。	고운 말을 쓰지 않았어.
英語を習わなかった。	영어를 배우지 않았어.
子供が興味を持たなかった。	아이가 관심을 안 가졌어.
雨が降らなかった。	비가 안 내렸어.

잠깐만요!

'관심을 가지다'를 직역해서 関心[かんしん]を持つ라고 하는 사람들이 많은데, 일상적으로는 関心보다 興味[きょうみ](흥미)를 더 많이 씁니다. 関心을 써도 틀린 말은 아니지만요.

❸ ～った？

~했어?

た형을 사용하여 질문을 해 봅시다. 조사 ～を(~을/를)는 반말 회화에서는 생략하는 경우가 많습니다.

ヘルメット、かぶった？	헬멧 썼어?
その女優に会った？	그 여배우를 만났어?
子供が興味、持った？	아이가 관심 가졌어?
写真、撮った？	사진 찍었어?

女優[じょゆう] 여배우
会う[あう] ⑤ 만나다
写真[しゃしん] 사진
撮る[とる] ⑤ 찍다

잠깐만요!

참고로 '배우'는 俳優[はいゆう]라고 합니다. 그리고 '~를 만나다'라고 할 때는 조사 に를 써서 ～に会う[あう]라고 한다는 점에 주의하세요~!

❹ うん、～った。 ううん、～なかった。

응, ~했어.
아니, ~하지 않았어.

긍정 대답은 うん(응)이라고 한 다음에 た형으로 대답하고, 부정 대답은 ううん(아니)이라고 한 다음에 ～なかった로 대답하면 됩니다.

うん、かぶった。	응, 썼어. [모자, 헬멧 등]
うん、会った。	응, 만났어.
ううん、持たなかった。	아니, 가지지 않았어.
ううん、撮らなかった。	아니, 안 찍었어.

❺ ~なかった？

~하지 않았어?

待つ[まつ] ⑤ 기다리다

~なかった(~하지 않았어)를 사용하여 질문을 해 봅시다.

きれいな言葉を使わなかった？	고운 말을 쓰지 않았어?
課長を全然待たなかった？	과장님을 전혀 기다리지 않았어?
雨が降らなかった？	비가 안 내렸어?
英語を全然習わなかった？	영어를 전혀 안 배웠어?

❻ うん、~なかった。 ううん、~った。

응, ~하지 않았어.
아니, ~했어.

긍정 대답은 うん(응)이라고 한 다음에 ~なかった로 대답하고, 부정 대답은 ううん(아니)이라고 한 다음에 た형으로 대답하면 됩니다.

うん、使わなかった。	응, 쓰지 않았어.
うん、全然待たなかった。	응, 전혀 안 기다렸어.
ううん、降った。	아니, 내렸어.
ううん、ちょっと習った。	아니, 조금 배웠어.

예문36-4-1.mp3
예문36-4-2.mp3

3단계
회화로 다지기

剛[つよし]는 승연이가 새로 생긴 과학관에 아이들과 갔다 왔다는 말을 듣고 물어봅니다.

長谷川 剛: 昨日、科学館に行った？
ク・スンヨン: うん。
長谷川 剛: どうだった？ 子供たちは興味、持った？
ク・スンヨン: 上の子はすごく興味を持った。
でも、下の子は全然、興味持たなかった。
長谷川 剛: 全然、興味持たなかったの？
ク・スンヨン: うん。下の子は女の子だから……。
長谷川 剛: そうだね。科学館で森田さんに会わなかった？
ク・スンヨン: 森田さん？
長谷川 剛: うん。森田さんも昨日、科学館に行ったから。
ク・スンヨン: ううん、会わなかった。
長谷川 剛: そう。

はせがわ つよし : 어제 과학관에 갔어?
구승연 : 응.
はせがわ つよし : 어땠어? 애들은 관심 가졌어?
구승연 : 큰 애는 무척 관심을 가졌어. 그런데, 작은 애는 전혀 관심을 안 가졌어.
はせがわ つよし : 전혀 관심 안 가진 거야?
구승연 : 응. 작은 애는 여자애라서…….
はせがわ つよし : 그러네. 과학관에서 もりた 씨를 만나지 않았어?
구승연 : もりた씨?
はせがわ つよし : 응. もりた씨도 어제 과학관에 갔거든.
구승연 : 아니, 안 만났어.
はせがわ つよし : 그렇구나.

科学館[かがくかん] 과학관
～たち ～들
上[うえ] 위
下[した] 아래, 밑
女の子[おんなのこ] 여자 아이

잠깐만요!

▶ 科学館[かがくかん]은 科学[かがく](과학)와 ～館[かん](～관)이 합해진 말입니다.

▶ 일본어에서는 '큰 애', '작은 애'를 上の子[うえのこ](위의 애), 下の子[したのこ](밑의 애)라고 합니다.

▶ ～たち(～들)라는 단어는 한자로 쓰면 ～達가 됩니다. 한자로 써도 히라가나로 써도 상관없어요. 주의해야 할 점은 일본어는 복수도 단수형으로 나타낼 때가 참 많다는 점입니다. 그러니 자꾸 ～たち라고 붙이지 마세요~!

女[おんな], 男[おとこ]라는 말은 거칠게 말할 때 써요!

위의 회화 내용은 저의 어린 시절에 있었던 일을 회상하며 썼어요. 요즘 같으면 '여자애라 과학에 관심이 없다'는 인식은 절대 없죠. 여기서 중요한 것은 기초 단어인 女の子[おんなのこ](여자아이)예요. 참고로 '남자 아이'는 男の子[おとこのこ]라고 합니다. 사전을 찾아보면 '여자'는 女[おんな], 女子[じょし], '남자'는 男[おとこ], 男子[だんし]라는 말이 나올 겁니다. 그런데 일상적으로 '여자'는 女の人[おんなのひと] 혹은 女性[じょせい](여성), '남자'는 男の人[おとこのひと] 혹은 男性[だんせい](남성)라는 말을 씁니다. 女[おんな]라는 말은 여자를 경시하는 느낌이 있어 한국어로 하자면 '계집애'와 비슷한 뉘앙스입니다. 男[おとこ]도 부정적인 느낌으로 쓰이기도 하지만 '사나이'라는 뜻으로 쓰이는 경우도 있습니다. 또 女子[じょし], 男子[だんし]라는 말은 학교에서나 스포츠에서 많이 사용하고 그 외 일상생활에서는 잘 쓰지 않습니다.

1 주어진 일본어 질문에 보기와 같이 ううん(아니)으로 대답해 보세요.

|보기| 英語を習った？ (영어를 배웠어?)
→ ううん、習わなかった。(아니, 배우지 않았어.)

1.
2.
3.
4.

2 주어진 일본어 질문에 보기와 같이 ううん(아니)으로 대답해 보세요.

|보기| 写真を撮らなかった？ (사진을 찍지 않았어?)
→ ううん、撮った。(아니, 찍었어.)

1.
2.
3.
4.

3 (　　) 속에 들어갈 적절한 글자를 보기와 같이 써 보세요.

|보기| 上の子(が)興味(を)持った。큰 애가 관심을 가졌어.

1. きれい(　　)言葉を使(　　　　　　　　　　)。 고운 말을 쓰지 않았어.
2. ヘルメット(　　)かぶ(　　　　　)？ 헬멧을 썼어?
3. 雨(　　)全然降(　　　　　　　　　　)？ 비가 전혀 안 내렸어?
4. ううん、降(　　　　)。 아니, 내렸어.

4 주어진 동사를 활용시켜 보세요.

사전형	~하지 않아(ない형)	~했어(た형)	~하지 않았어
1. 使う[つかう] (사용하다)			
2. 持つ[もつ] (가지다)			
3. 降る[ふる] ((비, 눈 등이)내리다)			

5 주어진 단어를 우선 히라가나로 써 본 다음에 한자로도 써 보세요.

| 보기 | 관심, 흥미 | 히라가나: き ょ う み | 한자: 興 味

1. 사용하다, 쓰다

히라가나 [ ][ ][ ]　한자 [ ][ ]

2. (비, 눈 등이) 내리다

히라가나 [ ][ ]　한자 [ ][ ]

3. 말

히라가나 [ ][ ][ ]　한자 [ ][ ]

4. 위

히라가나 [ ][ ]　한자 [ ]

가타카나 순서 맞추기 (11)

주어진 단어의 가타카나 표기를 옳은 순서로 나열해 보세요.

1. 아마추어 ア ュ チ マ ア →
2. 엔지니어 ン ジ エ ア ニ →
3. 카펫, 양탄자 ト ー カ ペ ッ →
4. 콘테스트 テ ト コ ン ス →
5. 섹션 ョ セ シ ク ン →
6. 포지션 ジ ョ シ ン ポ →
7. 마사지 マ ー サ ッ ジ →
8. 카테고리 リ テ カ ゴ ー →
9. 드라이버, 공구 ラ ー ド イ バ →
10. 넌센스 ス ン ナ セ ン →

정답 1.アマチュア 2. エンジニア 3. カーペット 4. コンテスト 5. セクション 6. ポジション 7. マッサージ 8. カテゴリー 9. ドライバー 10. ナンセンス

37 존댓말로 말해요 사전형 끝소리가 く, ぐ와 う, つ, る인 5단동사

初雪が降りました。

첫눈이 내렸습니다.

강의 및 예문 듣기

예문 37-1.mp3

워밍업 기본 회화 듣기

그림을 보면서 어떤 내용인지 추측하면서 회화를 들어 보세요.

예문 37-2.mp3

1단계 기본 단어 익히기

履く[はく] ⑤ 신다

公園[こうえん] 공원, 놀이터

シャツ 셔츠

初雪[はつゆき] 첫눈

靴下[くつした] 양말

セーター 스웨터

スプーン 숟가락

白い[しろい] 하얗다, 희다

잠깐만요!

靴下[くつした](양말)는 억양이 '저고고고'로 발음되기도 합니다.

예문 37-3.mp3

2단계
기본 문형 익히기

❶ ～ました。 ～했습니다.

会社[かいしゃ] 회사

5단동사 ます형은 い단에 접속되어 〈い단+ます〉가 된다고 배웠지요? 과거형 ～ました도 접속은 똑같습니다. 모두 い단 뒤에 ～ました를 붙이면 됩니다.

さっき公園に着きました。 좀 전에 공원에 도착했습니다.

シャツを脱ぎました。 셔츠를 벗었습니다.

会社で課長を待ちました。 회사에서 과장님을 기다렸어요.

今日、初雪が降りました。 오늘 첫눈이 내렸어요.

❷ ～ませんでした。 ～하지 않았습니다.

～ます를 ～ませんでした로 바꾸면 '～하지 않았습니다'라는 뜻이 됩니다.

白い靴下を履きませんでした。 하얀 양말을 신지 않았습니다.

セーターを脱ぎませんでした。 스웨터를 안 벗었습니다.

スプーンを使いませんでした。 숟가락을 쓰지 않았어요.

ヘルメットをかぶりませんでした。 헬멧을 안 썼어요.

잠깐만요!

はく에는 '(바지, 치마 등을) 입다'는 뜻 외에 '신다'라는 뜻도 있다고 했지요? 한자는 '입다'의 경우 穿く, '신다'의 경우 履く로 씁니다. 그런데 穿く는 히라가나로 쓰는 경우가 많고 履く는 한자로 쓰는 경우가 많습니다.

海[うみ] 바다

海[うみ]는 억양이 '고저'입니다. 거꾸로 '저고'로 발음하면 膿[うみ](고름)라는 단어가 되니 억양에 신경 쓰세요~!

❸ ～ましたか。 ～했습니까?

～ました(～했습니다)를 사용하여 질문을 해 봅시다.

公園に着きましたか。	공원에 도착했습니까?
海で泳ぎましたか。	바다에서 수영했습니까?
スプーンを使いましたか。	숟가락을 썼어요?
昨日、初雪が降りましたか。	어제 첫눈이 내렸어요?

❹ はい、～ました。 네, ～했습니다. いいえ、～ませんでした。 아니요, ～하지 않았습니다.

질문에 대답해 봅시다. 긍정 대답은 はい(네)라고 한 다음에 ～ました로 대답하고, 부정 대답은 いいえ(아니요)라고 한 다음에 ～ませんでした로 대답하면 됩니다.

はい、さっき着きました。	네, 좀 전에 도착했습니다.
はい、泳ぎました。	네, 수영했습니다.
いいえ、使いませんでした。	아니요, 쓰지 않았어요.
いいえ、降りませんでした。	아니요, 안 내렸어요.

❺ ～ませんでしたか。 ～하지 않았습니까?

이번에는 ～ませんでした(～하지 않았습니다)를 사용하여 질문을 해 봅시다.

白い靴下を履きませんでしたか。 하얀 양말을 신지 않았습니까?

セーターを脱ぎませんでしたか。 스웨터를 안 벗었습니까?

ヘルメットをかぶりませんでしたか。 헬멧을 쓰지 않았어요?

スプーンを使いませんでしたか。 숟가락을 안 썼어요?

❻ はい、～ませんでした。 네, ～하지 않았습니다.
いいえ、～ました。 아니요, ～했습니다.

질문에 대답해 봅시다. 긍정 대답은 はい(네)라고 한 다음에 ～ませんでした로 대답하고, 부정 대답은 いいえ(아니요)라고 한 다음에 ～ました로 대답하면 됩니다.

はい、履きませんでした。 네, 신지 않았습니다.

はい、脱ぎませんでした。 네, 안 벗었습니다.

いいえ、かぶりました。 아니요, 썼어요. [모자, 헬멧 등]

いいえ、使いました。 아니요, 썼어요.

예문 37-4-1.mp3
예문 37-4-2.mp3

3단계
회화로 다지기

허연아는 아들을 中野[なかの]씨네 집으로 1년 동안 홈스테이를 보냈습니다.

中野 翔: はい、中野でございます。
ホ・ヨナ: 中野さん、こんにちは。ホ・ヨナです。
中野 翔: ああ、こんにちは。
息子さん、ちょうど今、着きましたよ。
ホ・ヨナ: ああ、そうですか。
中野 翔: 今日、雪が降りましたから、ちょっと
時間がかかりました。
ホ・ヨナ: そうですか。もう雪が降りましたか。
中野 翔: ええ、初雪です。
ホ・ヨナ: 早いですね。
中野 翔: ええ、この冬は早く降りました。
ホ・ヨナ: 中野さん、息子をよろしくお願いします。
中野 翔: はい、わかりました。

なかの しょう : 네, なかの입니다.
허연아 : なかの씨, 안녕하세요(낮 인사). 허연아입니다.
なかの しょう : 아~, 안녕하세요. 아드님, 마침 지금 도착했어요.
허연아 : 아~, 그래요?
なかの しょう : 오늘 눈이 내렸기 때문에, 좀 시간이 걸렸습니다.
허연아 : 그렇군요. 벌써 눈이 내렸어요?
なかの しょう : 네, 첫눈이에요.
허연아 : 빠르네요.
なかの しょう : 네, 이번 겨울은 일찍 내렸어요.
허연아 : なかの씨, 아들을 잘 부탁 드리겠습니다.
なかの しょう : 네, 알겠습니다.

～でございます ~입니다 (～です의 공손한 말투)
息子[むすこ] 아들
ちょうど 마침, 방금, 막, 정확히
雪[ゆき] 눈
時間[じかん] 시간
冬[ふゆ] 겨울
かかる ⑤ 걸리다
早い[はやい] 빠르다, 이르다
お願い[おねがい] 부탁

잠깐만요!

다른 사람의 아들을 '아드님'이라고 부를 때는 息子[むすこ](아들) 뒤에 ～さん(~씨)를 붙여서 息子さん이라고 하면 됩니다. 참고로 '딸'은 娘[むすめ]라고 하는데 '따님'이라고 할 때는 娘さん이라고 할 수도 있지만 お嬢さん[おじょうさん]이라고 하는 것이 더 듣기 좋습니다.

일본 폭주족은 헬멧도 쓰고 신호도 지켜요!

일본에서 폭주족을 본 적이 있으신가요? 요즘 일본 폭주족들은 헬멧도 제대로 쓰고 신호도 잘 지키고 차량 개조도 신청하고 한답니다. 한 10년 전쯤의 폭주족들은 헬멧도 안 쓰고 불법 개조도 많이 하고 신호도 안 지켰었는데 지금은 그런 폭주족들이 사라졌다네요. 경찰의 단속이 심해지고 벌칙이 강화되어 그렇게 되었다고 하는 사람들이 많네요. 일본에서 오토바이의 경우 고속도로에서는 초과속도가 시속 30km 이상 35km 미만인 경우는 2만엔(약 20만원), 35km 이상 40km 미만인 경우 3만엔(약 30만원)의 범칙금이 부과된다고 합니다. 일반도로에서는 초과속도가 시속 25km 이상 30km 미만이면 15,000엔(약 15만원)의 범칙금이 부과된다고 합니다. 그 이상의 속도 위반인 경우는 6개월 이하의 징역 또는 10만엔(약 100만원) 이하의 범칙금이 부과되는 모양입니다.

연습문제

1 주어진 일본어 문장을 보기와 같이 존댓말 문장으로 바꿔 보세요.

| 보기 | さっき公園に着いた。(좀 전에 공원에 도착했어.)
→ さっき公園に着きました。(좀 전에 공원에 도착했습니다.)

1. ______________________
2. ______________________
3. ______________________
4. ______________________

2 주어진 일본어 문장을 보기와 같이 존댓말 문장으로 바꿔 보세요.

| 보기 | スプーンを使わなかった。(숟가락을 쓰지 않았어.)
→ スプーンを使いませんでした。(숟가락을 쓰지 않았습니다.)

1. ______________________
2. ______________________
3. ______________________
4. ______________________

3 (　) 속에 들어갈 적절한 글자를 보기와 같이 써 보세요.

| 보기 | 公園(に)着きました。공원에 도착했습니다.

1. シャツを脱(　　　　　　　　　　)。셔츠를 벗지 않았습니다.
2. スプーンを使(　　　　　　　　)。숟가락을 썼습니까?
3. 会社(　)課長を待(　　　　　　)。회사에서 과장님을 기다렸어요.
4. 今日、初雪(　)降(　　　　　　　　　)。
오늘 첫눈이 안 내렸어요.

4 주어진 동사를 활용시켜 보세요.

사전형	~합니다(ます형)	~하지 않습니다	~했습니다	~하지 않았습니다
1. はく ((바지 등을) 입다)				
2. 脱ぐ[ぬぐ] (벗다)				
3. 使う[つかう] (사용하다)				
4. 待つ[まつ] (기다리다)				
5. かぶる ((머리에)쓰다)				

5 주어진 단어를 우선 히라가나로 써 본 다음에 한자로도 써 보세요.

| 보기 | 시간 | 히라가나: じ か ん | 한자: 時 間 |

1. 공원, 놀이터

히라가나 한자

2. 첫눈

히라가나 한자

3. 하얗다, 희다

히라가나 한자

가타카나 순서 맞추기 ⑿

주어진 단어의 가타카나 표기를 옳은 순서로 나열해 보세요.

1. 앙코르　　ア ー コ ル ン →
2. 카메라맨　　ン ラ カ マ メ →
3. 랭킹　　グ ン ラ ン キ →
4. 티슈　　シ テ ッ ィ ュ →
5. 컴백　　ッ ム カ バ ク →
6. 노이로제　　ノ ー イ ゼ ロ →
7. 런닝　　ニ ン ラ グ ン →
8. 멜로디　　メ ー デ ロ ィ →
9. 레귤러　　ー ギ ュ レ ラ →
10. 배터리　　テ ッ リ バ ー →

정답 1. アンコール 2. カメラマン 3. ランキング 4. ティッシュ 5. カムバック 6. ノイローゼ 7. ランニング 8. メロディー 9. レギュラー 10. バッテリー

38

반말로 말해요 사전형 끝소리가 ぬ, む, ぶ인 5단동사

すごく並んだ。

엄청 줄섰어.

강의 및 예문 듣기

예문 38-1.mp3

워밍업
기본 회화 듣기

그림을 보면서 어떤 내용인지 추측하면서 회화를 들어 보세요.

예문 38-2.mp3

1단계
기본 단어 익히기

死ぬ[しぬ] ⑤ 죽다

飛ぶ[とぶ] ⑤ 날다

並ぶ[ならぶ] ⑤ 줄서다

犬[いぬ] 개

猫[ねこ] 고양이

鳥[とり] 새

空[そら] 하늘

お客さん[おきゃくさん] 손님

新聞[しんぶん] 신문

❶ ～んだ。

た형

～했어.

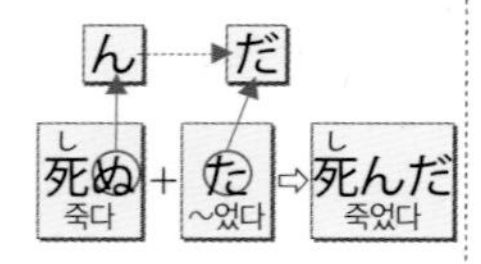

사전형 끝소리가 ぬ, む, ぶ인 5단동사는 た형을 만들 때 ぬ, む, ぶ가 ん으로 바뀌고 그 뒤에 た가 아니라 だ가 붙게 됩니다. 늘 강조하지만 규칙을 외우려 하지 말고 듣고 따라하면서 자연스럽게 입에 붙게 하세요.

お茶[おちゃ] (마시는)차
飲む[のむ] ⑤ 마시다

うちの犬が死んだ。	우리 집(의) 개가 죽었어.
お茶を飲んだ。	차를 마셨어.
鳥が空を飛んだ。	새가 하늘을 날았어.
お客さんが並んだ。	손님들이 줄섰어.

잠깐만요!

うちの犬[いぬ]는 직역하면 '집의 개'가 되는데, うち는 '집'이라는 뜻 외에 '우리 집'이라는 뜻으로도 쓰입니다. 그래서 うちの犬는 '우리 집(의) 개'로 해석됩니다.

❷ ～なかった。

～하지 않았어.

'～하지 않았어'라고 하려면 사전형 끝소리를 あ단으로 바꿔서 <あ단+なかった>라고 하면 됩니다. 즉 ぬ, む, ぶ가 각각 ～ななかった, ～まなかった, ～ばなかった가 되는 것이지요.

読む[よむ] ⑤ 읽다

うちの猫は死ななかった。	우리 집(의) 고양이는 죽지 않았어.
朝、新聞を読まなかった。	아침에 신문을 안 읽었어.
その鳥は飛ばなかった。	그 새는 안 날았어.
全然並ばなかった。	전혀 줄서지 않았어.

잠깐만요!

飛ぶ[とぶ](날다)라는 동사는 조사 ～を(～을/를)를 써서 空を飛ぶ(하늘을 날다)라고 표현합니다. 이때 사용되는 ～を(～을/를)는 타동사에 쓰는 목적격 조사와는 다릅니다. 飛ぶ(날다)는 자동사이기 때문에 ～を(～을/를)는 '통과, 이동하는 공간'을 뜻합니다. 지금까지 연습한 ～を(～을/를)와는 다르지만 한국어도 똑같이 쓰이니 어렵지 않으시죠?

③ ～んだ？ ～했어?

た형을 사용하여 질문을 해 봅시다. 조사 ～を(~을/를)는 반말 회화에서는 생략하는 경우가 많습니다.

犬が死んだ？	개가 죽었어?
今朝、コーヒー飲んだ？	오늘 아침에 커피 마셨어?
昨日、学校休んだ？	어제 학교 쉬었어?
うちに友達、呼んだ？	집에 친구 불렀어?

休む[やすむ] ⑤ 쉬다
呼ぶ[よぶ] ⑤ 부르다

読む[よむ](읽다)의 た형과 呼ぶ[よぶ](부르다)의 た형은 한자는 다르지만 똑같이 よんだ가 됩니다. 이와 같은 동음이의어는 앞뒤 단어에 따라 어떤 뜻인지 판단하거나 억양이 다른 것은 억양으로 구별해야 합니다. 読んだ(읽었어)의 억양은 読んだ이고, 呼んだ(불렀어)의 억양은 呼んだ입니다.

④ うん、～んだ。 응, ~했어. ううん、～なかった。 아니, ~하지 않았어.

질문에 대답해 봅시다. 긍정 대답은 うん(응)이라고 한 다음에 ～んだ로 대답하고, 부정 대답은 ううん(아니)이라고 한 다음에 ～なかった로 대답하면 됩니다.

うん、死んだ。	응, 죽었어.
うん、飲んだ。	응, 마셨어.
ううん、休まなかった。	아니, 쉬지 않았어.
ううん、呼ばなかった。	아니, 안 불렀어.

❺ ～なかった？

～하지 않았어?

～なかった(～하지 않았어)를 사용하여 질문을 해 봅시다. 조사 ～を(～을/를)는 반말 회화에서는 생략하는 경우가 많습니다.

한국 음식에 '닭도리탕'이라는 것이 있죠? 또 화투놀이인 고스톱에서 '고도리'라는 말도 쓰죠? '닭도리탕'과 '고도리(五鳥)'의 '도리'가 일본어 鳥[とり]에서 온 것이라는 이야기가 있어요.

猫は死ななかった？	고양이는 죽지 않았어?
朝、新聞読まなかった？	아침에 신문 안 읽었어?
その鳥は飛ばなかった？	그 새는 안 날았어?
全然並ばなかった？	전혀 줄서지 않았어?

❻ うん、～なかった。
ううん、～んだ。

응, ～하지 않았어.
아니, ～했어.

질문에 대답해 봅시다. 긍정 대답은 うん(응)이라고 한 다음에 ～なかった로 대답하고, 부정 대답은 ううん(아니)이라고 한 다음에 ～んだ로 대답하면 됩니다.

うん、死ななかった。	응, 죽지 않았어.
うん、読まなかった。	응, 안 읽었어.
ううん、飛んだ。	아니, 날았어.
ううん、並んだ。	아니, 줄섰어.

예문38-4-1.mp3
예문38-4-2.mp3

3단계
회화로 다지기

ケーキ 케이크
買う[かう] ⑤ 사다
~時間[じかん] ~시간
俺[おれ] 나(남자:거친 말투)

잠깐만요!

よく待ったね에서 よく라는 부사가 쓰였죠? よく는 '잘, 자주'라는 뜻인데 이 문장에서는 '잘도'라는 뜻으로 쓰였습니다. 그리고 끝의 ~ね는 감탄을 나타내는 조사로 '~네', '~군' 등으로 번역됩니다.

박예성은 유명한 케이크 상점에 麻美[あさみ]가 간다고 했었기에 궁금해서 물어봅니다.

パク・イェソン： 昨日、ケーキ買った？
近藤 麻美： うん、買った。
パク・イェソン： どうだった？ 並んだ？
近藤 麻美： うん、1時間並んだ。
パク・イェソン： 1時間?!
近藤 麻美： うん。
パク・イェソン： よく待ったね。ケーキはどうだった？
近藤 麻美： すごくおいしかったよ。
パク・イェソン： そう。
近藤 麻美： イェソンも買う？
パク・イェソン： ううん、俺はいい。

박예성 : 어제 케이크 샀어?
こんどう あさみ: 응, 샀어.
박예성 : 어땠어? 줄섰어?
こんどう あさみ: 응, 한 시간 줄섰어.
박예성 : 한 시간?!
こんどう あさみ: 응.
박예성 : 잘도 기다렸네. 케이크는 어땠어?
こんどう あさみ: 엄청 맛있었어.
박예성 : 그렇구나.
こんどう あさみ: 예성이도 살래?
박예성 : 아니, 난 됐어.

일본의 장례는 99.9%가 화장(火葬)!

현재 일본은 99.9%가 화장을 해서 화장율이 세계 1위라네요. 그렇지만 일본도 1900년대에는 화장율이 30% 정도밖에 되지 않았답니다. 그 후 급격히 늘어나 1994년에는 98%를 넘었다고 합니다. 화장한 다음에는 개인의 묘를 세우는 경우도 있지만 식구가 같은 묘에 들어가는 경우가 많습니다. 그래서 묘석에 '~家[け]'라고 쓰여진 것이 많습니다. 그리고 일본에서는 제사를 해마다 지내지 않고 제사를 지내는 해가 정해져 있습니다. 사망한 지 1년 후, 2년 후, 6년 후, 12년 후, 16년 후, 22년 후, 24년 후, 26년 후, 32년 후, 36년 후, 49년 후, 99년 후로 정해져 있습니다. 지역에 따라 제사를 지내는 해가 약간 차이가 나는 경우도 있고, 언제까지 제사를 지낼 것인지는 집마다 다릅니다. 요즘은 12년 후까지 지내면 충분하다고 하는 사람들이 많다고 합니다.

1 주어진 일본어 질문에 보기와 같이 ううん(아니)으로 대답해 보세요.

|보기| その鳥は空を飛んだ？ (그 새는 하늘을 날았어?)
→ ううん、飛ばなかった。(아니, 날지 않았어.)

1. ________________
2. ________________
3. ________________
4. ________________

2 주어진 일본어 질문에 보기와 같이 ううん(아니)으로 대답해 보세요.

|보기| 朝、新聞読まなかった？ (아침에 신문 안 읽었어?)
→ ううん、読んだ。(아니, 읽었어.)

1. ________________
2. ________________
3. ________________
4. ________________

3 (　　) 속에 들어갈 적절한 글자를 보기와 같이 써 보세요.

|보기| お茶(を)飲(んだ)。차를 마셨어.

1. その鳥は飛(　　　　　　　　)。그 새는 날지 않았어.
2. うち(　　)犬が死(　　　　)。우리 집(의) 개가 죽었어.
3. 全然並(　　　　　　　　)？ 전혀 줄서지 않았어?
4. ううん、並(　　　　)。아니, 줄섰어.

4 주어진 동사를 활용시켜 보세요.

사전형	~하지 않아(ない형)	~했어(た형)	~하지 않았어
1. 死ぬ[しぬ] (죽다)			
2. 飲む[のむ] (마시다)			
3. 飛ぶ[とぶ] (날다)			

5 주어진 단어를 우선 히라가나로 써 본 다음에 한자로도 써 보세요.

|보기| 새 히라가나 と り 한자 鳥

1. 죽다

히라가나 　 한자

2. 개

히라가나 　 한자

3. 하늘

히라가나 　 한자

4. 신문

히라가나 　 한자

가타카나 순서 맞추기 (13)

주어진 단어의 가타카나 표기를 옳은 순서로 나열해 보세요.

1. 액세서리 ク ー ア サ セ リ → [ ][ ][ ][ ][ ][ ]
2. 오케스트라 ラ オ ト ー ケ ス → [ ][ ][ ][ ][ ][ ]
3. 올림픽 ン リ ッ ピ ク オ → [ ][ ][ ][ ][ ][ ]
4. 컬렉션 シ レ コ ョ ク ン → [ ][ ][ ][ ][ ][ ]
5. 네트워크 ネ ー ワ ト ッ ク → [ ][ ][ ][ ][ ][ ]
6. 스케줄 ー ュ ケ ジ ス ル → [ ][ ][ ][ ][ ][ ]
7. 컨트롤 コ ロ ル ン ト ー → [ ][ ][ ][ ][ ][ ]
8. 뮤직 ッ ュ ミ ー ジ ク → [ ][ ][ ][ ][ ][ ]
9. 스포츠카 ス カ ー ツ ポ ー → [ ][ ][ ][ ][ ][ ]
10. 가이드북 ド ガ ク イ ブ ッ → [ ][ ][ ][ ][ ][ ]

정답 1. アクセサリー 2. オーケストラ 3. オリンピック 4. コレクション 5. ネットワーク 6. スケジュール 7. コントロール 8. ミュージック 9. スポーツカー 10. ガイドブック

39 반말로 말해요 사전형 끝소리가 す인 5단동사

彼氏とけんかした。

남자 친구랑 싸웠어.

예문 39-1.mp3

워밍업 기본 회화 듣기

그림을 보면서 어떤 내용인지 추측하면서 회화를 들어 보세요.

예문 39-2.mp3

1단계 기본 단어 익히기

消す[けす] ⑤ 끄다, 지우다

さす ⑤ (우산을)쓰다

無くす[なくす] ⑤ 잃어버리다, 분실하다

大きな[おおきな] 큰

火[ひ] 불

鍵[かぎ] 열쇠

マンガ 만화, 만화책

妻[つま] 아내

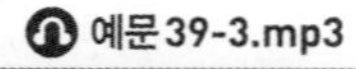
예문 39-3.mp3

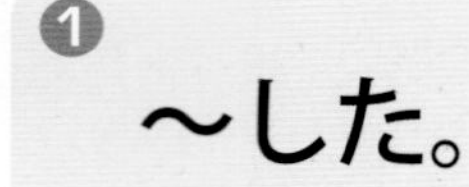
2단계
기본 문형 익히기

❶ ~した。

た형
~했어.

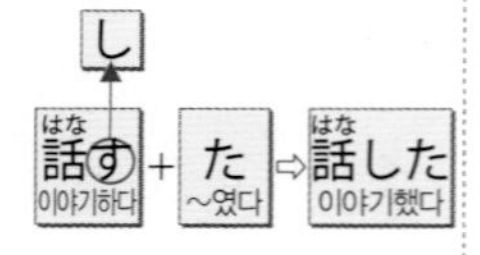

사전형 끝소리가 す인 5단동사는 た형을 만들 때 す가 し로 바뀌고 그 뒤에 た가 붙게 됩니다. 규칙을 외우려 하지 말고 듣고 따라하면서 자연스럽게 입에 붙게 하세요.

傘[かさ] 우산
声[こえ] 목소리
出す[だす] ⑤ 내다

たばこの火を消した。	담뱃불을 껐어.
傘をさした。	우산을 썼어.
鍵を無くした。	열쇠를 잃어버렸어.
大きな声を出した。	큰 소리를 냈어.

❷ ~なかった。

~하지 않았어.

'~하지 않았다/않았어'라고 하려면 〈あ단+なかった〉의 형태로 말하면 됩니다. 즉 ~す가 ~さ로 바뀌어서 ~さなかった가 되는 것입니다.

貸す[かす] ⑤ 빌려주다
話す[はなす] ⑤ 이야기하다

友達にマンガを貸さなかった。	친구에게 만화책을 빌려주지 않았어.
昨日は妻と全然話さなかった。	어제는 아내와 전혀 이야기하지 않았어.
たばこの火を消さなかった。	담뱃불을 안 껐어.
傘をささなかった。	우산을 안 썼어.

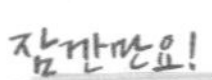

たばこ(담배)는 가타카나로 タバコ라고 쓰기도 하고, 한자로는 煙草라고 씁니다.

奥さん[おくさん] 아내 분

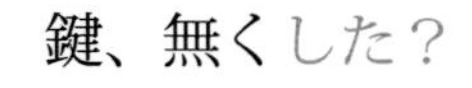

マンガ는 '만화'라는 뜻으로도 '만화책'이라는 뜻으로도 쓰입니다. '만화책'을 나타내는 マンガ本[ぼん]이라는 단어도 있지만 굳이 ~本을 붙이지 않아도 '만화책'이라는 뜻으로 쓸 수 있습니다. 그냥 '책'이라고 할 때는 本의 발음이 ほん이지만 '만화책'과 같이 복합명사가 되면 소리가 ぼん으로 바뀝니다. 또 '만화'는 한자 漫画[まんが]로도 씁니다.

❸

～した？

～했어?

た형을 사용하여 질문을 해 봅시다.

鍵、無くした？	열쇠 잃어버렸어?
大きな声、出した？	큰 소리 냈어?
友達にマンガ、貸した？	친구에게 만화책 빌려줬어?
昨日は奥さんと話した？	어제는 제수 씨와 이야기했어?

앞에서 大きい[おおきい](크다)라는 단어를 배웠죠? '큰 목소리'라고 하려면 大きい声[こえ]라고 해도 되는데 大きな声라고 하는 경우가 더 많아요. 大きな는 な형용사가 아니라 연체사인데, 이는 활용되지 않고 오로지 大きな(큰)의 형태로 명사를 수식하기만 합니다.

❹

うん、～した。 ううん、～なかった。

응, ~했어.
아니, ~하지 않았어.

긍정 부정을 잘 살펴보면서 대답을 해 봅시다. 긍정 대답은 うん(응)이라고 한 다음에 ～した로 대답하고, 부정 대답은 ううん(아니)이라고 한 다음에 ～さなかった로 대답하면 됩니다.

うん、無くした。	응, 잃어버렸어.
うん、出した。	응, 냈어.
ううん、貸さなかった。	아니, 안 빌려줬어.
ううん、全然話さなかった。	아니, 전혀 이야기하지 않았어.

❺ ～なかった？

～하지 않았어?

～なかった(～하지 않았어)를 사용하여 질문을 해 봅시다.

大きな声、出さなかった？	큰 소리 내지 않았어?
鍵、返さなかった？	열쇠 안 돌려줬어?
チョコレート、渡さなかった？	초콜릿 안 건네줬어?
奥さんと話さなかった？	제수 씨와 이야기하지 않았어?

返す[かえす] ⑤ 돌려주다
渡す[わたす] ⑤ 건네주다

친한 친구라 해도 친구 부인에 대해서 말할 때는 奥さん[おくさん]이라는 높이는 호칭을 씁니다. 한국어에서는 일상적으로 '제수씨'라는 말을 많이 쓰는 것 같아요. 그것도 일본어로는 奥さん으로 번역해야겠지요. 다만 친구 부인과도 친한 경우에는 이름에 さん을 붙여 부르기도 합니다.

❻ うん、～なかった。 ううん、～した。

응, ～하지 않았어.
아니, ～했어.

질문에 대답해 봅시다. 긍정 대답은 うん(응)이라고 한 다음에 ～さなかった로 대답하고, 부정 대답은 ううん(아니)이라고 한 다음에 ～した로 대답하면 됩니다.

うん、出さなかった。	응, 내지 않았어.
うん、返さなかった。	응, 안 돌려줬어.
ううん、渡した。	아니, 건네줬어.
ううん、話した。	아니, 이야기했어.

한국어에서는 사람의 '목소리'도 사물의 '소리'도 둘 다 '소리'라고 하는 경우가 있지만, 일본어에서는 사람이나 동물의 소리는 声[こえ], 사물의 소리는 音[おと]로 확실히 구별합니다. 잘못 쓰지 않도록 주의하세요.

예문 39-4-1.mp3
예문 39-4-2.mp3

3단계
회화로 다지기

知る[しる] ⑤ 알다
何で[なんで] 왜
僕[ぼく] 나(남자)
中[なか] 안, 속
静かな[しずかな] 조용한
恥ずかしい[はずかしい] 부끄럽다
それで 그래서
すぐに 곧바로, 곧

잠깐만요!

すぐに(곧바로, 곧)는 に 없이 すぐ라는 형태로 쓰이기도 합니다.

매일 아침 지은이와 함께 워킹하는 智也[ともや] 부부인데, 오늘은 부인이 안 보이네요.

ミン・ジウン： おはよう。あれ？ 陽子さんは？
青木 智也： 知らない。
ミン・ジウン： けんかしたの？
青木 智也： うん。
ミン・ジウン： 何で？
青木 智也： 昨日、電車で妻が大きな声を出したから。
ミン・ジウン： 何で陽子さん、大きな声出したの？
青木 智也： 僕がうちの鍵を無くしたから。
ミン・ジウン： 鍵を？
青木 智也： うん。電車の中が静かだったから、僕、すごく恥ずかしかったんだ。
それで、すぐに電車を降りた。
ミン・ジウン： 陽子さんとよく話した？
青木 智也： ううん、昨日は妻と全然話さなかった。

민지은 : 안녕(아침 인사). 어라? ようこ씨는?
あおき ともや : 몰라.
민지은 : 싸웠어?
あおき ともや : 응.
민지은 : 왜?
あおき ともや : 어제 전철에서 아내가 큰 소리를 냈거든.
민지은 : 왜 ようこ씨, 큰 소리 낸 거야?
あおき ともや : 내가 집 열쇠를 잃어버려서.
민지은 : 열쇠를?
あおき ともや : 응. 전철 안이 조용했기 때문에, 나 엄청 민망했거든. 그래서, 바로 전철에서 내렸어.
민지은 : ようこ씨와 잘 이야기했어?
あおき ともや : 아니, 어제는 아내와 전혀 말하지 않았어.

현관 열쇠

요즈음 한국의 현관 열쇠는 '디지털 도어록'인 경우가 많지요. 그런데 일본에서는 '디지털 도어록'이 일반화되어 있지 않고 열쇠와 자물쇠로 되어 있는 집이 여전히 많습니다. 물론 '디지털 도어록'도 판매하고 있기는 하지만 사람들이 그렇게 선호하지는 않는 모양입니다. '디지털 도어록'이 열쇠와 자물쇠보다 고장 나기도 쉽고 비밀번호가 유출될 가능성도 높다는 생각 때문인 것 같습니다. 그리고 방범을 위해 현관에는 자물쇠를 두 개나 걸어 두는 집들이 많습니다.

1 주어진 일본어 질문에 보기와 같이 ううん(아니)으로 대답해 보세요.

| 보기 | チョコレート、渡した？ (초콜릿 건네줬어?)
→ ううん、渡さなかった。(아니, 건네주지 않았어.)

1. ______________________
2. ______________________
3. ______________________
4. ______________________

2 주어진 일본어 질문에 보기와 같이 ううん(아니)으로 대답해 보세요.

| 보기 | 大きな声、出さなかった？ (큰 소리 내지 않았어?)
→ ううん、出した。(아니, 냈어.)

1. ______________________
2. ______________________
3. ______________________
4. ______________________

3 (　) 속에 들어갈 적절한 글자를 보기와 같이 써 보세요.

| 보기 | チョコレート(を)渡(した)。초콜릿을 건네줬어.

1. 友達(　　)マンガ(　　)貸(　　　　)。친구에게 만화책을 빌려줬어.
2. 主人(　　)全然話(　　　　　　　　)。남편과 전혀 이야기하지 않았어.
3. 何(　　)大きな声(　　)出(　　　　)(　　)？ 왜 큰 소리를 낸 거야?
4. 私(　　)うち(　　)鍵(　　)無くした(　　　　)。
내가 집 열쇠를 잃어버렸기 때문에.

4 주어진 동사를 활용시켜 보세요.

사전형	~하지 않아(ない형)	~했어(た형)	~하지 않았어
1. 消す[けす] (끄다)			
2. さす ((우산을)쓰다)			
3. 話す[はなす] (이야기하다)			

5 주어진 단어를 우선 히라가나로 써 본 다음에 한자로도 써 보세요.

| 보기 | 아내 | 히라가나: つ ま | 한자: 妻

1. 끄다, 지우다

히라가나 한자

2. 잃어버리다, 분실하다

히라가나 한자

3. 큰

히라가나 한자

4. 불

히라가나 한자

가타카나 순서 맞추기 ⑭

주어진 단어의 가타카나 표기를 옳은 순서로 나열해 보세요.

1. 콘크리트 ト ク コ ン リ ー → ☐☐☐☐☐☐
2. 패션 フ シ ァ ッ ン ョ → ☐☐☐☐☐☐
3. 핸드백 ン ッ ド ハ バ グ → ☐☐☐☐☐☐
4. 플라스틱 チ ラ ス ッ ク プ → ☐☐☐☐☐☐
5. 헬리콥터 ー コ ヘ リ プ タ → ☐☐☐☐☐☐
6. 레인코트 イ ト レ ン コ ー → ☐☐☐☐☐☐
7. 프라이버시 プ バ ー シ ラ イ → ☐☐☐☐☐☐
8. 팀워크 ム ー チ ー ク ワ → ☐☐☐☐☐☐
9. 베스트셀러 ベ ラ ー ト ス セ → ☐☐☐☐☐☐
10. 엘리베이터 タ エ ー レ ー ベ → ☐☐☐☐☐☐

정답 1. コンクリート 2. ファッション 3. ハンドバッグ 4. プラスチック 5. ヘリコプター 6. レインコート 7. プライバシー 8. チームワーク 9. ベストセラー 10. エレベーター

존댓말로 말해요 사전형 끝소리가 ぬ, む, ぶ와 す인 5단동사

切符を無くしました。

표를 잃어버렸습니다.

강의 및 예문 듣기

예문 40-1.mp3

워밍업 기본 회화 듣기

그림을 보면서 어떤 내용인지 추측하면서 회화를 들어 보세요.

예문 40-2.mp3

1단계 기본 단어 익히기

祖父[そふ] 조부, 할아버지(높이지 않는 호칭)

おじいさん 할아버지(높이는 호칭)

データ 데이터

切符[きっぷ] 표

一列に[いちれつに] 한 줄로

電気[でんき] 전기, 불

잠깐만요!

▶ 切符[きっぷ](표)라는 말은 주로 전철/지하철 표를 가리킬 때 씁니다. 영화, 콘서트 등의 공연 표는 チケット(티켓)라는 말을 쓰는 것이 일반적입니다.

▶ データ(데이터)는 억양을 '고저저'로 발음하는 경우도 있습니다.

예문 40-3.mp3

2단계
기본 문형 익히기

祖父が死にました(할아버지가 죽었습니다)라는 표현이 맘에 걸리시죠? '돌아가시다'라고 말을 바꾸고 싶은 분들이 많을 거예요. 그런데 앞에서도 설명드렸듯이 일본어에서는 '나'의 그룹에 속하는 사람은 모두 낮추고 '상대방'의 그룹에 속하는 사람은 모두 높여야 합니다. 따라서 '나의 할아버지'이므로 높이지 말고 그냥 死ぬ(죽다)라는 말을 쓰는 것이지요. 그런데 死ぬ라는 말은 매우 직설적이라 亡くなる[なくなる](세상을 떠나다, 별세하다)라는 말을 쓰는 경우가 많기는 합니다.

❶

～ました。

～했습니다.

～ます(～합니다)의 과거형은 ～ました였지요? 그리고 5단동사가 ～ます와 연결될 때는 〈い단+ます〉였지요. 그러니 5단동사의 사전형 끝소리를 い단으로 바꾼 후에 ました를 붙이면 됩니다.

先月、祖父が死にました。	지난 달에 할아버지가 죽었습니다.
データが飛びました。	데이터가 날아갔습니다.
電気を消しました。	불을 껐어요.
切符を無くしました。	표를 잃어버렸어요.

❷

～ませんでした。

～하지 않았습니다.

～ます를 ～ませんでした로 바꾸면 '～하지 않았습니다'라는 뜻이 됩니다.

一列[いちれつ]는 '한 줄'이라는 뜻으로, 뒤에 조사 ～に를 붙여서 一列に라고 하면 '한 줄로'라는 뜻이 됩니다. 조사까지 포함한 형태로 기억해 두면 편합니다.

一列に並びませんでした。	한 줄로 줄서지 않았습니다.
今朝、新聞を読みませんでした。	오늘 아침에 신문을 안 읽었습니다.
傘をさしませんでした。	우산을 안 썼어요.
お金を返しませんでした。	돈을 돌려주지 않았어요.

おじいさんが死にましたか(할아버지가 죽었습니까?)에서는 자기 할아버지에 대해서 다른 사람에게 이야기하는 상황이 아니니 사실은 '돌아가셨습니까?'라고 해야 하는 경우이지만 아직 배우지 않은 단어이기 때문에 그냥 死ぬ[しぬ]로 했습니다.

❸ ～ましたか。

～했습니까?

～ました(～했습니다)를 사용하여 질문을 해 봅시다. 맨끝에 ～か만 붙이면 되지요.

おじいさんが死にましたか。	할아버지가 죽었습니까?
電気を消しましたか。	불을 껐습니까?
一列に並びましたか。	한 줄로 줄섰어요?
切符を無くしましたか。	표를 잃어버렸어요?

おじいさんが死にましたか(할아버지가 죽었습니까?)라는 질문에 대한 대답으로 祖父[そふ]를 빼고 はい、死にました라고 대답하는 것이 더 자연스러울 수 있지만, 여기에서는 祖父라는 단어를 연습하기 위해 넣었습니다.

❹ はい、～ました。
いいえ、～ませんでした。

네, ～했습니다.

아니요, ～하지 않았습니다.

질문에 대답해 봅시다. 긍정 대답은 はい(네)라고 한 다음에 ～ました로 대답하고, 부정 대답은 いいえ(아니요)라고 한 다음에 ～ませんでした로 대답하면 됩니다.

はい、祖父が死にました。	네, 할아버지가 죽었습니다.
はい、消しました。	네, 껐습니다.
いいえ、並びませんでした。	아니요, 줄서지 않았어요.
いいえ、無くしませんでした。	아니요, 안 잃어버렸어요.

❺ ～ませんでしたか。 ～하지 않았습니까?

酒[さけ] 술

잠깐만요!

'전등'이라는 뜻의 '불'을 電燈[でんとう]라고 지도하는 경우가 있지만 일상적으로 거의 안 쓰는 말입니다. 電気[でんき]로 알아 두세요.

～ませんでした(～하지 않았습니다)를 사용하여 질문을 해 봅시다.

データは飛びませんでしたか。 데이터는 날아가지 않았습니까?

電気を消しませんでしたか。 불을 안 껐습니까?

お酒を飲みませんでしたか。 술을 안 마셨어요?

レポートを出しませんでしたか。 리포트를 내지 않았어요?

❻ はい、～ませんでした。 네, ～하지 않았습니다. いいえ、～ました。 아니요, ～했습니다.

질문에 대답해 봅시다. 긍정 대답은 はい(네)라고 한 다음에 ～ませんでした로 대답하고, 부정 대답은 いいえ(아니요)라고 한 다음에 ～ました로 대답하면 됩니다.

はい、飛びませんでした。 네, 날아가지 않았습니다.

はい、消しませんでした。 네, 안 껐습니다.

いいえ、飲みました。 아니요, 마셨어요.

いいえ、出しました。 아니요, 냈어요.

예문 40-4-1.mp3
예문 40-4-2.mp3

3단계 회화로 다지기

無い[ない] 없다
落とす[おとす] ⑤ 떨어뜨리다
上野[うえの] 우에노(지명)
~行き[いき] ~행(ゆき로 읽기도 함)
~番線[ばんせん] ~번 승강장
色々と[いろいろと] 여러 가지로
お気を付けて[おきをつけて] 살펴가십시오

잠깐만요!

일본에서는 전철역 승강장을 1番線[いちばんせん](1번 승강장), 2番線[にばんせん](2번 승강장)과 같이 ~番線[ばんせん]이라는 말을 써서 말합니다.

일본 여행중인 기범이가 승강장 위치를 몰라 두리번거리는데 누군가 말을 걸어옵니다.

岡本 早紀： あのう……。
ホン・ギボム： はい？
岡本 早紀： 切符を無くしませんでしたか。
ホン・ギボム： 切符ですか。
(주머니를 뒤져 보더니) あれ？ 切符が無い。
岡本 早紀： これ、さっき落としましたよ。
ホン・ギボム： あ、ありがとうございます。
(가려는 おかもと를 향해) すみません。
あのう、上野行きは何番線ですか。
岡本 早紀： 上野ですか。2番線ですよ。
ホン・ギボム： そうですか。色々とありがとうございました。
岡本 早紀： いいえ。じゃ、お気を付けて。

おかもと さき : 저어…….
홍기범 : 네?
おかもと さき : 표를 잃어버리지 않았어요?
홍기범 : 표요?
(주머니를 뒤져 보더니) 어? 표가 없네.
おかもと さき : 이거, 좀 전에 떨어뜨렸어요.
홍기범 : 아, 감사합니다.
(가려는 おかもと를 향해)
잠깐만요. 저어, うえの행은 몇 번 승강장이에요?
おかもと さき : うえの요? 2번 승강장이에요.
홍기범 : 그렇습니까. 여러 가지로 감사합니다.
おかもと さき : 아니요. 그럼 살펴가세요.

한국어와 일본어, 시제가 다른 경우가 많아요!

회화에서 홍기범이 色々とありがとうございました(여러 가지로 감사했습니다)라고 인사했지요? 한국어라면 '여러 가지로 감사합니다'라고 하는 것이 자연스럽죠? 이런 상황에서는 일본어로도 현재형 ありがとうございます로 할 수도 있지만, 과거형 ありがとうございました로 하는 경우도 많습니다. 일본어는 '감사하다'는 인사를 할 때 '그 일'이 다 끝난 시점에서 인사할 때는 과거형으로 인사를 합니다. 여기 회화의 상황처럼 시간적 간격이 짧은 경우는 현재형과 과거형 둘 다 쓸 수 있지만 시간적 간격이 길 때는 과거형으로 인사합니다. 예를 들어 책을 빌렸다가 돌려줄 때는 책을 빌린 시간적 간격이 긴 편에 속하므로 돌려주면서 ありがとうございました라고 과거형으로 인사합니다. 한편, 책을 빌릴 때는 돌려줄 때까지 아직 상황이 끝나지 않았으므로 ありがとうございます라고 현재형으로 인사합니다. 그런데 반말의 경우는 ありがとう에 대응되는 과거형 인사말이 없어서 그냥 현재형으로 하면 됩니다.

1 주어진 일본어 문장을 보기와 같이 존댓말 문장으로 바꿔 보세요.

| 보기 | 祖父が死んだ。(할아버지가 죽었어.)
→ 祖父が死にました。(할아버지가 죽었습니다.)

1.
2.
3.
4.

2 주어진 일본어 문장을 보기와 같이 존댓말 문장으로 바꿔 보세요.

| 보기 | 新聞を読まなかった。(신문을 읽지 않았어.)
→ 新聞を読みませんでした。(신문을 읽지 않았습니다.)

1.
2.
3.
4.

3 ( ) 속에 들어갈 적절한 글자를 보기와 같이 써 보세요.

| 보기 | 新聞(を)読みました。신문을 읽었습니다.

1. 祖父が死(　　　　　　)。할아버지가 죽었습니다.
2. 電気を消(　　　　　　)。불을 안 껐습니다.
3. データが飛(　　　　　　)。데이터가 날아갔어요?
4. いいえ、飛(　　　　　　)。아니요, 날아가지 않았어요.

4 주어진 동사를 활용시켜 보세요.

사전형	~합니다(ます형)	~하지 않습니다	~했습니다	~하지 않았습니다
1. 死ぬ[しぬ] (죽다)				
2. 読む[よむ] (읽다)				
3. 並ぶ[ならぶ] (줄서다)				
4. さす ((우산을)쓰다)				

5 주어진 단어를 우선 히라가나로 써 본 다음에 한자로도 써 보세요.

| 보기 | 없다 히라가나: な い 한자: 無 い

1. 조부, 할아버지(높이지 않는 호칭)

히라가나 한자

2. 표

히라가나 한자

3. 전기, 불

히라가나 한자

4. 여러 가지로

히라가나 한자

5단동사 활용 정리하기

아홉째마디에서 배운 5단동사의 반말과 존댓말 활용을 다시 한 번 정리해 봅시다.

5단동사의 반말 활용-보통체형

5단동사는 사전형 끝소리에 따라 활용이 4가지 그룹으로 나누어집니다. '보통체형'이라는 용어는 반말 활용 형태를 가리키는 말입니다. 나중에 다양한 표현을 배우게 되면 접속을 설명할 때 '보통체형'이라는 말이 나오게 되니 알아 두세요.

사전형 끝소리	현재 긍정	현재 부정	과거 긍정	과거 부정
く	書く[かく] 쓰다	書かない 쓰지 않다	書いた 썼다	書かなかった 쓰지 않았다
ぐ	脱ぐ[ぬぐ] 벗다	脱がない 벗지 않다	脱いだ 벗었다	脱がなかった 벗지 않았다
う	買う[かう] 사다	買わない 사지 않다	買った 샀다	買わなかった 사지 않았다
つ	持つ[もつ] 들다	持たない 들지 않다	持った 들었다	持たなかった 들지 않았다
る	撮る[とる] 찍다	撮らない 찍지 않다	撮った 찍었다	撮らなかった 찍지 않았다
ぬ	死ぬ[しぬ] 죽다	死なない 죽지 않다	死んだ 죽었다	死ななかった 죽지 않았다
む	読む[よむ] 읽다	読まない 읽지 않다	読んだ 읽었다	読まなかった 읽지 않았다
ぶ	呼ぶ[よぶ] 부르다	呼ばない 부르지 않다	呼んだ 불렀다	呼ばなかった 부르지 않았다
す	消す[けす] 끄다	消さない 끄지 않다	消した 껐다	消さなかった 끄지 않았다

예외적인 활용

아래 두 단어는 둘 다 5단동사인데, 활용이 예외적입니다.

현재 긍정	현재 부정	과거 긍정	과거 부정
行く[いく] 가다	行かない 가지 않다	行った 갔다	行かなかった 가지 않았다
ある (사물이)있다	ない 없다	あった 있었다	なかった 없었다

▶あるに 대해서는 49과에서 자세히 배우겠습니다.

5단동사의 존댓말 활용–정중체형

5단동사의 ます형은 〈い단+ます〉, 즉 사전형 끝소리(う단)를 い단으로 바꿔서 ます를 붙이면 됩니다. ～ます는 여러 형태로 활용이 됩니다.

ます형(긍정)	부정	과거	과거 부정
書きます[かきます] 씁니다	書きません 쓰지 않습니다	書きました 썼습니다	書きませんでした 쓰지 않았습니다
買います[かいます] 삽니다	買いません 사지 않습니다	買いました 샀습니다	買いませんでした 사지 않았습니다
読みます[よみます] 읽습니다	読みません 읽지 않습니다	読みました 읽었습니다	読みませんでした 읽지 않았습니다
消します[けします] 끕니다	消しません 끄지 않습니다	消しました 껐습니다	消しませんでした 끄지 않았습니다

가타카나 순서 맞추기 (15)

주어진 단어의 가타카나 표기를 옳은 순서로 나열해 보세요.

1. 아나운서 ン ナ ー ウ ア サ →

2. 인터뷰 ュ タ ン ビ イ ー →

3. 스타킹 キ ト ッ ン グ ス →

4. 유니폼 ユ ォ フ ー ム ニ →

5. 샐러리맨 ラ サ マ ー リ ン →

6. 트레이닝 ー レ ト ニ グ ン →

7. 캐릭터 ク ラ キ タ ャ ー →

8. 워킹 キ ォ ー ン グ ウ →

9. 홈페이지 ム ジ ホ ー ペ ー →

10. 오프닝 ン ニ ー オ グ プ →

정답 1. アナウンサー 2. インタビュー 3. ストッキング 4. ユニフォーム 5. サラリーマン 6. トレーニング 7. キャラクター 8. ウォーキング 9. ホームページ 10. オープニング

장문 읽어 보기

예문40-6.mp3

다음 장문을 처음에는 오디오만 들어보면서 내용을 파악해 본 다음에, 문장을 읽어 보며 의미를 확인해 보세요.

昨日は日曜日だった。週末だったから、私は10時に起きた。家族はみんな朝早く出かけた。でも、私は出かけなかった。一人でご飯を食べた。ご飯がおいしくなかった。午後は友達がうちに来た。友達と夜まで話をした。夜は友達と出かけた。とても寒かったから、厚いパンツをはいた。帽子もかぶった。晩ご飯は友達と一緒にピザを食べた。それから、ビールを飲んだ。帰りは雪が降った。雪がとてもきれいだった。

▶보통체형(반말)은 '~해'뿐만이 아니라 '~하다'로도 해석됩니다.

| 단어 |

日曜日[にちようび] 일요일
週末[しゅうまつ] 주말
私[わたし] 나, 저
家族[かぞく] 가족
一人で[ひとりで] 혼자서
ご飯[ごはん] 밥
午後[ごご] 오후
来た[きた] 왔다, 왔어
夜[よる] 밤
話[はなし] 이야기
寒い[さむい] 춥다
厚い[あつい] 두껍다
帽子[ぼうし] 모자
一緒に[いっしょに] 함께, 같이
ピザ 피자
帰り[かえり] 돌아오는 길, 돌아가는 길

| 해석 | 어제는 일요일이었다. 주말이어서 나는 10시에 일어났다. 가족들은 모두 아침 일찍 나갔다. 그렇지만 나는 나가지 않았다. 혼자서 밥을 먹었다. 밥이 맛있지 않았다. 오후에는 친구가 집에 왔다. 친구와 밤까지 이야기를 했다. 밤에는 친구와 함께 나갔다. 매우 추웠기 때문에 두꺼운 바지를 입었다. 모자도 썼다. 저녁은 친구와 피자를 먹었다. 그리고 맥주를 마셨다. 집에 올 때는 눈이 내렸다. 눈이 아주 아름다웠다.

열째마디

동사 과거형을 이용하여 말해 보자!

동사 과거형을 연습했는데요, 5단동사가 참 어렵죠? 어려워도 자꾸 반복해서 듣고 따라하다 보면 자연스럽게 감각이 생겨서 머리로 복잡한 규칙을 생각하지 않아도 입에서 일본어가 나오게 되니 걱정 마세요~! 여기에서는 동사 과거형을 이용한 여러 표현을 연습해 봅시다.

41 반말로 말해요

日本に行ったことがない。

일본에 간 적이 없어.

강의 및 예문 듣기

예문 41-1.mp3

워밍업 기본 회화 듣기

그림을 보면서 어떤 내용인지 추측하면서 회화를 들어 보세요.

예문 41-2.mp3

1단계 기본 단어 익히기

答える[こたえる] ① 답하다, 대답하다

歩く[あるく] ⑤ 걷다

踏む[ふむ] ⑤ 밟다

警察官[けいさつかん] 경찰관

警察[けいさつ] 경찰

質問[しつもん] 질문

足[あし] 발

スニーカー 스니커, 운동화

잠깐만요!

降る[ふる]((비, 눈 등이)내리다)에 쓰인 한자 降은 앞에서 降りる[おりる]((버스, 택시 등에서)내리다)라는 단어로 나왔는데 한자의 소리가 다르니 주의하세요. 그리고 降る[ふる]는 비나 눈 등이 하늘에서 내리는 것을 뜻하고, 降りる[おりる]는 버스나 택시 등에서 내리는 것을 뜻합니다.

🎧 예문 41-3.mp3

2단계
기본 문형 익히기

❶ ～たの？

～한 거야?

駅[えき] 역
社長[しゃちょう] 사장, 사장님

〈사전형+の?〉의 형태는 '～하는 거야?'라는 뜻이 되지요. 〈た형+の?〉의 형태는 과거형이 되기 때문에 '～한 거야?'라는 뜻이 됩니다.

警察官の質問に答えたの？ 경찰관(의) 질문에 대답한 거야?

駅まで歩いたの？ 역까지 걸은 거야?

社長の足を踏んだの？ 사장님(의) 발을 밟은 거야?

雪が降ったの？ 눈이 내린 거야?

た형을 써서 ～た?라고 물으면 단순히 '～했어?'라고 묻는 것이 되는데 ～の를 붙여서 ～たの?(～한 거야?)라고 물으면 상대방에 대한 관심, '알고 싶다'는 마음을 더 나타내게 됩니다.

❷ うん、～よ。 ううん、～よ。

응, ～야.
아니, ～야.

문장 끝에 ～よ를 붙여서 알려 주고자 하는 말투로 대답해 봅시다. ～よ는 절대로 소리의 높이를 내리지 마시고 살짝 올려서 발음하세요.

うん、答えたよ。 응, 대답했어.

うん、歩いたよ。 응, 걸었어.

ううん、踏まなかったよ。 아니, 안 밟았어.

ううん、降らなかったよ。 아니, 내리지 않았어.

～よ는 소리의 높이를 내려서 발음하면 '당연히 그랬지', '왜 물어보는 거야'와 같은 불쾌해 하거나 귀찮아하는 느낌을 주게 되니 주의하세요.

❸ ～なかったの？

～하지 않은 거야?

이번에는 ～なかった(～하지 않았어/～하지 않았다)에 ～の를 붙여서 '～하지 않은 거야?'라는 말투로 질문하는 연습을 해 봅시다. 이것도 역시 ～の를 붙이면 상대방에 대해 '알고 싶다'는 마음과 관심이 더 나타나게 됩니다.

잠깐만요!

～た？라고만 물어보면 자칫 말이 차갑게 느껴질 수 있는데, ～たの？로 물어보면 상대방에 대한 관심을 나타내게 되어 말이 따뜻해지는 경우가 많습니다.

昨日は出かけなかったの？	어제는 외출하지 않은 거야?
社長の足を踏まなかったの？	사장님(의) 발을 안 밟은 거야?
スニーカーを履かなかったの？	운동화를 안 신은 거야?
警察官の質問に答えなかったの？	경찰관(의) 질문에 대답하지 않은 거야?

❹ うん、～よ。 ううん、～よ。

응, ～야.
아니, ～야.

이번에도 ～よ를 붙여서 알려 주고자 하는 말투로 대답해 봅시다.

うん、出かけなかったよ。	응, 외출하지 않았어.
うん、踏まなかったよ。	응, 안 밟았어.
ううん、履いたよ。	아니, 신었어.
ううん、答えたよ。	아니, 대답했어.

❺ ～たことがある。 ～한 적이 있어.

日本[にほん] 일본
人[ひと] 사람
吸う[すう]
⑤ (담배를)피우다, 들이마시다

会う[あう](만나다)라는 동사를 쓸 때는 조사에 주의하세요. ～に会う(～를 만나다)와 같이 ～を가 아니라 ～に를 써야 합니다.

〈사전형＋ことがある〉의 형태는 '～하는 경우가/～할 때가 있어'라는 뜻이었지요? 〈た형＋ことがある〉의 형태는 '～한 적이 있어/있다'라는 뜻이 됩니다. 회화에서는 조사 が를 생략하여 ～たことある라고도 합니다.

ここから駅まで歩いたことがある。	여기에서 역까지 걸은 적이 있어.
日本に行ったことがある。	일본에 간 적이 있어.
その人に会ったことがある。	그 사람을 만난 적이 있어.
僕はたばこを吸ったことがある。	나는 담배를 피운 적이 있어.

❻ ～たことがない。 ～한 적이 없어.

映画[えいが] 영화

5단동사 ある(있다)의 ない형(부정형)이 ない입니다. 이미 無い[ない]로 연습했지요. 그런데 ～ことがない라고 할 때는 히라가나로 쓰는 경우가 많습니다. ある의 ない형이 예외적인 것이니 잘 기억해 두세요. '～하는 경우가 없어/없다'라고 하고 싶으면 〈사전형＋ことがない〉라고 하면 됩니다.

ある를 ない로 바꿔서 〈た형＋ことがない〉라고 하면 '～한 적이 없어/없다'라는 뜻이 됩니다. 회화에서는 조사 が를 생략하여 ～たことない라고도 합니다.

ここは雪が降ったことがない。	여기는 눈이 내린 적이 없어.
日本の映画を見たことがない。	일본 영화를 본 적이 없어.
私はまだお酒を飲んだことがない。	나는 아직 술을 마신 적이 없어.
警察に電話をかけたことがない。	경찰에 전화를 건 적이 없어.

예문41-4-1.mp3
예문41-4-2.mp3

3단계
회화로 다지기

運動靴[うんどうぐつ] 운동화
~円[えん] ~엔
高い[たかい] 비싸다, 높다
おばあちゃん 할머니(직접 부르는 호칭)
くれる ① 주다
まったくもう 나 원 참

일본어에는 '주다'라는 뜻을 가진 동사가 あげる와 くれる 두 가지가 있습니다. 쓰임 차이에 대해서는 51과에서 배우겠습니다.

현관에서 신발을 신는 아들을 보니, 본 적이 없는 운동화를 신고 있네요.

田中 百合: 新しい運動靴、買ったの？
田中 雄大: 運動靴?! スニーカーです。
田中 百合: スニーカー？ 運動靴じゃないの？
田中 雄大: そんな言葉、使ったことない。
田中 百合: そう？ じゃ、そのスニーカー、買ったの？
田中 雄大: うん、昨日買ったよ。
田中 百合: いくら？
田中 雄大: 17,800円。
田中 百合: 17,800円?! 高い！
そんなお金、どこにあったの？
田中 雄大: おばあちゃんがくれた。
田中 百合: まったくもう！

たなか ゆり : 새 운동화 산 거야?
たなか ゆうだい : 운동화?! 스니커라구요.
たなか ゆり : 스니커? 운동화 아닌 거야?
たなか ゆうだい : 그런 말, 쓴 적 없어.
たなか ゆり : 그래? 그럼, 그 스니커 산 거야?
たなか ゆうだい : 응, 어제 샀어.
たなか ゆり : 얼마니?
たなか ゆうだい : 17,800엔.
たなか ゆり : 17,800엔?! 비싸네!
그런 돈(이) 어디 있었던 거야?
たなか ゆうだい : 할머니가 줬어.
たなか ゆり : 나 원 참.

スニーカー와 運動靴[うんどうぐつ]

スニーカー도 運動靴도 '운동화'를 가리키는 말입니다. 엄격히 따지면 차이가 있다는 사람도 있지만 보통 같은 뜻으로 씁니다. 초등학교에서는 학교에서 運動靴라는 말을 쓰는 경우가 있지만, 일상적으로 젊은 사람들은 スニーカー라는 말을 쓰고 나이가 아주 많은 사람들이 運動靴라는 말을 씁니다. 그러니 '운동화'를 직역해서 運動靴라고 하면 노인 같은 느낌을 주니까 주의하세요.^^ 運動靴[うんどうぐつ]는 運動[うんどう](운동)와 靴[くつ](구두, 신발)가 합해진 말인데, 뒷단어 靴의 소리가 くつ에서 ぐつ로 바뀌었죠? 이와 같이 복합명사가 될 때는 뒷단어의 첫소리가 탁음화되는 경우가 꽤 있습니다.

1 주어진 질문을 ～たの？(~한 거야?)/～なかったの？(~하지 않은 거야?)라는 질문으로 바꿔 보세요.

| 보기 | 警察官の質問に答えましたか。(경찰관(의) 질문에 대답했습니까?)
→ 警察官の質問に答えたの？ (경찰관(의) 질문에 대답한 거야?)

1. ______________________
2. ______________________
3. ______________________
4. ______________________

2 주어진 문장을 ～たことがある/ない(~한 적이 있어/없어)라는 문장으로 바꿔 보세요.

| 보기 | ここは雪が降りません。(여기는 눈이 내리지 않습니다.)
→ ここは雪が降ったことがない。(여기는 눈이 내린 적이 없어.)

1. ______________________
2. ______________________
3. ______________________
4. ______________________

3 (　) 속에 들어갈 적절한 글자를 보기와 같이 써 보세요.

| 보기 | 駅まで歩(いた)の？ 역까지 걸은 거야?

1. 社長(　　)足を踏んだ(　　)？ 사장님(의) 발을 밟은 거야?
2. ううん、踏まなかった(　　)。아니, 안 밟았어. (알려 주고자 하는 말투로)
3. その人(　　)会(　　　　)ことがある。그 사람을 만난 적이 있어.
4. 警察に電話をかけたことが(　　　　)。경찰에 전화를 건 적이 없어.

4 주어진 단어를 우선 히라가나로 써 본 다음에 한자로도 써 보세요.

|보기| 경찰

히라가나: け い さ つ

한자: 警 察

1. 답하다, 대답하다

히라가나 □□□□ 한자 □□□

2. 걷다

히라가나 □□□ 한자 □□

3. 질문

히라가나 □□□□ 한자 □□

4. 발

히라가나 □□ 한자 □

5. ~엔

히라가나 □□ 한자 □

가타카나 고르기 (1)

주어진 단어의 가타카나 표기를 보기 안에서 골라 완성해 보세요.
(보기 안에 있는 가타카나는 여러 번 써도 됩니다.)

| 보기 |

ア ス ソ ム モ ロ ン ガ ゴ
ダ デ ド パ ペ

1. 고무
→ ______________________

2. 도어, 문
→ ______________________

3. 빵
→ ______________________

4. 가스
→ ______________________

5. 댐
→ ______________________

6. 패스
→ ______________________

7. 껌
→ ______________________

8. 데모
→ ______________________

9. 솔로
→ ______________________

10. 페어(pair, 한 쌍)
→ ______________________

정답 1. ゴム 2. ドア 3. パン 4. ガス 5. ダム 6. パス 7. ガム 8. デモ 9. ソロ 10. ペア

학습일 월  일

42 존댓말로 말해요

富士山に登ったんですか。

ふじ산에 올라간 거예요?

강의 및 예문 듣기

예문 42-1.mp3

워밍업 기본 회화 듣기

그림을 보면서 어떤 내용인지 추측하면서 회화를 들어 보세요.

예문 42-2.mp3

1단계 기본 단어 익히기

忘れる[わすれる] ① 잊다, 잊어버리다

乗る[のる] ⑤ (차, 비행기 등을) 타다

登る[のぼる] ⑤ 오르다, 올라가다

青い[あおい] 파랗다, 푸르다

名前[なまえ] 이름

山[やま] 산

川[かわ] 강

Tシャツ[てぃーしゃつ] 티셔츠

漢字[かんじ] 한자

예문 42-3.mp3

2단계
기본 문형 익히기

❶ ~たんですか。 ~한 겁니까?

遊ぶ[あそぶ] ⑤ 놀다

잠깐만요!

乗る[のる](타다)를 쓸 때는 조사에 주의하세요. ~に乗る(~를 타다)와 같이 ~を가 아니라 ~に를 써야 합니다. 잘못 쓰기 쉬우니 조사와 함께 기억해 두는 것이 좋습니다.

앞에서 배운 ~たの?(~한 거야?)의 존댓말은 の를 んですか로 바꿔서 〈た형+んですか〉(~한 겁니까?)라고 하면 됩니다. 참고로 ~んですか의 ん은 발음하기 편하게 の가 ん으로 바뀐 것입니다.

名前を忘れたんですか。	이름을 잊어버린 겁니까?
飛行機に乗ったんですか。	비행기를 탄 겁니까?
山に登ったんですか。	산에 올라간 거예요?
川で遊んだんですか。	강에서 논 거예요?

❷ はい、~。 네, ~. いいえ、~。 아니요, ~.

はい(네) 또는 いいえ(아니요)를 써서 질문에 대답해 봅시다. 끝에 よ를 붙여서 대답할 수도 있지만, 존댓말에서는 끝에 よ를 붙이면 예의에 어긋난 말투가 되는 경우도 있으니 よ를 붙이지 말고 연습하겠습니다.

はい、忘れました。	네, 잊어버렸습니다.
はい、乗りました。	네, 탔습니다.
いいえ、登りませんでした。	아니요, 올라가지 않았어요.
いいえ、遊びませんでした。	아니요, 안 놀았어요.

❸ ～なかったんですか。 ～하지 않은 겁니까?

앞에서 배운 ～なかったの?(～하지 않은 거야?)의 존댓말도 역시 の를 んですか로 바꿔서 ～なかったんですか(～하지 않은 겁니까?)라고 하면 됩니다.

青いTシャツを買わなかったんですか。 파란 티셔츠를 사지 않은 겁니까?

漢字を習わなかったんですか。 한자를 안 배운 겁니까?

名前を忘れなかったんですか。 이름을 잊어버리지 않은 거예요?

タクシーに乗らなかったんですか。 택시를 안 탄 거예요?

❹ はい、～。 네, ～.
いいえ、～。 아니요, ～.

はい(네) 또는 いいえ(아니요)를 써서 질문에 대답해 봅시다.

はい、買いませんでした。 네, 사지 않았습니다.

はい、習いませんでした。 네, 안 배웠습니다.

いいえ、忘れました。 아니요, 잊어버렸어요.

いいえ、乗りました。 아니요, 탔어요.

❺ ～たことがあります。 ～한 적이 있습니다.

～たことがある(～한 적이 있어)의 존댓말은 끝의 ある를 존댓말 あります로 바꾸면 됩니다. 즉 〈た형+ことがあります〉의 형태가 되는 것이지요.

잠깐만요!

여기에서 忘れる[わすれる] (잊어버리다)라는 동사를 배웠는데 앞에서 無くす[なくす](잃어버리다)라는 동사를 배웠던 거 기억하세요? 忘れる는 기억했던 것을 잊어버렸거나 뭔가를 깜빡 잊고 놓고 왔을 때 쓰지만 無くす는 '분실'하는 겁니다. 따라서 어떤 물건을 忘れた라고 하면 어디에 있는지는 아는데 가져오는 것을 잊어버린 것이고, 無くした라고 하면 그 물건을 분실해서 어디에 있는지도 모르는 경우입니다.

山に登ったことがあります。 산에 올라간 적이 있습니다.

青いTシャツを着たことがあります。 파란 티셔츠를 입은 적이 있습니다.

漢字を習ったことがあります。 한자를 배운 적이 있어요.

友達の名前を忘れたことがあります。 친구(의) 이름을 잊어버린 적이 있어요.

❻ ～たことがありません。 ～한 적이 없습니다.

'～한 적이 없습니다'라고 할 때는 ～たことがあります(～한 적이 있습니다)의 あります(있습니다)를 ありません(없습니다)으로 바꾸기만 하면 됩니다.

飛行機に乗ったことがありません。 비행기를 탄 적이 없습니다.

山に登ったことがありません。 산에 올라간 적이 없습니다.

川で泳いだことがありません。 강에서 수영한 적이 없어요.

青いTシャツを着たことがありません。 파란 티셔츠를 입은 적이 없어요.

예문42-4-1.mp3
예문42-4-2.mp3

3단계
회화로 다지기

富士山[ふじさん] ふじ산(산 이름)
~月[がつ] ~월
~日[にち] ~일
頂上[ちょうじょう] 정상
日の出[ひので] 일출, 해돋이

잠깐만요!

▶ 한국인의 성씨인 張(장)은 개인적으로는 영어로 Chang으로 쓴다면 チャン, Jang으로 쓴다면 ジャン으로 쓰는 것이 좋다고 생각하는데, 일본에서 チャン으로 표기하는 경우가 많아서 チャン으로 소개해 드렸습니다.

▶ 12月31日은 じゅうにがつ さんじゅういちにち라고 읽고, 1月1日은 いちがつ ついたち라고 읽습니다. 월, 일에 대해서는 564~565쪽을 참고하세요.

小島[こじま]는 장유나에게 富士山[ふじさん]에 가 본 적이 있는지 물어봅니다.

小島 健一: チャンさんは富士山に登ったことがありますか。
チャン・ユナ: いいえ、ありません。
小島 健一: そうですか。
チャン・ユナ: 小島さんは登ったことがありますか。
小島 健一: ええ、12月31日の夜に登りました。
チャン・ユナ: 夜に登ったんですか。
小島 健一: ええ。富士山の頂上で、1月1日の日の出を見ました。
チャン・ユナ: 富士山の頂上で日の出を見たんですか。
小島 健一: ええ、とてもきれいでしたよ。
チャン・ユナ: そうですか。
小島 健一: チャンさんは1月1日の日の出を見なかったんですか。
チャン・ユナ: ええ、見ませんでした。

こじま けんいち : 장(유나)씨는 ふじ산에 올라간 적이 있어요?
장유나 : 아니요, 없어요.
こじま けんいち : 그렇군요.
장유나 : こじま씨는 올라간 적이 있어요?
こじま けんいち : 네, 12월 31일 밤에 올라갔어요.
장유나 : 밤에 올라간 거예요?
こじま けんいち : 네. ふじ산 정상에서 1월 1일의 해돋이를 봤어요.
장유나 : ふじ산 정상에서 해돋이를 본 거예요?
こじま けんいち : 네, 아주 아름다웠어요.
장유나 : 그래요.
こじま けんいち : 장(유나)씨는 1월 1일의 해돋이를 안 본 거예요?
장유나 : 네, 안 봤어요.

일본에서 가장 높은 산은 富士山[ふじさん]!

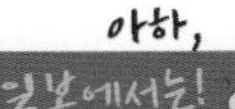

富士山은 일본에서 가장 높은 산으로 높이가 3,776m입니다. 등산객은 여름에 가장 많지만 새해 1월 1일의 해돋이를 보기 위해 등산하는 사람들도 무척 많습니다. 정상 근처에서는 사람들이 너무 많아 등산로가 막혀 제대로 올라가지 못해 해돋이를 못 보는 사람들도 생긴답니다. 좋은 자리에서 새해 해돋이를 보기 위해 해 뜨기 몇 시간 전에 미리 올라가서 자리를 맡아 놓는 사람들도 많답니다. 올라가기는 힘들어도 정상에서 보는 해돋이는 너무나도 아름답다고 하네요. 또한, 富士山[ふじさん]과 藤井さん[ふじいさん](ふじい씨)의 발음 구별을 못하는 사람들이 많은데, 藤井さん의 경우는 じい가 장음입니다.

1 주어진 질문을 ～たんですか(~한 겁니까?)/～なかったんですか(~하지 않은 겁니까?)라는 질문으로 바꿔 보세요.

| 보기 | 名前を忘れましたか。(이름을 잊어버렸습니까?)
→ 名前を忘れたんですか。(이름을 잊어버린 겁니까?)

1. ______________________________
2. ______________________________
3. ______________________________
4. ______________________________

2 주어진 문장을 ～たことがあります/ありません(~한 적이 있습니다/없습니다)라는 문장으로 바꿔 보세요.

| 보기 | 川で泳ぎません。(강에서 수영하지 않습니다.)
→ 川で泳いだことがありません。(강에서 수영한 적이 없습니다.)

1. ______________________________
2. ______________________________
3. ______________________________
4. ______________________________

3 (　　) 속에 들어갈 적절한 글자를 보기와 같이 써 보세요.

| 보기 | 青いＴシャツを買った(ん)ですか。파란 티셔츠를 산 겁니까?

1. 山に登(　　　　　　　　)んですか。산에 올라가지 않은 겁니까?
2. 飛行機(　　)乗った(　　　　)がありません。비행기를 탄 적이 없습니다.
3. 友達(　　)名前を忘(　　　　)ことがあります。
친구(의) 이름을 잊어버린 적이 있어요.
4. 川(　　)遊(　　　　　　　　)か。강에서 논 거예요?

예문42-5.mp3

4 주어진 단어를 우선 히라가나로 써 본 다음에 한자로도 써 보세요.

| 보기 | 한자 — 히라가나: か ん じ / 한자: 漢 字

1. (차, 비행기 등을) 타다

히라가나 [ ][ ] 한자 [ ][ ]

2. 파랗다, 푸르다

히라가나 [ ][ ][ ] 한자 [ ][ ]

3. 이름

히라가나 [ ][ ][ ] 한자 [ ][ ]

4. 산

히라가나 [ ][ ] 한자 [ ]

5. 강

히라가나 [ ][ ] 한자 [ ]

가타카나 고르기 (2)

주어진 단어의 가타카나 표기를 보기 안에서 골라 완성해 보세요.
(보기 안에 있는 가타카나는 여러 번 써도 됩니다.)

| 보기 |
ア　イ　ク　ス　テ　ト　ヒ　ラ　リ
ル　レ　ン　ゲ　ズ　ド　ブ　プ　ポ

1. 클래스, 학급
→ ____________

2. 포스트, 우체통
→ ____________

3. 플랜
→ ____________

4. 아랍
→ ____________

5. 템포
→ ____________

6. 드릴
→ ____________

7. 퀴즈
→ ____________

8. 게스트
→ ____________

9. 힌트
→ ____________

10. 펌프
→ ____________

정답 1. クラス 2. ポスト 3. プラン 4. アラブ 5. テンポ 6. ドリル 7. クイズ 8. ゲスト 9. ヒント 10. ポンプ

학습일  월 일

43 반말로 말해요

運動した方がいい。

운동하는 편이 좋아.

예문 43-1.mp3

워밍업 기본 회화 듣기

그림을 보면서 어떤 내용인지 추측하면서 회화를 들어 보세요.

예문 43-2.mp3

1단계 기본 단어 익히기

磨く[みがく] ⑤ 닦다

切る[きる] ⑤ 자르다, 끊다

運動[うんどう] 운동

散歩[さんぽ] 산책

歯[は] 이, 치아

顔[かお] 얼굴

髪[かみ] 머리카락

朝ご飯[あさごはん] 아침밥

예문 43-3.mp3

2단계
기본 문형 익히기

洗う[あらう] ⑤ 씻다
先生[せんせい] 선생님

일본어로 '세수를 하다'라고 할 때는 顔を洗う(얼굴을 씻다)라고 표현합니다.

❶ ～た方がいい。 ～하는 편이 좋아.

'～하는 편이 좋아/좋다', '～하는 게 (더) 좋아/좋다'라고 할 때는 〈た형+方[ほう]がいい〉라고 하면 됩니다. 方[ほう]의 원래 뜻은 '쪽'이라서 직역하면 '～쪽이 좋다'는 뜻이 되지요. 동사 た형에 접속된다는 점에 유의하세요.

歯を磨いた方がいい。 이를 닦는 편이 좋아.

顔を洗った方がいい。 세수를 하는 편이 좋아.

髪を切った方がいい。 머리를 자르는 편이 좋아.

先生の説明をよく聞いた方がいい。 선생님(의) 설명을 잘 듣는 편이 좋아.

❷ ～ない方がいい。 ～하지 않는 편이 좋아.

〈ない형+方がいい〉라고 하면 '～하지 않는 편이 좋아/좋다'라는 뜻이 됩니다. 方[ほう]는 히라가나로 쓰는 경우도 있습니다.

今日は運動しない方がいい。 오늘은 운동하지 않는 편이 좋아.

ここは散歩しない方がいい。 여기는 산책하지 않는 편이 좋아.

髪を切らない方がいい。 머리를 안 자르는 편이 좋아.

その人の説明は聞かない方がいい。 그 사람(의) 설명은 안 듣는 편이 좋아.

❸ ～た後で

～한 후에

薬[くすり] 약

〈た형+後で[あとで]〉라고 하면 '~한 후에'라는 뜻이 됩니다. 참고로 동사 た형 없이 後で[あとで]라고만 하면 '이따가'라는 뜻이 됩니다.

잠깐만요!

'약을 먹다'는 일본어로 薬を飲む[くすりを のむ](약을 마시다)라고 표현합니다. 씹어서 먹지 않고 꿀꺽 삼키는 경우는 食べる라고 하지 않고 飲む라고 합니다. 틀리지 않도록 주의하세요.

毎日、朝ご飯を食べた後で、顔を洗う。 매일 아침밥을 먹은 후에 세수를 해.

運動した後で、シャワーを浴びた。 운동한 후에 샤워를 했어.

先生の説明を聞いた後で質問した。 선생님(의) 설명을 들은 후에 질문했어.

この薬はご飯を食べた後で飲む。 이 약은 밥을 먹은 후에 먹어.

❹ ～の後で

～ 후에

食事[しょくじ] 식사
試合[しあい] 시합

동사의 경우는 た형 다음에 後で가 접속되지만, 명사의 경우는 조사 の를 넣어서 〈명사+の後で〉의 형태가 됩니다.

食事の後で歯を磨く。 식사 후에 이를 닦아.

仕事の後で運動をした。 일(이 끝난) 후에 운동을 했어.

会議の後で晩ご飯を食べた。 회의(가 끝난) 후에 저녁밥을 먹었어.

試合の後でパーティーをした。 시합 후에 파티를 했어.

❺ ～たり～たり

～하거나 ～하거나

'～하거나 ～하거나', '～하기도 하고 ～하기도'라고 할 때는 〈동사 た형＋り 동사 た형＋り〉라고 합니다. 해석할 때 '～하거나'를 반복하는 것이 부자연스러울 때는 뒤쪽의 '～하거나'를 생략하기도 합니다.

한국어에 '왔다리 갔다리'라는 말이 있지요? 여기서 배운 일본어 ～たり～たり가 한국어에 들어간 것이랍니다.

朝、顔を洗ったり歯を磨いたりする。 아침에 세수를 하거나 이를 닦아.

週末は運動したり散歩したりする。 주말은 운동하기도 하고 산책하기도 해.

学校で先生の説明を聞いたり、友達と話したりした。
학교에서 선생님(의) 설명을 듣기도 하고 친구와 이야기하기도 했어.

パーティーでご飯を食べたり、お酒を飲んだりした。
파티에서 밥을 먹거나 술을 마셨어.

❻ ～とか～とか

～라든가 ～라든가

飴[あめ] 사탕
好きな[すきな] 좋아하는
韓国[かんこく] 한국
旅行[りょこう] 여행
お土産[おみやげ] 선물, 기념 선물
飲み会[のみかい] 술 모임
来る[くる] 오다

〈～たり～たり〉의 형태는 동사를 써야 하는데, 명사로 표현할 때는 〈～とか～とか〉의 형태를 씁니다. 이것 역시 뒤쪽의 '～라든가'를 생략하는 경우가 많으며 '～등'으로 달리 해석하기도 합니다.

앞에서 설명 드렸듯이 일본어 동사에는 미래형이 없으며 현재형이 미래형도 나타냅니다. 그래서 飲み会に原田さんとか竹内さんとかが来る도 해석이 '술 모임에 はらだ씨라든가 たけうち씨 등이 올 거야'라는 미래형으로 해석한 겁니다. 일본어에서는 '현재'에 대해 말할 때는 현재진행형이 쓰이는 경우가 많아요.

私はチョコレートとか飴とかが好き。 나는 초콜릿이라든가 사탕 등을 좋아해.

韓国旅行のお土産はのりとかキムチとかがいい。
한국 여행(의) 선물은 김이라든가 김치 등이 좋아.

週末はいつも運動とか散歩とかをする。
주말은 항상 운동이라든가 산책 등을 해.

飲み会に原田さんとか竹内さんとかが来る。
술 모임에 はらだ씨라든가 たけうち씨 등이 올 거야.

예문 43-4-1.mp3
예문 43-4-2.mp3

3단계 회화로 다지기

天気[てんき] 날씨
掃除[そうじ] 청소
洗濯[せんたく] 빨래, 세탁
昼ご飯[ひるごはん] 점심밥
授業[じゅぎょう] 수업
サボる 빼먹다
大丈夫な[だいじょうぶな] 괜찮은

잠깐만요!

瞳[ひとみ]가 昼ご飯[ひるごはん] 앞에 お를 붙여서 お昼ご飯이라고 했지요? 앞에서도 설명 드렸듯이 명사 앞에 お나 ご를 붙여서 말을 공손하게 만드는 경우가 많습니다. 그런데 단어에 따라서는 お나 ご를 안 붙이면 거친 말투가 되는 단어들이 있습니다. 昼ご飯 같은 경우도 お 없이 쓰면 약간(심하진 않지만) 거친 느낌이 있어서 여자들은 お를 붙여서 쓰는 경우가 많습니다.

월요일에 강의를 같이 듣는 준수와 瞳[ひとみ]가 주말에 무엇을 했는지 서로 물어봅니다.

ソ・ジュンス：週末は天気がすごくよかったね。
酒井 瞳：うん。ジュンスは週末に何した？
ソ・ジュンス：掃除とか洗濯とかした。瞳は？
酒井 瞳：犬と散歩したり、テレビを見たりした。
ソ・ジュンス：そう。
酒井 瞳：ねえ、今日、一緒にお昼ご飯を食べた後で映画見ない？
ソ・ジュンス：俺、午後も授業がある。
酒井 瞳：(아쉬워하는 표정으로) そう。
ソ・ジュンス：じゃ、今日は午後の授業、サボるよ。
酒井 瞳：え?! いいの？
ソ・ジュンス：うん、大丈夫！

서준수 : 주말은 날씨가 엄청 좋았지.
さかい ひとみ : 응. 준수는 주말에 뭐 했어?
서준수 : 청소라든가 빨래를 했어. ひとみ는?
さかい ひとみ : 강아지랑 산책하기도 하고 TV를 보기도 했어.
서준수 : 그렇구나.
さかい ひとみ : 있잖아, 오늘 같이 점심 먹은 후에 영화 보지 않을래?
서준수 : 나, 오후에도 수업이 있어.
さかい ひとみ : (아쉬워하는 표정으로) 그렇구나.
서준수 : 그럼, 오늘은 오후 수업 빼먹을게.
さかい ひとみ : 어? 괜찮은 거야?
서준수 : 응, 괜찮아!

る가 붙어서 동사로 쓰이는 말들

이번 회화에서 나온 サボる[サボタージュ(사보타주)+る](게으름 피우다, 빼먹다)와 같이, 일본어에는 외래어(가타카나)에 る를 붙여서, 혹은 명사(한자어)에 る를 붙여서 동사로 쓰는 말들이 있습니다.

パニクる(당황하다)＝パニック(패닉, panic)＋る
メモる(메모하다)＝メモ(메모, memo)＋る
ググる(구글로 검색하다)＝グーグル(구글)＋る
事故る[じこる](교통사고를 내다)＝事故[じこ](사고)＋る
ハモる(합창 등에서 하모니를 이루다)＝ハーモニー(하모니, harmony)＋る
トラブる(문제가 생기다, 말썽이 생기다)＝トラブル(트러블, trouble)＋る
ダブる(중복되다, 겹치다)＝ダブル(더블, double)＋る
ミスる(실수하다, 미스를 하다)＝ミステイク(미스테이크, mistake)＋る
デコる(장식하다:주로 핸드폰)＝デコレーション(데코레이션, decoration)＋る
告る[こくる](고백하다:주로 사랑 고백)＝告(白)[こく(はく)](고백)＋る

1 주어진 문장을 ～た方がいい(～하는 편이 좋아)/～ない方がいい(～하지 않는 편이 좋아)라는 문장으로 바꿔보세요.

| 보기 | 歯を磨きます。(이를 닦습니다.)
→ 歯を磨いた方がいい。(이를 닦는 편이 좋아.)

1. ______________________
2. ______________________
3. ______________________
4. ______________________

2 주어진 단어와 문장을 써서 ～た後で(～한 후에)/～の後で(～ 후에)라는 문장을 만들어 보세요.

| 보기 | 仕事 (일) ・ 運動をした (운동을 했다)
→ 仕事の後で、運動をした。(일(이 끝난) 후에 운동을 했어.)

1. ______________________
2. ______________________
3. ______________________
4. ______________________

3 (　　) 속에 들어갈 적절한 글자를 보기와 같이 써 보세요.

| 보기 | 髪を切(った)方がいい。머리를 자르는 편이 좋아.

1. 朝、顔を洗(　　　　　　)歯を磨(　　　　　　)する。
아침에 세수를 하거나 이를 닦아.

2. 週末はいつも運動(　　　　)散歩(　　　　)をする。
주말은 늘 운동이라든가 산책 등을 해.

3. ここは散歩(　　　　　　)方がいい。여기는 산책하지 않는 편이 좋아.

4. 先生(　　)説明を聞(　　　　)後で質問した。
선생님(의) 설명을 들은 후에 질문했어.

예문43-5.mp3

4 주어진 단어를 우선 히라가나로 써 본 다음에 한자로도 써 보세요.

| 보기 | 닦다 — 히라가나: み が く / 한자: 磨 く

1. 자르다, 끊다

히라가나 [ ][ ]　　한자 [ ][ ]

2. 운동

히라가나 [ ][ ][ ][ ]　　한자 [ ][ ]

3. 산책

히라가나 [ ][ ][ ]　　한자 [ ][ ]

4. 얼굴

히라가나 [ ][ ]　　한자 [ ]

5. 아침밥

히라가나 [ ][ ][ ][ ][ ]　　한자 [ ][ ][ ]

가타카나 고르기 (3)

주어진 단어의 가타카나 표기를 보기 안에서 골라 완성해 보세요.
(보기 안에 있는 가타카나는 여러 번 써도 됩니다.)

|보기|	ア	カ	ク	ケ	ス	ソ	ト	ノ	リ
	ル	ゴ	ジ	ゼ	ド	ブ	ポ	ッ	ー

1. 커브
→ ____________

2. 노크
→ ____________

3. 케이스
→ ____________

4. 젤리
→ ____________

5. 소스
→ ____________

6. 아시아
→ ____________

7. 룰
→ ____________

8. 리드
→ ____________

9. 포트(pot)
→ ____________

10. 골
→ ____________

정답 1. カーブ 2. ノック 3. ケース 4. ゼリー 5. ソース 6. アジア 7. ルール 8. リード 9. ポット 10. ゴール

학습일 월 일

존댓말로 말해요

薬を塗らない方がいいです。

약을 바르지 않는 편이 좋아요.

강의 및 예문 듣기

예문 44-1.mp3

워밍업
기본 회화 듣기

그림을 보면서 어떤 내용인지 추측하면서 회화를 들어 보세요.

예문 44-2.mp3

1단계
기본 단어 익히기

かける ① (안경을)쓰다

つける ① (불을)켜다

貼る[はる] ⑤ 붙이다

塗る[ぬる] ⑤ 바르다, 칠하다

持って行く[もっていく] ⑤ 가져가다

もらう ⑤ 받다, 얻다

ばんそうこう 반창고

コンタクト (콘택트)렌즈

奈良[なら] 나라(지명)

잠깐만요!

持って行く[もっていく](가져가다)는 억양을 '고저저저저'로 발음하기도 합니다.

예문44-3.mp3

2단계
기본 문형 익히기

❶ ～た方がいいです。 ～하는 편이 좋습니다.

眼鏡[めがね] 안경

～た方[ほう]がいい(～하는 편이 좋아)의 존댓말은 끝에 ～です를 붙여서 ～た方がいいです라고 하면 됩니다.

貼る[はる](붙이다)는 간혹 한자를 張る로 쓰는 경우도 있지만 貼る로 쓰는 것이 일반적입니다.

眼鏡をかけた方がいいです。	안경을 쓰는 편이 좋습니다.
電気をつけた方がいいです。	불을 켜는 편이 좋습니다.
ばんそうこうを貼った方がいいです。	반창고를 붙이는 편이 좋아요.
傘を持って行った方がいいです。	우산을 가져가는 편이 좋아요.

❷ ～ない方がいいです。 ～하지 않는 편이 좋습니다.

～ない方がいい(～하지 않는 편이 좋아)도 존댓말로 할 때 끝에 ～です만 붙여서 ～ない方がいいです라고 하면 됩니다.

전에도 말씀 드렸지만 眼鏡[めがね](안경)는 가타카나 メガネ로 쓰는 경우도 많습니다.

眼鏡をかけない方がいいです。	안경을 쓰지 않는 편이 좋습니다.
薬を塗らない方がいいです。	약을 바르지 않는 편이 좋습니다.
お金を持って行かない方がいいです。	돈을 안 가져가는 편이 좋아요.
プレゼントをもらわない方がいいです。	선물을 안 받는 편이 좋아요.

❸ ~た後で

~한 후에

이번에는 〈た형＋後[あと]で〉(~한 후에)를 존댓말로 연습해 봅시다.

映画を見た後で電気をつけました。 영화를 본 후에 불을 켰습니다.

薬を塗った後で、ばんそうこうを貼りました。 약을 바른 후에 반창고를 붙였습니다.

お酒を飲んだ後でたばこを吸いました。 술을 마신 후에 담배를 피웠어요.

お土産をもらった後で、電話をかけました。 선물을 받은 후에 전화를 걸었어요.

잠깐만요!

ばんそうこう는 한자로 絆創膏라고 쓰지만 한자가 어려우니 히라가나로 소개해 드렸습니다. 가타카나 バンソウコウ로 쓰기도 합니다.

❹ ~の後で

~ 후에

이번에는 〈명사＋の後[あと]で〉(~ 후에)를 존댓말로 연습해 봅시다.

中間試験の後で、友達と遊びます。 중간고사 후에 친구와 놉니다.

練習の後で昼ご飯を食べました。 연습 후에 점심밥을 먹었습니다.

散歩の後で、ゆっくりお茶を飲みました。 산책 후에 천천히 차를 마셨어요.

晩ご飯の後で運動をしました。 저녁식사 후에 운동을 했어요.

❺ ～たり～たり
~하거나 ~하거나

～たり～たり(~하거나 ~하거나/~하기도 하고 ~하기도)는 뒤에 쓰이는 する(하다)를 존댓말 します(합니다)로 바꾸면 존댓말이 됩니다.

コンタクトレンズ(콘택트렌즈)를 한국에서는 '렌즈'라고 줄이는데 일본에서는 コンタクト라고 줄입니다. 참고로 カラーコンタクト(컬러 콘택트렌즈)는 カラコン이라고 줄입니다. 그리고 '렌즈를 끼다'는 コンタクトをする(렌즈를 하다)라고 합니다.

薬を塗ったり、ばんそうこうを貼ったりしました。
약을 바르거나 반창고를 붙였습니다.

電気をつけたり消したりしました。
불을 켰다가 껐다가 했습니다.

電話をかけたり、プレゼントを持って行ったりしました。
전화를 걸기도 하고 선물을 가져가기도 했어요.

眼鏡をかけたりコンタクトをしたりします。
안경을 쓰거나 렌즈를 끼거나 해요.

❻ ～や～や～(など)
~며 ~며 ~(등)

앞에서 배운 ～とか～とか(~라든가 ~라든가)는 매우 구어적인 말입니다. 좀 더 격식 차린 말투인 ～や～や～(~며 ~며 ~/~나 ~나 ~/~라든가 ~라든가 ~)를 연습합시다. 뒤에 など(등)를 붙이는 경우도 있습니다.

韓国人[かんこくじん] 한국인

日本人[にほんじん] 일본인

中国人[ちゅうごくじん] 중국인

大阪や京都や奈良などへ行きます。
おおさか며 きょうと며 なら 등으로 갑니다.

鉛筆や消しゴムやノートなどをもらいました。
연필이며 지우개며 노트 등을 받았습니다.

～や～や～라는 표현에는 '언급한 것 외에도 더'라는 뉘앙스가 있기 때문에 など(등)라는 말 없이도 '그 외의 것이 포함된다'는 뉘앙스가 있습니다. 大阪や京都や奈良などへ行きます라고 하면 '세 곳 모두 가고 그 외의 곳에도 또 간다'는 뉘앙스입니다.

韓国人や日本人や中国人がいました。
한국 사람이나 일본 사람이나 중국 사람이 있었어요.

眼鏡やコンタクトをします。
안경이라든가 렌즈를 껴요.

예문 44-4-1.mp3
예문 44-4-2.mp3

3단계
회화로 다지기

後で[あとで] 이따가

잠깐만요!

塾[じゅく]는 '학원'이라는 뜻인데 보통 초중학생들이 다니는 학교 과목을 공부하는 보습학원이나 피아노학원 등을 가리킵니다. 고등학생들이 입시 준비를 위해 다니는 학원은 予備校[よびこう](예비교)라고 합니다.

어른들이 다니는 영어학원이나 요리학원 등은 특별히 총칭하는 '학원'이라는 말이 없어요. 구체적인 학원 이름을 말하거나 ～学校[がっこう](~학교), ～教室[きょうしつ](~교실) 등과 같은 말을 씁니다.

안경을 쓴 모습을 보여준 적이 없는 문영애 씨가 오늘은 안경을 쓰고 학원에 왔네요.

ムン・ヨンエ: こんにちは。

工藤 大輔: こんにちは。あれ? 眼鏡?

ムン・ヨンエ: 今日は後でプールに行きますから、コンタクトをしなかったんです。

工藤 大輔: ああ、そうですか。

ムン・ヨンエ: プールの後で、コンタクトをします。

工藤 大輔: そうですか。

ムン・ヨンエ: 眼鏡をかけない方がいいですか。

工藤 大輔: いいえ、眼鏡もかわいいですよ。

문영애 : 안녕하세요(낮 인사).
くどう だいすけ : 안녕하세요(낮 인사). 어라? 안경?
문영애 : 오늘은 이따가 수영장에 가기 때문에 렌즈를 안 꼈어요.
くどう だいすけ : 아~, 그렇군요.
문영애 : 수영 끝난 후에 렌즈를 낄 거예요.
くどう だいすけ : 그래요.
문영애 : 안경을 쓰지 않는 편이 좋아요?
くどう だいすけ : 아니요, 안경도 예뻐요.

'반창고'를 뭐라고 부르는지에 따라서 출신지를 알 수 있다? 일본에서는!

아하,

'반창고'를 ばんそうこう로 소개해 드렸는데 사실 도쿄를 중심으로 한 표준어권에서는 バンドエイド(밴드에이드)라고 부르는 사람이 더 많습니다. バンドエイド는 원래 상품명이기 때문에 사전적으로 옳은 말은 ばんそうこう입니다.
그런데 재미있는 것은, 일본은 지역에 따라 '반창고'를 부르는 말이 여러 가지로 나누어진다는 점입니다. 오른쪽의 지도를 보면 알 수 있듯이 지역에 따라 ばんそうこう, カットバン(커트밴), バンドエイド(밴드에이드), リバテープ(리버테이프), サビオ(사비오), キズバン(상처밴)이라는 말로 불립니다. ばんそうこう 외에는 모두 상품명에서 온 것이랍니다.

1 주어진 문장을 ～た方がいいです(～하는 편이 좋습니다)/～ない方がいいです(～하지 않는 편이 좋습니다)라는 문장으로 바꿔보세요.

| 보기 | 眼鏡をかけます。(안경을 씁니다.)
→ 眼鏡をかけた方がいいです。(안경을 쓰는 편이 좋습니다.)

1.
2.
3.
4.

2 주어진 두 문장을 써서 ～たり～たりしました(～하거나 ～하거나 했습니다/～하기도 하고 ～하기도 했습니다)라는 문장을 만들어 보세요.

| 보기 | 薬を塗る (약을 바르다) • ばんそうこうを貼る (반창고를 붙이다)
→ 薬を塗ったり、ばんそうこうを貼ったりしました。
(약을 바르거나 반창고를 붙였습니다.)

1.
2.
3.
4.

3 (　　) 속에 들어갈 적절한 글자를 보기와 같이 써 보세요.

| 보기 | 眼鏡を(かけた)方がいいです。안경을 쓰는 편이 좋습니다.

1. お金を持って(　　　　　　　　)方がいいです。
   돈을 가져가지 않는 편이 좋습니다.
2. お土産を(　　　　　　　　)後(　　)、電話をかけました。
   선물을 받은 후에 전화를 걸었습니다.
3. 中間試験(　　)後(　　)、友達と遊びます。중간고사 후에 친구랑 놀아요.
4. 大阪(　　)京都(　　)奈良などへ行きます。
   おおさか며 きょうと며 なら 등으로 가요.

4 주어진 단어를 우선 히라가나로 써 본 다음에 한자로도 써 보세요.

| 보기 | 오사카(지명)

히라가나				한자	
お	お	さ	か	大	阪

1. 바르다, 칠하다

히라가나 한자

2. 가져가다

히라가나 한자

3. 약

히라가나 한자

4. 나라(지명)

히라가나 한자

5. 이따가

히라가나 한자

가타카나 고르기 (4)

주어진 단어의 가타카나 표기를 보기 안에서 골라 완성해 보세요.
(보기 안에 있는 가타카나는 여러 번 써도 됩니다.)

| 보기 |

コ ス タ チ テ ト フ マ ヨ リ
ル ワ ン ド ボ プ ペ ァ ッ ー

1. 펫(pet, 애완동물)
→ ______

2. 코드
→ ______

3. 스타
→ ______

4. 테마
→ ______

5. 팁
→ ______

6. 프리
→ ______

7. 볼, 공
→ ______

8. 요트
→ ______

9. 타워
→ ______

10. 팬(fan)
→ ______

정답 1. ペット 2. コード 3. スター 4. テーマ 5. チップ 6. フリー 7. ボール 8. ヨット 9. タワー 10. ファン

장문 읽어 보기

예문 44-6.mp3

다음 장문을 처음에는 오디오만 들어보면서 내용을 파악해 본 다음에, 문장을 읽어 보며 의미를 확인해 보세요.

あなたは朝ご飯を食べますか、食べませんか。朝ご飯は何を食べますか。パンやコーヒーですか。ご飯ですか。朝ご飯は食べた方がいい、食べない方がいい、意見は色々あります。実は、朝ご飯を食べる、食べない、どちらもメリットがあります。朝ご飯には甘い物や卵を食べた方がいいです。でも、甘いパンや缶コーヒーは砂糖がとても多いですから、食べない方がいいです。朝、卵は食べた方がいいです。でも、たくさん食べない方がいいです。

| 단어 |
何[なに] 무엇
色々[いろいろ] 여러 가지
甘い[あまい] 달다
缶コーヒー[かんこーひー] 캔커피
パン 빵
実は[じつは] 실은, 사실은
物[もの] 것, 물건
砂糖[さとう] 설탕
意見[いけん] 의견
メリット 메리트, 장점
卵[たまご] 계란, 알
多い[おおい] 많다

| 해석 | 당신은 아침밥을 먹습니까, 먹지 않습니까? 아침밥은 무엇을 먹습니까? 빵이라든가 커피입니까? 밥입니까? 아침밥은 먹는 편이 좋다, 먹지 않는 편이 좋다, 의견은 여러 가지 있습니다. 실은 아침밥을 먹는다, 안 먹는다, 양쪽 다 장점이 있습니다. 아침밥에는 단것이나 계란을 먹는 편이 좋습니다. 그런데 달콤한 빵이나 캔커피는 설탕이 매우 많기 때문에 먹지 않는 편이 좋습니다. 아침에 계란은 먹는 편이 좋습니다. 그렇지만 많이 먹지 않는 편이 좋습니다.

: 다섯째마당 :

한국인 티를 벗어나자!

열한째마디 · 내가 원하는 것을 표현하기!
열두째마디 · 한국 사람이 잘 틀리는 표현들

일본어 동사 과거형이 참 어려우셨죠? 그렇지만 이제 큰 고비를 하나 넘었습니다~! 지금 상태에서 완벽하지 못하더라도 걱정 마세요. 배웠다고 바로 입에서 나오는 사람은 없습니다. 꾸준히 공부하다 보면 자연스럽게 일본어가 입에서 나오는 날이 찾아옵니다. 다섯째마당에서는 일본어 기초과정을 학습한 사람이라면 누구나 다 알만한 표현들인데도 잘못 쓰는 경우가 꽤 있는 것들을 모아서 정리해 보았습니다. 일본어를 유창하게 하는 사람들 중에도 이런 부분에서 잘못 말하는 경우가 종종 있습니다. 외국인 티가 난다는 것으로 끝나면 다행이지만 잘못 말하게 되면 듣는 사람이 기분 나쁠 수도 있으니 조심해야겠죠. 그런 실수를 하지 않도록 여기에서 중요한 것들을 짚어 드리겠습니다.

열한째마디

내가 원하는 것을 표현하기!

여기에서는 달라고 말하는 법과 그 말에 대해 대답하는 법, 하고 싶은 것을 말하는 법에 대한 연습을 하겠습니다. 특히 주의해야 할 부분은 상대방이 뭔가를 해 달라고 하는 말에 대해 거절하는 경우입니다. 일본 사람들은 가족이나 친구 등 매우 친한 사이가 아닌 이상 직접적으로 거절하는 말을 사용하는 것을 피하는 것이 일반적입니다. 이런 부분에 신경 쓰면서 잘 배워 봅시다.

학습일  월 일

45 반말로 말해요

それ、ちょうだい。

그거, 줘.

강의 및 예문 듣기

예문 45-1.mp3

워밍업 기본 회화 듣기

그림을 보면서 어떤 내용인지 추측하면서 회화를 들어 보세요.

예문 45-2.mp3

1단계 기본 단어 익히기

ちょうだい 줘

人形[にんぎょう] 인형

お菓子[おかし] 과자

ライター 라이터

ガム 껌

キーホルダー 열쇠고리

だめな 안 되는

どうぞ 어서 ~(하세요)

いくら 얼마

~個[こ] ~개

全部[ぜんぶ] 전부, 모두

잠깐만요!

▶ 일본어에서 '봉제 인형'은 ぬいぐるみ라고 합니다. 人形와 ぬいぐるみ는 완전히 다른 것이니 구별에 주의하세요.

▶ 'ちょうだい(줘)의 억양이 '저고고고'로 되어 있지요. 이것은 '~를 줘'라고 부탁할 때입니다. 사전적인 억양은 '저고고저'입니다.

예문45-3.mp3

2단계

기본 문형 익히기

잠깐만요!

'줘'를 くれ로 알고 있는 사람들이 꽤 있는데, くれ는 くれる(주다)의 명령형으로 주로 남자들이 쓰는 매우 거친 말투입니다. 일상적으로 '줘'라고 할 때는 ちょうだい라고 합니다.

ちょうだい를 사전에서 찾아보면 '주세요'라는 공손한 말투로 해석되어 있는데 ちょうだい로 문장이 끝나는 경우는 공손한 말이 아니라 '줘'라는 뜻이니 주의하세요.

❶ ～、ちょうだい。 ～, 줘.

반말로 '～, 줘'라고 할 때는 ちょうだい라는 말을 씁니다.

この人形、ちょうだい。 이 인형, 줘.

そのお菓子、ちょうだい。 그 과자, 줘.

あのライター、ちょうだい。 저 라이터, 줘.

このガム、ちょうだい。 이 껌, 줘.

❷ ～と～、ちょうだい。 ～와 ～, 줘.

이번에는 조사 ～と(～와/과)를 사용하여 '～와 ～, 줘'라는 말을 연습해 봅시다.

この人形とキーホルダー、ちょうだい。 이 인형과 열쇠고리, 줘.

お茶とお菓子、ちょうだい。 차와 과자, 줘.

このたばことライター、ちょうだい。 이 담배랑 라이터, 줘.

そのガムと飴、ちょうだい。 그 껌과 사탕, 줘.

③ うん、~。 응, ~.
だめ。 안 돼.

うん(응)이라고 대답할 때는 뒤에 いいよ(좋아)라는 말을 붙이기도 하는데, 이때는 반드시 끝에 よ를 붙여야 합니다. よ 없이 いい라고만 하면 어색해요. だめ(안 돼)라는 말은 매우 친한 경우가 아니면 잘 쓰지 않으니 주의하세요.

잠깐만요!

うん、いいよ는 직역하면 '응, 좋아'가 되는데 '응, 그래' 정도의 느낌입니다. どうぞ는 주로 '어서'로 해석되는데 상대방이 어떤 행동을 하기를 권하는 말입니다. 그러니 상황에 맞게 의역하면 됩니다. 여기에서는 달라고 하는 말에 대한 대답이니 '가져가'라고 해석하면 되겠죠. どうぞ는 존댓말로도 쓰일 수 있는 말입니다.

え~는 억양에 신경 쓰셔야 해요. 그리고 だめ는 한자로 駄目라고 씁니다.

うん、いいよ。	응, 그래.
うん、どうぞ。	응, 가져가.
だめ。	안 돼.
え~!	에~! [거절, 항의의 느낌]

④ いくら? 얼마야?

금액을 물어볼 때는 いくら(얼마)라는 말을 씁니다.

この人形、いくら?	이 인형, 얼마야?
そのお菓子、いくら?	그 과자, 얼마야?
このライター、いくら?	이 라이터, 얼마야?
そのガム、いくら?	그 껌, 얼마야?

❺ ～円。

～엔이야.

일본 돈의 단위는 円[えん]이에요. 가격을 말할 때는 숫자에 円을 붙이면 됩니다. 그리고 한국과 달리 '몇 엔'이라는 한 자리 수도 많이 씁니다. 숫자가 기억이 잘 안 날 때는 563~564쪽을 참고하세요.

14,910円。	14,910엔이야.
3,675円。	3,675엔이야.
58円。	58엔이야.
105円。	105엔이야.

❻ ～で

～로, ～에

'3개(에) ~엔이야'와 같이 말할 때 '~에' 자리에 ～で를 씁니다. 이것을 수나 양을 한정시키는 '～で'라고 합니다.

2個で600円。	2개로 600엔이야.
3個で1,000円。	3개로 1,000엔이야.
10個で2,900円。	10개에 2,900엔이야.
全部で38,325円。	전부 다 해서 38,325엔이야.

예문45-4-1.mp3
예문45-4-2.mp3

3단계
회화로 다지기

直人[なおと]는 가게를 개업한 친구 현정이에게 축하 인사를 하려고 가게를 찾아갔습니다.

シン・ヒョンジョン： いらっしゃいませ。あ、直人！
西村 直人： 開店、おめでとう。
シン・ヒョンジョン： どうもありがとう。
西村 直人： この人形、いくら？
シン・ヒョンジョン： 14,910円。
西村 直人： ちょっと高いね。
このキーホルダーはいくら？
シン・ヒョンジョン： それは980円。
西村 直人： このライターは？
シン・ヒョンジョン： それは3,250円。
西村 直人： じゃ、そのキーホルダー10個と、このライター3個ちょうだい。全部でいくら？
シン・ヒョンジョン： 19,550円。
西村 直人： ちょっと負けてよ。
シン・ヒョンジョン： だめ！

신현정 : 어서 오십시오. 아, なおと !
にしむら なおと : 개점 축하해.
신현정 : 정말 고마워.
にしむら なおと : 이 인형, 얼마야?
신현정 : 14,910엔이야.
にしむら なおと : 좀 비싸네.
이 열쇠고리는 얼마야?
신현정 : 그건 980엔이야.
にしむら なおと : 이 라이터는?
신현정 : 그건 3,250엔이야.
にしむら なおと : 그럼, 그 열쇠고리 10개랑 이 라이터 3개 줘. 전부 다 해서 얼마야?
신현정 : 19,550엔이야.
にしむら なおと : 좀 깎아 줘.
신현정 : 안 돼!

いらっしゃいませ 어서 오십시오
開店[かいてん] 개점
負けて[まけて] 깎아 줘

잠깐만요!

負ける[まける]라는 동사의 기본적인 뜻은 '지다, 패하다'이지만, 가격을 깎을 때도 이 동사를 씁니다. 그런데 일본은 가격을 깎아 달라고 하지 않고 가격 그대로 사는 것이 보통이기 때문에 가격은 깎지 마세요~! 재래시장 같은 곳에서는 깎는 경우도 있지만 매우 드뭅니다.

どうぞ를 잘 알아 두면 편해요!

앞에서도 설명 드렸듯이 どうぞ는 상대방에게 어떤 행동을 하라고 권하는 말로, 공손한 말투에서도 반말에서도 두루 자주 쓰이는 말입니다. 버스나 지하철에서 자리를 양보할 때 쓰는 '앉으세요'라는 말을 일본어로 직역해서 말하면 '앉아라'라는 반 명령투로 들립니다. 이때는 どうぞ 한 마디만 하면 됩니다. 상대방이 '담배를 피워도 되나요?'라고 물었을 때도 どうぞ를 쓰는 것이 좋아요. 또한 どうぞ에는 '부디', '아무쪼록'이라는 강조의 뜻도 있어서 どうぞよろしくお願[ねが]いします(부디 잘 부탁합니다)와 같이 쓰지요. 그리고 どうぞ의 ぞ는 한국어 '조'와 달리 혀의 위치가 '조'보다 더 입 앞쪽, 잇몸과 윗니 사이쯤에 닿습니다('쏘' 발음 위치). 그리고 입술의 힘을 빼고 입이 둥글게 되지 않게 하세요.

1 주어진 두 단어를 써서 この～と～、ちょうだい(이 ~와 ~, 줘)라는 문장을 만들어 보세요.

| 보기 | 人形 (인형) • キーホルダー (열쇠고리)
→ この人形とキーホルダー、ちょうだい。(이 인형과 열쇠고리, 줘.)

1. ________________
2. ________________
3. ________________
4. ________________

2 주어진 단어를 써서 その～、いくら？(그 ~, 얼마야?)라는 질문을 만들어 보세요.

| 보기 | ライター (라이터)
→ そのライター、いくら？ (그 라이터, 얼마야?)

1. ________________
2. ________________
3. ________________
4. ________________

3 (　　) 속에 들어갈 적절한 글자를 보기와 같이 써 보세요.

| 보기 | そのお茶、(ちょうだい)。 그 차, 줘.

1. そのガム(　　)飴、ちょうだい。 그 껌과 사탕, 줘.
2. うん、いい(　　)。 응, 그래/좋아.
3. (　　　　)。 안 돼.
4. この飴は3個(　　)100円。 이 사탕은 3개에 100엔이야.

4 주어진 단어를 우선 히라가나로 써 본 다음에 한자로도 써 보세요.

| 보기 | 깎아 줘 | 히라가나: まけて | 한자: 負けて |

1. 인형
히라가나 한자

2. 과자
히라가나 한자

3. ~개
히라가나 한자

4. 전부, 모두
히라가나 한자

5. 개점
히라가나 한자

가타카나 고르기 (5)

주어진 단어의 가타카나 표기를 보기 안에서 골라 완성해 보세요.
(보기 안에 있는 가타카나는 여러 번 써도 됩니다.)

| 보기 |

カ　コ　シ　タ　チ　ト　ム　ラ　ン
ジ　ズ　ド　バ　ブ　ベ　ボ　プ　ッ
ャ　ョ　ー

1. 코트
→ ______________

2. 베드, 침대
→ ______________

3. 버튼, 단추
→ ______________

4. 커버
→ ______________

5. 팀
→ ______________

6. 톱(top)
→ ______________

7. 브러시
→ ______________

8. 보트
→ ______________

9. 쇼
→ ______________

10. 재즈
→ ______________

정답 1. コート 2. ベッド 3. ボタン 4. カバー 5. チーム 6. トップ 7. ブラシ 8. ボート 9. ショー 10. ジャズ

학습일  월 일

46 존댓말로 말해요

そのりんごをください。

그 사과를 주세요.

예문 46-1.mp3

워밍업
기본 회화 듣기

그림을 보면서 어떤 내용인지 추측하면서 회화를 들어 보세요.

예문 46-2.mp3

1단계
기본 단어 익히기

ください 주십시오, 주세요

困る[こまる] ⑤ 난처하다, 곤란하다

ボールペン 볼펜

牛乳[ぎゅうにゅう] 우유

机[つくえ] 책상

椅子[いす] 의자

りんご 사과

みかん 귤

セット 세트

예문46-3.mp3

2단계
기본 문형 익히기

❶ ～をください。 ～를 주십시오.

一つ[ひとつ] 하나
三つ[みっつ] 셋

'주십시오', '주세요'라고 할 때는 ください라는 말을 쓰면 됩니다. 一つ[ひとつ](하나), 二つ[ふたつ](둘), 三つ[みっつ](셋)에 대해서는 생각이 안 나시면 562쪽을 참고하세요.

このボールペンをください。	이 볼펜을 주십시오.
その卵をください。	그 계란을 주십시오.
あの牛乳を一つください。	저 우유를 하나 주세요.
このりんごを三つください。	이 사과를 3개 주세요.

❷ ～と～をください。 ～와 ～를 주십시오.

이번에는 조사 ～と(～와/과)를 사용하여 '～를 주십시오'라는 말을 연습해 봅시다.

잠깐만요!

'귤'을 '밀감'이라고도 하죠? '밀감'이라는 한자어의 일본음이 みかん이에요. '밀감'이랑 발음이 비슷해서 외우기 쉽죠?

そのノートとボールペンをください。	그 노트와 볼펜을 주십시오.
あの机と椅子をください。	저 책상과 의자를 주십시오.
この卵と牛乳をください。	이 계란과 우유를 주세요.
そのりんごとみかんをください。	그 사과와 귤을 주세요.

❸ はい、～。 네, ~.
ちょっと……。 좀…….

'はい(네)'라고 할 때는 뒤에 いいですよ(좋아요)라는 말을 붙이기도 하는데, 이때 끝에 よ를 꼭 붙여야 합니다. 거절할 때는 'ちょっと(좀)'라는 말만 해도 충분합니다. 그러니 무슨 부탁을 했을 때 일본 사람이 ちょっと라는 말을 한다면 거절의 뜻이라는 것을 알아 두세요.

잠깐만요!

いいですよ(좋아요)는 허락해 주는 뉘앙스를 가진 표현이므로 허락해 주는 상황이 아닌 경우에는 쓰지 마세요. 그리고 허락해 주는 상황이라 해도 どうぞ가 더 듣기 좋은 말이니 가능하면 どうぞ를 쓰도록 하세요.

はい、どうぞ。	네, 그러세요.
はい、いいですよ。	네, 좋아요.
ちょっと……。	좀…….
ちょっと困ります。	좀 곤란합니다.

❹ いくらですか。 얼마입니까?

금액을 물어볼 때는 いくら(얼마)를 사용하여 いくらですか(얼마입니까?)라고 하면 됩니다.

あの机はいくらですか。	저 책상은 얼마입니까?
この椅子はいくらですか。	이 의자는 얼마입니까?
そのりんごはいくらですか。	그 사과는 얼마예요?
このみかんはいくらですか。	이 귤은 얼마예요?

❺

~円です。

~엔입니다.

일본에서 쓰이는 돈은 円[えん]이죠. 円을 사용하여 금액을 말해 봅시다.

29,820円です。	29,820엔입니다.
16,530円です。	16,530엔입니다.
449円です。	449엔이에요.
268円です。	268엔이에요.

❻

~で

~로, ~에

수나 양을 한정시키는 ~で를 사용하여 존댓말로 말하는 연습을 해 봅시다.

二つ[ふたつ] 둘
四つ[よっつ] 넷
五つ[いつつ] 다섯

セットで46,350円です。	세트로 46,350엔입니다.
二つで28,500円です。	2개로 28,500엔입니다.
四つで414円です。	4개에 414엔이에요.
五つで276円です。	5개에 276엔이에요.

예문46-4-1.mp3
예문46-4-2.mp3

3단계
회화로 다지기

店員[てんいん] 점원
お釣り[おつり] 거스름돈

규리가 과일가게에 왔습니다. 오늘은 어떤 과일이 싼지 점원에게 물어봅니다.

店員： いらっしゃいませ。

コン・ギュリ： 今日は何が安いですか。

店員： 今日はりんごが安いですよ。
三つで332円です。

コン・ギュリ： そうですか。じゃ、六つください。

店員： はい、ありがとうございます。
それから、このみかん、おいしいですよ。

コン・ギュリ： いくらですか。

店員： 10個で376円です。

コン・ギュリ： じゃ、そのみかんもください。

店員： ありがとうございます。
全部で1,040円です。

コン・ギュリ： はい。

店員： 60円のお釣りです。
どうもありがとうございました。

점원 : 어서 오십시오.
공규리 : 오늘은 뭐가 싸요?
점원 : 오늘은 사과가 쌉니다.
3개에 332엔입니다.
공규리 : 그래요. 그럼, 6개 주세요.
점원 : 네, 감사합니다. 그리고 이 귤, 맛있어요.
공규리 : 얼마예요?
점원 : 10개에 376엔입니다.
공규리 : 그럼, 그 귤도 주세요.
점원 : 감사합니다.
전부 다 해서 1,040엔입니다.
공규리 : 네.
점원 : 60엔 거스름돈입니다. 정말 감사합니다.

お客様[きゃくさま]は神様[かみさま]です(손님은 신이십니다) 아하, 일본에서는!

일본에서 **お客様は神様です**(손님은 신이십니다)라는 말을 듣는 경우가 있는데, 이 말은 옛날에 일본의 유명한 가수가 한 말이랍니다. 일본에서는 손님에게 마치 신을 모시는 것처럼 잘해 주는 곳이 많습니다. 대부분의 가게에서 점원들은 손님들 앞에서 의자에 앉지도 않고 손님이 없어도 서 있도록 교육합니다. 그리고 손님들 눈에 보이는 곳에서 식사를 하지 않습니다. 한국에서는 손님들이 앉는 자리에 점원들이 앉거나 식사하는 경우도 많지요. 점원과 손님의 관계가 일본보다는 가깝고 편하다는 것을 느꼈습니다. 이건 어느 쪽이 좋고 나쁘다의 문제가 아니라 감각의 차이, 문화의 차이라고 생각해요.

1 주어진 두 단어를 써서 この～と～をください(이 ~와 ~를 주십시오)라는 문장을 만들어 보세요.

| 보기 | お茶 (차) • お菓子 (과자)
→ このお茶とお菓子をください。(이 차와 과자를 주십시오.)

1.
2.
3.
4.

2 주어진 단어를 써서 その～はいくらですか(그 ~는 얼마입니까?)라는 질문을 만들어 보세요.

| 보기 | りんご (사과)
→ そのりんごはいくらですか。(그 사과는 얼마입니까?)

1.
2.
3.
4.

3 (　) 속에 들어갈 적절한 글자를 보기와 같이 써 보세요.

| 보기 | この牛乳を(ください)。이 우유를 주십시오.

1. そのノート(　　)ボールペン(　　)ください。그 노트와 볼펜을 주세요.
2. はい、(　　　　　)。네, 그러세요.
3. このみかんは(　　　　　)ですか。이 귤은 얼마입니까?
4. 10個(　　)376円です。10개에 376엔입니다.

4 주어진 단어를 우선 히라가나로 써 본 다음에 한자로도 써 보세요.

| 보기 | 거스름돈 | 히라가나: お つ り | 한자: お 釣 り |

1. 난처하다, 곤란하다

히라가나 / 한자

2. 우유

히라가나 / 한자

3. 책상

히라가나 / 한자

4. 의자

히라가나 / 한자

5. 점원

히라가나 / 한자

가타카나 고르기 (6)

주어진 단어의 가타카나 표기를 보기 안에서 골라 완성해 보세요.
(보기 안에 있는 가타카나는 여러 번 써도 됩니다.)

| 보기 |
ア　イ　ウ　キ　ケ　シ　ス　セ　タ
チ　ツ　ト　ヤ　ロ　ズ　デ　ビ　プ
ッ　ャ　ー

1. 케이크
→ ______________

2. 셔츠
→ ______________

3. 세트
→ ______________

4. 로비
→ ______________

5. 스키
→ ______________

6. 치즈
→ ______________

7. 아웃
→ ______________

8. 타이어
→ ______________

9. 수프
→ ______________

10. 데이터
→ ______________

정답 1. ケーキ 2. シャツ 3. セット 4. ロビー 5. スキー 6. チーズ 7. アウト 8. タイヤ 9. スープ 10. データ

47

반말로 말해요

会いたい！

보고 싶어!

예문 47-1.mp3

워밍업

기본 회화 듣기

그림을 보면서 어떤 내용인지 추측하면서 회화를 들어 보세요.

예문 47-2.mp3

1단계

기본 단어 익히기

住む[すむ] ⑤ 살다, 거주하다

欲しい[ほしい] 갖고 싶다

答え[こたえ] 답, 정답, 대답

スーパー 슈퍼

家[いえ] 집

北朝鮮[きたちょうせん] 북한

花見[はなみ] 꽃구경, 꽃놀이

背[せ] 키, 등

近い[ちかい] 가깝다

焼肉[やきにく] 고기 구워 먹는 것

잠깐만요!

背[せ](키, 등)는 せい로 발음하는 경우도 있습니다. せい로 발음하면 '등'이라는 뜻으로는 쓰이지 않고 '키'라는 뜻으로만 쓰입니다. 그리고 일본어에서는 '키가 크다'를 背が高い[たかい](키가 높다)라고 표현합니다. 반대말인 '키가 작다'는 背が低い[ひくい](키가 낮다)가 됩니다.

예문 47-3.mp3

2단계
기본 문형 익히기

❶ ～たい。

～하고 싶어.

知る[しる] 알다
彼氏[かれし] 남자 친구

〈동사 ます형(ます삭제)+たい〉라고 하면 '~하고 싶어/싶다'라는 말이 됩니다. ます형은 1단동사는 어간 그대로이고, 불규칙동사는 来ます[きます]와 します, 5단동사는 い단으로 활용되죠.

'~에 살다'라고 할 때는 조사 ～に를 써서 ～に住む[すむ]라고 합니다. 住む는 '거주하다'의 '살다'라는 뜻으로, '인생을 살아가다'라는 뜻은 없습니다.

東京に住みたい。	とうきょう에 살고 싶어.
宿題の答えを知りたい。	숙제의 답을 알고 싶어.
彼氏に会いたい。	남자 친구를 보고 싶어.
スーパーで買い物したい。	슈퍼에서 장보고 싶어.

❷ ～たくない。

～하고 싶지 않아.

～たい(～하고 싶다)는 い형용사 활용(～い, ～くない, ～かった, ～くなかった)을 합니다. ～たい의 활용 형태를 연습해 봅시다.

일본어에서는 '보고 싶다'를 会いたい(만나고 싶다)라고 표현해요. 한국어를 직역해서 見たい[みたい]라고 하면 '구경하고 싶다, 봐 보고 싶다'라는 뜻이 되니 주의하세요! 그리고 '~를 보다/만나다'라고 할 때는 조사 に를 써서 ～に会う가 된다는 점도 주의하세요!

東京に住みたくない。	とうきょう에 살고 싶지 않아.
宿題の答えを知りたかった。	숙제의 답을 알고 싶었어.
彼氏に会いたくなかった。	남자 친구를 안 보고 싶었어.
スーパーで買い物したかった。	슈퍼에서 장보고 싶었어.

❸ ~が欲しい。

~가 갖고 싶어.

彼女[かのじょ]
여자 친구, 그녀

잠깐만요!

'집'이라는 뜻의 단어를 うち로 배웠죠? 여기에서는 '집'이 家[いえ]로 나옵니다. 둘 다 '집'을 뜻하는데, うち는 '가정', '우리 집'이라는 뜻도 가지고 있는 것에 비해 家는 그냥 '집'이라는 뜻밖에 없습니다.

명사를 사용하여 '~가 갖고 싶어'라고 할 때는 欲しい[ほしい]라는 말을 쓰면 됩니다. 한국어에서는 '~가 갖고 싶어'와 '~를 갖고 싶어' 둘 다 쓰이지만, 일본어는 ~が를 쓴다는 점에 유의하세요. 그리고 欲しい도 い형용사 활용을 합니다.

彼女が欲しい。	여자 친구가 갖고 싶어.
家が欲しくない。	집이 갖고 싶지 않아.
お金が欲しかった。	돈을 갖고 싶었어.
子供が欲しくなかった。	아이를 갖고 싶지 않았어.

❹ ~に

~하러

잠깐만요!

花見[はなみ](꽃구경)는 앞에 'お'를 붙인 お花見의 형태로 쓰이는 경우가 많습니다. 명사 앞에 お나 ご를 붙이면 말을 공손하게, 부드럽게 만들어 준다고 했지요. お 없이 花見라고만 하면 약간 거친 말투가 됩니다. 花見의 억양은 '저고고'인데 앞에 お가 붙어서 お花見가 되면 '저고고고'가 됩니다.

〈동사 ます형(ます삭제)+に〉라고 하면 '~하러'라는 뜻이 됩니다.

明日、友達とお花見をしに行く。	내일 친구와 꽃구경을 하러 가.
靴を買いに百貨店に来た。	구두를 사러 백화점에 왔어.
明日、東京へ家を見に行く。	내일 とうきょう로 집을 보러 가.
スーパーへ買い物しに来た。	슈퍼로 장보러 왔어.

料理[りょうり] 요리
誰[だれ] 누구
外国[がいこく] 외국
勉強[べんきょう] 공부
得意な[とくいな] 잘하는, 능숙한

잠깐만요! 

勉強の中で何が一番得意?(공부 중에서 뭘 가장 잘해?/뭐가 제일 능숙해?)라는 문장에서도 알 수 있듯이 서술어에 따라서 ~が를 '~을/를'로 해석하기도 합니다.

好きな[すきな](좋아하는, 좋은)/嫌いな[きらいな](싫어하는, 싫은)/上手な[じょうずな](잘하는, 능숙한)/下手な[へたな](잘 못하는, 서투른)/得意な[とくいな](잘하는, 능숙한)/苦手な[にがてな](잘 못하는, 서투른) 등이 그런 서술어입니다.

따라서 韓国料理の中で何が一番好き?를 '한국요리 중에서 무엇을 제일 좋아해?'라고 해석해도 됩니다.

❺ ~の中で~が一番~? ~ 중에서 ~가 제일 ~?

이 문형은 대상이 3가지 이상인 경우에 쓰입니다. 의문사는 대상에 따라 바꾸어 주어야 합니다. 대상이 2가지인 경우에는 ~と~とどっちが~(~와 ~ 중 어느 쪽이 더 ~?)라는 문형을 쓴다고 배웠죠? 생각이 잘 안 나시면 143쪽을 보세요.

韓国料理の中で何が一番好き? 한국요리 중에서 뭐가 제일 좋아?

家族の中で、誰が一番背が高い? 가족 중에서 누가 제일 키가 커?

外国の中で、どこが一番近い? 외국 중에서 어디가 가장 가까워?

勉強の中で何が一番得意? 공부 중에서 뭘 가장 잘해?

弟[おとうと] 남동생

잠깐만요! 

焼肉[やきにく]는 焼く[やく](굽다)와 肉[にく](고기)가 합해진 단어입니다. 한국요리 중에서 고기를 구워 먹는 것을 통틀어 焼肉라고 부르는데, 焼き肉로 쓰기도 해요.

❻ ~が一番~。 ~가 제일 ~.

~の中で~が一番~?(~ 중에서 ~가 제일 ~?)이라는 질문에 대한 대답은 ~が一番~(~가 제일 ~)의 형태로 하면 됩니다.

焼肉が一番好き。 고기 구워 먹는 것이 제일 좋아.

弟が一番背が高い。 남동생이 제일 키가 커.

北朝鮮が一番近い。 북한이 가장 가까워.

英語が一番得意。 영어를 가장 잘해.

예문47-4-1.mp3
예문47-4-2.mp3

3단계
회화로 다지기

肉[にく] 고기
今晩[こんばん] 오늘밤
南口[みなみぐち] 남쪽 출구
迎える[むかえる] ① 맞이하다, 마중하다
分かる[わかる] ⑤ 알다, 이해하다

일본어 分かる[わかる]도 知る[しる]도 둘 다 '알다'라는 뜻입니다. 차이점은 わかる는 머리를 써서 이해하는 것(understand)이고, 知る는 지식이나 정보로 머릿속에 있는 것(know)이라는 점입니다. 예를 들면 새로운 문법 설명을 듣고 그걸 이해했다면 わかる를 쓰고, 어떤 사람이나 사실에 대해서 아는지를 물어볼 때는 知る를 씁니다.

佳奈[かな]는 슈퍼에서 장을 보다가 정육 코너 앞에서 친구 현승이를 만났습니다.

福田 佳奈：あれ？ ヒョンスンじゃない？
チ・ヒョンスン：ああ、佳奈。
福田 佳奈：スーパーに何買いに来たの？
チ・ヒョンスン：肉買いに来たんだ。
福田 佳奈：お肉？
チ・ヒョンスン：うん。今晩、うちで友達と焼き肉パーティーするんだ。
福田 佳奈：へえ。
チ・ヒョンスン：佳奈も来る？
福田 佳奈：誰が来るの？
チ・ヒョンスン：ヒョンジンと直人と千尋。
福田 佳奈：私も行きたい！
チ・ヒョンスン：じゃ、6時に駅の南口。駅まで迎えに行くから。
福田 佳奈：うん、分かった。

ふくだ かな : 어라? 현승이 아니니?
지현승 : 어~, かな.
ふくだ かな : 슈퍼에 뭐 사러 왔어?
지현승 : 고기 사러 온 거야.
ふくだ かな : 고기?
지현승 : 응. 오늘 저녁에 우리 집에서 친구랑 고기 구워 먹기 파티를 하거든.
ふくだ かな : 어어.
지현승 : かな도 올래?
ふくだ かな : 누가 오는데?
지현승 : 현진이랑 なおと랑 ちひろ.
ふくだ かな : 나도 가고 싶어!
지현승 : 그럼, 6시에 전철역 남쪽 출구야. 역까지 마중하러 갈 테니까.
ふくだ かな : 응, 알았어.

花見[はなみ](꽃구경)라고 하면 벚꽃!

일본에서는 벚꽃이 피는 시기에 花見[はなみ]를 즐기는 사람들이 많습니다. 벚꽃 구경은 일종의 국민적인 행사라고 해도 될 정도로 많은 사람들이 참여를 합니다. 벚꽃 구경은 낮에만 하는 것이 아니라 밤에도 해요. 밤에 보는 벚꽃을 夜桜[よざくら](밤 벚꽃)라고 하여 다른 꽃구경에서는 볼 수 없는 벚꽃만의 독특한 풍습이라고 할 수 있지요. 벚꽃 구경은 학교나 회사에서 단체로 하는 경우도 많아 자리 쟁탈전이 치열하답니다. 좋은 자리를 차지하기 위해서 몇 시간씩 일찍 와서 자리를 맡아 놓는 사람들도 많습니다. 학교에서는 신입생들, 회사에서는 신입사원들이 자리 쟁탈전에 동원되는 경우가 많은데, 자리를 대신 맡아 주는 아르바이트도 있답니다.

1 주어진 문장을 ～たい(~하고 싶어)라는 문장으로 바꿔 보세요.

| 보기 | 東京に住む。(とうきょう에 살아.)
→ 東京に住みたい。(とうきょう에 살고 싶어.)

1.
2.
3.
4.

2 주어진 두 문장을 써서 ～に(~하러)라는 문장을 만들어 보세요.

| 보기 | 友達と行った (친구와 갔다) • お花見をする (꽃구경을 하다)
→ 友達とお花見をしに行った。(친구와 꽃구경을 하러 갔어.)

1.
2.
3.
4.

3 (　) 속에 들어갈 적절한 글자를 보기와 같이 써 보세요.

| 보기 | 東京に住(みたくない)。 とうきょう에 살고 싶지 않아.

1. 彼女(　　)欲し(　　　　　　)。 여자 친구가 갖고 싶었어.
2. 靴を買(　　　　)百貨店に来た。 구두를 사러 백화점에 왔어.
3. 家族(　　)中(　　)、誰が(　　　　)背が高い？
가족 중에서 누가 제일 키가 커?
4. 子供(　　)欲し(　　　　　　　　　)。 아이를 갖고 싶지 않았어.

4 주어진 단어를 우선 히라가나로 써 본 다음에 한자로도 써 보세요.

| 보기 | 답, 정답, 대답 | 히라가나: こ た え | 한자: 答 え

1. 살다, 거주하다

히라가나 [ ][ ]　　한자 [ ][ ]

2. 갖고 싶다

히라가나 [ ][ ][ ]　　한자 [ ][ ][ ]

3. 집

히라가나 [ ][ ]　　한자 [ ]

4. 꽃구경, 꽃놀이

히라가나 [ ][ ][ ]　　한자 [ ][ ]

5. 가깝다

히라가나 [ ][ ][ ]　　한자 [ ][ ]

'~하고 싶어'라고 할 때 쓰는 조사

～たい(~하고 싶어)라는 표현을 배웠는데, '~하고 싶어/싶다'라는 문장에서는 조사 ～を(~을/를) 대신에 ～が(~이/가)를 쓸 수도 있습니다.

宿題の答えを知りたい。	숙제의 답을 알고 싶어.
宿題の答えが知りたい。	숙제의 답이 알고 싶어.

を와 が의 차이는 が를 쓰면 대상을 강조하게 된다는 점입니다. 한국어도 마찬가지죠. '물이 마시고 싶다'와 '물을 마시고 싶다'를 비교하면 '물이 마시고 싶다'라고 하는 편이 대상인 '물'을 강조하는 뉘앙스가 되지요. 일본어도 똑같습니다.

ビールを飲みたい。	맥주를 마시고 싶어.
ビールが飲みたい。	맥주가 마시고 싶어.

その映画を見たい。	그 영화를 보고 싶어.
その映画が見たい。	그 영화가 보고 싶어.

이에 비해 欲しい[ほしい]는 〈～が欲しい〉와 같이 ～が를 써야 하고 ～を를 쓰면 안 됩니다. 해석할 때는 '~가 갖고 싶다'와 '~를 갖고 싶다'의 두 가지로 해석할 수 있습니다.

彼女が欲しい。	여자 친구가 갖고 싶어.
お金が欲しい。	돈을 갖고 싶어.

사실 ～たい(~하고 싶다)도 교과서적으로는 〈～が～たい〉의 형태로 지도하는 경우가 많긴 합니다만, 실제로는 〈～が～たい〉와 〈～を～たい〉의 두 가지 모두 쓰입니다.

가타카나 고르기 (7)

주어진 단어의 가타카나 표기를 보기 안에서 골라 완성해 보세요.
(보기 안에 있는 가타카나는 여러 번 써도 됩니다.)

|보기|									
	ア	イ	キ	ク	ケ	ス	セ	タ	ト	ニ
	ネ	メ	ユ	リ	レ	ン	ジ	デ	バ	ビ
	ブ	パ	プ	ポ	ィ	ッ	ャ	ー		

1. 슈퍼
→ ______________

2. 바이바이(bye bye)
→ ______________

3. 프린트
→ ______________

4. 레저
→ ______________

5. 비즈니스
→ ______________

6. 센터
→ ______________

7. 유니크
→ ______________

8. 포켓, 호주머니
→ ______________

9. 브레이크
→ ______________

10. 미디어
→ ______________

정답 1. スーパー 2. バイバイ 3. プリント 4. レジャー 5. ビジネス
6. センター 7. ユニーク 8. ポケット 9. ブレーキ 10. メディア

학습일 월 일

48 존댓말로 말해요

飲みに行きたいです。

술 마시러 가고 싶어요.

예문 48-1.mp3

워밍업
기본 회화 듣기

그림을 보면서 어떤 내용인지 추측하면서 회화를 들어 보세요.

예문 48-2.mp3

1단계
기본 단어 익히기

作る[つくる] ⑤ 만들다

変える[かえる] ① 바꾸다

座る[すわる] ⑤ 앉다

ブログ 블로그

ヘアスタイル 헤어스타일

休み[やすみ] 쉬는 시간, 휴일

二人[ふたり] 두 명

～目[め] ～째

今年[ことし] 올해

スキー 스키

花[はな] 꽃

잠깐만요!

48과 제목을 보면 알 수 있듯이 목적어 없이 飲む[のむ](마시다)라는 말만 쓰면 '술을 마시다'라는 뜻이 됩니다. '술 마시러 가다'라는 말을 할 경우에도 목적어 없이 그냥 飲みに(마시러)라고 하는 경우가 많습니다.

❶ ～たいです。

～하고 싶습니다.

頼む[たのむ]
⑤ 의뢰하다, 부탁하다

〈동사 ます형(ます삭제)+たい〉는 '～하고 싶어/싶다'라는 뜻이라고 배웠지요? ～たい는 い형용사 활용을 하기 때문에 존댓말로 할 때는 뒤에 ～です만 붙이면 됩니다.

この仕事を江口さんに頼みたいです。
이 일을 えぐち씨에게 부탁하고 싶습니다.

ブログを作りたいです。
블로그를 만들고 싶습니다.

ヘアスタイルを変えたいです。
헤어스타일을 바꾸고 싶어요.

ちょっと座りたいです。
잠깐 앉고 싶어요.

❷ ～たくないです。

～하고 싶지 않습니다.

～たい(～하고 싶어/싶다)의 활용 형태를 존댓말로 말하는 연습을 해 봅시다.

잠깐만요!

원래 '노래방'은 カラオケボックス(가라오케 박스)라고 하는데, 말할 때는 ボックス(박스)를 빼고 カラオケ(가라오케)라고만 합니다.

カラオケで歌いたかったです。
노래방에서 노래 부르고 싶었습니다.

ブログを作りたくないです。
블로그를 만들고 싶지 않습니다.

ヘアスタイルを変えたくなかったです。
헤어스타일을 바꾸고 싶지 않았어요.

ちょっと座りたかったです。
잠깐 앉고 싶었어요.

❸ ～が欲しいです。 ～가 갖고 싶습니다.

명사를 사용하여 '～가 갖고 싶다'라고 할 때는 欲しい[ほしい]를 쓴다고 했지요. 그리고 조사는 기본적으로 ～が를 쓰는데 강조하고자 할 때나 주제로 부각시키고자 할 때는 ～は를 씁니다.

잠깐만요!

休み[やすみ](쉬는 시간, 휴일)는 休む[やすむ](쉬다)의 ます형 休みます에서 ます가 빠진 것인데 이와 같이 동사 ます형은 명사로 쓰이는 경우가 많습니다.

休みが欲しいです。	쉬는 시간을 갖고 싶습니다.
彼氏は欲しくないです。	남자 친구는 갖고 싶지 않습니다.
もっと時間が欲しかったです。	더 시간을 갖고 싶었어요.
二人目は欲しくなかったです。	둘째는 갖고 싶지 않았어요.

❹ ～に ～하러

母[はは]
어머니(높이지 않는 호칭)

<동사 ます형(ます삭제)+に>는 '～하러'라는 뜻이 된다고 배웠지요? 그런데 する(하다)가 붙어서 동사로 쓰일 수 있는 명사와 '동사적 의미', '움직임'의 뜻을 강하게 지닌 명사는 명사 뒤에 바로 ～に를 붙일 수도 있습니다. 여기에서는 그런 <명사+に>의 형태를 연습해 봅시다.

잠깐만요!

勉強[べんきょう]する(공부하다)와 같이 する(하다)가 붙어서 동사로 쓰일 수 있는 명사의 경우에는 ～しに(勉強しに)라고 할 수도 있고, 명사 뒤에 바로 ～に(勉強に)를 붙일 수도 있습니다. 또 그 외에 スキー(스키)와 같이 '동사적 의미', '움직임'의 뜻을 강하게 지닌 명사도 이와 같은 형태(スキーに)로 쓰일 수 있습니다.

天気がいいから、散歩に行きたいです。	날씨가 좋으니까 산책하러 가고 싶습니다.
英語の勉強にイギリスに来ました。	영어 공부하러 영국에 왔습니다.
母と一緒に買い物に行きます。	어머니와 함께 쇼핑하러 가요.
今年の冬はスキーに行きたいです。	올해 겨울은 스키 타러 가고 싶어요.

❺ ～の中でどれが一番～。

～ 중에서 어떤 것이 제일 ～?

果物[くだもの] 과일
面白い[おもしろい] 재미있다

일본어는 복수형을 잘 쓰지 않습니다. 일상적으로 복수도 단수로 나타내는 경우가 많습니다. 뜻이 복수인지 단수인지는 앞뒤를 살펴보고 판단하세요.

앞에서는 의문사가 대상에 따라 달라진다고 배웠지요? 그런데 대상이 한정되어 있는 경우는 どれ(어느 것)나 どの(어느)를 씁니다. 예를 들어, 음식 중에서 무엇을 가장 좋아하는지를 물어보는 것이 아니라, 지금 눈앞에서 고를 수 있는 음식이 몇 가지 정해져 있는 상황 같은 경우입니다.

この花の中でどれが一番好きですか。
이 꽃들 중에서 어떤 것을 가장 좋아합니까?

この果物の中で、どれが一番おいしいですか。
이 과일들 중에서 어떤 것이 가장 맛있습니까?

その映画の中で、どの映画が一番面白いですか。
그 영화들 중에서 어떤 영화가 제일 재미있어요?

その歌の中でどの歌が一番いいですか。
그 노래들 중에서 어떤 노래가 제일 좋아요?

❻ ～が一番～。

～가 제일 ～.

～の中で、どれが一番～(～ 중에서 어떤 것이 제일 ～?)라는 질문에 대한 대답은 ～が一番～(～가 제일 ～)의 형태로 하면 됩니다.

この花が一番好きです。 이 꽃을 제일 좋아합니다.

みかんが一番おいしいです。 귤이 제일 맛있습니다.

この映画が一番面白いです。 이 영화가 가장 재미있어요.

この歌が一番いいです。 이 노래가 가장 좋아요.

예문 48-4-1.mp3
예문 48-4-2.mp3

3단계
회화로 다지기

太田[おおた]씨가 영화라도 보러 갈까 하여 잡지에 나온 최신 영화 기사를 읽고 있어요.

太田 駿：最近、映画を見ましたか。
チン・ソヨン：ええ。このページの映画は全部見ました。
太田 駿：そうですか。
この中で、どの映画が一番面白いですか。
チン・ソヨン：この映画が一番面白いですよ。
太田 駿：そうですか。
チン・ソヨン：ええ。もう一度見たいです。
太田 駿：そうですか。じゃ、一緒に見に行きませんか。
僕も見たいです。
チン・ソヨン：ええ、いいですよ。いつ行きますか。
太田 駿：今日はどうですか。
チン・ソヨン：今日はちょっと……。
太田 駿：じゃ、明日は？
チン・ソヨン：ええ、いいですよ。

おおた しゅん : 요새 영화를 봤어요?
진소영 : 네. 이 페이지(에 있는) 영화들은 전부 다 봤어요.
おおた しゅん : 그래요. 이 중에서 어떤 영화가 가장 재미있어요?
진소영 : 이 영화가 제일 재미있어요.
おおた しゅん : 그렇군요.
진소영 : 네. 한 번 더 보고 싶어요.
おおた しゅん : 그래요? 그럼, 같이 보러 가지 않을래요? 나도 보고 싶어요.
진소영 : 네, 좋아요. 언제 갈까요?
おおた しゅん : 오늘은 어때요?
진소영 : 오늘은 좀…….
おおた しゅん : 그럼, 내일은요?
진소영 : 네, 좋아요.

最近[さいきん]
요새, 최근

もう一度[もういちど]
다시 한 번, 한 번 더

잠깐만요!

もう一度[いちど]는 もう(더)와 一度[いちど](한 번)가 합해져서 만들어진 말로, '한 번 더', '다시 한 번'이라는 뜻입니다. もう가 '더'라는 뜻으로 쓰일 때는 반드시 뒤에 一度나 ちょっと(조금)와 같은 말이 붙어 있어야 하며, 단독으로 쓰일 때는 '더'라는 뜻으로는 쓰이지 않습니다.

스키나 보드를 타신다면 일본 스키장에 가 보세요!

한국 스키장은 사람이 참 많더군요. 스키나 보드를 타신다면 겨울에 일본 스키장에 한 번 가 보세요. 대부분의 일본 스키장은 규모가 매우 크고 사람도 많지 않습니다. 또 헬리콥터로 산꼭대기까지 올라가 거기서 스키나 보드를 타고 내려오는 '헬리콥터 스키', 압설차로 정비하지 않은 즉, 아무도 밟지 않은 신설을 즐기는 '신설 스키'를 탈 수 있는 곳들도 있습니다. 일본 스키장은 천연 온천이 함께 있는 곳들이 많아 스키와 온천을 동시에 즐길 수 있는 여행이 될 겁니다.

예문48-5.mp3

1 주어진 문장을 ～たいです(～하고 싶습니다)라는 문장으로 바꿔 보세요. 시제와 긍정/부정은 주어진 문장에 맞추어 주세요.

| 보기 | 日本に行く。(일본에 가.)
→ 日本に行きたいです。(일본에 가고 싶습니다.)

1. ______________________________
2. ______________________________
3. ______________________________
4. ______________________________

2 주어진 두 단어를 써서 ～の中で、どれが一番～ですか(～ 중에서 어떤 것이 제일 ～ㅂ니까?)라는 문장을 만들어 보세요.

| 보기 | この料理 (이 요리) • 好きな (좋아하는, 좋은)
→ この料理の中で、どれが一番好きですか。
(이 요리 중에서 어떤 것이 제일 좋습니까?)

1. ______________________________
2. ______________________________
3. ______________________________
4. ______________________________

3 (　　) 속에 들어갈 적절한 글자를 보기와 같이 써 보세요.

| 보기 | ブログ(を)作(りたいです)。블로그를 만들고 싶습니다.

1. もっと時間(　　)欲(　　　　　　　　　　)。
더 시간을 갖고 싶었습니다.

2. 母(　　)一緒に買い物(　　)行きます。어머니와 함께 쇼핑하러 가요.

3. この果物(　　)中(　　)、(　　　　)が一番おいしいですか。
이 과일들 중에서 어떤 것이 가장 맛있어요?

4 주어진 단어를 우선 히라가나로 써 본 다음에 한자로도 써 보세요.

| 보기 | 앉다 — 히라가나: す わ る / 한자: 座 る

1. 만들다
히라가나 / 한자

2. 바꾸다
히라가나 / 한자

3. 쉬는 시간, 휴일
히라가나 / 한자

4. 올해
히라가나 / 한자

5. 꽃
히라가나 / 한자

동사의 ます형이 명사가 돼요!

이번 과에서 休み[やすみ](쉬는 시간, 휴일)라는 단어가 나왔지요. 이는 休む[やすむ](쉬다)라는 5단동사와 관련이 있는 단어입니다. 동사의 ます형에서 ます를 뗀 형태가 명사로 쓰이는 경우가 많습니다. 몇 가지 예를 살펴봅시다.

休む[やすむ] (쉬다) → 休みます (쉽니다) → 休み (쉼, 쉬는 날, 휴식)

遊ぶ[あそぶ] (놀다) → 遊びます (놉니다) → 遊び (놀이)

行く[いく] (가다) → 行きます (갑니다) → 行き (감, 가는 길, 갈 때)

帰る[かえる] (돌아가다) → 帰ります (돌아갑니다) → 帰り (돌아감, 귀로, 돌아갈 때)

泳ぐ[およぐ] (헤엄치다) → 泳ぎます (헤엄칩니다) → 泳ぎ (헤엄, 수영)

貸す[かす] (빌려주다) → 貸します (빌려줍니다) → 貸し (빌려줌, 꾸어 줌, 빌려준 것)

借りる[かりる] (빌리다) → 借ります (빌립니다) → 借り (빌림, 빚)

그리고 이 책에서는 나오지 않지만, い형용사는 끝소리 い를 さ로 바꾸면 명사가 됩니다.

高い[たかい] (높다, 비싸다) → 高さ (높이)

長い[ながい] (길다) → 長さ (길이)

広い[ひろい] (넓다) → 広さ (넓이)

大きい[おおきい] (크다) → 大きさ (크기)

暑い[あつい] (덥다)) → 暑さ (더위)

가타카나 고르기 (8)

주어진 단어의 가타카나 표기를 보기 안에서 골라 완성해 보세요.
(보기 안에 있는 가타카나는 여러 번 써도 됩니다.)

|보기|								
	ア	イ	カ	ク	コ	ス	ソ	チ	テ
	ト	ネ	マ	モ	ユ	リ	ル	レ	ロ
	ン	ガ	ジ	デ	パ	ィ	ッ	ャ	ー

1. 스위치
→ ____________

2. 터널
→ ____________

3. 파자마, 잠옷
→ ____________

4. 유머
→ ____________

5. 스트로우, 빨대
→ ____________

6. 레이디
→ ____________

7. 이퀄(=)
→ ____________

8. 스쿨
→ ____________

9. 가솔린
→ ____________

10. 칵테일
→ ____________

정답 1. スイッチ 2. トンネル 3. パジャマ 4. ユーモア 5. ストロー 6. レディー 7. イコール 8. スクール 9. ガソリン 10. カクテル

장문 읽어 보기

예문48-6.mp3

다음 장문을 처음에는 오디오만 들어보면서 내용을 파악해 본 다음에, 문장을 읽어 보며 의미를 확인해 보세요.

僕は学校の勉強の中で、英語が一番好きだった。英語の勉強をもっとしたいから、来年イギリスへ英語の勉強をしに行く。イギリスでは、イギリスの文化もよく知りたいから、イギリス人の家で1年間ホームステイをする。1年間英語を勉強した後で、イギリスの大学で勉強したい。旅行もたくさんしたい。フランス、イタリア、ドイツも行きたい。お金がちょっと心配だ。

▶ '대학교'는 일본어로 '교(校)'가 없는 大学[だいがく]라고만 합니다. '교(校)'가 붙는 대학교는 일부 특수한 대학교뿐입니다. 보통 '대학교'라고 말할 때는 '교(校)'를 붙이지 마세요~!

| 단어 | 文化[ぶんか] 문화 / 大学[だいがく] 대학교 / ~年間[~ねんかん] ~년간 / たくさん 많이 / ホームステイ 홈스테이 / 心配[しんぱい] 걱정

| 해석 | 나는 학교 공부 중에서 영어를 제일 좋아했다. 영어 공부를 더 하고 싶어서 내년에 영국으로 영어 공부를 하러 간다. 영국에서는 영국 문화도 잘 알고 싶기 때문에 영국 사람 집에서 1년간 홈스테이를 한다. 1년간 영어를 공부한 후에 영국 대학에서 공부하고 싶다. 여행도 많이 하고 싶다. 프랑스, 이탈리아, 독일도 가고 싶다. 돈이 좀 걱정이다.

열두째마디

한국 사람이 잘 틀리는 표현들

외국어를 배우다 보면 모국어에는 없는 단어, 모국어에는 없는 표현을 만날 때가 있지요. 이런 모국어에 없는 것들은 익히기가 참 어렵습니다. 일본어에도 한국어에 없는 것들이 꽤 있지요. 여기에서는 일본어를 배우는 한국 사람들이 초급 단계에서 잘 틀리는 표현들을 배우겠습니다. 이런 것들은 시험에도 잘 나오는 것이니 잘 익히도록 하세요~!

49 반말로 말해요

誰がいる?

누가 있어?

강의 및 예문 듣기

예문49-1.mp3

워밍업
기본 회화 듣기

그림을 보면서 어떤 내용인지 추측하면서 회화를 들어 보세요.

예문49-2.mp3

1단계
기본 단어 익히기

いる ① (사람, 동물 등이)있다

ある ⑤ (물건 등이)있다

後ろ[うしろ] 뒤

スタンド 스탠드

リモコン 리모컨

テーブル 테이블, 식탁

ソファー 소파

木[き] 나무

예문49-3.mp3

2단계
기본 문형 익히기

❶ ~の~に~がいる/ある。 ~의 ~에 ~가 있어.

前[まえ] 앞, 전

일본어에서는 '있다/없다'라는 말을 할 경우에 주어가 사람이나 동물과 같이 살아서 움직이는 것일 때는 いる를 쓰고, 물건처럼 움직이지 않는 것일 때는 ある를 씁니다. ある는 5단동사이지만 ない형이 ない가 된다는 점에 주의하세요. 존재하는 장소는 조사 ~に(~에)로 나타냅니다.

잠깐만요!

いる와 ある는 다음과 같이 활용됩니다.

いるの 활용

いる 있다/있어	いない 없다/없어
いた 있었다/있었어	いなかった 없었다/없었어

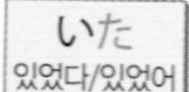

あるの 활용

ある 있다/있어	ない 없다/없어
あった 있었다/있었어	なかった 없었다/없었어

先生の前に友達がいる。 선생님 앞에 친구가 있어.

ドアの後ろに猫がいる。 문 뒤에 고양이가 있어.

机の上にスタンドがある。 책상 위에 스탠드가 있어.

椅子の下にリモコンがある。 의자 밑에 리모컨이 있어.

❷ ~は~の~にいる/ある。 ~는 ~의 ~에 있어.

이번에는 어순을 바꿔서 ~は~の~にいる/ある(~는 ~의 ~에 있어)의 형태로 연습해 봅시다.

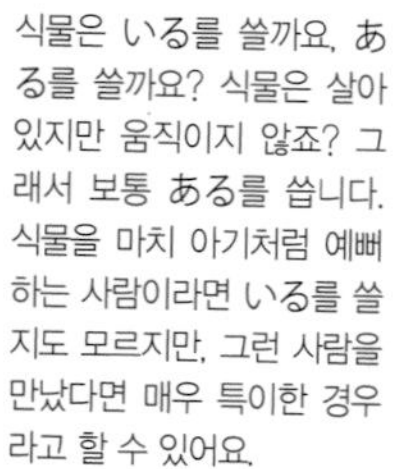

잠깐만요!

식물은 いる를 쓸까요, ある를 쓸까요? 식물은 살아 있지만 움직이지 않죠? 그래서 보통 ある를 씁니다. 식물을 마치 아기처럼 예뻐하는 사람이라면 いる를 쓸지도 모르지만, 그런 사람을 만났다면 매우 특이한 경우라고 할 수 있어요.

友達は先生の後ろにいない。 친구는 선생님 뒤에 없어.

犬は窓の前にいた。 개는 창문 앞에 있었어.

スタンドは椅子の下にあった。 스탠드는 의자 밑에 있었어.

リモコンは机の上になかった。 리모컨은 책상 위에 없었어.

❸ 誰が/何が いる/ある？ 누가/뭐가 있어?

風呂[ふろ] 욕실, 목욕

의문사를 사용할 때 주의해야 합니다. 사람에 대해서는 誰[だれ](누구)를 쓰고, 동물이나 곤충, 물건에 대해서는 何[なに](무엇)를 씁니다. 동물이나 곤충 등의 경우는 '있다'를 동사 いる로 쓰고 의문사는 何를 씁니다.

お風呂に誰がいる？	욕실에 누가 있어?
テーブルの上に何がある？	테이블 위에 뭐가 있어? [물건]
ソファーの下に何がいる？	소파 밑에 뭐가 있어? [동물, 곤충 등]
木の後ろに何があった？	나무 뒤에 뭐가 있었어? [물건]

❹ ～か ～ㄴ가

〈의문사+か〉는 '~ㄴ가'라는 뜻인데, 해석할 때는 '욕실에 누가 있어?'라고 해석하기도 합니다. 그런데 일본어는 お風呂に誰かいる？(욕실에 누군가 있어?)와 お風呂に誰がいる？(욕실에 누가 있어?)를 확실히 구별해서 씁니다. 전자는 '사람이 있는지 없는지'의 존재 유무를 물어 보는 것이고, 후자는 사람이 있는 것을 아는 상태에서 '누가' 있는지를 구체적으로 물어 보는 것입니다.

즉, 誰かいる？라는 질문에는 うん/ううん으로 대답하게 되고, 誰がいる?라는 질문에는 ～がいる(~가 있어)로 대답하게 됩니다.

이번에는 いつか(언젠가), どこか(어딘가), 誰か(누군가), 何か(무엇인가)와 같은 〈의문사+か〉(~ㄴ가)라는 표현을 연습해 봅시다.

お風呂に誰かいる？	욕실에 누군가 있어?
テーブルの上に何かある？	테이블 위에 뭔가 있어? [물건]
ソファーの下に何かいた？	소파 밑에 뭔가 있었어? [동물, 곤충 등]
木の後ろに何かあった？	나무 뒤에 뭔가 있었어? [물건]

❺ うん、~か~。 응, ~ㄴ가 ~.

앞에서 연습한 〈의문사+か〉를 사용한 질문에 대한 대답을 연습해 봅시다. 긍정의 대답은 〈의문사+か〉를 사용하여 대답하면 됩니다.

물론 '~ㄴ가 있어'를 생략해서 '~가 있어'라고 대답할 수도 있습니다. 예를 들어, 첫 번째 문장은 うん、誰かいる(응, 누군가 있어)라고 하지 않고, うん、祖父がいる(응, 할아버지가 있어)라고 대답할 수도 있다는 뜻이지요.

うん、誰かいる。	응, 누군가 있어.
うん、何かある。	응, 뭔가 있어. [물건]
うん、何かいた。	응, 뭔가 있었어. [동물, 곤충 등]
うん、何かあった。	응, 뭔가 있었어. [물건]

❻ ううん、~も~。 아니, ~도 ~.

〈의문사+も+부정〉은 한국어에서도 똑같이 '의문사+도+부정'이라는 표현이 사용되기 때문에 쉽게 익힐 수 있을 겁니다. 〈의문사+も+부정〉을 사용하여 대답해 봅시다.

誰も[だれも](아무도), 何も[なにも](아무것도), どこ(に/へ)も(어디(에)도)는 항상 뒤에 부정이 오지만 いつも(언제나), どれも(어느 것도), どちらも(어느 쪽도) 등의 다른 의문사들은 뒤에 부정이 올 수도 긍정이 올 수도 있습니다.

그리고 どこ(に/へ)も를 보면 알 수 있듯이 의문사와 も 사이에 조사가 들어가는 경우도 있습니다.

ううん、誰もいない。	아니, 아무도 없어.
ううん、何もない。	아니, 아무것도 없어. [물건]
ううん、何もいなかった。	아니, 아무것도 없었어. [동물, 곤충 등]
ううん、何もなかった。	아니, 아무것도 없었어. [물건]

예문 49-4-1.mp3
예문 49-4-2.mp3

3단계
회화로 다지기

舞[まい]는 친구 성민이에게 성민이의 장래 꿈이 뭔지 물어봅니다.

三浦 舞 : ソンミンの夢は何？
オム・ソンミン : 夢？ ん……ない。
三浦 舞 : うそ?!
オム・ソンミン : うそじゃないよ。
三浦 舞 : 本当に何もないの？ 全然？
オム・ソンミン : うん。夢とか希望とかはない。
三浦 舞 : へえ……。昔からなかった？
オム・ソンミン : 昔はあったよ。でも、今はない。
三浦 舞 : 昔、どんな夢があったの？
オム・ソンミン : 高校の先生。舞は夢ある？
三浦 舞 : うん。ファッションデザイナー。
オム・ソンミン : ファッションデザインに興味があるの？
三浦 舞 : うん。

みうら まい : 성민이의 꿈은 뭐야?
엄성민 : 꿈? 음…… 없어.
みうら まい : 진짜?! [직역: 거짓말]
엄성민 : 거짓말 아니야.
みうら まい : 정말로 아무것도 없는 거야? 전혀?
엄성민 : 응. 꿈이라든가 희망 같은 건 없어.
みうら まい : 허어……. 옛날부터 없었어?
엄성민 : 옛날에는 있었어. 그런데 지금은 없어.
みうら まい : 옛날에 어떤 꿈이 있었던 거야?
엄성민 : 고등학교 선생님. まい는 꿈(이) 있어?
みうら まい : 응. 패션 디자이너야.
엄성민 : 패션 디자인에 관심이 있는 거야?
みうら まい : 응.

夢[ゆめ] 꿈
うそ 거짓말
本当に[ほんとうに] 정말로
希望[きぼう] 희망
昔[むかし] 옛날, 옛날에
高校[こうこう] 고등학교, 고교
ファッションデザイナー 패션 디자이너
ファッションデザイン 패션 디자인

잠깐만요!

▶高校[こうこう]는 高等学校[こうとうがっこう](고등학교)의 준말입니다.

▶밤에 꾸는 꿈도 夢[ゆめ]라고 하며, '꿈을 꾸다'는 夢を見る[みる](꿈을 보다)라고 표현해요!

▶うそ(거짓말)는 한자로 嘘라고 쓰는데, 놀라면서 '진짜?!'라고 할 때 많이 쓰는 말입니다. 물론 '거짓말'이라는 뜻으로도 씁니다.

일본에서 인기 있는 애완동물들!

한국이든 일본이든 '애완동물' 하면 犬[いぬ](개)와 猫[ねこ](고양이)가 가장 먼저 떠오를 겁니다. 그 밖의 애완동물로는 金魚[きんぎょ](금붕어), 熱帯魚[ねったいぎょ](열대어), カメ(거북이), 小鳥[ことり](작은 새), フェレット(페렛, 흰 족제비), ウサギ(토끼), ハムスター(햄스터) 등이 있는데, 이것들 역시 한국과 비슷하지 않나 싶습니다. フェレット(페렛)는 한국에서는 아직 일반적이지 않은 애완동물이겠지만, 페렛은 호기심이 많고 사람도 잘 따르는데다가 개나 고양이처럼 울음소리가 크지 않아서 아파트 같은 공동주택에서 키우기 편하다는 이유로 인기가 많아요.

1 주어진 세 단어를 써서 ～の～に～がいる/ある(~의 ~에 ~가 있어)라는 문장을 만들어 보세요.

| 보기 | 先生 (선생님) • 前 (앞) • 友達 (친구)
→ 先生の前に友達がいる。(선생님 앞에 친구가 있어.)

1. ______
2. ______
3. ______
4. ______

2 주어진 〈의문사+か〉(~ㄴ가)를 쓴 질문에 ううん、～もいない/ない(아니, ~도 없어)를 써서 대답해 보세요.

| 보기 | テーブルの上に何かある？ (테이블 위에 뭔가 있어?)
→ううん、何もない。(아니, 아무것도 없어.) [물건]

1. ______
2. ______
3. ______
4. ______

3 (　) 속에 들어갈 적절한 글자를 보기와 같이 써 보세요.

| 보기 | うち(に)妹が(いる)。집에 여동생이 있어.

1. スタンド(　)椅子(　)下(　)(　　)。스탠드는 의자 밑에 없어.
2. 机(　)上(　)何(　)(　　)？ 책상 위에 뭔가 있었어? (물건)
3. ううん、何(　)(　　)。아니, 아무것도 없었어. (물건)
4. 猫(　)窓(　)前(　)(　　)。고양이는 창문 앞에 있었어.

4 주어진 단어를 우선 히라가나로 써 본 다음에 한자로도 써 보세요.

| 보기 | 꿈 | 히라가나: ゆ め | 한자: 夢 |

1. 뒤

히라가나 □□□ 한자 □□

2. 나무

히라가나 □ 한자 □

3. 앞

히라가나 □□ 한자 □

4. 욕실, 목욕

히라가나 □□ 한자 □□

5. 아래, 밑

히라가나 □□ 한자 □

가타카나 고르기 (9)

주어진 단어의 가타카나 표기를 보기 안에서 골라 완성해 보세요.
(보기 안에 있는 가타카나는 여러 번 써도 됩니다.)

| 보기 |	イ	カ	キ	ク	コ	サ	ス	セ	テ	ト
	ニ	ネ	ノ	モ	ヨ	ル	レ	ロ	ワ	ン
	グ	パ	ピ	プ	ッ	ャ	ュ	ー		

1. 땡큐
→ ______________

2. 콘센트
→ ______________

3. 캡틴
→ ______________

4. 스피커
→ ______________

5. 네클리스, 목걸이
→ ______________

6. 파일럿
→ ______________

7. 모노레일
→ ______________

8. 유럽
→ ______________

9. 원피스
→ ______________

10. 커닝
→ ______________

정답 1. サンキュー 2. コンセント 3. キャプテン 4. スピーカー 5. ネックレス 6. パイロット 7. モノレール 8. ヨーロッパ 9. ワンピース 10. カンニング

존댓말로 말해요

兄弟がいますか。

형제가 있습니까?

강의 및 예문 듣기

예문 50-1.mp3

워밍업 기본 회화 듣기

그림을 보면서 어떤 내용인지 추측하면서 회화를 들어 보세요.

예문 50-2.mp3

1단계 기본 단어 익히기

隣[となり] (바로)옆, 이웃

横[よこ] 옆, 가로

間[あいだ] 사이

裏[うら] 뒤, 뒷면

祖母[そぼ] 조모, 할머니 (높이지 않는 호칭)

箱[はこ] 상자

本棚[ほんだな] 책장

鏡[かがみ] 거울

トイレ 화장실

잠깐만요!

'할머니'의 높이는 호칭은 おばあさん이고, 직접 '할머니'라고 부를 때 쓰는 호칭은 おばあちゃん입니다.

예문50-3.mp3

2단계

기본 문형 익히기

❶ ～の～に～がいます/あります。

～의 ～에 ～가 있습니다.

いるは 1단동사이기 때문에 ます형이 いますが 되고, あるは 5단동사이기 때문에 ます형이 ありますが 됩니다.

外[そと] 밖, 바깥

祖父の隣に祖母がいます。	할아버지 (바로) 옆에 할머니가 있습니다.
箱の中に鳥がいます。	상자 안에 새가 있습니다.
本棚の横に鏡があります。	책장 옆에 거울이 있어요.
家の外にトイレがあります。	집 바깥에 화장실이 있어요.

잠깐만요!

隣[となり]도 横[よこ]도 '옆'이라는 뜻이라서 바꿔 쓸 수 있는 경우가 대부분인데 약간 뉘앙스 차이가 있습니다. 隣는 한 줄로 쭉 늘어서 있는 상태에서 좌우 바로 옆에 있는 것을 나타내는 데 비해, 横는 가로세로 방향으로 보았을 때의 가로 방향, 수평 방향이라는 뜻으로의 '옆'을 나타냅니다. 또 隣는 '옆집', '이웃'을 뜻하기도 합니다.

❷ ～は～の～にいます/あります。

～는 ～의 ～에 있습니다.

이번에는 어순을 바꿔서 ～は～の～にいます/あります(～는 ～의 ～에 있습니다)의 형태로 연습해 봅시다.

銀行[ぎんこう] 은행

母は祖父と祖母の間にいます。	어머니는 할아버지와 할머니 사이에 있습니다.
鳥は箱の中にいました。	새는 상자 안에 있었습니다.
銀行は学校の裏にあります。	은행은 학교 뒤에 있어요.
トイレは家の外にありました。	화장실은 집 바깥에 있었어요.

잠깐만요!

'화장실'을 お手洗い[おてあらい]라고 배웠죠? トイレ라고 해도 되지만 トイレ가 더 직설적인 말이니 공손하게 말해야 하는 경우는 お手洗い라고 말하세요.

❸ 誰が/何が いますか/ありますか。

누가/뭐가 있습니까?

앞에서도 배웠듯이 의문사는 사람에 대해서는 誰[だれ](누구)를 쓰고, 동물이나 곤충, 물건에 대해서는 何[なに]를 씁니다. 동사는 사람과 동물, 곤충에는 いる를 쓰고, 물건에는 ある를 씁니다.

잠깐만요!

건물 등의 위치를 나타낼 때는 '뒤'를 後ろ[うしろ]가 아니라 **裏**[うら]로 나타내는 경우가 많습니다. **裏**의 기본적인 뜻은 '뒷면'이에요. 당구 용어나 옷감을 나타내는 말로 '우라'라는 말을 들어 보신 분들도 계시죠? 일본어입니다~!

祖母の隣に誰がいましたか。	할머니 (바로) 옆에 누가 있었습니까?
鏡と箱の間に何がいますか。	거울과 상자 사이에 뭐가 있습니까? [동물, 곤충 등]
本棚の横に何がありましたか。	책장 옆에 뭐가 있었어요? [물건]
学校の裏に何がありますか。	학교 뒤에 뭐가 있어요? [물건]

❹ ～か

~ㄴ가

이번에는 〈의문사+か〉(~ㄴ가)를 사용하여 존댓말로 질문해 봅시다.

家の外に誰かいますか。	집 바깥에 누군가 있습니까?
箱の中に何かいましたか。	상자 안에 뭔가 있었습니까? [동물, 곤충 등]
スーパーの裏に何かありますか。	슈퍼 뒤에 뭔가 있어요? [물건]
鏡の横に何かありましたか。	거울 옆에 뭔가 있었어요? [물건]

❺ はい、～か～。

네, ~ㄴ가 ~.

위에서 연습한 〈의문사+か〉를 사용한 질문에 대해 はい(네)를 사용하여 대답해 봅시다.

はい、誰かいます。 네, 누군가 있습니다.

はい、何かいました。 네, 뭔가 있었습니다. [동물, 곤충 등]

はい、何かあります。 네, 뭔가 있어요. [물건]

はい、何かありました。 네, 뭔가 있었어요. [물건]

❻ いいえ、～も～。

아니요, ~도 ~.

〈의문사+か〉를 사용한 질문에 대해 〈의문사+も+부정〉을 사용하여 대답해 봅시다.

いいえ、誰もいません。 아니요, 아무도 없습니다.

いいえ、何もいませんでした。 아니요, 아무것도 없었습니다. [동물, 곤충 등]

いいえ、何もありません。 아니요, 아무것도 없어요. [물건]

いいえ、何もありませんでした。 아니요, 아무것도 없었어요. [물건]

예문50-4-1.mp3
예문50-4-2.mp3

3단계
회화로 다지기

兄弟[きょうだい] 형제
妹[いもうと] 여동생
一人っ子[ひとりっこ] 외동이(형제나 자매가 없는 사람)
寂しい[さびしい] 외롭다
動物[どうぶつ] 동물

잠깐만요!

한국어는 '형제'와 '자매', '남매'로 나누어 쓰지요? 일본어에서는 '자매'는 姉妹[しまい]라고 하지만, '형제'와 '남매'는 따로 구분하지 않고 兄弟[きょうだい](형제)라고 합니다. 한자로는 兄妹 혹은 姉弟로 쓰기도 하지만 발음은 きょうだい라고 하는 것이 일반적입니다.

회사에 입사한 원희진 씨에게 동료인 藤原[ふじわら]씨가 가족 관계를 물어봅니다.

藤原 翼: ウォンさんは兄弟がいますか。
ウォン・ヒジン: はい、妹と弟がいます。
藤原 翼: そうですか。
ウォン・ヒジン: 藤原さんは兄弟がいますか。
藤原 翼: いいえ、いません。一人っ子です。
ウォン・ヒジン: そうですか。寂しいですね。
藤原 翼: ええ。でも、うちに動物がたくさんいますから、それほど寂しくないです。
ウォン・ヒジン: そんなにたくさんいますか。
藤原 翼: ええ。犬や猫や鳥がいます。
ウォン・ヒジン: そうですか。

ふじわら つばさ : 원(희진)씨는 형제가 있어요?
원희진 : 네, 여동생과 남동생이 있습니다.
ふじわら つばさ : 그렇군요.
원희진 : ふじわら씨는 형제가 있습니까?
ふじわら つばさ : 아니요, 없어요. 외동이에요.
원희진 : 그래요. 외롭겠네요.
ふじわら つばさ : 네. 그렇지만, 집에 동물이 많이 있어서 그렇게 외롭지 않아요.
원희진 : 그렇게 많이 있어요?
ふじわら つばさ : 네. 개라든가 고양이, 새가 있어요.
원희진 : 그렇군요.

자기 가족에 대해 말할 때 ある를 쓰기도 해요!

사람이나 동물처럼 살아서 움직이는 것에는 いる, 물건처럼 움직이지 않는 것에는 ある를 쓴다고 배웠죠? 그런데 자기 가족에 대해서 말할 때 娘[むすめ]があります(딸이 있습니다)와 같이 ある를 쓰는 경우도 있습니다. 이는 가정의 구성원으로서의 '소유'를 나타낼 때는 ある를 쓰고, 물리적인 존재를 나타낼 때는 いる를 쓴다는 뜻이지요. 하지만 요즘은 자기 가족에 대해 말할 때 ある를 쓰는 사람이 많지 않으니까 그냥 いる를 쓰세요. 혹시 ある를 쓰는 예를 접할 수 있어서 설명 드린 것뿐입니다.

1 주어진 세 단어를 써서 ～は～の～にいます/あります(~는 ~의 ~에 있습니다)라는 문장을 만들어 보세요.

| 보기 | 鏡 (거울) • 本棚 (책장) • 横 (옆)
→ 鏡は本棚の横にあります。(거울은 책장 옆에 있습니다.)

1.
2.
3.
4.

2 주어진 〈의문사+か〉(~ㄴ가)를 쓴 질문에 いいえ、～もいません/ありません(아니요, ~도 없습니다)을 써서 대답해 보세요.

| 보기 | 家の外に誰かいますか。(집 바깥에 누군가 있습니까?)
→ いいえ、誰もいません。(아니요, 아무도 없습니다.)

1.
2.
3.
4.

3 (　　) 속에 들어갈 적절한 글자를 보기와 같이 써 보세요.

| 보기 | 鳥(は)箱(の)中(に)いました。새는 상자 안에 있었습니다.

1. 祖父(　　)隣(　　)祖母(　　)います。할아버지 (바로) 옆에 할머니가 있습니다.
2. 鏡(　　)箱(　　)間(　　)何が(　　　　　　)か。
   거울과 상자 사이에 뭐가 있습니까? (동물, 곤충 등)
3. スーパー(　　)裏(　　)何(　　)ありますか。슈퍼 뒤에 뭔가 있어요?
4. 本棚(　　)横(　　)何が(　　　　　　　　)か。
   책장 옆에 뭐가 있었어요? (물건)

4 주어진 단어를 우선 히라가나로 써 본 다음에 한자로도 써 보세요.

| 보기 | 뒤, 뒷면 — 히라가나: う ら — 한자: 裏

1. 안, 속

히라가나 [|] 한자 [ ]

2. 옆, 가로

히라가나 [|] 한자 [ ]

3. 사이

히라가나 [| |] 한자 [ ]

4. 조모, 할머니(높이지 않는 호칭)

히라가나 [|] 한자 [|]

5. 상자

히라가나 [|] 한자 [ ]

가타카나 고르기 (10)

주어진 단어의 가타카나 표기를 보기 안에서 골라 완성해 보세요.
(보기 안에 있는 가타카나는 여러 번 써도 됩니다.)

보기								
ア	イ	ク	コ	サ	シ	ス	セ	タ
チ	ト	ナ	ニ	ネ	フ	ミ	メ	ラ
リ	ル	レ	ロ	ワ	ン	グ	ジ	ズ
ド	ォ	ッ	ャ	ュ	ョ	ー		

1. 채널
→ ______________________

2. 뉘앙스
→ ______________________

3. 메시지
→ ______________________

4. 뮤직
→ ______________________

5. 러시아워
→ ______________________

6. 산타클로스
→ ______________________

7. 드라이클리닝
→ ______________________

8. 인포메이션
→ ______________________

9. 인터내셔널
→ ______________________

10. 콘택트렌즈
→ ______________________

정답 1. チャンネル 2. ニュアンス 3. メッセージ 4. ミュージック 5. ラッシュアワー 6. サンタクロース 7. ドライクリーニング 8. インフォメーション 9. インターナショナル 10. コンタクトレンズ

51 반말로 말해요

彼女に指輪をあげた。

여자 친구한테 반지를 줬어.

예문 51-1.mp3

워밍업 기본 회화 듣기

그림을 보면서 어떤 내용인지 추측하면서 회화를 들어 보세요.

예문 51-2.mp3

1단계 기본 단어 익히기

あげる 주다

おじ 큰아버지, 삼촌 등 부모의 남자 형제(높이지 않는 호칭)

おば 큰어머니, 이모 등 부모의 여자 형제(높이지 않는 호칭)

紅茶[こうちゃ] 홍차

お皿[おさら] 접시

ネクタイ 넥타이

ネックレス 목걸이

指輪[ゆびわ] 반지

お小遣い[おこづかい] 용돈

잠깐만요!

한국어는 친척을 부르는 호칭이 매우 복잡한데 일본어는 아주 쉽습니다. 부모의 형제 중에서 남자는 모두 おじ(높이지 않는 호칭)/おじさん(높이는 호칭), 여자는 모두 おば(높이지 않는 호칭)/おばさん(높이는 호칭)이라고 합니다. 그리고 '아저씨'도 おじさん, '아줌마'도 おばさん입니다.

예문51-3.mp3

2단계
기본 문형 익히기

❶
～に～をあげる。
～한테 ～를 줘.

일본어에서는 1인칭(나=화자)이나 1인칭의 가족이 2인칭(너, 당신=청자) 혹은 3인칭(화자와 청자 외의 다른 사람)에게 줄 때나 2인칭이 3인칭에게 줄 때는 あげる를 씁니다. あげる는 1단동사이지요. '～한테', '～에게'는 일본어로 ～に가 된다는 건 이미 배웠죠?

'너한테', '당신한테'라는 말은 생략되는 경우가 많습니다. 한국어도 마찬가지죠?

(私はあなたに)おいしい紅茶をあげる。 (나는 당신한테) 맛있는 홍차를 줄게.

(僕は)おばにきれいなお皿をあげる。 (나는) 큰어머니한테 예쁜 접시를 줄 거야.

私の姉はおじにネクタイをあげた。 내 언니는 큰아버지한테 넥타이를 줬어.

僕は彼女にネックレスをあげない。 나는 여자 친구한테 목걸이를 안 줄 거야.

❷
～に～をくれる。
～한테 ～를 줘.

일본어에서는 2인칭이 1인칭에게 혹은 3인칭이 1인칭이나 2인칭에게 줄 때는 くれる를 씁니다. くれる도 1단동사입니다. 私/僕に(나한테), あなたに(당신한테) 등은 생략되는 경우가 많습니다.

일본어에서는 '우리 언니', '우리 부모님'과 같은 표현을 쓰지 않고 僕[ぼく]/俺[おれ]/私[わたし]の姉[あね]/両親[りょうしん](내 누나, 언니/부모님)이라는 표현을 씁니다. 그리고 자신의 부모에 대해서 다른 사람에게 말할 때는 ご両親(부모님)이라고 높이지 않고 両親(양친, 부모)이라고 합니다.

(あなたは)私にそのお皿、くれる？ (당신은) 나한테 그 접시, 줄래?

彼氏が(あなたに)指輪をくれた？ 남자 친구가 (당신한테) 반지를 줬어?

僕の両親は僕にお小遣いをくれる。 내 부모님은 나한테 용돈을 줘.

おばが兄にネクタイをくれた。 이모가 오빠한테 넥타이를 줬어.

③ ～に～をあげる/くれる。 ～한테 ～를 줘.

主人[しゅじん]
남편(높이지 않는 호칭)

앞에서 배웠듯이 あげる는 '나'에게 가까운 사람이 먼 사람에게 주는 경우에 쓰고, くれる는 '나'로부터 먼 사람이 가까운 사람에게 주는 경우에 씁니다. 3인칭과 3인칭 사이에서도 둘 중의 누가 더 '나'에게 가깝고 누가 더 '나'로부터 머냐에 따라 あげる와 くれる를 구분합니다.

妹が隣のおばさんにネックレスをあげた。
여동생이 옆집 아줌마한테 목걸이를 줬어.

弟が裏のおじさんに紅茶をあげた。 남동생이 뒷집 아저씨한테 홍차를 줬어.

先生が友達にプレゼントをくれなかった。
선생님이 친구한테 선물을 주지 않았어.

社長が主人にネクタイをくれた。 사장님이 남편한테 넥타이를 줬어.

～に～をもらう。 ～한테 ～를 받아.

彼[かれ] 남자 친구, 그
誕生日[たんじょうび] 생일

'받다'는 もらう라고 합니다. 이때 '～한테'에 해당하는 조사도 ～に를 쓰면 됩니다.

私は彼に指輪をもらわなかった。 나는 남자 친구한테 반지를 안 받았어.

僕はおじにお小遣いをもらった。 나는 삼촌한테 용돈을 받았어.

今年の誕生日におばにネックレスをもらう。
올해 생일에 고모한테 목걸이를 받을 거야.

祖母にきれいなお皿をもらった。 할머니한테 예쁜 접시를 받았어.

잠깐만요!

お小遣い[こづかい](용돈)도 お皿[おさら](접시)도 小遣い[こづかい], 皿[さら]라는 단어 앞에 お가 붙어 말을 공손하게(부드럽게) 만든 것입니다. お 없이 쓰면 매우 거친 말투가 되므로 お가 붙은 형태로 소개해 드렸어요.

❺

～から～をもらう。

～로부터 ～를 받아.

手紙[てがみ] 편지

조사 ～に를 ～から로 바꿔 써도 됩니다. 단 주의해야 할 것은 ～に, ～から 앞에 들어가는 단어가 사람일 때는 ～に와 ～から 둘 다 쓸 수 있지만, 사람이 아닐 때는 ～に는 쓰지 못하고 ～から만 써야 한다는 점입니다.

彼氏から指輪をもらわなかった。 남자 친구로부터 반지를 안 받았어.

私は両親からお小遣いをもらわない。 나는 부모님으로부터 용돈을 받지 않아.

学校から手紙をもらった。 학교로부터 편지를 받았어.

その会社から新しい仕事をもらう。 그 회사로부터 새 일을 받을 거야.

あげる와 くれる 정리하기 (1)

한국어에서는 '주다'라는 말 하나만 쓰이지만 일본어에서는 あげる와 くれる로 나누어지니 구분하기가 좀 어렵죠? あげる와 くれる의 사용법을 이해하기 쉽게 그림으로 나타내면 아래와 같습니다.

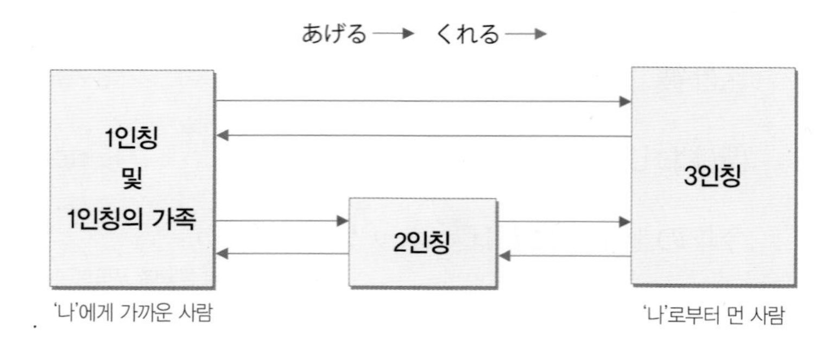

예문 51-4-1.mp3
예문 51-4-2.mp3

3단계
회화로 다지기

まあね 뭐 그냥, 그냥 뭐, 뭐 그렇지(애매하게 맞장구를 칠 때)
おごる ⑤ (먹을 것을) 사 주다, 한턱 내다

春斗[はると]는 수빈이가 남자 친구한테 어떤 생일 선물을 받았는지 물어봅니다.

金子 春斗: 彼氏に誕生日のプレゼント、何かもらった？
ヒョン・スビン: ううん、何ももらわなかった。
金子 春斗: 何もくれなかったの?!
ヒョン・スビン: うん。
金子 春斗: けんかした？
ヒョン・スビン: うん、ちょっとね。
金子 春斗: また？ よくけんかするね。
ヒョン・スビン: まあね。
金子 春斗: 今日、晩ご飯一緒にどう？ 僕がおごるよ。
ヒョン・スビン: ありがとう。でも、いい。
金子 春斗: そうか。わかった。

かねこ はると : 남자 친구한테 생일 선물 뭔가 받았어?
현수빈 : 아니, 아무것도 안 받았어.
かねこ はると : 아무것도 주지 않은 거야?
현수빈 : 응.
かねこ はると : 싸웠어?
현수빈 : 응, 좀.
かねこ はると : 또야? 자주 싸우네.
현수빈 : 뭐 그렇지.
かねこ はると : 오늘, 저녁 같이 (먹는 거) 어때? 내가 사 줄게.
현수빈 : 고마워. 근데 됐어.
かねこ はると : 그래. 알았어.

먹을 것을 사 주는 문화

한국에서는 여러 사람이 함께 먹으러 가면 같이 간 사람들 중에서 누군가가 음식 값을 다 내는 경우가 많지요? 그런데 일본에서는 나이 차이가 많이 나는 경우는 나이가 많은 사람이 내는 경우가 많지만, 나이 차이가 나지 않으면서 '내가 사 줄게'라는 말이 없을 때는 각자 자기가 먹은 것만 계산하는 경우가 많습니다. 나갈 때 계산대로 가서 뭘 먹었는지 말하고 그 값만 계산하기도 하고, 테이블에서 각자 먹은 금액을 대표에게 주기도 합니다. 먹을 것을 사 줄 때 반말을 쓰는 사람에게는 おごる를 쓰지만 공손하게 말해야 하는 사람에게는 ごちそうする를 써야 합니다. ごちそう는 '진수성찬', '맛있는 음식'이라는 뜻이라서 ごちそうさまでした라는 인사말은 '진수성찬이었습니다' 즉 '맛있게 잘 먹었습니다'라는 뜻이 됩니다. 그런데 조심해야 할 점! 상대방이 사 준다는 말 없이 같이 먹으러 갔는데 먹고 나서 ごちそうさまでした라고 하면 '얻어 먹겠다'는 뜻이 되어 상대방이 깜짝 놀랄 수 있어요.

1 주어진 세 단어를 써서 ～は～に～をあげた/くれた(~는 ~한테 ~를 줬어)라는 문장을 만들어 보세요. 내용에 맞추어 あげる를 써야 할지 くれる를 써야 할지 판단하세요.

|보기| 僕 (나) • おば (큰어머니) • お皿 (접시)
→ 僕はおばにお皿をあげた。(나는 큰어머니한테 접시를 줬어.)

1.
2.
3.
4.

2 주어진 세 단어를 써서 ～は～に/から～をもらった(~는 ~한테/~로부터 ~를 받았어)라는 문장을 만들어 보세요. ～に와 ～から 둘 다 쓸 수 있는 경우는 ～に를 쓰세요.

|보기| 私 (나) • 彼 (남자 친구) • 指輪 (반지)
→ 私は彼に指輪をもらった。(나는 남자 친구한테 반지를 받았어.)

1.
2.
3.
4.

3 (　) 속에 들어갈 적절한 글자를 보기와 같이 써 보세요.

|보기| 私(は)おじ(に)ネクタイ(を)あげた。나는 삼촌한테 넥타이를 줬어.

1. 僕(　)両親(　)僕(　)お小遣いを(　　　)なかった。
내 부모님은 나한테 용돈을 주지 않았어.

2. 妹(　)おば(　)ネックレスを(　　　)。
여동생이 이모한테 목걸이를 줬어.

3. 私(　)彼(　)指輪を(　　　)。
나는 남자 친구한테 반지를 받았어.

4 주어진 단어를 우선 히라가나로 써 본 다음에 한자로도 써 보세요.

| 보기 | 편지

히라가나			한자	
て	が	み	手	紙

1. 홍차

히라가나 □□□□ 한자 □□

2. 접시

히라가나 □□□ 한자 □□

3. 반지

히라가나 □□□ 한자 □□

4. 용돈

히라가나 □□□□□ 한자 □□□□

5. 양친, 부모

히라가나 □□□□□ 한자 □□

가타카나 쓰기 (1)

주어진 단어의 가타카나 표기를 직접 써 보세요.

1. 도어, 문 → ______________________

2. 빵 → ______________________

3. 가스 → ______________________

4. 껌 → ______________________

5. 펜 → ______________________

6. 프로 → ______________________

7. 메모 → ______________________

8. 미스 → ______________________

9. 고무 → ______________________

10. 버스 → ______________________

정답 **1.** ドア **2.** パン **3.** ガス **4.** ガム **5.** ペン **6.** プロ **7.** メモ **8.** ミス **9.** ゴム **10.** バス

52 존댓말로 말해요

おばにもらいました。

이모에게 받았습니다.

예문 52-1.mp3

워밍업 기본 회화 듣기

그림을 보면서 어떤 내용인지 추측하면서 회화를 들어 보세요.

예문 52-2.mp3

1단계 기본 단어 익히기

珍しい[めずらしい] 희귀하다, 드물다

娘[むすめ] 딸

着物[きもの] 기모노(일본 전통 의상)

切手[きって] 우표

花瓶[かびん] 꽃병

ハガキ 엽서

잠깐만요!

일본의 전통 의상은 和服[わふく]라고도 합니다. 원래 着物는 '입는 옷'이라는 뜻이고 和服(일본식 옷)가 洋服[ようふく](서양식 옷)와 대비되는 명칭으로 쓰였지만, 현재는 着物와 和服가 같은 의미로 쓰입니다. 좋은 着物는 매우 비싸며 자식들에게 재산으로 물려주기도 합니다.

예문 52-3.mp3

2단계

기본 문형 익히기

❶ ～に～をあげます。 ～에게 ~를 줍니다.

앞에서 배웠듯이 '나'에게 가까운 사람이 먼 사람에게 줄 때 あげる를 씁니다. あげる는 1단동사이기 때문에 ます형이 あげます가 됩니다.

잠깐만요!

ハガキ(엽서)는 한자로는 葉書라고 쓰고 교과서에서는 보통 한자로 표기합니다만, 일상적으로는 가타카나로 쓰는 경우가 많아서 가타카나로 소개해 드렸습니다.

私は娘に着物をあげます。 저는 딸에게 기모노를 줄 겁니다.

私は息子に珍しい切手をあげました。 저는 아들에게 희귀한 우표를 줬습니다.

おばに花瓶をあげました。 큰어머니에게 꽃병을 줬어요.

おじにハガキをあげませんでした。 고모부에게 엽서를 주지 않았어요.

❷ ～に～をくれます。 ～에게 ~를 줍니다.

'나'에게 먼 사람이 가까운 사람에게 줄 때 くれる를 씁니다. くれる도 1단동사이기 때문에 ます형이 くれます가 됩니다.

잠깐만요!

飴[あめ](사탕)를 キャンディー라고 하는 경우도 있지만 일상회화에서는 飴라고 하는 경우가 많습니다. 제품 이름에는 キャンディー를 쓰는 경우가 많아요.

先生は娘にいつも飴をくれます。 선생님은 딸에게 늘 사탕을 줍니다.

課長は息子に仕事をくれません。 과장님은 아들에게 일을 주지 않습니다.

おじが私に花瓶をくれました。 삼촌이 나에게 꽃병을 줬어요.

おばが息子にハガキをくれませんでした。 이모가 아들에게 엽서를 안 줬어요.

③ ～に～をあげます/くれます。

～에게 ～를 줍니다.

あげる와 くれる의 구분에 유의하면서 한 번 더 연습해 봅시다.

祖父が隣の子に切手をあげました。 할아버지가 옆집 아이에게 우표를 줬습니다.

姉は友達に花瓶をあげました。 누나는 친구에게 꽃병을 줬어요.

祖母が娘に着物をくれました。 할머니가 딸에게 기모노를 줬습니다.

会社の人が兄にハガキをくれました。 회사 사람이 오빠에게 엽서를 줬어요.

④ ～に～をもらいます。

～에게 ～를 받습니다.

이번에는 조사 ～に를 사용하여 もらう를 쓰는 문장을 연습해 봅시다.

私は母に着物をもらいます。 저는 어머니에게 기모노를 받을 겁니다.

僕は父にお小遣いをもらいません。 나는 아버지에게 용돈을 받지 않습니다.

息子に花瓶をもらいました。 아들에게 꽃병을 받았어요.

娘に切手をもらいませんでした。 딸에게 우표를 안 받았어요.

❺ ~から~をもらいます。~로부터 ~를 받습니다.

書類[しょるい] 서류

이번에는 조사 ~から를 사용하여 もらう를 쓰는 문장을 연습해 봅시다. 앞에 사람이 아닌 대상이 올 경우는 ~から를 써야 한다고 배웠지요?

娘はおばから着物をもらいます。 딸은 외숙모로부터 기모노를 받을 겁니다.

私はおじから花瓶をもらいません。 저는 이모부로부터 꽃병을 안 받을 겁니다.

息子の会社からハガキをもらいました。 아들(의) 회사로부터 엽서를 받았어요.

学校から書類をもらいませんでした。 학교로부터 서류를 받지 않았어요.

あげる와 くれる 정리하기 (2)

あげる는 화자인 '나'에게 가까운 사람이 '나'로부터 먼 사람에게 주는 경우에 쓰고, くれる는 '나'로부터 먼 사람이 '나'에게 가까운 사람에게 주는 경우에 쓰지요. 3인칭끼리 주고받는 때도 똑같이 '나'와의 거리에 따라 구분하면 되는데, 같은 사람이라도 상황에 따라 あげる를 쓸지 くれる를 쓸지 바뀔 수가 있지요. 예를 들어, A와 B 둘 다 나와 똑같이 친한 친구인 상황에서 공부 잘하는 A가 B와 나에게 노트를 보여 주었다면 '나'와 같은 입장인 B가 가까운 사람이 되고 A가 먼 사람이 되는 것입니다. 밥을 먹으러 간 상황에서 B가 A와 '나'에게 밥을 사 주었다면 '나'와 같은 입장인 A가 가까운 사람이 되고 B가 먼 사람이 되는 것입니다.

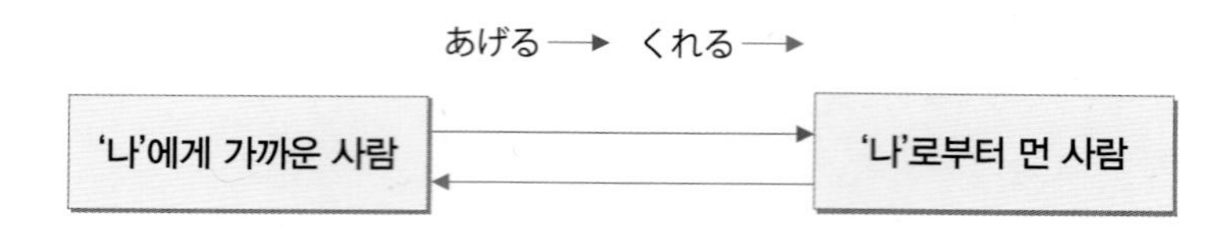

예문52-4-1.mp3
예문52-4-2.mp3

3단계
회화로 다지기

成人式[せいじんしき] 성인식
色々な[いろいろな] 여러 가지의
この前[このまえ] 저번, 요전

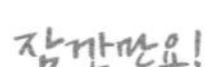

'준형'이라는 이름을 일본어로 표기할 때는 ジュニョン 혹은 ジュンヒョン으로 표기할 수 있습니다. ジュニョン으로 쓰면 소리가 '준영'에 가깝고 ジュンヒョン으로 쓰면 소리가 '중형'에 가깝습니다. 정확히 '준형'이라고 표기할 방법이 없으니 맘에 드는 걸로 쓰시면 돼요.

美佳[みか]네 집에 온 준형이가 기모노를 예쁘게 입은 美佳의 사진을 보았어요.

ハム・ジュニョン：成人式の写真ですか。
原田 美佳：ええ。
ハム・ジュニョン：きれいな着物ですね。
原田 美佳：そうですか。ありがとうございます。
この着物はおばにもらいました。
ハム・ジュニョン：そうですか。
原田 美佳：おばは娘がいませんから、
いつも私に色々な物をくれます。
ハム・ジュニョン：そうですか。
原田 美佳：この前はとてもきれいな花瓶をくれました。
ハム・ジュニョン：その花瓶ですか。
原田 美佳：ええ、そうです。
ハム・ジュニョン：いい花瓶ですね。

함준형 : 성인식 사진이에요?
はらだ みか : 네.
함준형 : 예쁜 기모노네요.
はらだ みか : 그래요? 감사합니다. 이 기모노는 이모에게 받았어요.
함준형 : 그래요.
はらだ みか : 이모는 딸이 없어서, 늘 저에게 여러 가지 것들을 줘요.
함준형 : 그렇군요.
はらだ みか : 요전에는 너무 예쁜 꽃병을 줬어요.
함준형 : 그 꽃병인가요?
はらだ みか : 네, 그래요.
함준형 : 좋은 꽃병이네요.

일본의 성인식

일본에서는 1월 둘째 월요일이 成人の日[せいじんのひ](성인의 날:공휴일)로(1999년까지는 1월 15일이었음) 각지에서 成人式[せいじんしき](성인식)가 행해집니다. 일본에서는 만으로 20세가 되면 성인이 됩니다. 그러니 만 20세 전에는 음주 흡연은 위법입니다. 성인식은 주로 그 지역에 관련되는 사람의 강연, 그 지역 자치단체장의 축사, 성인 대표의 인사 등으로 이루어지지만 젊은 사람들의 취향을 받아들여 가수를 불러 콘서트를 하는 곳도 있답니다. 참석자 대부분은 오래간만에 동창들과 만나는 자리로 인식하는 것 같습니다.
성인식 때 여자들이 着物[きもの]를 입는 사람이 많은데 着物 중에서도 振袖[ふりそで]라고 불리는 소매가 긴 着物를 입습니다. 着物에는 종류가 많은데 이 振袖는 원칙적으로는 미혼여성만 입을 수 있는 것으로 振袖를 입을 수 있는 기회는 주로 성인식과 결혼식에 손님으로 갈 때입니다.

1 주어진 세 단어를 써서 ～は～に～をあげました/くれました(~는 ~에게 ~를 줬습니다)라는 문장을 만들어 보세요. 내용에 맞추어 あげる를 써야 할지 くれる를 써야 할지 판단하세요.

| 보기 | 私 (저) • 娘 (딸) • 着物 (기모노)
→ 私は娘に着物をあげました。(저는 딸에게 기모노를 줬습니다.)

1. ____________________
2. ____________________
3. ____________________
4. ____________________

2 주어진 세 단어를 써서 ～は～に/から～をもらいました(~는 ~에게/~로부터 ~를 받았습니다)라는 문장을 만들어 보세요. ～に와 ～から 둘 다 쓸 수 있는 경우는 ～に를 쓰세요.

| 보기 | 私 (저) • 息子 (아들) • 花瓶 (꽃병)
→ 私は息子に花瓶をもらいました。(저는 아들에게 꽃병을 받았습니다.)

1. ____________________
2. ____________________
3. ____________________
4. ____________________

3 (　　) 속에 들어갈 적절한 글자를 보기와 같이 써 보세요.

| 보기 | 私は息子(に)珍しい切手を(あげ)ました。
저는 아들에게 희귀한 우표를 줬습니다.

1. 祖母(　　)娘(　　)着物を(　　　　)ました。
할머니가 딸에게 기모노를 줬습니다.

2. 私(　　)おば(　　)花瓶を(　　　　)ました。 저는 고모에게 꽃병을 줬습니다.

3. 私(　　)学校(　　　)書類を(　　　　　　　　)でした。
저는 학교로부터 서류를 받지 않았어요.

4 주어진 단어를 우선 히라가나로 써 본 다음에 한자로도 써 보세요.

| 보기 | 저번, 요전 — 히라가나: こ の ま え / 한자: こ の 前

1. 희귀하다, 드물다
히라가나 (5칸) / 한자 (3칸)

2. 딸
히라가나 (3칸) / 한자 (1칸)

3. 기모노(일본 전통 의상)
히라가나 (3칸) / 한자 (2칸)

4. 우표
히라가나 (3칸) / 한자 (2칸)

5. 아들
히라가나 (3칸) / 한자 (2칸)

가타카나 쓰기 (2)

주어진 단어의 가타카나 표기를 직접 써 보세요.

1. 클래스, 학급 → ______________________

2. 케이크 → ______________________

3. 캐나다 → ______________________

4. 베드, 침대 → ______________________

5. 러시아 → ______________________

6. 사인 → ______________________

7. 사이즈 → ______________________

8. 노크 → ______________________

9. 잉크 → ______________________

10. 버튼, 단추 → ______________________

정답 1. クラス 2. ケーキ 3. カナダ 4. ベッド 5. ロシア 6. サイン 7. サイズ 8. ノック 9. インク 10. ボタン

장문 읽어 보기

예문 52-6.mp3

다음 장문을 처음에는 오디오만 들어보면서 내용을 파악해 본 다음에, 문장을 읽어 보며 의미를 확인해 보세요.

婚約指輪について、20代から30代の人に聞きました。男性は56%が婚約者に指輪をあげたいと答えました。女性は79%が婚約者に指輪をもらいたいと答えました。婚約指輪は20万円から40万円くらいです。ダイヤモンドが一番人気があります。結婚指輪は婚約指輪より安いです。結婚指輪は10万円から20万円くらいです。

▶ 한국어에서는 '약혼'이라고 하는데 일본어에서는 거꾸로 '혼약'이라고 합니다. 그리고 일본어에서는 '약혼자', '약혼녀' 구별 없이 둘 다 婚約者[こんやくしゃ](약혼자)라고 합니다.

| 단어 | 婚約[こんやく] 약혼
男性[だんせい] 남성
婚約者[こんやくしゃ] 약혼자, 약혼녀
~について ~에 대해서
女性[じょせい] 여성
人気[にんき] 인기
~代[だい] ~대, 대금, 값
%[パーセント] 퍼센트

| 해석 | 약혼 반지에 대해서 20대에서 30대의 사람들에게 물었습니다. 남성은 56%가 약혼녀에게 반지를 주고 싶다고 답했습니다. 여성은 79%가 약혼자에게 반지를 받고 싶다고 답했습니다. 약혼 반지는 20만 엔에서 40만 엔 정도입니다. 다이아몬드가 가장 인기가 있습니다. 결혼 반지는 약혼 반지보다 쌉니다. 결혼 반지는 10만 엔에서 20만 엔 정도입니다.

: 여섯째마당 :

동사 て형을 정복해라!

열셋째마디 · て형 기본
열넷째마디 · て형 발전편

이제 일본어 감각이 꽤 생기셨죠? 여섯째마당에서는 일본어 표현력을 확~ 늘려 볼까요? 소리학습으로 일본어 공부를 시작하면 처음에는 진도가 빨리 빨리 나가지 않는 것 같아서 좀 불안하지 않으셨나요? 걱정 마세요. 소리학습은 거북이로 시작했다가 토끼로 가는 길입니다. 흔히들 하는 것처럼 글자 외우기부터 시작하는 방법은 토끼로 시작했다가 거북이로 가는 길입니다. 앞으로는 일본어를 익혀 나가는 속도가 붙을 거예요! 글자 외우기부터 시작했던 사람들은 나중에 귀와 입을 열기 위한 시간이 상당히 걸리게 됩니다. 그리고 공부가 답답해지고요. 왜냐하면 읽기는 대학생 수준인데 말하기 듣기가 초등학생 수준이면 당연히 답답할 수밖에 없겠죠? 스스로가 괜히 바보처럼 느껴지기도 하고요. 소리학습으로 시작한 여러분은 이런 걱정은 안 하셔도 됩니다~!

열셋째마디

て형 기본

일본어 동사 활용 중에서 て형이라는 것이 있습니다. 한국어로 말하면 '~하고', '~해서'에 해당되는 형태입니다. 한국어에서도 '~하고', '~해서'라는 형태를 알면 표현할 수 있는 것들이 매우 많아지죠? '~하고 ~한다', '~해서 ~', '~하고 있어', '~하고 나서', '~해 주세요' 등등 여러 가지 다양한 표현들이 있지요. 일본어도 마찬가지입니다. 표현력을 늘리기 위해 て형을 정복하러 갑시다~!

53 반말로 말해요

道が暗くて怖かった。

길이 어두워서 무서웠어.

예문 53-1.mp3

워밍업
기본 회화 듣기

그림을 보면서 어떤 내용인지 추측하면서 회화를 들어 보세요.

예문 53-2.mp3

1단계
기본 단어 익히기

疲れる[つかれる] ① 지치다, 피곤하다

引く[ひく] ⑤ 끌어당기다, (감기에)걸리다

びっくりする 놀라다, 깜짝 놀라다

明るい[あかるい] 밝다

暗い[くらい] 어둡다

気持ち悪い[きもちわるい] 속이 안 좋다, 징그럽다

怖い[こわい] 무섭다

お嬢さん[おじょうさん] 따님, 아가씨

風邪[かぜ] 감기

気分[きぶん] 기분

ホテル 호텔

道[みち] 길

잠깐만요!

'따님'을 娘[むすめ](딸)에 さん을 붙여서 娘さん이라고 할 수도 있지만 お嬢さん에는 '귀하게 자란 좋은 집 딸'이라는 느낌이 있어 이 말을 쓰는 편이 듣는 사람은 기분이 좋지요.

예문53-3.mp3

2단계
기본 문형 익히기

❶ 〜て〜。

て형
〜하고 〜.

本[ほん] 책

잠깐만요!

シャワーを浴びる(샤워를 하다)를 シャワーをする라고 해도 됩니다. 浴びる[あびる]는 '뒤집어쓰다', '(물을)들쓰다'라는 뜻입니다.

て형을 만드는 방법은 동사 た형의 た, だ를 て, で로 바꿔 주기만 하면 됩니다. 예를 들어 食べる[たべる](먹다), 飲む[のむ](마시다)의 た형인 食べた(먹었다), 飲んだ(마셨다)의 た, だ를 て, で로 바꿔서 食べて, 飲んで라고 하면 て형이 되는 거예요.

晩ご飯を食べて、テレビを見た。 저녁을 먹고 TV를 봤어.

友達に会って、一緒にお茶を飲んだ。 친구를 만나고 같이 차를 마셨어.

プールで泳いで、シャワーを浴びた。 수영장에서 수영하고 샤워를 했어.

本を読んで、レポートを書いた。 책을 읽고 리포트를 썼어.

❷

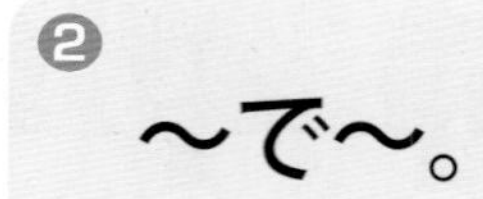

〜이고 〜.

大学生[だいがくせい] 대학생
中学生[ちゅうがくせい] 중학생
高校生[こうこうせい] 고등학생
親切な[しんせつな] 친절한
簡単な[かんたんな] 간단한, 쉬운

명사와 な형용사의 경우는 〈명사+で〉, 〈な형용사(な삭제)+で〉로 하면 '〜이고', '〜하고'라는 뜻이 됩니다.

私の兄は大学生で、妹は中学生。 내 오빠는 대학생이고, 여동생은 중학생이야.

小野さんのお子さんはお嬢さんで、今高校生。
おの씨(의) 자녀분은 따님이고, 지금 고등학생이야.

田村さんは親切で、竹内さんはまじめ。
たむら씨는 친절하고, たけうち씨는 성실해.

これは簡単で、おいしい料理。 이건 쉽고 맛있는 요리야.

❸

～くて～。

～하고 ～.

頭[あたま] 머리
部屋[へや] 방
広い[ひろい] 넓다
古い[ふるい] 오래되다, 낡다

잠깐만요!

앞에서도 설명 드렸듯이(415쪽) 일본어에서는 '키가 크다/작다'를 背が高い[せがたかい](키가 높다), 背が低い[せがひくい](키가 낮다)라고 표현합니다.

い형용사의 경우는 끝소리 い를 く로 바꿔서 て를 붙이면 됩니다. 다만 いい(좋다)는 활용이 불규칙적이었죠? 여기에서도 역시 어두의 い가 よ로 바뀌어 よくて가 된다는 점에 주의하세요.

おじは背が高くて、おばは背が低い。 삼촌은 키가 크고, 외숙모는 키가 작아.

明日香は頭がよくて、妹はかわいい。 あすか는 머리가 좋고, 여동생은 귀여워.

この部屋は広くて明るい。 이 방은 넓고 밝아.

僕の家は古くて暗い。 우리 집은 낡았고 어두워.

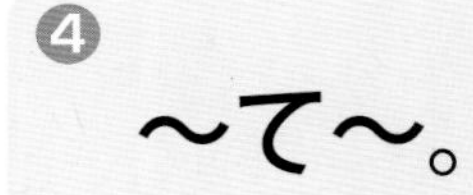

❹

～て～。

て형

～해서 ～.

잠깐만요!

疲れる[つかれる]는 '피곤하다'로 해석하는 경우가 많은데, '피곤하다'는 형용사이지만 疲れる는 동사입니다. 그 차이 때문에 해석할 때 시제가 달라지는 경우가 많아서 많이 어려워합니다. 여기 예문에서도 '피곤하다'로 해석하면 '오늘은 많이 걸어서 피곤해'가 되어 疲れた라는 과거형과 안 맞게 됩니다. 바로 품사 차이 때문이지요. 동사인 '지치다'로 해석하면 시제가 같아져서 '지쳤어'라는 과거형이 됩니다.

て형에는 '～하고'라는 뜻 외에 '～해서'(이유)라는 뜻도 있습니다. 이번에는 '～해서'라는 뜻으로 사용되는 て형을 연습해 봅시다.

お酒をたくさん飲んで、気持ち悪い。 술을 많이 마셔서 속이 안 좋아.

今日はたくさん歩いて疲れた。 오늘은 많이 걸어서 지쳤어.

風邪をひいて、学校を休んだ。 감기에 걸려서 학교를 쉬었어.

一人で外国に行って、ちょっと怖かった。 혼자 외국에 가서 좀 무서웠어.

❺ ～で～。

～여서 ～.

이번에는 명사와 な형용사를 ～で로 연결해서 '～여서'(이유)라는 문장을 연습해 봅시다.

難しい[むずかしい] 어렵다

難しい言葉でわからなかった。	어려운 말이라서 이해 못했어.
風邪で学校を休んだ。	감기 때문에 학교를 쉬었어.
トイレがきれいで気分がよかった。	화장실이 깨끗해서 기분이 좋았어.
ここは静かでいい。	여기는 조용해서 좋아.

'감기에 걸리다'는 風邪をひく[かぜをひく]라고 합니다. ひく(끌어당기다)라는 동사를 쓴다는 점이 특이하죠? 직역하면 '감기를 끌어당기다' 즉, 감기를 끌어당겨와서 걸리는 거죠. 한국어는 조사 '～에'를 써서 '감기에 걸리다'지만 일본어는 ～を를 써서 風邪をひく라고 한다는 점에 주의하세요. ひく는 한자로 引く로 쓰지만 '감기에 걸리다'라고 할 때는 히라가나로 쓰는 경우가 많습니다.

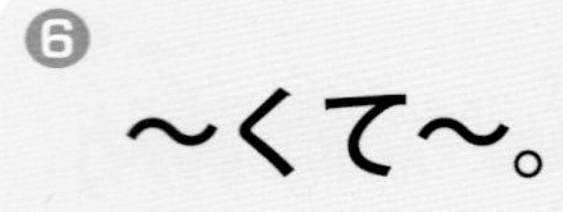

❻ ～くて～。

～해서 ～.

이번에는 い형용사를 ～くて로 연결해서 '～해서'(이유)라는 문장을 연습해 봅시다.

ホテルの部屋が明るくて、気分がよかった。	호텔 방이 밝아서 기분이 좋았어.
道が暗くて怖かった。	길이 어두워서 무서웠어.
この料理は気持ち悪くて食べたくない。	이 요리는 징그러워서 먹고 싶지 않아.
電気代が高くてびっくりした。	전기세가 비싸서 깜짝 놀랐어.

～代[だい]는 앞에서 나온 20代(20대)처럼 쓰이기도 하고, 여기에서 나온 電気代[でんきだい](전기세)처럼 '대금', '값'의 뜻으로도 쓰입니다.

예문53-4-1.mp3
예문53-4-2.mp3

3단계
회화로 다지기

顔色[かおいろ] 안색
気を付ける[きをつける] 조심하다

잠깐만요!

どうしたの？(왜 그래?)에서 どうした를 직역하면 '어떻게 했어?'라는 뜻입니다. 병원에 가면 의사가 '어떻게 오셨어요?'라고 물어보죠? 일본어로는 どうしましたか(어떻게 했습니까?)라고 합니다.

술자리에서 옆에 앉은 大樹[たいき]의 안색이 너무 안 좋아 보이네요.

ヤン・ヘジン：どうしたの？
横山 大樹：ちょっと気持ち悪くて……。
ヤン・ヘジン：大丈夫？
横山 大樹：楽しいから、お酒、たくさん飲んで、たくさん食べて……。それで……。
(大樹가 토할 것 같은 것을 보고)
ヤン・ヘジン：トイレに行った方がいい？
横山 大樹：……うん。
ヤン・ヘジン：(화장실에 갔다 온 大樹가 자리에 앉자) 大丈夫？
横山 大樹：うん、もう大丈夫。
ヤン・ヘジン：さっきは顔色が悪くてびっくりした。
横山 大樹：ごめんね。ちょっと疲れたから、もう帰る。
ヤン・ヘジン：そう。気を付けてね。

양혜진 : 왜 그래?
よこやま たいき : 좀 속이 안 좋아서…….
양혜진 : 괜찮아?
よこやま たいき : 즐거워서 술 많이 마시고 많이 먹고……. 그래서…….
(たいき가 토할 것 같은 것을 보고)
양혜진 : 화장실에 가는 편이 좋겠어?
よこやま たいき : …… 응.
양혜진 : (화장실에 갔다 온 たいき가 자리에 앉자) 괜찮아?
よこやま たいき : 응, 이제 괜찮아.
양혜진 : 아까는 안색이 안 좋아서 깜짝 놀랐어.
よこやま たいき : 미안해. 좀 피곤하니까 이제 집에 갈게.
양혜진 : 그래. 조심해서 가.

일본 집은 작다는 오해!

흔히 일본 집은 작다는 말을 하지만 사실 그것은 오해입니다. 주택의 평균 크기를 비교한 자료를 보면 가장 집이 큰 나라는 미국이고, 2위 룩셈부르크, 3위 슬로베니아, 4위 덴마크, 그리고 5위가 일본입니다. 일본 집이 작다는 오해는 일본을 소개할 때 프랑스어인 'cage a lapins'(도시형 아파트단지)를 영어로 번역할 때 '토끼 집'으로 잘못 번역된 데에서 비롯되었답니다. 그런데 일본은 도쿄와 지방의 땅 값, 집 값이 크게 차이가 나서 도쿄는 다른 지역에 비해 집 크기가 아주 작습니다. 도쿄와 서울만 비교해 보면 서울 집이 훨씬 큽니다.

1 주어진 두 문장을 ～て(~하고/~해서)를 써서 한 문장으로 만들어 보세요.

| 보기 | 晩ご飯を食べる (저녁을 먹다) • テレビを見た (TV를 봤다)
→ 晩ご飯を食べて、テレビを見た。(저녁을 먹고 TV를 봤어.)

1.
2.
3.
4.

2 이번에는 명사와 형용사입니다. 주어진 두 문장을 ～て/で(~하고/~해서)를 써서 한 문장으로 만들어 보세요.

| 보기 | 私の兄は大学生 (내 오빠는 대학생이다) • 妹は中学生 (여동생은 중학생이다)
→ 私の兄は大学生で、妹は中学生。
(내 오빠는 대학생이고, 여동생은 중학생이야.)

1.
2.
3.
4.

3 (　　) 속에 들어갈 적절한 글자를 보기와 같이 써 보세요.

| 보기 | お酒をたくさん飲(んで)、気持ち悪い。술을 많이 마셔서 속이 안 좋아.

1. 田村さんは親切(　　)、竹内さんはまじめ。
たむら씨는 친절하고, たけうち씨는 성실해.

2. ホテルの部屋が明る(　　　)、気分がよかった。
호텔 방이 밝아서 기분이 좋았어.

3. プールで泳(　　　)、シャワーを浴びた。수영장에서 수영하고 샤워를 했어.

4. 今日はたくさん歩(　　　)疲れた。오늘은 많이 걸어서 지쳤어.

4 주어진 단어를 우선 히라가나로 써 본 다음에 한자로도 써 보세요.

| 보기 | 무섭다 — 히라가나: こ わ い / 한자: 怖 い

1. 지치다, 피곤하다

히라가나 | 한자

2. 밝다

히라가나 | 한자

3. 어둡다

히라가나 | 한자

4. 기분

히라가나 | 한자

5. 길

히라가나 | 한자

'기분'이란 뜻인 気持ち[きもち]와 気分[きぶん]의 차이

이번 과에서 気持ち悪い[きもちわるい](속이 안 좋다, 징그럽다)라는 단어가 나왔지요. 직역하면 '기분이 나쁘다'인데 한국어에서는 '기분이 안 좋다'고 쓰는 경우가 많아 해석을 '기분이 안 좋다'로 해 놓았습니다.

이 표현은 원래 気持ちが悪い라는 형태입니다. 気持ち[きもち]도 気分[きぶん]도 '기분'이라고 해석되는 경우가 많아 차이를 알기 어려우니 여기에서 한 번 정리하고 넘어가겠습니다.

흔히 실수를 하는 것이 다음과 같은 사용법입니다.

気持ち(が)いい	気持ち(が)悪い
気分がいい	気分が悪い

해석할 때 왼쪽을 '기분이 좋다', 오른쪽을 '기분이 나쁘다'라고 해석하는 경우가 많아 오해가 생기는 경우가 많습니다. 한국어와 똑같이 '기분이 좋다', '기분이 나쁘다'를 나타내는 것은 아래쪽의 気分がいい, 気分が悪い입니다.

気持ち(が)いい도 '기분이 좋다'로 해석할 수 있지만, 정신적인 느낌에서 오는 '기분이 좋다'가 아니라 신체적인 느낌에서 오는 '기분이 좋다'의 경우에 쓰입니다. 예를 들어 선생님한테 칭찬을 받아서 기분 좋은 거라면 '정신적'인 느낌이기 때문에 気分がいい가 되고, 아주 부드러운 담요를 덮어서 기분 좋은 거라면 '신체적'인 느낌이기 때문에 気持ちがいい가 됩니다.

또 다른 예로, 땀을 많이 흘린 후에 샤워를 해서 개운하여 기분이 좋은 것은 '신체적'인 느낌이기 때문에 気持ちがいいが 되는데, 개운해서 기분이 좋은 것이 정신적인 쾌감으로 이어진다면 気分がいい로 표현할 수도 있어요. 즉 샤워를 막 끝냈을 때 신체적인 상쾌감은 気持ちがいい이고, 그 결과 정신적인 기분이 좋아지는 것은 気分がいい가 되는 것이죠. 그러니 막 샤워를 하면서 '오~~ 기분 좋아~'라고 하는 건 気持ちいい가 되겠죠.

気持ち(が)悪い와 気分が悪い는 いい(좋다)와는 약간 차이가 납니다. 気持ち(が)悪い는 気持ち(が)いい와 마찬가지로 신체적인 느낌에서 오는 경우에 쓰인다는 것은 같지만, 気分が悪い도 신체적인 느낌에 쓰이기도 합니다. 몸 컨디션이 안 좋아서 어지러울 때 気分が悪い라고 하는데, 구역질이 나거나 구역질이 날 것처럼 속이 안 좋을 때는 気持ち(が)悪い라고 합니다. 그러니 술을 많이 먹고 토할 것 같은 상태일 때는 気持ち(が)悪い가 맞는 표현이고 気分が悪い라고 하면 안 됩니다. 그리고 気持ち(が)悪い에는 이런 구역질과 연관되는 것인 '징그럽다'의 뜻도 있습니다.

그 외 気持ち는 감정이나 구체적인 생각 내용을 나타내는데 비해, 気分은 '유쾌 불쾌', '명암' 등 의 좀 더 막연한 경우를 나타냅니다. 그래서 気持ち는 '마음', '생각'으로 해석되는 경우도 있습니다. 예를 들어 彼に対[たい]する気持ち(그에 대한 마음/기분) 같은 경우는 구체적인 생각이라서 気持ち가 쓰이지 気分은 쓰이지 않습니다.

가타카나 쓰기 (3)

주어진 단어의 가타카나 표기를 직접 써 보세요.

1. 셔츠 → ________________

2. 수프 → ________________

3. 데이터 → ________________

4. 센스 → ________________

5. 피아노 → ________________

6. 벤치 → ________________

7. 호텔 → ________________

8. 코트 → ________________

9. 레벨 → ________________

10. 세트 → ________________

정답 1. シャツ 2. スープ 3. データ 4. センス 5. ピアノ 6. ベンチ 7. ホテル 8. コート 9. レベル 10. セット

54 존댓말로 말해요

電話を無くして困りました。

전화를 잃어버려서 난처했어요.

강의 및 예문 듣기

예문 54-1.mp3

워밍업 기본 회화 듣기

그림을 보면서 어떤 내용인지 추측하면서 회화를 들어 보세요.

예문 54-2.mp3

1단계 기본 단어 익히기

開く[ひらく] ⑤ 펴다, 열다

閉じる[とじる] ① 접다, 닫다

取り消す[とりけす] ⑤ 취소하다

付ける[つける] ① 붙이다

文書[ぶんしょ] 문서

保存[ほぞん] 저장

上書き保存[うわがきほぞん] 덮어쓰기

ワード 워드

ファイル 파일

プリントアウト 출력

アプリ 앱

ソフト 소프트웨어

チャット 채팅

잠깐만요!

일본어에서는 '저장'을 保存[ほぞん](보존)이라는 말로 표현합니다.

예문 54-3.mp3

2단계

기본 문형 익히기

❶

~て~。

て형

~하고 ~.

동사 て형을 사용하여 두 개의 문장을 연결해 봅시다. 동사 て형은 た형의 た, だ를 て, で로 바꾸면 된다고 했지요?

名前を付けて保存[なまえをつけてほぞん]은 직역하면 '이름을 붙이고 저장'이 되는데 '다른 이름으로 저장'이라는 뜻으로 쓰이는 말입니다.

ワードで文書を作って保存しました。 워드로 문서를 만들고 저장했습니다.

ファイルを開いてプリントアウトしました。 파일을 열고 출력했습니다.

ファイルを上書き保存して閉じました。 파일을 덮어쓰고 닫았어요.

上書き保存を取り消して、名前を付けて保存しました。 덮어쓰기를 취소하고, 다른 이름으로 저장했어요.

❷

~で~。

~이고 ~.

명사와 な형용사는 명사, な형용사(な삭제) 뒤에 바로 で를 붙이면 되지요.

有名な[ゆうめいな] 유명한
大きい[おおきい] 크다
便利な[べんりな] 편리한

こっちは新しいデータで、そっちは古いデータです。 이쪽은 새 데이터이고, 그쪽은 오래된 데이터입니다.

これは新しいアプリで、ちょっと高いです。 이것은 새 앱이고, 좀 비쌉니다.

この会社は有名で、その会社は大きいです。 이 회사는 유명하고, 그 회사는 커요.

このソフトは簡単で便利です。 이 소프트웨어는 간단하고 편리해요.

アプリ(앱)는 アプリケーション(애플리케이션)의 준말입니다.

❸ ～くて～。

～하고 ～.

安い[やすい] 싸다
易しい[やさしい] 쉽다
小さい[ちいさい] 작다
薄い[うすい] 얇다, 연하다

잠깐만요!

やさしい라는 단어에는 易しい(쉽다)와 優しい(상냥하다, 마음씨가 곱다)의 두 가지가 있다고 했지요? 후자의 뜻으로 쓰는 경우가 많고, '쉽다'라는 뜻으로는 簡単な[かんたんな]를 쓰는 경우가 더 많습니다. 그리고 易しい는 히라가나 やさしい로 쓰이는 경우도 많아요.

い형용사의 경우는 끝소리 い를 くて로 바꾸면 된다고 했지요?

このスマホは高くて、そのケータイは安いです。
이 스마트폰은 비싸고, 그 일반 핸드폰은 쌉니다.

新しいソフトは易しくて、古いソフトは難しいです。
새 소프트웨어는 쉽고, 오래된 소프트웨어는 어렵습니다.

このノートパソコンは小さくて便利です。
이 노트북PC는 작고 편리해요.

このテレビは大きくて薄いです。
이 TV는 크고 얇아요.

❹ ～て～。

て형
～해서 ～.

売る[うる] ⑤ 팔다

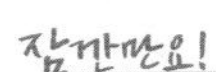

'돈을 마련하다'는 일본어로 お金[かね]を作[つく]る(돈을 만들다)라고 합니다. 그리고 '채팅'은 일본어로 チャット라고 하는데, 일본어에서는 '-ing'가 안 들어가는 예들이 많이 있습니다.

이유를 나타내는 ～て(~해서)를 존댓말로 연습해 봅시다.

朝から夜まで仕事をして、疲れました。
아침부터 밤까지 일을 해서 지쳤습니다.

電話を無くして困りました。
전화를 잃어버려서 난처했습니다.

ノートパソコンを売ってお金を作りました。
노트북PC를 팔아서 돈을 마련했어요.

友達とチャットして、楽しかったです。
친구와 채팅을 해서 즐거웠어요.

❺ ～で～。

～여서 ～.

嫌な[いやな] 싫은
不便な[ふべんな] 불편한

앞에서도 말씀 드렸지만, 일본에서는 스마트폰과 일반 핸드폰을 구별해서 부릅니다. ケータイ(핸드폰)라고 하면 '일반 핸드폰'을 가리키는 말로 스마트폰은 포함되지 않습니다.

이번에는 명사와 な형용사로 연습해 봅시다.

雪で、買い物に行きませんでした。 눈이 와서 장보러 가지 않았습니다.

朝で、お店に人があまりいません。 아침이라서 가게에 사람들이 별로 없습니다.

仕事が嫌で、会社を休みました。 일이 싫어서 회사를 쉬었어요.

ケータイは不便で、スマホを買いました。
일반 핸드폰은 불편해서 스마트폰을 샀어요.

❻ ～くて～。

～해서 ～.

バイト(알바)는 アルバイト(아르바이트)의 준말입니다.

이번에는 い형용사로 연습해 봅시다.

このケータイは厚くて嫌です。 이 일반 핸드폰은 두꺼워서 싫습니다.

このソフトは難しくてよくわかりません。
이 소프트웨어는 어려워서 잘 모르겠습니다.

新しいパソコンが欲しくて、バイトをしました。
새 PC를 갖고 싶어서 알바를 했어요.

お金が無くて困りました。 돈이 없어서 난처했어요.

예문 54-4-1.mp3
예문 54-4-2.mp3

3단계
회화로 다지기

料金[りょうきん] 요금

직장 동료인 中川莉緒[なかがわ りお]가 일반 핸드폰에서 스마트폰으로 바꾼 모양이에요.

(스마트폰으로 통화하는 中川씨를 보고, 통화가 끝난 후에)

イ・ドンウク: スマホ、買ったんですか。

中川 莉緒: ええ。ケータイは不便で、スマホを買いました。

イ・ドンウク: そうですか。スマホはどうですか。

中川 莉緒: とても便利でいいですよ。

イ・ドンウク: そうですか。

中川 莉緒: イさんはスマホを買いませんか。

イ・ドンウク: 料金が心配で……。

中川 莉緒: 料金はケータイよりスマホの方が高いですね。

イ・ドンウク: それで、スマホに変えたくないんです。お金がありませんから。

中川 莉緒: そうですか。

(스마트폰으로 통화하는 なかがわ씨를 보고, 통화가 끝난 후에)

이동욱 : 스마트폰 산 거예요?
なかがわ りお : 네, 일반 핸드폰은 불편해서 스마트폰을 샀어요.
이동욱 : 그래요. 스마트폰은 어때요?
なかがわ りお : 아주 편리하고 좋아요.
이동욱 : 그렇군요.
なかがわ りお : 이(동욱)씨는 스마트폰을 안 사요?
이동욱 : 요금이 걱정이라서…….
なかがわ りお : 요금은 일반 핸드폰보다 스마트폰이 더 비싸죠.
이동욱 : 그래서 스마트폰으로 바꾸고 싶지 않아요. 돈이 없거든요.
なかがわ りお : 그래요.

일본의 일반 핸드폰은 갈라파고스 휴대폰!

아하, 일본에서는!

일본에서는 일반 핸드폰을 ガラケー라고 부르는데, 이는 ガラパゴスケータイ(갈라파고스 핸드폰)의 준말입니다. 일본의 일반 핸드폰은 통신방식이 세계 표준과 달라서 해외로 수출되거나 일본으로 수입되는 일이 없었는데, 이후에 독자적으로 발전한 일본의 일반 핸드폰이 다른 섬들과 접촉 없이 독자적인 진화를 이루어낸 갈라파고스제도의 생물과 같다는 생각에 붙여진 말입니다. 최근에는 일본에서 스마트폰에서 다시 일반 핸드폰으로 돌아가는 사람들이 있다고 하네요. 참고로 '셀카봉'은 일본어로 自撮り棒[じどりぼう] 혹은 セルカ棒[ぼう]라고 하는데, セルカ는 한국어 '셀카'에서 온 말입니다.

1 주어진 두 문장을 ～て(~하고/~해서)를 써서 한 문장으로 만들어 보세요.

| 보기 | ワードで文書を作りました (워드로 문서를 만들었습니다)
保存しました (저장했습니다)
→ ワードで文書を作って保存しました。
(워드로 문서를 만들고 저장했습니다.)

1. ________________
2. ________________
3. ________________
4. ________________

2 이번에는 명사와 형용사입니다. 주어진 두 문장을 ～て/で(~하고/~해서)를 써서 한 문장으로 만들어 보세요.

| 보기 | このソフトは簡単です (이 소프트웨어는 간단합니다)
便利です (편리합니다)
→ このソフトは簡単で便利です。(이 소프트웨어는 간단하고 편리합니다.)

1. ________________
2. ________________
3. ________________
4. ________________

3 (　　) 속에 들어갈 적절한 글자를 보기와 같이 써 보세요.

| 보기 | 上書き保存を取り消(して)、名前を付けて保存しました。
덮어쓰기를 취소하고 다른 이름으로 저장했습니다.

1. これは新しいアプリ(　　)、ちょっと高いです。
이것은 새 앱이고, 좀 비쌉니다.

2. このテレビは大き(　　　)薄いです。이 TV는 크고 얇습니다.

3. ノートパソコンを売(　　　)お金を作りました。
노트북PC를 팔아서 돈을 마련했어요.

4 주어진 단어를 우선 히라가나로 써 본 다음에 한자로도 써 보세요.

|보기| 요금 — 히라가나: り ょ う き ん / 한자: 料 金

1. 펴다, 열다
히라가나 / 한자

2. 접다, 닫다
히라가나 / 한자

3. 붙이다
히라가나 / 한자

4. 문서
히라가나 / 한자

5. 저장
히라가나 / 한자

PC 용어

일상적으로 흔히 사용하는 PC 용어를 소개해 드리겠습니다.

이메일과 관련된 용어들

メールアドレス 메일 주소

(メアド 혹은 メルアド로 줄여 말하는 경우도 많습니다.)

受信箱[じゅしんばこ] 받은 편지함

送信済み[そうしんずみ] 보낸 편지함

(정확히는 送信済みトレイ 혹은 送信済みフォルダ인데, 표시에는 送信済み라고만 나옵니다.)

下書き[したがき] 임시 보관함

(下書き의 원래 뜻은 '초고', '초안'인데, PC나 핸드폰에서는 '임시 저장'의 뜻으로 쓰입니다.)

ごみ箱[ごみばこ] 쓰레기통

添付する[てんぷする] 첨부하다

添付ファイル[てんぷふぁいる] 첨부파일

迷惑メール[めいわくめーる]
スパムメール 스팸메일

写メール[しゃめーる] 사진 메일

(사진을 첨부한 메일로, 주로 写メ[しゃめ]로 줄여 말합니다. 일본은 핸드폰으로 주고 받는 '문자'가 없고, 전부 메일 형식으로 주고받습니다.)

문서 작성과 관련된 용어들

圧縮[あっしゅく] 압축	削除[さくじょ] 삭제
切り取り[きりとり] カット 잘라내기	印刷[いんさつ] 인쇄
コピー 복사하기	印刷プレビュー [いんさつぷれびゅー] 미리보기
貼り付け[はりつけ] 붙여넣기	取り込む[とりこむ] 읽어들이다
コピー＆ペース 복사하여 붙여넣기 (보통 コピペ라고 줄여서 말합니다.)	凍る[こおる] フリーズする 다운되다

PC 사용 및 인터넷과 관련된 용어들

お気に入り[おきにいり] 즐겨찾기	再起動[さいきどう] 재부팅
アップデート 업데이트	インストール 인스톨
ウイルス 바이러스	ウイルスチェック 바이러스 검사
アップロード 업로드	ダウンロード 다운로드
メモリ 메모리	ログイン 로그인
ログアウト 로그아웃	アイコン 아이콘
バックアップ 백업	バグ 버그

'열다'와 '닫다'

19과에서 開ける[あける](열다)/閉める[しめる](닫다)를 배웠죠? 이번 과에서는 開く[ひらく](펴다, 열다)/閉じる[とじる](접다, 닫다)라는 단어를 배웠는데, 헷갈릴지도 모르니 설명하고 넘어가겠습니다.

開ける[あける]에는 '막혀 있던 것을 없애다', '가리고 있었던 것을 없애다'라는 뜻밖에 없는 데 비해, 開く[ひらく]에는 이런 뜻 외에 '펴다', '펼치다'라는 뜻도 있습니다. 따라서 '창문'은 開ける[あける]라고 할 수도 있고 開く[ひらく]라고 할 수도 있는 것이지요. 당연히 반대말인 閉める[しめる], 閉じる[とじる]도 양쪽 다 쓸 수 있고요.

그런데 '책을 펴다'라고 할 때는 開ける[あける]에 '펴다'라는 뜻이 없기 때문에 開く[ひらく]를 써야 합니다. '파일을 열다'라고 할 때도 마찬가지로 開く[ひらく]라고 해야 합니다. 왜냐하면 파일을 여는 것은 '막혀 있던 것을 없애거나 가리고 있었던 것'을 없애는 것이 아니기 때문이죠.

하지만 누가 보내 준 파일을 열어볼 때 등은 마치 선물 상자를 열어 보는 것처럼 느끼기도 하죠? 그런 경우에는 開ける[あける]라고 쓰기도 합니다. 선물 상자를 여는 것은 '가리고 있던 것(포장)을 없애다'라는 뜻이기 때문에 開ける[あける]와 開く[ひらく] 양쪽 다 쓰이는 것입니다.

가타카나 쓰기 (4)

주어진 단어의 가타카나 표기를 직접 써 보세요.

1. 마스크 → ____________________

2. 와인 → ____________________

3. 코스 → ____________________

4. 드라마 → ____________________

5. 벨트 → ____________________

6. 카드 → ____________________

7. 나이프 → ____________________

8. 샐러드 → ____________________

9. 게임 → ____________________

10. 세일 → ____________________

정답 1. マスク 2. ワイン 3.コース 4. ドラマ 5. ベルト 6. カード 7. ナイフ 8. サラダ 9. ゲーム 10. セール

55

반말로 말해요

傘を持って出かけた。

우산을 가지고 나갔어.

예문 55-1.mp3

워밍업
기본 회화 듣기

그림을 보면서 어떤 내용인지 추측하면서 회화를 들어 보세요.

예문 55-2.mp3

1단계
기본 단어 익히기

上げる[あげる] ① 올리다, 들다

渡る[わたる] ⑤ 건너다

出る[でる] ① 나가다, 나오다

終わる[おわる] ⑤ 끝나다

開く[あく] ⑤ 열리다

閉まる[しまる] ⑤ 닫히다

見せる[みせる] ① 보여주다

予習[よしゅう] 예습

復習[ふくしゅう] 복습

잠깐만요!

ひらく(펴다, 열다)와 あく(열리다)는 둘 다 한자로는 開く로 쓰기 때문에, ひらく로 읽는지 あく로 읽는지는 문맥을 보고 판단해야 합니다.

예문 55-3.mp3

2단계
기본 문형 익히기

❶ ～て～。

～하고/～해서 ～.

手[て] 손

～て에는 나열하거나(～하고 ～하고) 이유를 말하는 것(～해서) 외에 어떤 상태로 했는지를 나타내기도 합니다. 한국어에서도 '～하고', '～해서'로 해석되기 때문에 나열과 굳이 구별해서 기억하실 필요는 없습니다.

授業に出たを 직역하면 '수업에 나갔어/나갔다'가 됩니다. 수업에 출석하는 것을 出る[でる]로 표현할 수 있는데, 出席する[しゅっせきする](출석하다)라는 말도 씁니다.

手を上げて道を渡った。	손을 들고 길을 건넜어.
窓を開けて寝た。	창문을 열고 잤어.
傘を持って出かけた。	우산을 가지고 나갔어.
予習をして授業に出た。	예습을 하고 수업에 출석했어.

❷ ～ないで～。

～하지 않고 ～.

〈동사 ない형＋で〉로 ～ないで라고 하면 '～하지 않고'라는 뜻이 됩니다. 1번에서 연습한 ～て의 부정 형태지요.

～ないで는 '～하지 않고'라는 뜻으로 쓰이는 경우가 많지만 '～하지 않아서'라는 뜻으로 쓰이기도 합니다. '～하지 않아서'라는 뜻으로 쓰일 때는 3번에서 배우는 ～なくて로 바꿔 쓸 수 있습니다.

子供が勉強しないで困る。(아이가 공부하지 않아서 곤란해.)

手を上げないで道を渡った。	손을 들지 않고 길을 건넜어.
窓を閉めないで寝た。	창문을 닫지 않고 잤어.
傘を持たないで出かけた。	우산을 안 가지고 나갔어.
予習をしないで授業に出た。	예습을 하지 않고 수업에 출석했어.

❸ ～なくて～。

～하지 않아서 ～.

동사 ない형의 끝소리 い를 くて로 바꿔서 ～なくて라고 하면 '～하지 않아서'라는 뜻이 됩니다. ～なくて가 '～하지 않고'의 뜻으로 쓰일 때도 있지만, 대부분 '～하지 않아서'의 뜻으로 쓰입니다.

～ないで는 동사에만 쓰이지만 ～なくて는 동사 외에 명사와 형용사에도 쓰입니다. ～なくて가 동사에 사용될 때는 대부분 '～하지 않아서'의 뜻이지만, 명사나 형용사에 사용될 때는 '～하지 않아서' 외에 '～하지 않고'의 뜻으로도 쓰입니다.

その人は会社員じゃなくて、学生です。(그 사람은 회사원이 아니라 학생입니다.)

そこは人があまり多くなくていい。(거기는 사람이 별로 많지 않아서 좋아.)

仕事が終わらなくて、大変だった。 일이 끝나지 않아서 힘들었어.

部屋のドアが開かなくて困った。 방문이 안 열려서 난처했어.

窓が閉まらなくて寒かった。 창문이 닫히지 않아서 추웠어.

声が全然出なくて、病院に行った。 목소리가 전혀 안 나와서 병원에 갔어.

❹ ～て。

～해 줘.

～て로 문장이 끝나면 '～해 줘'라는 부탁하는 의미가 됩니다. 한국어로 '～해 줘'라고 번역하기가 어색할 때는 '～해'로 해석하기도 합니다. '～해'로 해석해도 부탁하는 말투라는 것을 알아 두세요.

ちょっと待って는 직역하면 '잠깐 기다려 줘'인데, '잠깐만'으로 짧게 해석하는 경우도 많아요.

ちょっと待って。 잠깐 기다려 줘.

この単語の意味、教えて。 이 단어(의) 뜻, 알려 줘.

英語のノート、ちょっと見せて。 영어 노트, 잠깐 보여 줘.

うちに遊びに来て。 우리 집에 놀러 와.

⑤ ～ないで。 ～하지 말아 줘.

～ないで로 문장이 끝나면 '～하지 말아 줘'라는 뜻이 되는데, 이것 역시 '～하지 마'로 해석하는 경우가 있습니다. '～하지 마'로 해석해도 금지 명령이 아니라 부탁하는 말투라는 것을 알아 두세요.

잠깐만요!

～ないで는 직역하면 '～하지 말아 줘'가 되는데 '～하지 마'로 해석하기도 합니다. 한국어에서는 '～하지 마'라는 말이 친한 사이에서는 흔히 쓰는 말이죠. 그런데 '～하지 마'를 일본어로 직역해서 ～するな(〈사전형+な〉(금지형))로 말하면 매우 거친 말이 됩니다. 직역해서 쓰지 마세요～!

その川を渡らないで。	그 강을 건너지 말아 줘.
もうその人と会わないで。	이제 그 사람과 만나지 말아 줘.
そんな物、私に見せないで。	그런 거, 나한테 보여 주지 마.
手を上げないで。	손을 들지 마.

⑥ ～てから ～하고 나서

〈동사 て형+から〉는 '～하고 나서'라는 뜻입니다. ～から가 '～부터'라는 뜻의 조사라는 것과 연관지어 기억하면 좋습니다.

잠깐만요!

▶ 手を上げる[てをあげる](손을 들다/올리다)에는 손을 높이 올린다는 뜻 외에도 '항복하다'라는 뜻과 '(때리려고) 손을 올리다', '폭력을 휘두르다'라는 뜻도 있습니다.

▶ 목적어 없이 飲む[のむ](마시다)라고만 하면 '술을 마시다'라는 뜻입니다.

手を上げてから質問して。	손을 들고 나서 질문해 줘.
授業を聞いてから復習する。	수업을 듣고 나서 복습해.
仕事が終わってから飲みに行く。	일이 끝나고 나서 술 마시러 갈 거야.
川を渡ってからバスを降りた。	강을 건너고 나서 버스에서 내렸어.

예문55-4-1.mp3
예문55-4-2.mp3

3단계
회화로 다지기

まじ 진짜, 정말(속어)
たまに
어쩌다가, 어쩌다 한 번
ちゃんと 제대로

잠깐만요!

▶ うそ(거짓말)는 놀라면서 '진짜?!'라고 할 때 많이 쓰는 말이라고 했지요? '진짜야? 에~이, 거짓말이지~?'라는 느낌으로 말할 때는 うそ~처럼 끝을 길게 발음하고, 정말 깜짝 놀랐을 때는 여기 회화처럼 うっそ~!라고 발음합니다.

▶ まじ는 まじめな(성실한, 진지한)에서 나온 말인데, '진짜, 진심'이라는 뜻으로 쓰는 속어입니다.

학교에 와 보니, 짝꿍 윤지가 우울한 표정으로 자리에 앉아 있네요.

小林 海斗: どうしたの?
ヤン・ユンジ: ん? 今日、英語の予習をしないで来たの。
小林 海斗: え?! いつも予習するの?
ヤン・ユンジ: うん。予習をしてから授業を聞いて、授業を聞いてから復習するよ。
小林 海斗: うっそ~! まじ?!
ヤン・ユンジ: 海斗は予習、復習をしないの?
小林 海斗: 復習はたまにするよ。
ヤン・ユンジ: たまに?!
小林 海斗: うん。予習はしたことない。
ヤン・ユンジ: 予習、復習はちゃんとした方がいいよ。
小林 海斗: はいはい、わかりました。

こばやし かいと: 왜 그래?
양윤지: 어? 오늘, 영어 예습을 안 하고 왔거든.
こばやし かいと: 뭐?! 항상 예습하는 거야?
양윤지: 응. 예습을 하고 나서 수업을 듣고, 수업을 듣고 나서 복습해.
こばやし かいと: 헐~! 진짜?!
양윤지: かいと는 예습, 복습을 안 하는 거야?
こばやし かいと: 복습은 어쩌다 한 번 해.
양윤지: 어쩌다 한 번?!
こばやし かいと: 응. 예습은 한 적 없어.
양윤지: 예습, 복습은 제대로 하는 편이 좋아.
こばやし かいと: 네네, 알겠습니다.

'님아, 그 강을 건너지 마오'

'님아, 그 강을 건너지 마오'라는 한국 영화가 있지요. 일본어 제목은 あなた、その川[かわ]を渡[わた]らないで예요. 渡らないで는 이번 과에서 ~ないで(~하지 말아 줘)라는 표현을 배웠으니 '건너지 말아 줘'라는 뜻이라는 건 아시겠죠? '님아'가 あなた(당신)로 번역되어 있어서 한국어 원제와는 약간 느낌이 다른 것 같아요. '님아'를 愛[あい]する人[ひと]よ(사랑하는 사람이여)로 번역하는 것이 좋다고 하는 사람들도 있어요.

예문 55-5.mp3

1 주어진 두 문장을 ～て(~하고) 혹은 ～ないで(~하지 않고)를 써서 한 문장으로 만들어 보세요.

| 보기 | 手を上げません (손을 들지 않습니다) • 道を渡りました (길을 건넜습니다)
→ 手を上げないで道を渡った。(손을 들지 않고 길을 건넜어.)

1. ______
2. ______
3. ______
4. ______

2 주어진 두 문장을 ～てから(~하고 나서)를 써서 한 문장으로 만들어 보세요.

| 보기 | 手を上げる (손을 들다) • 質問する (질문하다)
→ 手を上げてから質問する。(손을 들고 나서 질문해.)

1. ______
2. ______
3. ______
4. ______

3 (　) 속에 들어갈 적절한 글자를 보기와 같이 써 보세요.

| 보기 | 手を上げ(て)道を渡った。손을 들고 길을 건넜어.

1. 仕事が終わら(　　　　　)、大変だった。일이 안 끝나서 힘들었어.
2. ちょっと待(　　　)。잠깐 기다려 줘.
3. こっちを見(　　　　　)。이쪽을 보지 말아 줘.
4. 川を渡(　　　　　　　)バス(　)降りた。
강을 건너고 나서 버스에서 내렸어.

4 주어진 단어를 우선 히라가나로 써 본 다음에 한자로도 써 보세요.

|보기| 닫히다	히라가나			한자		
	し	ま	る	閉	ま	る

1. 올리다, 들다

히라가나 | | |

한자 | | |

2. 나가다, 나오다

히라가나 | |

한자 | |

3. 끝나다

히라가나 | | |

한자 | | |

4. 열리다

히라가나 | |

한자 | |

5. 예습

히라가나 | | | |

한자 | |

見せる[みせる]와 見える[みえる]의 차이

이번 과에 見せる[みせる](보여주다)라는 동사가 나왔지요. 見せる는 사전으로 찾아보면 '보이다'라고 해석되어 있습니다. 그런데 왜 제가 '보이다'로 해석하지 않고 굳이 '보여주다'로 해석했냐면 자연스럽게 눈에 들어와서 보이는 '보이다'와 헷갈릴 수 있기 때문입니다.

이것 때문에 잘못 쓰는 사람들이 꽤 있어요. 자연스럽게 눈에 들어와서 보이는 '보이다'는 일본어로 見える[みえる]이고 남에게 보도록 하는 '보이다'는 見せる입니다. 見せる를 '보여주다'로 기억하시면 헷갈리지 않아요. 見せる도 見える도 모두 1단동사입니다.

友達に写真を見せた。	친구에게 사진을 보여주었다.
山が見える。	산이 보인다.

見せる(보여주다)는 타동사이기 때문에 앞에 ～を(～를)가 오고, 見える(보이다)는 자동사이기 때문에 앞에 ～が(～가) 혹은 ～は(～는) 등이 옵니다. 조사와 함께 〈～を見せる〉의 형태로, 〈～が見える〉의 형태로 기억해 두는 것도 헷갈리지 않을 수 있는 좋은 방법이 되겠네요～!

가타카나 쓰기 (5)

주어진 단어의 가타카나 표기를 직접 써 보세요.

1. 런치 → ______________

2. 풀, 수영장 → ______________

3. 카페 → ______________

4. 김치 → ______________

5. 사이트 → ______________

6. 데이트 → ______________

7. 소프트 → ______________

8. 모델 → ______________

9. 로비 → ______________

10. 팬(fan) → ______________

정답 1. ランチ 2. プール 3. カフェ 3. キムチ 5. サイト 6. デート 7. ソフト 8. モデル 9. ロビー 10. ファン

56 존댓말로 말해요

立たないでください。

일어서지 마세요.

강의 및 예문 듣기

예문 56-1.mp3

워밍업
기본 회화 듣기

그림을 보면서 어떤 내용인지 추측하면서 회화를 들어 보세요.

예문 56-2.mp3

1단계
기본 단어 익히기

かける ① 뿌리다

つける ① 찍다, 묻히다

立つ[たつ] ⑤ 서다, 일어서다

塩[しお] 소금

しょうゆ 간장

化粧[けしょう] 화장

～書[しょ] ～서, ～책자

パスポート 여권

잠깐만요!

しょうゆ(간장)는 한자로 쓰면 醤油입니다. 한자가 어려워서 히라가나로 소개했지만 한자로 나오는 경우도 많으니 쓸 수는 없어도 보면 알아볼 수 있도록 기억해 두세요.

예문 56-3.mp3

2단계
기본 문형 익히기

❶ ～て～。

～하고/～해서 ～.

어떤 상태로 했는지를 나타내는 ～て(～하고, ～해서)를 존댓말로 연습해 봅시다.

かける, つける의 한자는 掛ける, 付ける이지만, '뿌리다', '찍다'라는 뜻으로 쓰일 때는 보통 히라가나로 씁니다.

これは塩をかけて食べます。	이것은 소금을 뿌려서 먹습니다.
それはしょうゆをつけて食べます。	그것은 간장을 찍어서 먹습니다.
立って話をしました。	일어서서 이야기를 했어요.
化粧をして出かけました。	화장을 하고 외출했어요.

❷ ～ないで～。

～하지 않고 ～.

이번에는 부정 ～ないで(～하지 않고)를 존댓말로 연습해 봅시다.

化粧[けしょう]는 メイク라고도 많이 합니다. メイク는 メイクアップ(메이크업)의 준말이지요. 화장을 전혀 안 한 것은 ノーメイク(노 메이크) 또는 すっぴん(민낯)이라고 합니다.

これは塩をかけないで食べます。	이것은 소금을 뿌리지 않고 먹습니다.
それはしょうゆをつけないで食べます。	그것은 간장을 찍지 않고 먹습니다.
目を見ないで話しました。	눈을 보지 않고 이야기했어요.
化粧をしないで出かけました。	화장을 안 하고 외출했어요.

結果[けっか] 결과
残念な[ざんねんな] 아쉬운, 유감스러운

聞く[きく]에는 '듣다'라는 뜻 외에 '묻다'라는 뜻도 있습니다. 質問する[しつもんする]라는 말은 교실 상황에서 쓰는 말이고, 일상적인 상황에서는 聞く라는 말을 씁니다. 한국어에서 '질문하다'라고 안 하고 '묻다'라고 하는 것과 마찬가지죠.

❸

～なくて～。

～하지 않아서 ～.

이번에는 ～なくて(～하지 않아서)를 존댓말로 연습해 봅시다. 앞에서도 설명 드렸지만 ～なくて는 '～하지 않고'로 해석하기도 하지만 대부분 '～하지 않아서'의 뜻으로 쓰입니다.

仕事が終わらなくて困りました。 일이 끝나지 않아서 난처했습니다.

試合でいい結果が出なくて残念でした。 시합에서 좋은 결과가 안 나와서 아쉬웠습니다.

その飛行機に乗らなくてよかったです。 그 비행기를 안 타서 다행이었어요.

意味がわからなくて先生に聞きました。 의미가 이해되지 않아서 선생님에게 물었어요.

立つ[たつ](서다, 일어서다)의 반대말은 座る[すわる](앉다)입니다. 이미 48과에서 배웠답니다.

❹

～てください。

～해 주세요.

～て(～해 줘)의 존댓말은 ～て 뒤에 ください(주세요)를 붙여서 ～てください(～해 주세요, ～하세요)라고 하면 됩니다.

パスポートを見せてください。 여권을 보여 주세요.

ちょっと立ってください。 잠깐 일어서 주세요.

これは塩をかけてください。 이것은 소금을 뿌리세요.

それはしょうゆをつけてください。 그것은 간장을 찍으세요.

'불을 켜다/끄다'라고 할 때의 '불'을 한국어 '불'로 직역하여 火[ひ]로 잘못 쓰는 사람이 있더군요. 電気[でんき](전기, 불)라고 해야 합니다~!

⑤ ～ないでください。

～하지 말아 주세요.

～ないで(～하지 말아 줘)의 존댓말도 뒤에 ください(주세요)를 붙여서 ～ないでください(～하지 말아 주세요, ～하지 마세요)라고 하면 됩니다.

たばこを吸わないでください。 담배를 피우지 말아 주세요.

電気を消さないでください。 불을 끄지 말아 주세요.

立たないでください。 일어서지 마세요.

心配しないでください。 걱정하지 마세요.

⑥ ～てから

～하고 나서

～てから(～하고 나서)를 존댓말로 연습해 봅시다.

朝、顔を洗ってからご飯を食べます。 아침에 세수를 하고 나서 밥을 먹습니다.

ちゃんと歯を磨いてから寝ました。 제대로 이를 닦고 나서 잤어요.

説明書を読んでから薬を飲んでください。 설명서를 읽고 나서 약을 먹어 주세요.

道を渡ってからバスに乗ってください。 길을 건너고 나서 버스를 타세요.

예문56-4-1.mp3
예문56-4-2.mp3

3단계
회화로 다지기

이규현 씨가 加藤[かとう]씨네 집에 초대를 받고 갔는데, 식사 대접까지 해 주시네요.

加藤 愛: どうぞ、召し上がってください。

イ・ギュヒョン: はい。いただきます。

加藤 愛: あ、天ぷらにおしょうゆをつけないでください。

イ・ギュヒョン: え?! 天ぷらにしょうゆをつけないんですか。

加藤 愛: ええ。おしょうゆをつけないで、お塩をかけて食べてください。

イ・ギュヒョン: 塩ですか?!

加藤 愛: ええ。

(소금을 뿌려서 먹어 보더니)

イ・ギュヒョン: あ、おいしい!

加藤 愛: 天ぷらはおしょうゆよりお塩をかけた方がおいしいんですよ。

イ・ギュヒョン: へえ、知りませんでした。

かとう あい: 어서 드세요.
이규현 : 네. 잘 먹겠습니다.
かとう あい: 아, 튀김에 간장을 찍지 마세요.
이규현 : 어?! 튀김에 간장을 찍지 않는 거예요?
かとう あい: 네. 간장을 찍지 말고 소금을 뿌려서 드세요.
이규현 : 소금이요?
かとう あい: 네.
(소금을 뿌려서 먹어 보더니)
이규현 : 아, 맛있다!
かとう あい: 튀김은 간장보다 소금을 뿌리는 편이 맛있거든요.
이규현 : 허어, 몰랐어요.

召し上がる[めしあがる] ⑤ 잡수시다, 드시다
天ぷら[てんぷら] 튀김

소금을 뿌려 먹지 않고 찍어 먹을 수도 있겠지요. 찍어 먹을 때는 塩をつける라고 합니다. 그리고 '간장'과 '소금'은 しょうゆ, 塩[しお]인데 공손하게 말할 때, 그리고 보통 여자들이 말할 때는 앞에 お를 붙여서 おしょうゆ, お塩[おしお]라고 하는 경우가 많습니다.

튀김 요리에 어울리는 것은 간장? 소금?

일본 사람들은 한국 사람들보다 튀김을 좋아하는 것 같아요. 그리고 '일본 음식'이라고 하면 '담백하다'고 생각하는 사람들이 많은데, 일본 가정요리에서는 의외로 기름을 많이 씁니다. 한국 음식이 훨씬 기름을 적게 써요. 기름을 쓰는 요리 중의 대표선수는 天ぷら[てんぷら](튀김)입니다. 天ぷら를 먹을 때 식당에서는 天つゆ[てんつゆ]라는 튀김을 찍어 먹기 위한 묽은 소스를 찍어 먹는 경우가 많은데, 가정에서는 간장을 찍어서 먹는 경우가 많아요. 그런데 天つゆ나 간장을 찍으면 바삭바삭한 튀김옷이 눅눅해져서 맛이 없어지기 때문에 튀김옷의 바삭함을 그대로 맛볼 수 있는 소금을 찍어 먹는 것이 더 맛있다는 사람들도 있답니다. 한 번 튀김을 소금으로 즐겨 보세요~!

1 주어진 두 문장을 ~なくて(~하지 않아서)를 써서 한 문장으로 만들어 보세요.

| 보기 | 仕事が終わりませんでした (일이 끝나지 않았습니다)
困りました (난처했습니다)
→ 仕事が終わらなくて困りました。(일이 끝나지 않아서 난처했습니다.)

1.
2.
3.
4.

2 주어진 문장을 ~てください(~해 주세요, ~하세요) 혹은 ~ないでください(~하지 말아 주세요, ~하지 마세요)를 쓴 문장으로 바꿔 보세요.

| 보기 | たばこを吸いません。(담배를 피우지 않습니다.)
→ たばこを吸わないでください。(담배를 피우지 말아 주세요.)

1.
2.
3.
4.

3 (　　) 속에 들어갈 적절한 글자를 보기와 같이 써 보세요.

| 보기 | これは塩をかけ(て)食べます。이것은 소금을 뿌려서 먹습니다.

1. 目を見(　　　　　)話しました。눈을 보지 않고 이야기했습니다.
2. 試合でいい結果が出(　　　　　)残念でした。
시합에서 좋은 결과가 안 나와서 아쉬웠어요.
3. ちょっと立(　　　)ください。잠깐 일어서 주세요.
4. 道を渡(　　　　　　)バスに乗ってください。
길을 건너고 나서 버스를 타세요.

4 주어진 단어를 우선 히라가나로 써 본 다음에 한자로도 써 보세요.

| 보기 | 열리다 — 히라가나: あ く — 한자: 開 く

1. 서다, 일어서다

히라가나 (2칸) 한자 (2칸)

2. 소금

히라가나 (2칸) 한자 (1칸)

3. 화장

히라가나 (4칸) 한자 (2칸)

4. ~서, ~책자

히라가나 (2칸) 한자 (1칸)

5. 튀김

히라가나 (4칸) 한자 (3칸)

가타카나 쓰기 (6)

주어진 단어의 가타카나 표기를 직접 써 보세요.

1. 베테랑 → ______________________

2. 뉴스 → ______________________

3. 주스 → ______________________

4. 스타트 → ______________________

5. 샘플 → ______________________

6. 택시 → ______________________

7. 서비스 → ______________________

8. 포크(fork) → ______________________

9. 파일 → ______________________

10. 칼로리 → ______________________

정답 1. ベテラン 2. ニュース 3. ジュース 4. スタート 5. サンプル 6. タクシー 7. サービス 8. フォーク 9. ファイル 10. カロリー

장문 읽어 보기

예문56-6.mp3

다음 장문을 처음에는 오디오만 들어보면서 내용을 파악해 본 다음에, 문장을 읽어 보며 의미를 확인해 보세요.

ひどい風邪をひいて、学校を1週間休んだ。熱が出て、頭も痛くて、食欲もなかった。風邪が治って、学校へ行った。勉強を全然しないで行ったから、授業がよくわからなかった。学校が終わってから、友達にノートを借りた。友達のノートをコピーして、うちで勉強してから、学校へ行った。ちゃんと勉強したから、その日は授業がよくわかった。

| 단어 | ひどい 심하다 / 頭[あたま] 머리 / 治る[なおる] 낫다, 치유되다 / ～週間[しゅうかん] ～주간, ～주일 / 痛い[いたい] 아프다 / 日[ひ] 날 / 熱[ねつ] 열 / 食欲[しょくよく] 식욕

| 해석 | 심한 감기에 걸려서 학교를 1주일 쉬었다. 열이 나고 머리도 아프고 식욕도 없었다. 감기가 나아서 학교로 갔다. 공부를 전혀 하지 않고 가서 수업이 잘 이해되지 않았다. 학교가 끝나고 나서 친구에게 노트를 빌렸다. 친구 노트를 복사해서 집에서 공부하고 나서 학교로 갔다. 제대로 공부를 해서 그 날은 수업이 잘 이해됐다.

열넷째마디

て형 발전편

일본어 동사 て형이 이제 좀 입에 붙었나요? 한국어도 '~하고'나 '~해서'에 연결되는 표현들이 많지요? 일본어도 마찬가지입니다. 이제 て형으로 어떤 표현들을 만들 수 있는지 연습해 보기로 합시다. 여기에서 연습하지 못하는 것들 중에도 ～てみる(~해 보다)와 같이 한국어와 똑같이 구성된 일본어 표현들이 참 많습니다. て형이 사용되는 기본적인 표현들을 연습해 놓으면 유추할 수 있는 말들이 참 많아집니다. 여기에서 て형의 감각을 충분히 익히고 공부를 마무리합시다~!

57 반말로 말해요

パソコンを直してあげた。

PC를 고쳐 줬어.

강의 및 예문 듣기

예문 57-1.mp3

워밍업
기본 회화 듣기

그림을 보면서 어떤 내용인지 추측하면서 회화를 들어 보세요.

예문 57-2.mp3

1단계
기본 단어 익히기

送る[おくる] ⑤ 보내다, 바래다주다

取る[とる] ⑤ 집다, 잡다, 취하다

探す[さがす] ⑤ 찾다

直す[なおす] ⑤ 고치다

入れる[いれる] ① 넣다

置く[おく] ⑤ 놓다, 두다

捨てる[すてる] ① 버리다

起こす[おこす] ⑤ 깨우다, 일으키다

荷物[にもつ] 짐

ゴミ 쓰레기

잠깐만요!

ゴミ(쓰레기)는 히라가나 ごみ로도 쓰이는데 가타카나로 쓰이는 경우가 더 많기 때문에 가타카나로 소개해 드립니다.

예문57-3.mp3

2단계
기본 문형 익히기

❶
~てあげる。
~해 줘.

あげる는 '주다'라는 뜻이죠. 〈동사 て형+あげる〉라고 하면 '~해 주다'라는 뜻이 됩니다.

送る[おくる]의 원래 뜻은 '보내다', '부치다'인데, '바래다주다', '데려다주다'라는 뜻으로도 쓰여요.

僕は彼女をうちまで送ってあげた。 나는 여자 친구를 집까지 바래다줬어.

私は父に塩を取ってあげた。 나는 아버지한테 소금을 건네 줬어.

私は友達のバイトを一緒に探してあげた。 나는 친구(의) 알바를 같이 찾아 줬어.

俺は後で姉のパソコンを直してあげる。 나는 이따가 누나(의) PC를 고쳐 줄 거야.

❷
~てくれる。
~해 줘.

くれる도 '주다'라는 뜻이지만 あげる와 어떤 차이가 있는지 배웠지요. くれる는 '나'로부터 먼 사람이 가까운 사람에 주는 경우에 쓰고, あげる는 반대로 '나'에게 가까운 사람이 먼 사람에게 주는 경우에 쓰죠. 이때 '나'라는 단어는 생략하는 경우가 많습니다.

取る[とる]는 '잡다', '집다', '취하다' 등의 뜻인데, 식탁 등에서 소금이 손에 닿지 않는 곳에 있어서 다른 사람이 소금을 건네 줄 때 塩を取ってくれる라고 합니다. 소금을 손으로 집어서 주기 때문인가 봐요.

彼氏が(私を)うちまで送ってくれた。 남자 친구가 (나를) 집까지 바래다줬어.

娘が(私に)塩を取ってくれた。 딸이 (나한테) 소금을 건네 줬어.

友達が(私の)バイトを一緒に探してくれた。 친구가 (내) 알바를 같이 찾아 줬어.

後で弟が(私の)パソコンを直してくれる。 이따가 남동생이 (내) PC를 고쳐 줄 거야.

❸ ～てもらう。

～해 줘.(～해 받아.)

もらう는 '받다'인데 일본어에서는 ～てもらう(～해 받다)라는 표현이 있어요. 해석할 때는 'A가 B한테 ～해 받다'를 'B가 A한테 ～해 주다'로 바꿔 말하면 자연스러운 한국어가 됩니다.

後で[あとで]는 '나중에'라고 해석되는 경우도 많아서 오해하는 사람들이 많은데, 보통 後で라고 하면 '이따가'라는 뜻으로 '오늘 중'이라는 느낌입니다. '오늘 중'이 아니라 '며칠 후', '다음번'이라는 느낌의 '나중에'로 말하려면 今度[こんど]라는 말을 쓰세요.

(私は)彼氏にうちまで送ってもらった。 남자 친구가 (나를) 집까지 바래다줬어.
((나는) 남자 친구한테 집까지 바래다 받았어.)

(私は)娘に塩を取ってもらった。 딸이 (나한테) 소금을 건네 줬어.
((나는) 딸한테 소금을 건네 받았어.)

(私は)友達にバイトを一緒に探してもらった。 친구가 (내) 알바를 같이 찾아 줬어.
((나는) 친구한테 알바를 같이 찾아 받았어.)

(私は)後で弟にパソコンを直してもらう。 이따가 남동생이 (내) PC를 고쳐 줄 거야.
((나는) 이따가 남동생한테 PC를 고쳐 받을 거야.)

❹ ～てくれない？

～해 주지 않을래?

～てくれる(～해 주다)를 부정인 ～てくれない(～해 주지 않다)로 바꿔서 물어보면 '～해 주지 않을래?'라는 부탁하는 말이 됩니다.

▶ 入れる[いれる]는 '넣다'라는 뜻인데, '차를 타다'라고 할 때 入れる를 씁니다. 찻잔에 차를 넣기 때문에 그런 것 같지만 관용적인 표현이니 お茶を入れる의 형태로 기억해 두세요.

▶ ～てくれる?(～해 줄래?)라고 물어볼 수도 있지만, 약간 명령의 느낌을 받을 수 있으니 ～てくれない?로 물어보는 것이 좋아요.

お茶を入れてくれない? 차를 타 주지 않을래?

荷物をそこに置いてくれない? 짐을 거기에 놓아 주지 않을래?

このゴミ、捨ててくれない? 이 쓰레기, 버려 주지 않을래?

明日、早く起こしてくれない? 내일, 일찍 깨워 주지 않을래?

❺

~てもらえる?

~해 줄 수 있어?(~해 받을 수 있어?)

아직 배우지 않았는데, もらう를 もらえる(〈5단동사 え단+る〉)라고 하면 '받을 수 있다'라는 가능형이 됩니다. 〈て형+もらえる?〉라고 하면 '~해 받을 수 있어?' 즉, '~해 줄 수 있어?'라는 뜻이 됩니다.

お茶を入れてもらえる? 차를 타 줄 수 있어?(타 받을 수 있어?)

荷物をそこに置いてもらえる? 짐을 거기에 놓아 줄 수 있어?(놓아 받을 수 있어?)

このゴミ、捨ててもらえる? 이 쓰레기, 버려 줄 수 있어?(버려 받을 수 있어?)

明日、早く起こしてもらえる? 내일, 일찍 깨워 줄 수 있어?(깨워 받을 수 있어?)

잠깐만요!

동사 가능형을 만드는 방법은 5단동사는 〈え단+る〉의 형태를 쓰고(行ける[いける], 送れる[おくれる]), 1단동사는 끝소리 る를 빼고 られる를 붙이고(起きられる[おきられる], 捨てられる[すてられる]), 불규칙동사의 경우 する는 できる(할 수 있다), 来る[くる]는 来られる[こられる]가 됩니다.

❻

~てもらえない?

~해 줄 수 없어?(~해 받을 수 없어?)

~てもらえる?(~해 받을 수 있어?)를 부정으로 바꿔서 ~てもらえない?라고 하면 '~해 받을 수 없어?' 즉, '~해 줄 수 없어?'라는 뜻이 됩니다.

お茶を入れてもらえない? 차를 타 줄 수 없어?(타 받을 수 없어?)

荷物をそこに置いてもらえない? 짐을 거기에 놓아 줄 수 없어?(놓아 받을 수 없어?)

このゴミ、捨ててもらえない? 이 쓰레기, 버려 줄 수 없어?(버려 받을 수 없어?)

明日、早く起こしてもらえない? 내일, 일찍 깨워 줄 수 없어?(깨워 받을 수 없어?)

잠깐만요!

~てくれない?(~해 주지 않을래?), ~てもらえる?(~해 받을 수 있어?)보다 ~てもらえない?(~해 받을 수 없어?)가 더 공손한 부탁 표현입니다.

예문57-4-1.mp3
예문57-4-2.mp3

3단계 회화로 다지기

저녁 설거지도 끝나고 잠잘 준비도 끝났을 때가 되어서야 아들이 집에 왔네요.

吉田 太一: ただいま。
吉田 友美: お帰り。今日は遅かったね。
吉田 太一: うん。彼女をうちまで送ってあげたんだ。
吉田 友美: そう。
吉田 太一: 彼女のお母さんがお茶を入れてくれて……。
吉田 友美: そう。
吉田 太一: ねえ、何かちょっと食べたい。
吉田 友美: ご飯あるよ。食べる?
吉田 太一: うん。
吉田 友美: でも、もう遅いから、早く食べてもらえる?
吉田 太一: 食べた後で、洗い物は俺がするよ。
吉田 友美: そう? じゃ、お願いね。

よしだ たいち: 다녀왔습니다.
よしだ ともみ: 잘 다녀왔니? 오늘은 늦었네.
よしだ たいち: 응. 여자 친구를 집까지 바래다 줬거든.
よしだ ともみ: 그렇구나.
よしだ たいち: 여자 친구(의) 어머니가 차를 타 줘서…….
よしだ ともみ: 그래.
よしだ たいち: 저기~, 뭐 좀 먹고 싶어(뭔가 좀 먹고 싶어).
よしだ ともみ: 밥 있어. 먹을래?
よしだ たいち: 응.
よしだ ともみ: 그런데 이제 (시간이) 늦었으니까 빨리 먹어 줄 수 있겠니?
よしだ たいち: 먹고 나서 설거지는 내가 할게.
よしだ ともみ: 그래? 그럼 부탁해.

ただいま
다녀왔어, 다녀왔습니다
お帰り[おかえり]
어서 와, 잘 다녀왔어?
遅い[おそい] 늦다, 느리다
洗い物[あらいもの]
설거지

잠깐만요!

▶ただいま(다녀왔어, 다녀왔습니다)는 존댓말과 반말 구별 없이 쓰지만, 이에 대한 대답에는 반말인 お帰り[おかえり](어서 와, 잘 다녀왔어?), 존댓말인 お帰りなさい(어서 와요, 잘 다녀왔어요?)가 각각 따로 쓰입니다.

▶'설거지'는 皿洗い[さらあらい]라고도 합니다. 식당 주방에서 하는 '설거지'는 皿洗い라고 하지만, 가정에서의 '설거지', '설거지거리'는 洗い物[あらいもの]라고 하는 경우가 더 많습니다.

～てあげる(～해 주다)는 거만하게 들릴 수 있다?!

한국어에서는 '～해 주다'라는 표현이 친절한 표현으로 느껴지는 경우가 많죠? 그래서 일본어를 쓸 때도 ～てあげる를 쓰는 사람이 많은 것 같아요. 그런데 ～てあげる(～해 주다)는 주어가 다른 사람에게 은혜를 베풀어 주는 행위이기 때문에 일본어에서는 '나'가 주어이고 상대방(청자)에게 뭔가를 해 줄 때 ～てあげる를 쓰면 듣기 거북한 경우가 많습니다. 예를 들어 남편이 '오늘은 내가 설거지를 해 줄게'라고 말한다면 아내가 '뭐? '해 준다'고? '해 주는' 게 아니라 당연히 '해야 하는' 일이지!'라고 대답하는 감각, 이해가 되세요? 일본어에서 '나'가 주어일 때 ～てあげる를 쓰면 들은 사람이 '네가 뭔데~!'라고 느낄 때가 많기 때문에, 상대방이 친하고 편한 사이가 아닌 상황에서 뭔가를 해 주려고 할 때는 그냥 ～します(～할게요)라고 하세요.

1 주어진 문장을 ～てくれない？(～해 주지 않을래?)를 쓴 문장으로 바꿔 보세요.

| 보기 | お茶を入れる。(차를 타.)
→ お茶を入れてくれない？(차를 타 주지 않을래?)

1. ______________________
2. ______________________
3. ______________________
4. ______________________

2 주어진 문장을 ～てもらえない？(～해 줄 수 없어?(～해 받을 수 없어?))를 쓴 문장으로 바꿔 보세요.

| 보기 | 荷物をそこに置く。(짐을 거기에 놓아.)
→ 荷物をそこに置いてもらえない？(짐을 거기에 놓아 줄 수 없어?)

1. ______________________
2. ______________________
3. ______________________
4. ______________________

3 (　　) 속에 들어갈 적절한 글자를 보기와 같이 써 보세요.

| 보기 | 明日、早(く)起こして(くれない)？ 내일, 일찍 깨워 주지 않을래?

1. 僕は彼女をうち(　　　　)送って(　　　　　　)。
나는 여자 친구를 집까지 바래다줬어.

2. 娘(　　)(私に)塩を取って(　　　　　　)。 딸이 (나한테) 소금을 건네 줘어.

3. (私は)友達(　　)バイトを一緒に探して(　　　　　　　)。
친구가 (내) 알바를 같이 찾아 줬어. ((나는) 친구한테 알바를 같이 찾아 받았어.)

4. (私は)後で弟(　　)パソコンを直して(　　　　　　)。
이따가 남동생이 (내) PC를 고쳐 줄 거야. ((나는) 남동생한테 PC를 고쳐 받을 거야.)

예문57-5.mp3

4 주어진 단어를 우선 히라가나로 써 본 다음에 한자로도 써 보세요.

| 보기 | 놓다, 두다 | 히라가나: お く | 한자: 置 く |

1. 보내다, 바래다주다

히라가나 [ ][ ][ ]　한자 [ ][ ]

2. 집다, 잡다, 취하다

히라가나 [ ][ ]　한자 [ ][ ]

3. 고치다

히라가나 [ ][ ][ ]　한자 [ ][ ]

4. 넣다

히라가나 [ ][ ][ ]　한자 [ ][ ][ ]

5. 깨우다, 일으키다

히라가나 [ ][ ][ ]　한자 [ ][ ][ ]

～てあげる, ～てくれる, ～てもらう의 차이

あげる와 くれる의 차이 구별이 참 어렵죠? 여기에서 다시 한 번 설명 드릴게요. あげる는 '나'에게 가까운 사람이 '나'로부터 먼 사람에게 주는 경우에 쓰고, くれる는 '나'로부터 먼 사람이 '나'에게 가까운 사람에게 주는 경우에 씁니다(454쪽과 462쪽 그림 참고).

～てあげる와 ～てくれる도 이와 같은 구별이 됩니다. 구체적인 예문으로 보여 드릴게요. 예문에서 생략되는 것이 더 자연스러운 말은 생략되어 있습니다.

1인칭 → 3인칭

僕は彼女をうちまで送ってあげた。 나는 여자 친구를 집까지 바래다줬어.

1인칭 → 2인칭 〈'너를'이라는 말이 생략됨〉

今日は僕がうちまで送るよ。 오늘은 내가 집까지 바래다줄게.

2인칭 → 3인칭 〈'네가'라는 말이 생략됨〉

彼女をうちまで送ってあげた？ 여자 친구를 집까지 바래다줬어?

('나'에게 가까운) 3인칭 → ('나'로부터 먼) 3인칭

友達がお客さんをうちまで送ってあげた。 친구가 손님을 집까지 바래다줬어.

3인칭 → 1인칭 〈'나를'이라는 말이 생략됨〉

彼氏がうちまで送ってくれた。 남자 친구가 집까지 바래다줬어.

2인칭 → 1인칭 〈'네가 나를'이라는 말이 생략됨〉

うちまで送ってくれる？ 집까지 바래다줄래?

3인칭 → 2인칭 〈'너를'이라는 말이 생략됨〉

彼氏がうちまで送ってくれた？ 남자 친구가 집까지 바래다줬어?

('나'로부터 먼) 3인칭 → ('나'에게 가까운) 3인칭

先生が友達をうちまで送ってくれた。 선생님이 친구를 집까지 바래다줬어.

～てくれる와 ～てもらう는 해석이 같아질 수 있다는 것은 이번 과에서 배웠으니 아시겠죠? 彼氏がうちまで送ってくれた와 彼氏にうちまで送ってもらった라는 두 문장은 둘 다 '남자 친구가 집까지 바래다 주었어'로 해석되지요. 그런데 약간 뉘앙스 차이가 있습니다. ～てくれる를 써서 彼氏がうちまで送ってくれた라고 하면 彼氏(남자 친구)가 자발적으로 '바래다줄게'라고 해서 바래다 준 느낌인데 비해, ～てもらう를 써서 彼氏にうちまで送ってもらった라고 하면 '내'가 '바래다줘'라고 부탁해서 彼氏가 바래다준 느낌이에요.

友達がバイトを一緒に探してくれた。 친구가 알바를 같이 찾아 줬어.
→ 친구가 스스로 원해서 도와주었다.

友達にバイトを一緒に探してもらった。 친구가 알바를 같이 찾아 줬어.
→ 내가 친구에게 부탁해서 친구가 도와주었다.

이와 같이 ～てくれる는 행위자가 자발적으로 행동했다는 느낌이고, ～てもらう는 행위를 받는 사람이 부탁해서 행위자가 해 주었다는 느낌이라는 차이가 있습니다. 실제 상황에 맞춰서 이야기하면 ～てもらう가 맞는 경우라도 ～てくれる를 써서 행위자가 친절한 사람인 것처럼 표현해 주기도 합니다.

가타카나 쓰기 (7)

주어진 단어의 가타카나 표기를 직접 써 보세요.

1. 디자인 → ________________

2. 디저트 → ________________

3. 커피 → ________________

4. 샤워 → ________________

5. 스포츠 → ________________

6. 테이블 → ________________

7. 넥타이 → ________________

8. 로커(locker, 사물함) → ________________

9. 코너 → ________________

10. 오픈 → ________________

정답 1. デザイン 2. デザート 3. コーヒー 4. シャワー 5. スポーツ 6. テーブル 7. ネクタイ 8. ロッカー 9. コーナー 10. オープン

58 존댓말로 말해요

母がほめてくれました。

어머니가 칭찬해 줬어요.

예문 58-1.mp3

워밍업
기본 회화 듣기

그림을 보면서 어떤 내용인지 추측하면서 회화를 들어 보세요.

예문 58-2.mp3

1단계
기본 단어 익히기

締める[しめる] ① 매다, 죄다

案内する[あんないする] 안내하다

育てる[そだてる] ① 키우다, 기르다

ほめる ① 칭찬하다

急ぐ[いそぐ] ⑤ 서두르다

くださる ⑤ 주시다

届ける[とどける] ① 가져다 주다

いただく ⑤ 받다(공손함)

姪[めい] 조카딸, 질녀

잠깐만요!

届ける[とどける]는 그냥 '보내다'라고 해석하기도 하지만 '직접 가져가서 전달한다'는 느낌이 강합니다. 그래서 저는 '가져다 주다', '갖다 주다'로 해석합니다. 그냥 우편으로 부치는 경우는 送る[おくる]라고 합니다.

예문 58-3.mp3

2단계
기본 문형 익히기

❶ ～てあげます。 ～해 줍니다.

毎朝[まいあさ] 매일 아침
外国人[がいこくじん] 외국인

잠깐만요!

'외국인'이라는 뜻의 말에는 外国人[がいこくじん] 외에 外人[がいじん]이라는 말도 있어요. 일상적으로는 外人이라는 말을 쓰는 경우가 더 많은 것 같지만 外人이라는 말은 안 좋은 뉘앙스(차별하는 느낌)로 쓰이는 경우도 있으니 外国人을 쓰세요.

～てあげる(～해 주다)를 존댓말로 연습해 봅시다.

毎朝、主人のネクタイを締めてあげます。
매일 아침에 남편(의) 넥타이를 매 줍니다.

外国人に道を案内してあげました。 외국인에게 길을 안내해 줬습니다.

姪を育ててあげました。 조카딸을 키워 줬어요.

子供をほめてあげました。 아이를 칭찬해 줬어요.

❷ ～てくれます。 ～해 줍니다.

잠깐만요!

'넥타이를 매다'라는 말에는 締める[しめる]라는 동사를 쓰는데, ネクタイを結ぶ[むすぶ](넥타이를 묶다) 혹은 ネクタイをする(넥타이를 하다)라는 표현도 쓰입니다.

이번에는 ～てくれる(～해 주다)를 존댓말로 연습해 봅시다. ～てあげる와 ～てくれる를 잘 구분하셔야 해요.

毎朝、妻がネクタイを締めてくれます。
매일 아침에 아내가 넥타이를 매 줍니다.

親切な人が道を案内してくれました。 친절한 사람이 길을 안내해 줬습니다.

おばが育ててくれました。 이모가 키워 줬어요.

母がほめてくれました。 어머니가 칭찬해 줬어요.

❸ ～てもらいます。 ～해 줍니다.(～해 받습니다.)

～てもらう(～해 주다(～해 받다))를 존댓말로 연습해 봅시다.

ほめる는 한자로 褒める라고 쓰는데, 어려운 한자라서 히라가나로 소개해 드렸습니다.

毎朝、妻にネクタイを締めてもらいます。
매일 아침에 아내가 넥타이를 매 줍니다.
(매일 아침에 아내에게 넥타이를 매 받습니다.)

親切な人に道を案内してもらいました。
친절한 사람이 길을 안내해 줬습니다.
(친절한 사람에게 길을 안내해 받았습니다.)

おばに育ててもらいました。 이모가 키워 줬어요.(이모에게 키워 받았어요.)

母にほめてもらいました。 어머니가 칭찬해 줬어요.(어머니에게 칭찬해 받았어요.)

❹ ～てくださいませんか。 ～해 주시지 않겠습니까?

くれる를 더 공손한 말인 くださる(주시다)로 바꾼 ～てくださいませんか를 연습해 봅시다. すみませんが는 '죄송하지만'이라는 뜻입니다.

▶ すみません(죄송합니다)은 일상적으로 すみません으로 써도 すいません으로 발음합니다. すみませんが에서 ～が는 '～지만', '～ㄴ데'라는 뜻입니다.

▶ くださる(주시다)의 ます형은 くださります라고 하지 않고, 예외적으로 くださいます라고 합니다. ます형만 예외적이고 그 외의 활용은 ら행이 되니 ない형은 くださらない가 됩니다.

그리고 ～てくださいますか(～해 주시겠습니까?)라고 물어볼 수도 있지만, 이 말은 명령처럼 들릴 수도 있으니 ～てくださいませんか(～해 주시지 않겠습니까?)라는 부정 형태로 물어보는 것이 더 공손하고 좋습니다.

すみませんが、急いでくださいませんか。
죄송하지만, 서둘러 주시지 않겠습니까?

すみませんが、この荷物を届けてくださいませんか。
죄송하지만, 이 짐을 갖다 주시지 않겠습니까?

すみませんが、そこまで案内してくださいませんか。
죄송하지만, 거기까지 안내해 주시지 않을래요?

すみませんが、この子を育ててくださいませんか。
죄송하지만, 이 아이를 키워 주시지 않을래요?

❺ ～ていただけますか。

～해 주실 수 있습니까?(～해 받을 수 있습니까?)

もらう(받다)를 더 공손한 말인 いただく((공손한)받다)로 바꾼 ～ていただけますか를 연습해 봅시다.

잠깐만요!

もらう(받다)의 공손한 말인 いただく는 한국어로 직역하기가 어려운 말인데 그래도 굳이 느낌을 살려서 번역하자면 '있사옵니다'라는 표현과 같은 느낌입니다. 즉, '받사옵니다'라는 뜻이 되어 청자를 높이는 경어가 됩니다.

すみませんが、急いでいただけますか。
죄송하지만, 서둘러 주실 수 있습니까?(서둘러 받을 수 있습니까?)

すみませんが、この荷物を届けていただけますか。
죄송하지만, 이 짐을 갖다 주실 수 있습니까?(갖다 줘 받을 수 있습니까?)

すみませんが、そこまで案内していただけますか。
죄송하지만, 거기까지 안내해 주실 수 있어요?(안내해 받을 수 있어요?)

すみませんが、この子を育てていただけますか。
죄송하지만, 이 아이를 키워 주실 수 있어요?(키워 받을 수 있어요?)

❻ ～ていただけませんか。

～해 주실 수 없겠습니까?(～해 받을 수 없겠습니까?)

～ていただけますか(～해 주실 수 있습니까?)를 부정으로 바꿔서 ～ていただけませんか라고 하면 더욱 공손한 말투가 됩니다.

잠깐만요!

여러 가지 부탁 표현을 연습했는데, 이 중에서 ～ていただけませんか가 가장 공손한 부탁 표현입니다. 누군가에게 무슨 부탁을 공손하게 하려 할 때는 이 표현을 쓰는 것이 가장 좋습니다.

すみませんが、急いでいただけませんか。
죄송하지만, 서둘러 주실 수 없겠습니까?(서둘러 받을 수 없겠습니까?)

すみませんが、この荷物を届けていただけませんか。
죄송하지만, 이 짐을 갖다 주실 수 없겠습니까?(갖다 줘 받을 수 없겠습니까?)

すみませんが、そこまで案内していただけませんか。
죄송하지만, 거기까지 안내해 주실 수 없겠어요?(안내해 받을 수 없겠어요?)

すみませんが、この子を育てていただけませんか。
죄송하지만, 이 아이를 키워 주실 수 없겠어요? (키워 받을 수 없겠어요?)

예문 58-4-1.mp3
예문 58-4-2.mp3

3단계
회화로 다지기

理恵[りえ]는 집에 놀러 온 직장 동료 성호에게 차와 케이크를 대접합니다.

橋本 理恵： どうぞ。

ペ・ソンホ： あ、ありがとうございます。いただきます。
おいしいケーキですね。

橋本 理恵： そうですか。よかった。
そのケーキ、私が作ったんです。

ペ・ソンホ： え?! 作ったんですか。

橋本 理恵： ええ。おばに作り方を教えてもらいました。

ペ・ソンホ： へえ～。
私にも作り方を教えていただけませんか。

橋本 理恵： え?!

ペ・ソンホ： 実は、私、料理が趣味なんです。

橋本 理恵： そうなんですか。ええ、いいですよ。

はしもと りえ : 드세요.
배성호 : 아, 감사합니다. 잘 먹겠습니다.
맛있는 케이크네요.
はしもと りえ : 그래요? 다행이에요.
그 케이크, 제가 만들었거든요.
배성호 : 네?! 만든 거예요?
はしもと りえ : 네. 이모가 만드는 방법을
가르쳐 줬어요.
배성호 : 허어~. 저에게도 만드는 방법을
가르쳐 주실 수 없나요?
はしもと りえ : 네?!
배성호 : 실은, 저, 요리가 취미거든요.
はしもと りえ : 그렇군요. 네, 좋아요.

作り方[つくりかた] 만드는 방법
趣味[しゅみ] 취미

잠깐만요!

한국 사람의 성(姓)인 '배'는 일본어로 ペ와 ベ 둘 다 쓸 수 있습니다. 제 생각에는 영어로 쓸 때 P로 표기한다면 ペ로 쓰고, B로 표기한다면 ベ로 쓰면 된다고 생각해요. 다만 몇 년 전에 '욘사마 붐'을 일으킨 한국 배우 배용준이 일본에서 ペ・ヨンジュン으로 소개되어 일본 사람들에게는 ペ가 더 익숙하긴 합니다.

취미로 요리를 하는 남자들이 꽤 있어요!

일본에서는 요리를 취미로 하는 남자들이 꽤 있습니다. 한국도 취미로 요리를 하는 남자들이 늘고 있는 것 같아요. 일본에서는 '요리가 취미'인 남자들은 여자들에게 인기가 좋아요. 그런데 취미로 요리를 하는 남편이나 남자 친구가 있는 여자들의 불만이 뭐냐면 요리만 하고 설거지를 안 한다, 좋은 재료를 쓰려고 하다 보니 외식하는 것보다 돈이 더 들 때가 많다, 요리에 대해 장황하게 설명해서 듣기 짜증난다 등이라고 하네요. 이런 경우에 여자들은 남자가 요리하는 것을 '귀찮다'고 느낀답니다~! 취미로 요리를 배우려는 남자 분들은 조심하세요~^^

1 주어진 문장을 すみませんが、～てくださいませんか(죄송하지만, ~해 주시지 않겠습니까?)를 쓴 문장으로 바꿔 보세요.

| 보기 | この荷物を届ける。(이 짐을 갖다 줘.)
→ すみませんが、この荷物を届けてくださいませんか。
(죄송하지만, 이 짐을 갖다 주시지 않겠습니까?)

1. ____________________
2. ____________________
3. ____________________
4. ____________________

2 주어진 문장을 すみませんが、～ていただけませんか(죄송하지만, ~해 주실 수 없겠습니까?(~해 받을 수 없겠습니까?))를 쓴 문장으로 바꿔 보세요.

| 보기 | そこまで案内する。(거기까지 안내해.)
→ すみませんが、そこまで案内していただけませんか。
(죄송하지만, 거기까지 안내해 주실 수 없겠습니까?)

1. ____________________
2. ____________________
3. ____________________
4. ____________________

3 (　) 속에 들어갈 적절한 글자를 보기와 같이 써 보세요.

| 보기 | 姪を育てて(あげました)。(내가) 조카딸을 키워 줬습니다.

1. 親切な人(　　)道を案内して(　　　　　　　　　　)。
친절한 사람이 (나에게) 길을 안내해 줬습니다.

2. 外国人(　　)道を案内して(　　　　　　　　　　)。
(내가) 외국인에게 길을 안내해 줬습니다.

3. 母にほめて(　　　　　　　　　　)。
어머니가 칭찬해 줬어요.(어머니에게 칭찬해 받았어요.)

4 주어진 단어를 우선 히라가나로 써 본 다음에 한자로도 써 보세요.

| 보기 | 매다, 죄다 | 히라가나: し め る | 한자: 締 め る |

1. 안내하다

히라가나 | 한자

2. 키우다, 기르다

히라가나 | 한자

3. 서두르다

히라가나 | 한자

4. 가져다 주다

히라가나 | 한자

5. 매일 아침

히라가나 | 한자

~方[かた] (~하는 방법)

이번 과의 〈회화로 다지기〉에서 作り方[つくりかた](만드는 방법)라는 단어가 나왔지요? 사실 이 단어는 作る[つくる](만들다)라는 단어와 ~方[かた](~하는 방법)라는 단어가 합해져서 만들어진 것입니다. 즉 〈동사 ます형(ます 삭제)+方〉가 '~하는 방법'이라는 말이 됩니다.

書きます[かきます] + ~方 → 書き方[かきかた] 쓰는 방법

使います[つかいます] + ~方 → 使い方[つかいかた] 사용하는 방법

食べます[たべます] + ~方 → 食べ方[たべかた] 먹는 방법

〈동사 ます형(ます삭제)+方〉로 합성명사를 만들지 않고 方法[ほうほう](방법)라는 명사를 동사로 수식해서 '~하는 방법'이라고 말할 수도 있습니다. 〈동사 사전형+方法〉라고 하는 방법입니다. 이와 같이 동사 사전형을 명사 바로 앞에 붙이면 '~하는 ~'라는 문장이 됩니다.

覚える方法[おぼえる ほうほう] 외우는 방법

取り消す方法[とりけす ほうほう] 취소하는 방법

飲む方法[のむ ほうほう] 마시는 방법

가타카나 쓰기 (8)

주어진 단어의 가타카나 표기를 직접 써 보세요.

1. 비즈니스 → ____________________

2. 센터 → ____________________

3. 포켓, 호주머니 → ____________________

4. 미디어 → ____________________

5. 가솔린 → ____________________

6. 프랑스 → ____________________

7. 아메리카, 미국 → ____________________

8. 스타일 → ____________________

9. 비타민 → ____________________

10. 시스템 → ____________________

정답 1. ビジネス 2. センター 3. ポケット 4. メディア 5. ガソリン 6. フランス 7. アメリカ 8. スタイル 9. ビタミン 10. システム

학습일 월 일

59 반말로 말해요

計画はもう立ててある。

계획은 이미 세워져 있어.

강의 및 예문 듣기

예문 59-1.mp3

워밍업
기본 회화 듣기

그림을 보면서 어떤 내용인지 추측하면서 회화를 들어 보세요.

예문 59-2.mp3

1단계
기본 단어 익히기

立てる[たてる] ① 세우다

直る[なおる] ⑤ 고쳐지다

焼く[やく] ⑤ 굽다

焼ける[やける] ① 구워지다

割る[わる] ⑤ 깨다

割れる[われる] ① 깨지다

計画[けいかく] 계획

間違い[まちがい] 틀린 것, 잘못, 실수

魚[さかな] 생선, 물고기

ガラス 유리

잠깐만요!

일본어에서는 '생선'과 '물고기' 구분 없이 둘 다 魚[さかな]라고 합니다. 제가 예전에 연못 속의 잉어들을 보고 '생선이 많이 있네요'라고 해서 한국 사람들이 배잡고 웃은 적이 있답니다. 일본 사람에게는 '생선'과 '물고기' 구분이 어려워요~!

예문 59-3.mp3

2단계
기본 문형 익히기

❶ ~て(い)る。

~하고 있어.

〈동사 て형+いる〉라고 하면 '~하고 있다'라는 '진행, 계속'의 뜻이 됩니다. 그런데 회화에서는 い를 생략해서 ~てる라고 하는 경우가 많습니다. い를 생략한 형태로 연습해 봅시다.

今、旅行の計画を立ててる。	지금 여행(의) 계획을 세우고 있어.
今、テストの間違いを直してる。	지금 시험(의) 틀린 것을 고치고 있어.
今、魚を焼いてる。	지금 생선을 굽고 있어.
今、ガラスを割ってる。	지금 유리를 깨고 있어.

❷ ~て(い)る。

~해(져) 있어.

〈동사 て형+いる〉에는 '~해 있다'라는 '상태', 정확히 말하자면 어떤 동작의 결과가 남아 있음을 나타내는 뜻도 있습니다. 이때도 역시 회화에서는 い를 생략하는 경우가 많습니다.

旅行の計画は立ってる。	여행(의) 계획은 서 있어.
テストの間違いは全部直ってる。	시험(의) 틀린 것은 전부 다 고쳐져 있어.
魚が焼けてる。	생선이 구워져 있어.
ガラスが割れてる。	유리가 깨져 있어.

잠깐만요!

旅行の計画は立ってる(여행 계획은 서 있어)에 나오는 立ってる의 사전형은 立つ[たつ](서다)입니다.

❸ ～ておく。

～해 놓아.

〈동사 て형+おく〉라고 하면 '～해 놓다', '～해 두다'라는 뜻이 됩니다.

置く[おく](놓다, 두다)라는 단어를 배웠으니 ～ておく가 '～해 놓다', '～해 두다'가 된다는 것은 쉽게 이해가 되죠? 그런데 ～ておく로 쓸 때는 보통 히라가나로 씁니다. 그리고 반말 대화에서는 ～ておく를 ～とく로 줄여 쓰는 경우가 많습니다.

旅行の計画を立てておく。	여행(의) 계획을 세워 놓을 거야.
テストの間違いを直しておいた。	시험(의) 틀린 것을 고쳐 놨어.
魚を焼いておく。	생선을 구워 놓을 거야.
ガラスを割っておいた。	유리를 깨 놨어.

❹ ～てある。

～해(져) 있어, ～해 놨어.

2번에서 배운 〈동사 て형+いる〉로 상태를 나타내는 것은 모두 자동사이며 상태 자체를 뜻하지만, 타동사일 때는 〈동사 て형+ある〉로 상태를 나타내고 어떤 목적을 가지고 한 행동의 결과가 남아 있음을 뜻합니다. 해석할 때는 문맥에 따라 '～해(져) 있다', '～해 놓았다' 둘 다 쓸 수 있습니다.

～てある는 2번에서 배운 ～ている(～해(져) 있다)와 3번에서 배운 ～ておく(～해 놓다/두다)의 두 가지 표현이 모두 포함된 것입니다. 예를 들어 ガラスが割れている(유리가 깨져 있다)는 단순히 '유리가 깨져 있다'는 사실만을 나타내는 데 비해, ガラスが割ってある는 '누군가가 목적이 있어서 일부러 유리를 깨뜨렸고 그 결과로 유리가 깨져 있다'는 뜻입니다. 따라서 '상태' 쪽에 중점을 두려면 '～해(져) 있다'로, '의도' 쪽에 중점을 두려면 '～해 놨다'로 해석하면 됩니다.

旅行の計画は立ててある。	여행(의) 계획은 세워져 있어(세워 놨어).
テストの間違いは直してある。	시험(의) 틀린 것은 고쳐져 있어(고쳐 놨어).
魚が焼いてある。	생선이 구워져 있어.(생선을 구워 놨어.)
ガラスが割ってある。	유리가 깨져 있어.(유리를 깨 놨어.)

❺ もう～た？

벌써 ~했어?

もう(벌써, 이미)와 まだ(아직)라는 부사를 연습해 보려고 합니다. もう는 비교적 쉽지만 まだ의 사용이 한국어와 다르기 때문에 주의하셔야 합니다. 우선 もう부터 연습해 봅시다.

잠깐만요!

▶ガラス(유리)는 네덜란드어에서 들어온 말입니다.

▶もう에는 '벌써', '이미'라는 뜻 외에 '이제'라는 뜻도 있습니다.

旅行の計画はもう立てた？	여행(의) 계획은 벌써 세웠어?
テストの間違いはもう直した？	시험(의) 틀린 것은 벌써 고쳤어?
魚はもう焼けた？	생선은 벌써 구워졌어?
ガラスはもう割れた？	유리는 벌써 깨졌어?

❻ まだ～て(い)ない。

아직 ~하지 않았어.

한국어는 '아직'을 쓸 때 '~하지 않았어'라는 과거형의 부정문이 함께 쓰이죠? 일본어 まだ(아직)는 ～ていない(~해 있지 않다)와 함께 쓰입니다. 일본어에서 동사 과거형은 이미 완료된 일, 과거의 일에 대해 쓰고, まだ(아직)라는 완료되지 않은 일에는 쓰지 않습니다.

ううん、まだ立ててない。	아니, 아직 세우지 않았어.
ううん、まだ直してない。	아니, 아직 고치지 않았어.
ううん、まだ焼けてない。	아니, 아직 안 구워졌어.
ううん、まだ割れてない。	아니, 아직 안 깨졌어.

예문 59-4-1.mp3
예문 59-4-2.mp3

3단계
회화로 다지기

어릴 적 동네 친구인 서윤이가 여행을 간다고 했었기에 어떤 계획인지 물어봅니다.

山下 徹：旅行の計画はもう立てた？
ペク・ソユン：ううん、まだ全然立ててない。
山下 徹：え?! まだ立ててないの？
旅行は来週じゃないの？
ペク・ソユン：うん、来週。もうそろそろ計画立てなきゃ。
山下 徹：ずいぶんのんきだね。
ペク・ソユン：でも、本は買っておいたよ。
山下 徹：ネットで調べた方がいいよ。
ペク・ソユン：うん、ネットでも調べるよ。
山下 徹：俺がいいサイトを知ってるから、
後で教えてあげるよ。
ペク・ソユン：サンキュー。

やました とおる : 여행 계획은 벌써 세웠어?
백서윤 : 아니, 아직 전혀 안 세웠어.
やました とおる : 뭐?! 아직 안 세운 거야? 여행은 다음 주 아니니?
백서윤 : 응, 다음 주야. 이제 슬슬 계획을 세워야지.
やました とおる : 상당히 느긋하네.
백서윤 : 그래도 책은 사 놨어.
やました とおる : 인터넷으로 찾아보는 편이 좋을 거야.
백서윤 : 응, 인터넷으로도 찾아볼 거야.
やました とおる : 내가 좋은 사이트 알고 있으니까, 이따가 알려 줄게.
백서윤 : 땡큐.

ずいぶん 꽤, 몹시
のんきな
느긋한, 무사태평한
ネット 인터넷
(インターネット의 준말)
調べる[しらべる]
① 조사하다, 찾아보다

잠깐만요!

～てあげる(～해 주다)라는 표현을 배웠을 때 주어가 '나'인 경우는 쓰지 말라고 했는데 여기 회화에서는 '나'가 주어인데도 썼지요? 왜냐하면 친한 사이이기 때문입니다. 다만 친한 사이라고 해도 ～てあげる를 쓰면 '좋은 일을 너를 위해 해 준다'는 약간 생색을 내는 느낌이 있으니 상황에 따라서는 듣는 사람이 기분 나빠할 수도 있어요.

ガラス와 グラス

ガラス(유리)라는 단어는 네덜란드어(glas)에서 들어온 말이랍니다. 이와 비슷한 말로 グラス도 있는데 영어(glass)에서 들어온 말로 와인잔과 같이 '유리로 된 술잔'을 뜻합니다(～グラス와 같이 다른 단어 뒤에 붙어서 '유리'를 나타내는 경우도 있음). 또 다른 예를 들면, 물 마실 때 쓰는 유리컵은 コップ라고 하며 네덜란드어(kop)에서 들어왔다고 해요. 이와 비슷한 말로 カップ도 있는데 영어(cup)에서 들어온 말로 커피잔과 같이 '손잡이가 있는 찻잔'을 뜻합니다. 일본어에서 쓰이는 외래어에는 네덜란드어나 포르투갈어에서 온 것들이 많습니다. 네덜란드어나 포르투갈어를 통해 들어온 외래어가 이미 정착되어 있는데 나중에 영어에서 다시 들어와서 ガラス와 グラス, コップ와 カップ처럼 다른 단어로 쓰이는 말들이 있는 겁니다.

예문 59-5.mp3

1 주어진 문장을 ～てる(~하고 있어)를 쓴 문장으로 바꿔 보세요.
원래는 ～ている이지만, 여기에서는 い를 생략한 형태로 연습합시다.

| 보기 | 旅行の計画を立てる。(여행(의) 계획을 세워.)
→ 旅行の計画を立ててる。(여행(의) 계획을 세우고 있어.)

1. ______
2. ______
3. ______
4. ______

2 주어진 もう～た？(벌써 ~했어?)를 쓴 질문에 まだ～てない(아직 ~하지 않았어)를 써서 대답해 보세요.

| 보기 | テストの間違いはもう直した？(시험(의) 틀린 것은 벌써 고쳤어?)
→ ううん、まだ直してない。(아니, 아직 고치지 않았어.)

1. ______
2. ______
3. ______
4. ______

3 (　) 속에 들어갈 적절한 글자를 보기와 같이 써 보세요.
い를 생략하지 않은 형태로 쓰세요.

| 보기 | 今、魚を焼(いて)(い)る。지금 생선을 굽고 있어.

1. ガラスが割(　　　)(　　　)。유리가 깨져 있어.
2. 旅行(　)計画を立てて(　　　)。
여행(의) 계획을 세워 놨어.('세워져 있어'로 해석하지 못하는 것)
3. テスト(　)間違いは直して(　　　)。시험(의) 틀린 것은 고쳐져 있어(고쳐 놨어).
4. 荷物がまだ届(　　　)(　　　)。짐이 아직 도착하지 않았어.

4 주어진 단어를 우선 히라가나로 써 본 다음에 한자로도 써 보세요.

보기	조사하다 찾아보다	히라가나: し ら べ る	한자: 調 べ る

1. 세우다

히라가나 　 한자

2. 고쳐지다

히라가나 　 한자

3. 깨다

히라가나 　 한자

4. 계획

히라가나 　 한자

5. 생선, 물고기

히라가나 　 한자

～ているに 관해서

～ている라는 표현을 배웠는데 이 말이 '～하고 있다'로 쓰이기도 하고 '～해(져) 있다'로 쓰이기도 하지요. '～하고 있다'라는 '진행, 계속'을 나타내는 경우는 書く[かく](쓰다), 食べる[たべる]와 같이 동작을 할 때 일정한 시간이 걸리는 동사가 쓰이고, '～해(져) 있다'라는 '상태(어떤 동작의 결과가 남아 있는 것)'를 나타내는 경우는 起きる[おきる](일어나다), 開く[あく](열리다)와 같이 동작이 순간적으로 끝나는 동사가 쓰입니다.

メールを書いている。	메일을 쓰고 있다.
ご飯を食べている。	밥을 먹고 있다.
もう起きている。	이미 일어나 있다.
ドアが開いている。	문이 열려 있다.

다만 起きる와 같은 동작이 순간적으로 끝나는 동사라도 습관적인 행위나 반복되는 행위를 나타낼 때는 '～하고 있다'라는 뜻이 되지요.

もう起きている。	이미 일어나 있어.
ここで毎年[まいとし]、事故[じこ]が起きている。	여기에서 매년 사고가 일어나고 있어.

이 두 가지 구별은 다음과 같이 대부분의 한국어와 일본어가 맞아떨어져서 크게 신경 쓰지 않아도 될 것 같지만 헷갈리는 분들이 가끔 계셔서 설명 드렸어요.

書いている	(O) 쓰고 있다	(×) 써 있다
食べている	(O) 먹고 있다	(×) 먹어 있다
立っている	(×) 서고 있다	(O) 서 있다
割れている	(×) 깨지고 있다	(O) 깨져 있다
起きている	(O) 일어나고 있다	(O) 일어나 있다

行く[いく](가다), 来る[くる](오다), 帰る[かえる](돌아가다, 돌아오다)와 같은 이동을 나타내는 동사의 ~ている는 오해하는 경우가 많으니 조심하세요. 行っている(가 있다 → 가서 거기에 있고 여기에는 없다), 来ている(와 있다 → 와서 지금 여기에 있다), 帰っている(돌아가 있다 → 돌아가서 거기에 있다)라는 뜻이 됩니다. 이것을 '가고 있다', '오고 있다', '돌아가고 있다'라는 진행의 뜻으로 잘못 아는 사람들이 많으니 조심하세요.

그리고 또 한국어와 다른 표현 중의 하나가 結婚[けっこん]している입니다. 직역하면 '결혼해 있다'가 되지요. 한국어로는 '결혼했다'가 되어 일본어와 시제가 다르니 조심하세요. 과거에 결혼해서 결혼한 상태가 남아 있는 것이기 때문에 結婚している라고 표현합니다.

来月、結婚する。	다음 달에 결혼한다.
3年前に結婚した。	3년 전에 결혼했다.
結婚している。	결혼했다. [결혼한 상태이다, 지금 기혼이다.]
結婚していた。	결혼했었다. [지금 현재는 이혼한 상태이다.]
結婚していない。	결혼하지 않았다. [결혼한 상태가 아니다, 지금 미혼이다.]
結婚していなかった。	결혼하지 않았었다. [그때는 결혼 안 했었고, 지금은 결혼했다.]

가타카나 쓰기 (9)

주어진 단어의 가타카나 표기를 직접 써 보세요.

1. 바이올린 → ____________________

2. 콘서트 → ____________________

3. 레스토랑 → ____________________

4. 알코올 → ____________________

5. 오토바이 → ____________________

6. 액센트 → ____________________

7. 프로그램 → ____________________

8. 프라이팬 → ____________________

9. 메시지 → ____________________

10. 아르바이트 → ____________________

정답 1. バイオリン 2. コンサート 3. レストラン 4. アルコール 5. オートバイ 6. アクセント 7. プログラム 8. フライパン 9. メッセージ 10. アルバイト

학습일 월 일

60 존댓말로 말해요

駐車場にとめておきました。

주차장에 세워 놨습니다.

강의 및 예문 듣기

예문 60-1.mp3

워밍업
기본 회화 듣기

그림을 보면서 어떤 내용인지 추측하면서 회화를 들어 보세요.

예문 60-2.mp3

1단계
기본 단어 익히기

消える[きえる] ① 지워지다, 꺼지다

集める[あつめる] ① 모으다

集まる[あつまる] ⑤ 모이다

折る[おる] ⑤ 부러뜨리다, 접다

折れる[おれる] ① 부러지다, 접히다

とめる ① 세우다, 멈추게 하다

とまる ⑤ 멈추다, 서다

黒板[こくばん] 칠판

字[じ] 글씨, 글자

枝[えだ] (나뭇)가지

駐車場[ちゅうしゃじょう] 주차장

예문 60-3.mp3

2단계
기본 문형 익히기

❶ ~ています。

~하고 있습니다.

~ている(~하고 있어/있다)를 존댓말로 연습해 봅시다. 존댓말에서도 い를 생략해서 ~てます로 쓰는 경우도 많지만, 여기에서는 い를 생략하지 말고 연습해 봅시다.

'칠판'은 일본어로 黒板[こくばん](검은 판)이라고 합니다. '까맣다'는 黒い[くろい]입니다. 참고로 '분필'은 チョーク, '칠판 지우개'는 黒板消し[こくばんけし], '화이트보드'는 ホワイトボード라고 합니다. 그냥 '지우개'는 消しゴム[けしごむ]라고 합니다.

黒板の字を消しています。	칠판(의) 글씨를 지우고 있습니다.
人を集めています。	사람을 모으고 있습니다.
木の枝を折っています。	(나뭇)가지를 부러뜨리고 있어요.
今、車を駐車場にとめています。	지금 차를 주차장에 세우고 있어요.

❷ ~ています。

~해(져) 있습니다.

~ている(~해(져) 있어/있다)를 존댓말로 연습해 봅시다. 이번에도 い를 생략하지 말고 연습해 봅시다.

일본어는 복수형을 잘 안 쓰고 대부분의 경우 단수로 복수를 나타냅니다. 人が集まっています(사람들이 모여 있습니다)도 그런 예지요. '사람들'을 人たち[ひとたち]라고 하면 매우 어색한 일본어가 됩니다.

黒板の字が消えています。	칠판(의) 글씨가 지워져 있습니다.
人が集まっています。	사람들이 모여 있습니다.
木の枝が折れています。	(나뭇)가지가 부러져 있어요.
車が駐車場にとまっています。	차가 주차장에 서 있어요.

③ ～ておきます。 ～해 놓습니다.

이번에는 ～ておく(～해 놓다/두다)를 존댓말로 연습해 봅시다.

黒板の字を消しておきます。 칠판(의) 글씨를 지워 놓습니다.

人を集めておきます。 사람들을 모아 놓습니다.

木の枝を折っておきます。 (나뭇)가지를 부러뜨려 놓을게요.

車を駐車場にとめておきます。 차를 주차장에 세워 둘게요.

④ ～てあります。 ～해(져) 있습니다, ～해 놨습니다.

이번에는 ～てある(～해(져) 있다, ～해 놨다)를 존댓말로 연습해 봅시다.

黒板の字は消してあります。 칠판(의) 글씨는 지워져 있습니다(지워 놨습니다).

人を集めてあります。 사람들을 모아 놨습니다.(사람들이 모여 있습니다.)

木の枝が折ってあります。 (나뭇)가지가 부러져 있어요.((나뭇)가지를 부러뜨려 놨어요.)

車は駐車場にとめてあります。 차는 주차장에 세워 놨어요(서 있어요).

잠깐만요!

～てある에는 ～ている(～해 있다)와 ～ておく(～해 놓다/두다)의 두 가지 표현이 모두 포함되어 있다고 했지요? 그런데 해석할 때 '상태' 쪽에 중점을 두어 '～해 있다'로 해야 할지, '의도' 쪽에 중점을 두어 '～해 놓았다'로 해야 할지 고민될 겁니다. 이럴 때는 어떤 조사가 쓰였는지에 따라 판단하면 됩니다.

車が駐車場にとめてあります와 같이 が가 쓰이면 '차가'가 되니까 '세워져 있다'라는 뉘앙스가 강하니 '차가 주차장에 세워져 있습니다'로 해석하고, 車を駐車場にとめてあります와 같이 を가 쓰이면 '차를'이 되니까 '세우다'라는 뉘앙스가 강하니 '차를 주차장에 세워 놨습니다'로 해석하면 느낌이 더 명확해집니다.

❺ もう~ましたか。 벌써 ~했습니까?

もう(벌써, 이미)라는 부사를 사용한 질문을 존댓말로 연습해 봅시다.

'주차장'을 パーキング라는 단어로 쓰는 경우도 꽤 있습니다. 주차 관리하는 사람이 없는 '무인 주차장'은 コインパーキング(coin parking)라고 하고, 고속도로나 유료 도로에 있는 '소규모 휴게소'는 パーキングエリア(parking area)라고 합니다. 참고로 '일반 휴게소'는 サービスエリア(service area)라고 합니다.

黒板の字はもう消しましたか。	칠판(의) 글씨는 벌써 지웠습니까?
人はもう集めましたか。	사람들은 벌써 모았습니까?
木の枝をもう折りましたか。	(나뭇)가지를 벌써 부러뜨렸어요?
車を駐車場にもうとめましたか。	차를 주차장에 벌써 세웠어요?

❻ まだ~ていません。 아직 ~하지 않았습니다.

まだ(아직)라는 부사를 사용한 대답을 존댓말로 연습해 봅시다. 동사의 시제가 한국어와 다르니 잘못 사용하지 않도록 주의하세요!

いいえ、まだ消していません。	아니요, 아직 지우지 않았습니다.
いいえ、まだ集めていません。	아니요, 아직 모으지 않았습니다.
いいえ、まだ折っていません。	아니요, 아직 부러뜨리지 않았어요.
いいえ、まだとめていません。	아니요, 아직 세우지 않았어요.

예문 60-4-1.mp3
예문 60-4-2.mp3

3단계
회화로 다지기

間に合う[まにあう]
⑤ 시간에 대다, 늦지 않다
うっかり 깜빡, 무심코
寝坊[ねぼう] 늦잠
駅前[えきまえ]
역 앞, 역전
空く[あく]
⑤ (속, 안이)비다

같이 출장을 가야 하는 전규현이 기차 문이 닫히기 직전에 가까스로 뛰어탔네요.

チョン・ギュヒョン：(숨을 헐떡이며) ああ、間に合ってよかった。
松田 亜由美：チョンさん、大丈夫ですか。
チョン・ギュヒョン：はい。うっかり寝坊して……。
松田 亜由美：そうですか。
チョン・ギュヒョン：時間がありませんでしたから、駅まで車で来ました。
松田 亜由美：車はどこにとめてありますか。
チョン・ギュヒョン：駅前の駐車場にとめておきました。
松田 亜由美：空いていましたか。
チョン・ギュヒョン：ええ。
松田 亜由美：よかったですね。駅前の駐車場はいつも空いてないんですよ。
チョン・ギュヒョン：そうなんですか。知りませんでした。ああ、よかったぁ～!

전규현 : (숨을 헐떡이며) 아~, 안 늦어서 다행이다.
まつだ あゆみ : 전(규현)씨, 괜찮아요?
전규현 : 네. 깜빡 늦잠 자서…….
まつだ あゆみ : 그렇군요.
전규현 : 시간이 없었기 때문에 역까지 차로 왔어요.
まつだ あゆみ : 차는 어디에 세워져 있어요?
전규현 : 역 앞(에 있는) 주차장에 세워 놨어요.
まつだ あゆみ : 비어 있었어요?
전규현 : 네.
まつだ あゆみ : 다행이네요. 역 앞(에 있는) 주차장은 항상 안 비어 있거든요.
전규현 : 그래요? 몰랐어요. 아~, 다행이다~!

とめる(세우다)에는 止める, 停める, 駐める가 있어요!

아하, 일본에서는!

とめる(세우다, 멈추게 하다), とまる(세워지다, 멈추다)는 한자 止める, 止まる로 쓰는 경우가 많습니다. 한자로 소개해 드릴까 했는데 '차를 세우다'라는 뜻으로 쓸 때는 한자를 다르게 쓰는 경우가 많아서 히라가나로 소개해 드렸어요. 일상적으로 車を止める는 남이 운전하는 차를 세울 때 쓰고, 車を停める는 운전하던 차를 잠깐 길가에 세울 때 쓰고, 車を駐める는 주차장에 차를 세울 때 씁니다. 그런데 駐める는 사전에는 안 나와 있는 사용법이라서 일본어 교재에서는 소개해 드릴 수 없습니다. 그렇다고 해서 止める나 停める로 알려 드리는 것도 애매하여 히라가나로 소개해 드린 겁니다. 사전적으로는 止める, 止まる가 맞는 표기로 되어 있지만 일상적으로는 다르게 쓰기 때문에 히라가나로 쓰는 것이 무난합니다. 단, 차가 아닌 다른 것을 세우거나 멈추는 경우는 止める, 止まる로 쓰세요~!

예문 60-5.mp3

1 주어진 문장을 ～てあります(～해(져) 있습니다, ～해 놨습니다)를 쓴 문장으로 바꿔 보세요.

| 보기 | 黒板の字は消します。(칠판(의) 글씨는 지웁니다.)
→ 黒板の字は消してあります。(칠판(의) 글씨는 지워져 있습니다.)

1. ______________________
2. ______________________
3. ______________________
4. ______________________

2 주어진 もう～ましたか(벌써 ～했습니까?)를 쓴 질문에 まだ～ていません(아직 ～하지 않았습니다)을 써서 대답해 보세요.

| 보기 | 人はもう集めましたか。(사람들은 벌써 모았습니까?)
→ いいえ、まだ集めていません。(아니요, 아직 모으지 않았습니다.)

1. ______________________
2. ______________________
3. ______________________
4. ______________________

3 (　) 속에 들어갈 적절한 글자를 보기와 같이 써 보세요.

| 보기 | 人を集めて(あります)。사람들을 모아 놨습니다.(사람들이 모여 있습니다.)

1. 木(　)枝を折って(　　　　)。(나뭇)가지를 부러뜨리고 있습니다.
2. 車が駐車場にとまって(　　　　)。차가 주차장에 서 있습니다.
3. 黒板(　)字を消して(　　　　)。칠판(의) 글씨를 지워 놓아요.
4. テスト(　)間違いはまだ直(　　)(　　　　)。
시험(의) 틀린 것은 아직 안 고쳤어요.

4 주어진 단어를 우선 히라가나로 써 본 다음에 한자로도 써 보세요.

| 보기 | (나뭇)가지 — 히라가나: え だ — 한자: 枝

1. 지워지다, 꺼지다

히라가나 | | | 한자 | | |

2. 모으다

히라가나 | | | | 한자 | | |

3. 부러지다, 접히다

히라가나 | | | 한자 | | |

4. 칠판

히라가나 | | | | 한자 | |

5. 글씨, 글자

히라가나 | 한자 |

가타카나 쓰기 ⑽

주어진 단어의 가타카나 표기를 직접 써 보세요.

1. 산타클로스 → ____________________

2. 러시아워 → ____________________

3. 마케팅 → ____________________

4. 에스컬레이터 → ____________________

5. 아이스크림 → ____________________

6. 콘택트렌즈 → ____________________

7. 드라이클리닝 → ____________________

8. 커뮤니케이션 → ____________________

9. 인포메이션 → ____________________

10. 인터내셔널 → ____________________

정답 1. サンタクロース 2. ラッシュアワー 3. マーケティング 4. エスカレーター 5. アイスクリーム 6. コンタクトレンズ 7. ドライクリーニング 8. コミュニケーション 9. インフォメーション 10. インターナショナル

장문 읽어 보기

예문 60-6.mp3

다음 장문을 처음에는 오디오만 들어보면서 내용을 파악해 본 다음에, 문장을 읽어 보며 의미를 확인해 보세요.

私は今、家族と一緒に東京に住んでいます。東京の大学で、これから1年間、勉強するつもりです。家は学校で準備してくれました。韓国の家は人に貸してあります。妻と二人の子供は日本語学校で日本語の勉強をしています。毎週金曜日には、ボランティアの学生にうちで日本語を教えてもらっています。日本料理も習うつもりですが、まだ習っていません。ぜひ習いたいです。

| 단어 | 東京[とうきょう] 도쿄(지명)
金曜日[きんようび] 금요일
日本語[にほんご] 일본어
日本語学校[にほんごがっこう] 일본어학교
ボランティア 자원 봉사
日本料理[にほんりょうり] 일본요리
毎週[まいしゅう] 매주
学生[がくせい] 학생

| 해석 | 저는 지금 가족과 함께 とうきょう에 살고 있습니다. とうきょう에 있는 대학에서 앞으로 1년간 공부할 생각입니다. 집은 학교에서 준비해 주었습니다. 한국(의) 집은 다른 사람에게 빌려준 상태입니다. 아내와 두 아이는 일본어학교에서 일본어 공부를 하고 있습니다. 매주 금요일에는 자원봉사 학생이 집에서 일본어를 가르쳐 주고 있습니다. 일본요리도 배울 생각입니다만, 아직 배우지 않았습니다. 꼭 배우고 싶습니다.

• 특별 부록 •

특별부록 01

히라가나표

부록 01-1.mp3

청음(기본)

단

행	あ단	い단	う단	え단	お단	
あ행	あ	い	う	え	お	
か행	か	き	く	け	こ	
さ행	さ	し	す	せ	そ	
た행	た	ち	つ	て	と	
な행	な	に	ぬ	ね	の	
は행	は	ひ	ふ	へ	ほ	
ま행	ま	み	む	め	も	
や행	や		ゆ		よ	
ら행	ら	り	る	れ	ろ	
わ행	わ				を	ん

탁음

	あ단	い단	う단	え단	お단
が행	が	ぎ	ぐ	げ	ご
ざ행	ざ	じ	ず	ぜ	ぞ
だ행	だ	ぢ	づ	で	ど
ば행	ば	び	ぶ	べ	ぼ

반탁음

	あ단	い단	う단	え단	お단
ぱ행	ぱ	ぴ	ぷ	ぺ	ぽ

특별부록 01

가타카나표

부록01-2.mp3

청음(기본)

행 \ 단	ア단	イ단	ウ단	エ단	オ단	
ア행	ア	イ	ウ	エ	オ	
カ행	カ	キ	ク	ケ	コ	
サ행	サ	シ	ス	セ	ソ	
タ행	タ	チ	ツ	テ	ト	
ナ행	ナ	ニ	ヌ	ネ	ノ	
ハ행	ハ	ヒ	フ	ヘ	ホ	
マ행	マ	ミ	ム	メ	モ	
ヤ행	ヤ		ユ		ヨ	
ラ행	ラ	リ	ル	レ	ロ	
ワ행	ワ				ヲ	ン

탁음

	ア단	イ단	ウ단	エ단	オ단
ガ행	ガ	ギ	グ	ゲ	ゴ
ザ행	ザ	ジ	ズ	ゼ	ゾ
ダ행	ダ	ヂ	ヅ	デ	ド
バ행	バ	ビ	ブ	ベ	ボ

반탁음

	ア단	イ단	ウ단	エ단	オ단
パ행	パ	ピ	プ	ペ	ポ

특별부록 02

히라가나/가타카나 쓰기노트

히라가나 가타카나 쓰기 연습을 할 때는 외워야 한다는 생각을 가지고 연습하지 마세요. 한 번 써 보고 그 다음에 또 본책 공부를 하고 또 중간에 한 번 써 보고를 반복해서 익혀가면 됩니다. 억지로 외우려 하면 재미도 없어지고 공부가 부담스러워지기만 합니다. 부담 갖지 마시고 편한 맘으로 천천히 익혀 가면 됩니다.

히라가나 쓰기

あ행

あ
い
う
え
お

か행

か
き
く
け
こ

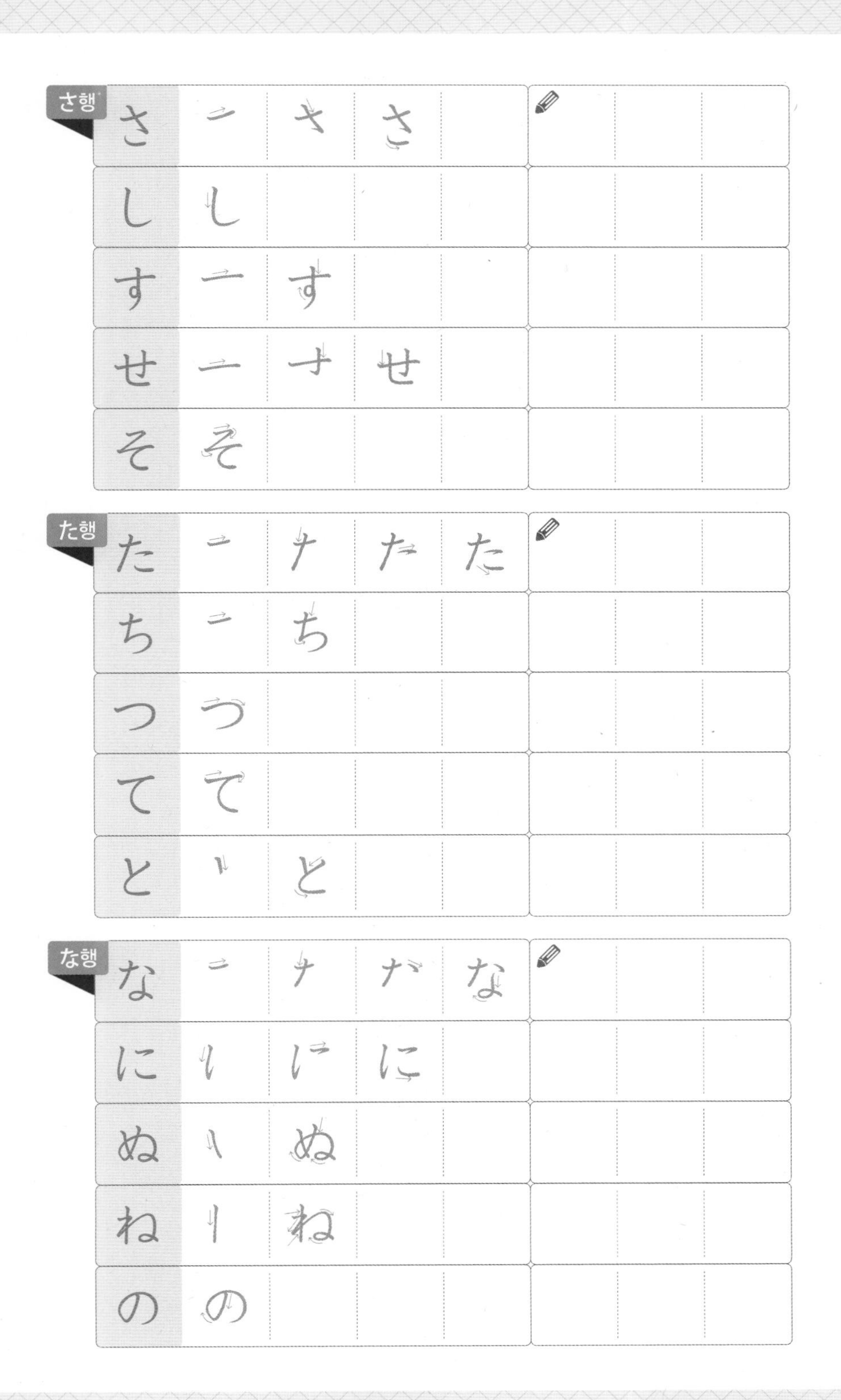

さ행
さ
し
す
せ
そ
た행
た
ち
つ
て
と
な행
な
に
ぬ
ね
の

は행
は
ひ
ふ
へ
ほ
ま행
ま
み
む
め
も
や행
や
ゆ
よ

ら행

ら		ら		
り		り		
る	る			
れ		れ		
ろ	ろ			

わ행

わ		わ		
を			を	

ん	ん			

가타카나 쓰기

ア행

ア		ア		
イ		イ		
ウ			ウ	
エ			エ	
オ			オ	

カ행
カ
キ
ク
ケ
コ
サ행
サ
シ
ス
セ
ソ
タ행
タ
チ
ツ
テ
ト

ナ행
ナ
ニ
ヌ
ネ
ノ
ハ행
ハ
ヒ
フ
ヘ
ホ
マ행
マ
ミ
ム
メ
モ

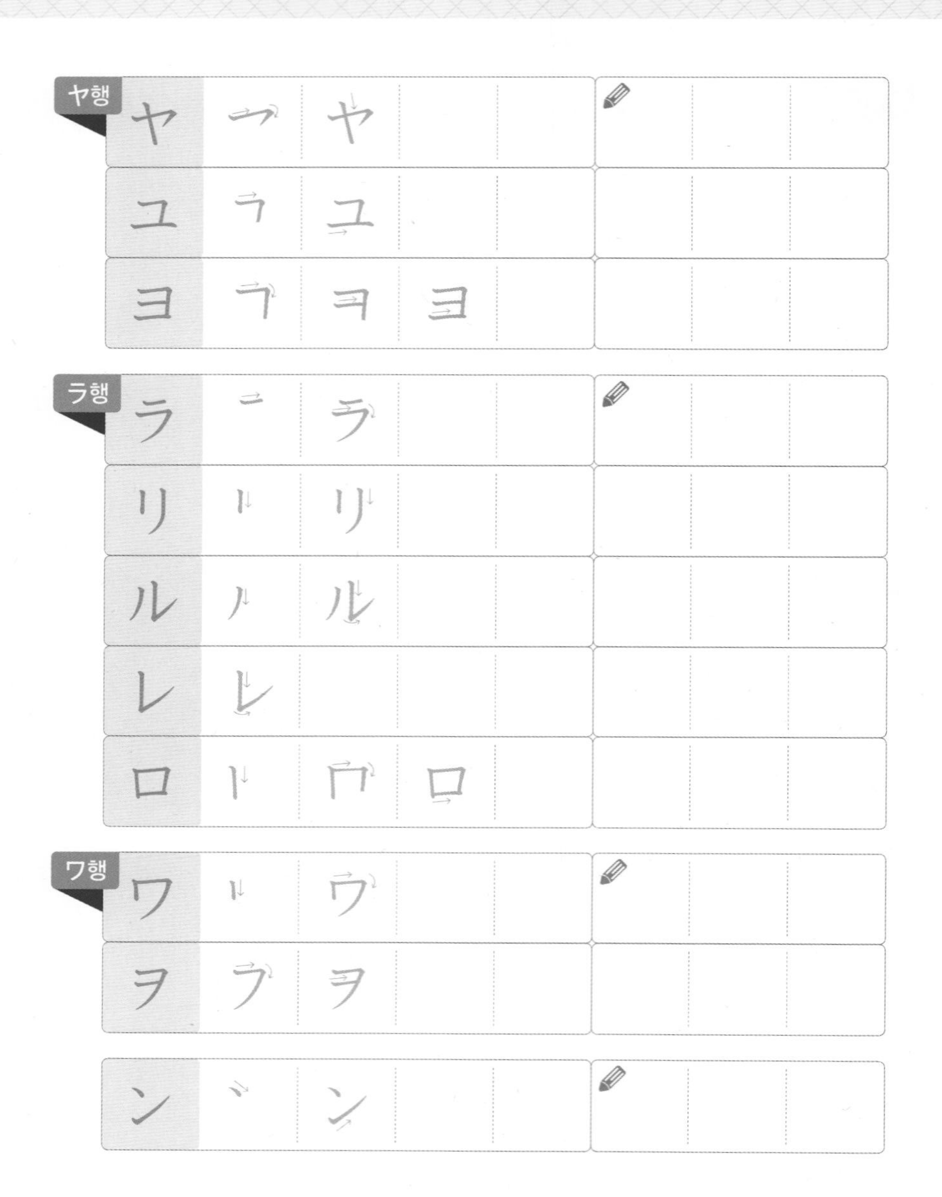
ヤ행
ヤ
ユ
ヨ
ラ행
ラ
リ
ル
レ
ロ
ワ행
ワ
ヲ
ン

특별부록 03

시간과 수에 관련된 말

1. 지시어

부록03-1.mp3

これ	이것	それ	그것	あれ	저것	どれ	어느 것
この	이	その	그	あの	저	どの	어느
ここ	여기	そこ	거기	あそこ	저기	どこ	어디
こっち	이쪽	そっち	그쪽	あっち	저쪽	どっち	어느 쪽
こちら	이쪽	そちら	그쪽	あちら	저쪽	どちら	어느 쪽

* こっち, そっち, あっち, どっち는 편한 말투에서 사용하고 공손하게 말할 때는 こちら, そちら, あちら, どちら를 사용합니다.

2. 시간 부사

부록03-2.mp3

一昨日 [おととい]	昨日 [きのう]	今日 [きょう]	明日 [あした]	明後日 [あさって]
그저께	어제	오늘	내일	모레
先々週 [せんせんしゅう]	先週 [せんしゅう]	今週 [こんしゅう]	来週 [らいしゅう]	再来週 [さらいしゅう]
지지난 주	지난주	이번 주	다음 주	다다음 주
先々月 [せんせんげつ]	先月 [せんげつ]	今月 [こんげつ]	来月 [らいげつ]	再来月 [さらいげつ]
지지난 달	지난달	이번 달	다음 달	다다음 달
一昨年 [おととし]	去年 [きょねん]	今年 [ことし]	来年 [らいねん]	再来年 [さらいねん]
재작년	작년	올해	내년	내후년

* '그끄저께'는 一昨昨日[さきおととい], '글피'는 明明後日[しあさって]라고 합니다. 이 단어에서는 한자의 반복 표시 々를 사용하지 않은 것이 원칙인데 々로 쓰는 사람도 많습니다.

* 一昨日, 昨日, 今日, 明日, 明後日를 いっさくじつ, さくじつ, こんにち, みょうにち, みょうごにち라고 읽기도 하는데, 이는 매우 격식을 차린 말투이며 일상적으로는 잘 사용하지 않습니다. 그리고 今日를 こんにち라고 읽는 것은 '오늘날'이라는 뜻으로 사용하는 경우입니다. '오늘'을 격식 차려서 말할 때는 本日[ほんじつ]라고 합니다. 또 明日는 あした와 みょうにち 외에 あす라고 읽는 방법도 있는데, 이는 あした와 みょうにち의 중간 정도의 말이 되며 구어적이지도 않고 그렇다고 아주 격식 차린 어려운 말투도 아닌 것입니다.
* '작년', '올해'를 나타내는 말로 昨年[さくねん], 本年[ほんねん]이라는 말도 있지만 이는 격식 차린 말투로 일상 회화에서는 잘 쓰지 않습니다.

3. 요일

부록 03-3.mp3

日曜日 [にちようび]	月曜日 [げつようび]	火曜日 [かようび]	水曜日 [すいようび]
일요일	월요일	화요일	수요일
木曜日 [もくようび]	**金曜日 [きんようび]**	**土曜日 [どようび]**	**何曜日 [なんようび]**
목요일	금요일	토요일	무슨 요일

4. 숫자

부록 03-4.mp3

① 하나, 둘, 셋

一つ [ひとつ]	二つ [ふたつ]	三つ [みっつ]	四つ [よっつ]	五つ [いつつ]	
하나	둘	셋	넷	다섯	
六つ [むっつ]	**七つ [ななつ]**	**八つ [やっつ]**	**九つ [ここのつ]**	**十 [とお]**	**いくつ**
여섯	일곱	여덟	아홉	열	몇

* 한국어와 달리 일본어에서는 '하나, 둘, 셋'이라고 세는 방법은 열까지밖에 없습니다.
* 一つ, 二つ, 三つ…는 '한 개', '두 개', '세 개' …로 해석되기도 합니다.

② 일, 이, 삼

ゼロ, れい	いち	に	さん	よん, し	ご
0	1	2	3	4	5
	ろく	なな, しち	はち	きゅう, く	じゅう
	6	7	8	9	10

じゅういち	じゅうに	じゅうさん	じゅうよん じゅうし	じゅうご
11	12	13	14	15
じゅうろく	じゅうなな じゅうしち	じゅうはち	じゅうきゅう じゅうく	にじゅう
16	17	18	19	20
にじゅういち	にじゅうに	にじゅうさん	にじゅうよん にじゅうし	にじゅうご
21	22	23	24	25
にじゅうろく	にじゅうなな にじゅうしち	にじゅうはち	にじゅうきゅう にじゅうく	さんじゅう
26	27	28	29	30

よんじゅう	ごじゅう	ろくじゅう	ななじゅう	はちじゅう	きゅうじゅう	何十 [なんじゅう]
40	50	60	70	80	90	몇 십

*40, 70을 しじゅう, しちじゅう로 읽는 경우도 있습니다. 또 명칭 같은 경우는 90을 くじゅう로 읽는 경우가 있습니다. 일반적으로 40, 70, 90은 표에서 보여 드렸듯이 よんじゅう, ななじゅう, きゅうじゅう로 읽습니다.

ひゃく	にひゃく	さんびゃく	よんひゃく	ごひゃく
100	200	300	400	500
ろっぴゃく	ななひゃく	はっぴゃく	きゅうひゃく	何百 [なんびゃく]
600	700	800	900	몇 백

せん	にせん	さんぜん	よんせん	ごせん
1,000	2,000	3,000	4,000	5,000
ろくせん	**ななせん**	**はっせん**	**きゅうせん**	**何千[なんぜん]**
6,000	7,000	8,000	9,000	몇 천

1万 [いちまん]	10万 [じゅうまん]	100万 [ひゃくまん]	1,000万 [いっせんまん]	何万 [なんまん]
만	10만	100만	1,000만	몇 만
1億 [いちおく]	**10億 [じゅうおく]**	**100億 [ひゃくおく]**	**1,000億 [いっせんおく]**	**何億 [なんおく]**
1억	10억	100억	1,000억	몇 억

*1,000만과 1,000억은 せんまん, せんおく로 읽는 경우도 있습니다.

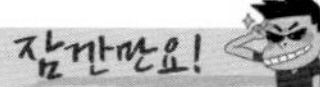

100, 200, 300을 보니 소리가 바뀐다는 사실을 아셨죠? ひゃく(백)이 びゃく, ぴゃく라는 소리로 바뀌고 또 앞에 붙는 숫자도 ろく(6)가 ろっ, はち(8)가 はっ 등으로 바뀝니다. 이와 같이 수를 셀 때는 소리가 바뀌는 경우가 있습니다. 어떤 경우에 소리가 바뀌냐면 '~개', '~명'과 같이 수를 셀 때 쓰는 단위의 첫 소리가 무성자음(か행, さ행, た행, は행, ぱ행)으로 시작되는 경우입니다. 또 소리가 바뀌는 숫자는 1, 3, 6, 8, 10과 의문사인데 이 중 1, 8, 10은 소리가 반드시 바뀌고 3과 6은 단어에 따라서 바뀌는 경우와 바뀌지 않는 경우가 있습니다. 또 탁음(")화가 되는 것은 숫자 3과 의문사입니다.

5. 월, 일

1月 [いちがつ]	2月 [にがつ]	3月 [さんがつ]	4月 [しがつ]	5月 [ごがつ]	6月 [ろくがつ]	
1월	2월	3월	4월	5월	6월	
7月 [しちがつ]	**8月 [はちがつ]**	**9月 [くがつ]**	**10月 [じゅうがつ]**	**11月 [じゅういちがつ]**	**12月 [じゅうにがつ]**	**何月 [なんがつ]**
7월	8월	9월	10월	11월	12월	몇 월

*7月[しちがつ]를 1月[いちがつ]로 잘못 듣는 일이 없도록 なながつ로 읽는 경우가 있습니다만, 보통은 しちがつ로 읽습니다.

1日 [ついたち]	2日 [ふつか]	3日 [みっか]	4日 [よっか]	5日 [いつか]	
1일	2일	3일	4일	5일	
6日 [むいか]	7日 [なのか]	8日 [ようか]	9日 [ここのか]	10日 [とおか]	
6일	7일	8일	9일	10일	
11日 [じゅういち にち]	12日 [じゅうににち]	13日 [じゅうさん にち]	14日 [じゅうよっか]	15日 [じゅうごにち]	
11일	12일	13일	14일	15일	
16日 [じゅうろく にち]	17日 [じゅうしち にち]	18日 [じゅうはち にち]	19日 [じゅうくにち]	20日 [はつか]	
16일	17일	18일	19일	20일	
21日 [にじゅういち にち]	22日 [にじゅうに にち]	23日 [にじゅうさん にち]	24日 [にじゅう よっか]	25日 [にじゅうご にち]	
21일	22일	23일	24일	25일	
26日 [にじゅうろく にち]	27日 [にじゅうしち にち]	28日 [にじゅうはち にち]	29日 [にじゅうく にち]	30日 [さんじゅう にち]	何日 [なんにち]
26일	27일	28일	29일	30일	며칠

*1일부터 10일까지 및 14일, 20일, 24일은 특이하게 읽으니 주의하세요.

*17日[じゅうしちにち], 27日[にじゅうしちにち]를 11日[じゅういちにち], 21日[にじゅういちにち]로 잘못 듣는 일이 없도록 じゅうななにち, にじゅうななにち로 읽는 경우가 있습니다.

*20日[はつか]를 にじゅうにち로 읽는 경우도 있습니다.

*'~월 ~일'과 같이 해당 월의 첫 날(초하루)의 뜻으로의 '1日'은 ついたち라고 읽지만, 기간을 말할 때 '하루'라는 뜻으로의 '1日'은 いちにち라고 읽습니다.

6. 시간

부록03-6.mp3

1時 [いちじ]	2時 [にじ]	3時 [さんじ]	4時 [よじ]	5時 [ごじ]	6時 [ろくじ]	
1시	2시	3시	4시	5시	6시	
7時 [しちじ]	**8時 [はちじ]**	**9時 [くじ]**	**10時 [じゅうじ]**	**11時 [じゅういちじ]**	**12時 [じゅうにじ]**	**何時 [なんじ]**
7시	8시	9시	10시	11시	12시	몇 시

＊7時[しちじ]를 1時[いちじ]로 잘못 듣는 일이 없도록 ななじ로 읽는 경우가 있습니다만, 보통 しちじ로 읽습니다.

1分 [いっぷん]	2分 [にふん]	3分 [さんぷん]	4分 [よんぷん]	5分 [ごふん]	
1분	2분	3분	4분	5분	
6分 [ろっぷん]	**7分 [ななふん]**	**8分 [はっぷん]**	**9分 [きゅうふん]**	**10分 [じゅっぷん]**	**何分 [なんぷん]**
6분	7분	8분	9분	10분	몇 분

＊～分[ふん](~분)은 무성자음(か행, さ행, た행, は행, ぱ행)으로 시작되기 때문에 소리의 변화가 일어납니다. 소리가 변하는 숫자는 1, 3, 6, 8, 10과 의문사인데, '~분'에서는 예외적으로 숫자 4에서도 소리가 변합니다.

＊11분 이후를 읽을 때는 1분부터 10분 앞에 10[じゅう], 20[にじゅう], 30[さんじゅう], 40[よんじゅう], 50[ごじゅう]를 붙여서 읽기만 하면 됩니다.

＊7分[ななふん]을 しちふん으로 읽는 경우도 있습니다.

7. 기타 수를 세는 말

부록03-7.mp3

① 무성자음으로 시작되는 단위 [소리가 바뀜]

	~回[かい] ~번 [횟수]	**~階[かい]** ~층 [건물의 층수]	**~ヶ月[かげつ]** ~개월 [월 단위의 기간]
1	**1回[いっかい]**	**1階[いっかい]**	**1ヶ月[いっかげつ]**
2	**2回[にかい]**	**2階[にかい]**	**2ヶ月[にかげつ]**
3	**3回[さんかい]**	**3階[さんがい]**	**3ヶ月[さんかげつ]**
4	**4回[よんかい]**	**4階[よんかい]**	**4ヶ月[よんかげつ]**
5	**5回[ごかい]**	**5階[ごかい]**	**5ヶ月[ごかげつ]**
6	**6回[ろっかい]**	**6階[ろっかい]**	**6ヶ月[ろっかげつ]**
7	**7回[ななかい]**	**7階[ななかい]**	**7ヶ月[ななかげつ]**
8	**8回[はっかい]**	**8階[はっかい]**	**8ヶ月[はっかげつ/はちかげつ]**
9	**9回[きゅうかい]**	**9階[きゅうかい]**	**9ヶ月[きゅうかげつ]**
10	**10回[じゅっかい]**	**10階[じゅっかい]**	**10ヶ月[じゅっかげつ]**
의문사	**何回[なんかい]**	**何階[なんがい]**	**何ヵ月[なんかげつ]**

* ~回[かい]는 순서가 아니라 횟수를 나타냅니다.
* 8回(여덟 번)은 はちかい로 읽는 경우도 있습니다.
* 8階(8층)을 はちかい로 읽는 경우도 있습니다. 또 의문사 何階(몇 층)를 なんかい로 읽는 경우도 있습니다.
* ~ヶ月[かげつ]는 ~か月 또는 ~ヵ月로도 나타냅니다. 원래 ~ヶ月은 ~箇月인데 箇를 생략해서 대죽머리 한쪽 ケ만 쓰게 된 것이지요.
* 8ヶ月(8개월)은 はっかげつ와 はちかげつ 둘 다 씁니다.
* 6ヶ月(6개월)은 半年[はんとし](반년)라고도 하지요.
* 11ヶ月(11개월), 12ヶ月(12개월)은 각각 じゅういっかげつ, じゅうにかげつ로 읽습니다.

	~個[こ] ~개 [개수]	**~歳[さい]** ~살 [나이]	**~冊[さつ]** ~권 [책]
1	**1個[いっこ]**	**1歳[いっさい]**	**1冊[いっさつ]**
2	**2個[にこ]**	**2歳[にさい]**	**2冊[にさつ]**
3	**3個[さんこ]**	**3歳[さんさい]**	**3冊[さんさつ]**
4	**4個[よんこ]**	**4歳[よんさい]**	**4冊[よんさつ]**
5	**5個[ごこ]**	**5歳[ごさい]**	**5冊[ごさつ]**
6	**6個[ろっこ]**	**6歳[ろくさい]**	**6冊[ろくさつ]**
7	**7個[ななこ]**	**7歳[ななさい]**	**7冊[ななさつ]**
8	**8個[はっこ]**	**8歳[はっさい]**	**8冊[はっさつ]**
9	**9個[きゅうこ]**	**9歳[きゅうさい]**	**9冊[きゅうさつ]**
10	**10個[じゅっこ]**	**10歳[じゅっさい]**	**10冊[じゅっさつ]**
의문사	**何個[なんこ]**	**何歳[なんさい]**	**何冊[なんさつ]**

*~個[こ]를 ~ヶ 또는 ~コ로 쓰는 경우도 있습니다.

*~歳[さい]를 ~才[さい]로 쓰기도 합니다. 또 20歳(20살)는 にじゅっさい로 읽는 경우도 있지만 주로 はたち라고 읽어요. 이것만 소리가 다르니 잘 기억해 두세요!

	~週間[しゅうかん] ~주일 [한 주 단위 기간]	**~着[ちゃく]** ~벌, ~등 [옷, 도착 순서]	**~通[つう]** ~통 [편지, 우편]
1	**1週間[いっしゅうかん]**	**1着[いっちゃく]**	**1通[いっつう]**
2	**2週間[にしゅうかん]**	**2着[にちゃく]**	**2通[につう]**
3	**3週間[さんしゅうかん]**	**3着[さんちゃく]**	**3通[さんつう]**
4	**4週間[よんしゅうかん]**	**4着[よんちゃく]**	**4通[よんつう]**
5	**5週間[ごしゅうかん]**	**5着[ごちゃく]**	**5通[ごつう]**
6	**6週間[ろくしゅうかん]**	**6着[ろくちゃく]**	**6通[ろくつう]**
7	**7週間[ななしゅうかん]**	**7着[ななちゃく]**	**7通[ななつう]**
8	**8週間[はっしゅうかん]**	**8着[はっちゃく]**	**8通[はっつう]**
9	**9週間[きゅうしゅうかん]**	**9着[きゅうちゃく]**	**9通[きゅうつう]**

10	10週間[じゅっしゅうかん]	10着[じゅっちゃく]	10通[じゅっつう]
의문사	何週間[なんしゅうかん]	何着[なんちゃく]	何通[なんつう]

＊8週間(8주일)은 はちしゅうかん으로 읽는 경우도 있습니다.
＊~着는 '~벌'을 나타내기도 하지만 '~착, ~등'(도착한 순서)을 나타내기도 합니다.

	~杯[はい] ~잔 [마실 것]	**~匹[ひき]** ~마리 [동물]	**~本[ほん]** ~자루, ~병 [가늘고 긴 물건]
1	1杯[いっぱい]	1匹[いっぴき]	1本[いっぽん]
2	2杯[にはい]	2匹[にひき]	2本[にほん]
3	3杯[さんばい]	3匹[さんびき]	3本[さんぼん]
4	4杯[よんはい]	4匹[よんひき]	4本[よんほん]
5	5杯[ごはい]	5匹[ごひき]	5本[ごほん]
6	6杯[ろっぱい]	6匹[ろっぴき]	6本[ろっぽん]
7	7杯[ななはい]	7匹[ななひき]	7本[ななほん]
8	8杯[はっぱい]	8匹[はっぴき]	8本[はっぽん]
9	9杯[きゅうはい]	9匹[きゅうひき]	9本[きゅうほん]
10	10杯[じゅっぱい]	10匹[じゅっぴき]	10本[じゅっぽん]
의문사	何杯[なんばい]	何匹[なんびき]	何本[なんぼん]

＊1杯[いっぱい](한 잔)는 억양이 높은 소리에서 낮은 소리로 떨어집니다. 거꾸로 낮은 소리에서 높은 소리로 올려서 말하면 '많이, 가득'이라는 뜻이 되어 버립니다.
＊7匹(일곱 마리)는 주로 ななひき로 읽지만 しちひき로 읽는 경우도 있습니다.

② 유성자음으로 시작되는 단위 [소리가 바뀌지 않음]

	~円[えん] ~엔 [일본 화폐]	**~時間[じかん]** ~시간 [시간]	**~畳[じょう]** ~(다다미)장 [방 크기]
1	1円[いちえん]	1時間[いちじかん]	1畳[いちじょう]
2	2円[にえん]	2時間[にじかん]	2畳[にじょう]
3	3円[さんえん]	3時間[さんじかん]	3畳[さんじょう]
4	4円[よえん]	4時間[よじかん]	4畳[よんじょう/よじょう]
5	5円[ごえん]	5時間[ごじかん]	5畳[ごじょう]
6	6円[ろくえん]	6時間[ろくじかん]	6畳[ろくじょう]
7	7円[ななえん]	7時間[しちじかん/ななじかん]	7畳[ななじょう]
8	8円[はちえん]	8時間[はちじかん]	8畳[はちじょう]
9	9円[きゅうえん]	9時間[くじかん]	9畳[きゅうじょう]
10	10円[じゅうえん]	10時間[じゅうじかん]	10畳[じゅうじょう]
의문사	いくら (얼마) 何円[なんえん] (몇 엔)	何時間[なんじかん]	何畳[なんじょう]

* 4円(4엔) 소리가 よえん이 된다는 점에 주의하세요.
* 금액을 물을 때는 보통 いくら(얼마)를 쓰고 何円[なんえん]은 '1달러에 몇 엔이냐' 등을 물어 볼 때 씁니다. 한국어와 똑같죠?
* 예전에는 7時間(일곱 시간)을 ななじかん이라고 읽는 경우가 매우 드물었고 교재에서도 ななじかん이라고 읽는 방법을 지도하지 않았는데 요새는 ななじかん이라고 하는 사람이 많아져서 ななじかん을 취급하는 경우가 많아졌습니다.
* ~畳[じょう]는 다다미의 개수로 방 크기를 나타내는 단위입니다. 다다미 한 장 크기면 1畳[いちじょう], 두 장 크기면 2畳[にじょう]가 되는 거죠. 다다미 한 장의 크기는 지역에 따라, 또 주택 형태에 따라 약간씩 차이가 나는데 공동주택, 아파트, 연립 등에서 주로 사용되는 것이 가장 작은 사이즈로 850mm×1700mm라고 합니다.

	~台[だい] ~대 [자동차, 기계 등]	**~度[ど]** ~번, ~도 [횟수, 온도 등]	**~人[にん]** ~명 [사람]
1	**1台[いちだい]**	**1度[いちど]**	**1人[ひとり]**
2	**2台[にだい]**	**2度[にど]**	**2人[ふたり]**
3	**3台[さんだい]**	**3度[さんど]**	**3人[さんにん]**
4	**4台[よんだい]**	**4度[よんど]**	**4人[よにん]**
5	**5台[ごだい]**	**5度[ごど]**	**5人[ごにん]**
6	**6台[ろくだい]**	**6度[ろくど]**	**6人[ろくにん]**
7	**7台[ななだい]**	**7度[しちど/ななど]**	**7人[しちにん/ななにん]**
8	**8台[はちだい]**	**8度[はちど]**	**8人[はちにん]**
9	**9台[きゅうだい]**	**9度[きゅうど]**	**9人[きゅうにん]**
10	**10台[じゅうだい]**	**10度[じゅうど]**	**10人[じゅうにん]**
의문사	**何台[なんだい]**	**何度[なんど]**	**何人[なんにん]**

* ~度[ど]는 '한 번, 두 번'의 횟수를 셀 때도 쓰고 '1도, 2도'의 온도를 나타낼 때도 씁니다. 단, 횟수의 뜻으로 쓸 때는 숫자 1, 2, 3이 아니라 一度, 二度, 三度와 같이 한자로 쓰는 것이 일반적입니다.
* 횟수를 셀 때는 ~度[ど]와 ~回[かい] 둘 다 사용할 수 있지만 '제 ~회', '전 ~회'와 같이 접두사가 붙어 있을 때(제3회, 전10회 등)나, 앞에 붙는 숫자가 0이나 소수일 때(0번, 3.5회 등), 정해진 기간 안에 규칙적으로 이어지는 것이나 반복되는 것을 나타낼 때(1년에 두 번 등), 행위의 연속성, 행위의 합계수, 분할수를 말할 때(세 번 연속으로, 합해서 세 번, 세 번으로 나누어, 세 번마다 등), 다음 행위를 예측할 수 있을 때는 ~度보다 ~回가 쓰입니다.
* 사람을 셀 때 쓰는 ~人[にん]은 예외적으로 '한 명', '두 명'을 1人[ひとり], 2人[ふたり]라고 읽습니다. 그리고 4人 소리가 よにん이 된다는 점에 유의하세요.

	~人前[にんまえ] ~인분 [분량]	**~年[ねん]** ~년 [기간]	**~枚[まい]** ~장 [얇고 평평한 물건]
1	**1人前[いちにんまえ]**	**1年[いちねん]**	**1枚[いちまい]**
2	**2人前[ににんまえ]**	**2年[にねん]**	**2枚[にまい]**

3	3人前[さんにんまえ]	3年[さんねん]	3枚[さんまい]
4	4人前[よにんまえ]	4年[よねん]	4枚[よんまい]
5	5人前[ごにんまえ]	5年[ごねん]	5枚[ごまい]
6	6人前[ろくにんまえ]	6年[ろくねん]	6枚[ろくまい]
7	7人前[しちにんまえ/ななにんまえ]	7年[ななねん/しちねん]	7枚[ななまい]
8	8人前[はちにんまえ]	8年[はちねん]	8枚[はちまい]
9	9人前[きゅうにんまえ]	9年[きゅうねん]	9枚[きゅうまい]
10	10人前[じゅうにんまえ]	10年[じゅうねん]	10枚[じゅうまい]
의문사	何人前[なんにんまえ]	何年[なんねん]	何枚[なんまい]

＊'한 명', '두 명'의 소리는 예외적으로 1人[ひとり], 2人[ふたり]가 되지만, '~인분'이라고 할 때는 1人前[いちにんまえ], 2人前[ににんまえ]가 된다는 점에 유의하세요. 또 '4인분'은 よにんまえ로 4 소리가 よ가 된다는 점에 유의하세요.

＊'4년'도 4年[よねん]으로 4 소리가 よ가 됩니다.

＊7枚(일곱 장)는 보통 ななまい로 읽는데 しちまい로 읽는 경우도 드물지만 있습니다.

	~番[ばん] ~번, ~등 [순서, 등급]	**~割[わり]** ~할 [비율]
1	1番[いちばん]	1割[いちわり]
2	2番[にばん]	2割[にわり]
3	3番[さんばん]	3割[さんわり]
4	4番[よんばん]	4割[よんわり]
5	5番[ごばん]	5割[ごわり]
6	6番[ろくばん]	6割[ろくわり]
7	7番[ななばん]	7割[ななわり]
8	8番[はちばん]	8割[はちわり]
9	9番[きゅうばん]	9割[きゅうわり]
10	10番[じゅうばん]	10割[じゅうわり]
의문사	何番[なんばん]	何割[なんわり]

특별부록 04

여러 가지 인사말

1. 아침, 낮, 저녁 인사말

부록04-1.mp3

おはよう 안녕 (아침 인사)

おはようございます 안녕하세요 (아침 인사)

ちわっす 안녕 (낮 인사 : 주로 남자가 씀)

こんにちは 안녕하세요 (낮 인사)

こんばんは 안녕하세요 (저녁 인사)

おっす 안녕 (시간 관계없이 남자들이 흔히 쓰는 인사)

* こんにちは와 こんばんは의 끝소리 は는 발음이 '하'가 아니라 '와'가 된다는 점에 유의하세요.
* ちわっす는 こんにちは의 끝소리 ちは에 っす가 붙은·것으로 ちはっす로 쓰기도 합니다. こんちわっす/こんちはっす, こんちは 등도 쓰입니다.
* おっす가 변형된 것으로 보이는 うぃっす라는 인사도 남자들이 쓰는 경우가 있습니다.

2. 사람을 만났을 때 쓰는 인사말

부록04-2.mp3

はじめまして 처음 뵙겠습니다

(どうぞ)よろしく (부디)잘 부탁해

(どうぞ)よろしくお願いします[どうぞ よろしく おねがいします] (부디)잘 부탁합니다

お世話になります[おせわになります] 신세지겠습니다

しばらく(だね) 오래간만이야

しばらくです(ね) 오래간만이에요

久しぶり[ひさしぶり] 오래간만이야

お久しぶりです(ね)[おひさしぶりです(ね)] 오래간만입니다

ご無沙汰しております[ごぶさたしております] 격조하였습니다

元気？[げんき] 잘 지내?

お元気ですか[おげんきですか] 잘 지냅니까?

お変わりありませんか[おかわりありませんか] 별고 없으십니까?

おかげさまで 덕분에

ごめんください 누구 계십니까?

いらっしゃい 어서 와

いらっしゃいませ 어서 오십시오

よくいらっしゃいました 잘 오셨습니다

お邪魔します[おじゃまします] (남의 집 등을 방문할 때) 들어가겠습니다

失礼します[しつれいします] (남의 집 등을 방문할 때) 실례하겠습니다, 들어가겠습니다

* どうぞよろしく(잘 부탁해)와 どうぞよろしくお願いします[どうぞ よろしく おねがいします](잘 부탁합니다)는 강조하는 말 どうぞ(부디, 제발)를 생략해서 よろしくお願いします로 쓸 수도 있습니다. 또 더 공손하게 말하려면 끝의 します를 致します[いたします](する의 공손한 말)로 바꿔서 どうぞよろしくお願い致します라고 하면 됩니다.
* '오래간만입니다'라는 인사는 덜 공손한 것부터 나열해 보면 しばらくです(ね), お久しぶりです(ね)[おひさしぶりです(ね)], ご無沙汰しております[ごぶさたしております]의 순서가 됩니다.
* 元気？[げんき](잘 지내?)/お元気ですか[おげんきですか](잘 지냅니까?)라는 인사는 오래간만에 만났을 때만 하는 인사입니다.
* お変わりありませんか[おかわりありませんか](별고 없으십니까?)의 お変わり는 お変り로 쓰기도 합니다.
* おかげさまで는 한자로 쓰면 お陰様で가 됩니다.
* お邪魔します[おじゃまします]의 邪魔[じゃま]는 '방해, 거추장스러움'이라는 뜻입니다. 그러니 お邪魔します를 직역하면 '방해하겠습니다'라는 뜻이 되지요. 즉 '방해가 되겠지만/폐가 되겠지만 들어가겠습니다'라는 뜻으로 하는 인사지요.

3. 헤어질 때 하는 인사말

부록04-3.mp3

バイバイ 빠이빠이

じゃあね 안녕

またね 또 보자

じゃ、また 그럼 또 봐요

さよなら/さようなら 안녕히 가세요/계세요

失礼します[しつれいします] 실례하겠습니다, 가보겠습니다, 안녕히 계세요

失礼しました[しつれいしました] 실례했습니다, 실례가 많았습니다, 안녕히 계세요

お邪魔しました[おじゃましました] 폐를 끼쳤습니다, 방해해서 죄송했습니다, 안녕히 계세요

お気を付けて[おきをつけて] 살펴 가십시오, 조심히 가십시오

お先に[おさきに] 먼저 갈게

お先に失礼します[おさきに しつれいします] 먼저 가보겠습니다

ご苦労様[ごくろうさま] 수고했어

ご苦労様でした[ごくろうさまでした] 수고했어요

お疲れ様[おつかれさま] 수고 많았어

お疲れ様でした[おつかれさまでした] 수고 많으셨습니다

お元気で[おげんきで] 건강하세요

お世話になりました[おせわになりました] 신세졌습니다

お大事に[おだいじに] 몸조리 잘 하세요

* じゃあね는 じゃ(그럼)를 길게 발음해서 뒤에 ね를 붙인 것입니다.
* またね의 また는 '또', '다시'라는 뜻입니다. '또 보다'의 뒤쪽이 생략된 인사죠. じゃ、また도 마찬가지로 '보자'는 말이 생략된 겁니다.
* さよなら/さようなら는 일상적으로 잘 안 쓰는 인사말입니다. 보통 じゃあね, またね, じゃ、また, 失礼します 등을 씁니다. さよなら/さようなら는 앞으로 오랫동안 못 보는 경우, 두 번 다시 못 볼지도 모르는 경우 등에서 사용되는 일이 많습니다.
* 失礼します[しつれいします]가 어떤 상황에서도 가장 무난하게 쓸 수 있는 이별인사라고 할 수 있는데 이는 남의 집이나 사무실에 들어갈 때도 쓰이는 인사입니다. 즉 들어갈 때도 헤어질 때도 쓸 수 있는 인사말입니다. 들어갈 때는 '실례해서 들어가겠습니다'가 되는 것이고 헤어질 때는 '실례가 될지 모르겠지만 이제 가 보겠습니다'라는 인사가

되는 것이지요. 헤어질 때 현재형으로 失礼します라고 인사하는 것은 남의 집이나 사무실에서 나갈 때에도 밖에서 헤어질 때에도 쓸 수 있지만 과거형 失礼しました로 쓸 때는 집이나 사무실 등에서 나갈 때에 쓰는 인사가 됩니다. '실례가 많았습니다'라는 인사가 되는 것이지요.

* ご苦労様[ごくろうさま]/ご苦労様でした와 お疲れ様[おつかれさま]/お疲れ様でした의 구별에 유의해야 합니다. ご苦労様[ごくろうさま]/ご苦労様でした는 위아래 관계가 명백할 때 윗사람이 아랫사람에게 쓰는 인사말입니다. 절대로 윗사람에게 쓰면 안 됩니다. 일본 사람 중에도 이 말을 잘못 사용하는 사람들이 있습니다. 조심하세요~! お疲れ様[おつかれさま]/お疲れ様でした는 동년배나 윗사람에게도 쓸 수 있는 말이긴 하지만, 가르침이나 도움을 받았을 경우에는 ありがとうございました(감사합니다)를 쓰는 것이 좋습니다.
* お元気で[おげんきで](건강하세요)는 앞으로 한 동안 보지 못할 사람과 헤어질 때 하는 인사말입니다.

4. 사과 인사말

부록04-4.mp3

ごめん 미안
悪い[わるい] 미안
ごめんなさい 미안합니다
(どうも)すみません (대단히)죄송합니다
申し訳ありません[もうしわけありません] 죄송합니다
申し訳ございません[もうしわけございません] 죄송합니다

* 悪い[わるい]는 원래는 '나쁘다'는 뜻이며 '미안'이라는 뜻으로 쓸 때는 약간 거친 말이라 주로 남자들이 씁니다.
* 申し訳ございません[もうしわけございません]은 申し訳ありません[もうしわけありません]보다 더 공손한 말입니다.

5. 감사 인사말

부록04-5.mp3

サンキュー 땡큐
(どうも)ありがとう (정말)고마워
(どうも)ありがとうございます (대단히)감사합니다
(いいえ)どういたしまして (아니요)천만에요

* 감사 인사를 할 때 ありがとうございます를 빼고 どうも라고만 하는 경우가 있는데 잘 모르는 사람에게 가볍게 감사 인사를 할 때 사용합니다.
* (いいえ)どういたしまして는 잘 안 쓰는 인사말입니다. 초급 단계에서 알아야 하는 단어에 들어 있어서 소개는 해 드렸지만 쓰지 마세요. 한국어에서도 '천만에요'라고 하는 사람이 거의 없죠? 일본어도 마찬가지입니다.
* (どうも)すみません((대단히)죄송합니다), 申し訳ありません[もうしわけありません](죄송합니다), 申し訳ございません[もうしわけございません](죄송합니다)을 감사를 나타내는 뜻으로 쓰는 경우도 많이 있습니다. 상대방에게 폐가 되었을 거라는 점에 사과를 하면서 감사하는 경우지요.

6. 기다리는 것과 관련된 인사말

부록04-6.mp3

ちょっと待って[ちょっとまって] 잠깐만
ちょっと待ってください[ちょっとまってください] 잠깐만요
ちょっと待って(い)て[ちょっとまって(い)て] 잠깐 기다려 줘
ちょっと待って(い)てください[ちょっとまって(い)てください] 잠깐 기다려 주세요
少々お待ちください[しょうしょうおまちください] 잠시만 기다려 주십시오
お待たせ[おまたせ] 기다리게 해서 미안
お待たせしました[おまたせしました] 기다리게 해서 죄송합니다
お待ちどおさま[おまちどおさま] 오래 기다렸지?, 기다리게 해서 미안
お待ちどおさまでした[おまちどおさまでした] 오래 기다리셨습니다, 기다리게 해서 죄송합니다

* ちょっと待って[ちょとまって](잠깐만)/ちょっと待ってください[ちょっとまってください](잠깐만요)는 지금 움직이고 있는 사람 혹은 움직이려는 사람을 멈추게 하는

말입니다. 이에 비해 ちょっと待って(い)て[ちょっとまって(い)て](잠깐 기다려 줘)/ちょっと待って(い)てください[ちょっとまって(い)てください](잠깐 기다려 주세요)/少々お待ちください[しょうしょうおまちください](잠시만 기다려 주십시오)는 지금부터 '기다린다'는 행동을 해 달라고 부탁하는 말입니다. 待って(い)て의 ～て(い)て는 ～て(い)る(~하고 있다)의 て형으로 待って(い)て/待って(い)てください는 '~하고 있어 줘/~하고 있어 주세요'라는 뜻이 됩니다. 예를 들어 어떤 사람이 지갑을 떨어뜨렸는데 모르고 그냥 가려 할 때는 ちょっと待ってください라고 부르는 것이고, 화장실에 다녀오는 동안 상대방을 기다리게 할 경우에는 ちょっと待って(い)てください라고 하는 겁니다.

7. 일상생활에서 쓰는 인사말

부록04-7.mp3

いただきます 잘 먹겠습니다
ごちそうさま 잘 먹었어
ごちそうさまでした 잘 먹었습니다

行って来ます[いってきます] 다녀올게요
行って参ります[いってまいります] 다녀오겠습니다
行って(い)らっしゃい 다녀오세요

ただいま 다녀왔어요
ただいま帰りました[ただいま かえりました] 다녀왔습니다 (매우 공손함)
お帰り[おかえり] 어서 와 (돌아온 사람에게 집에 있던 사람이 하는 인사)
お帰りなさい[おかえりなさい] 어서 와요 (돌아온 사람에게 집에 있던 사람이 하는 인사)

お休み[おやすみ] 잘 자
お休みなさい[おやすみなさい] 안녕히 주무세요

* ごちそう는 한자로 ご馳走라고 쓰는데 '진수성찬', '맛있는 음식'이라는 뜻입니다. 즉 ごちそうさま/ごちそうさまでした(잘 먹었어/잘 먹었습니다)는 '진수성찬이었습니다'라는 데서 나온 인사말인 거죠.
* ただいま는 원래 '지금, 바로 지금'이라는 뜻입니다. 즉 '지금 들어왔습니다'라는 말에서 '지금'만 남아서 인사말이 된 것이지요.

8. 기타 여러 가지 인사말

부록04-8.mp3

おめでとう 축하해

おめでとうございます 축하드립니다

わかった 알았어

わかりました 알겠습니다

かしこまりました 알겠습니다 (공손함)

承知しました[しょうちしました] 알겠습니다 (공손함)

承知いたしました[しょうちいたしました] 알겠습니다 (承知しました보다 더 공손함)

知って(い)る?[しって(い)る] 알아?, 알고 있어?

知って(い)ますか[しって(い)ますか] 알아요?, 알고 있어요?

ご存知ですか[ごぞんじですか] 아십니까?, 알고 계십니까?

気にしないで[きにしないで] 신경 쓰지 마, 신경 안 써도 돼

気にしないでください[きにしないでください] 신경 쓰지 마세요

お構いなく[おかまいなく] 신경 쓰지 마십시오

ご遠慮なく[ごえんりょなく] 사양하지 마세요, 주저하지 마세요

座って[すわって] 앉아

座ってください[すわってください] 앉아요

お掛けください[おかけください] 앉으십시오

見て[みて] 봐, 봐 줘

見てください[みてください] 봐요, 봐 줘요

ご覧なさい[ごらんなさい] 보시오

ご覧ください[ごらんください] 보십시오

それはいけませんね 그거 안됐군요

お気の毒に[おきのどくに] 참 안됐군요, 참 딱하네요

こちらこそ 저야말로(이쪽이야말로)

* 気にしないで[きにしないで](신경 쓰지 마, 신경 안 써도 돼)는 남자들은 친한 사람에게 気にするな[きにするな]라고 하기도 합니다. 이는 '~하지 마라'라는 금지를 나타내는 표현으로 거친 말투가 됩니다.
* 知って(い)る？[しって(い)る](알아?, 알고 있어?)/知って(い)ますか[しって(い)ますか](알아요?, 알고 있어요?)에서 ～て(い)る는 '~하고 있다', '~해 있다'를 나타내는 표현입니다. 따라서 직역하면 '알고 있어?/알고 있어요?'가 됩니다.
* それはいけませんね(그거 안되었군요)는 상대방이 '아프다'는 말을 했거나 잘 안 된 일에 대해서 말했을 때의 대답으로 쓰이는 말입니다. お気の毒に[おきのどくに](참 안됐군요, 참 딱하네요)도 동조를 나타내는 말이지만 이 말은 제3자에 관해서만 쓰시고 상대방에게 직접 쓰는 경우는 それはいけませんね를 쓰세요. お気の毒に[おきのどくに]는 직접 들으면 불쾌감을 느끼는 경우가 많습니다.

특별부록 05

각 품사 활용 정리

〈명사 및 な형용사〉

명사 学生[がくせい] (학생)
な형용사 好きな[すきな] (좋아하는)

보통체형

현재 긍정	현재 부정	과거 긍정	과거 부정
学生だ (학생이다)	**学生じゃない** (학생이 아니다, 학생이 아니야)	**学生だった** (학생이었다, 학생이었어)	**学生じゃなかった** (학생이 아니었다, 학생이 아니었어)
好きだ (좋아하다)	**好きじゃない** (좋아하지 않다, 좋아하지 않아)	**好きだった** (좋아했다, 좋아했어)	**好きじゃなかった** (좋아하지 않았다, 좋아하지 않았어)

* '학생이야', '유명해'라고 할 때는 명사나 な형용사 뒤에 아무것도 붙이지 않고 学生[がくせい], 有名[ゆうめい]라고만 하면 됩니다.
* じゃ 대신에 では를 쓸 수도 있습니다. では가 더 딱딱하고 격식 차린 말투가 됩니다.

정중체형

현재 긍정	현재 부정	과거 긍정	과거 부정
学生です (학생입니다)	**学生じゃありません** (학생이 아닙니다)	**学生でした** (학생이었습니다)	**学生じゃありませんでした** (학생이 아니었습니다)
好きです (좋아합니다)	**好きじゃありません** (좋아하지 않습니다)	**好きでした** (좋아했습니다)	**好きじゃありませんでした** (좋아하지 않았습니다)

* 현재 부정은 ～じゃありません 대신에 ～じゃないです를, 과거 부정은 ～じゃありませんでした 대신에 ～じゃなかったです를 쓸 수도 있습니다. 후자보다 전자가 더 공손한 말투가 됩니다.

〈い형용사〉

安い[やすい] (싸다)

보통체형

현재 긍정	현재 부정	과거 긍정	과거 부정
安い (싸다, 싸)	**安くない** (싸지 않다, 싸지 않아)	**安かった** (쌌다, 쌌어)	**安くなかった** (싸지 않았다, 싸지 않았어)

*いい(좋다)는 예외적으로 활용이 いい – よくない – よかった –よくなかった가 됩니다.

정중체형

현재 긍정	현재 부정	과거 긍정	과거 부정
安いです (쌉니다)	**安くないです** (싸지 않습니다)	**安かったです** (쌌습니다)	**安くなかったです** (싸지 않았습니다)

*현재 부정은 安くないです 대신에 安くありません, 과거 부정은 安くなかったです 대신에 安くありませんでした를 쓸 수도 있습니다. 전자보다 후자가 더 공손한 말투가 됩니다.

〈동사〉

1단동사
い단 見る[みる] (보다)
え단 食べる[たべる] (먹다)

보통체형

현재 긍정	현재 부정	과거 긍정	과거 부정
見る (보다, 봐)	**見ない** (보지 않다, 보지 않아)	**見た** (봤다, 봤어)	**見なかった** (보지 않았다, 보지 않았어)
食べる (먹다, 먹어)	**食べない** (먹지 않다, 먹지 않아)	**食べた** (먹었다, 먹었어)	**食べなかった** (먹지 않았다, 먹지 않았어)

정중체형

현재 긍정	현재 부정	과거 긍정	과거 부정
見ます (봅니다)	**見ません** (보지 않습니다)	**見ました** (봤습니다)	**見ませんでした** (보지 않았습니다)
食べます (먹습니다)	**食べません** (먹지 않습니다)	**食べました** (먹었습니다)	**食べませんでした** (먹지 않았습니다)

불규칙동사
来る[くる] (오다)
する (하다)

보통체형

현재 긍정	현재 부정	과거 긍정	과거 부정
来る[くる] (오다, 와)	**来ない[こない]** (오지 않다, 오지 않아)	**来た[きた]** (왔다, 왔어)	**来なかった[こなかった]** (오지 않았다, 오지 않았어)
する (하다, 해)	**しない** (하지 않다, 하지 않아)	**した** (했다, 했어)	**しなかった** (하지 않았다, 하지 않았어)

정중체형

현재 긍정	현재 부정	과거 긍정	과거 부정
来ます[きます] (옵니다)	**来ません[きません]** (오지 않습니다)	**来ました[きました]** (왔습니다)	**来ませんでした[きませんでした]** (오지 않았습니다)
します (합니다)	**しません** (하지 않습니다)	**しました** (했습니다)	**しませんでした** (하지 않았습니다)

5단동사
行く[いく] (가다)
呼ぶ[よぶ] (부르다)
買う[かう] (사다)

보통체형

현재 긍정	현재 부정	과거 긍정	과거 부정
行く[いく] (가다, 가)	**行かない[いかない]** (가지 않다, 가지 않아)	**行った[いった]** (갔다, 갔어)	**行かなかった[いかなかった]** (가지 않았다, 가지 않았어)
呼ぶ[よぶ] (부르다, 불러)	**呼ばない[よばない]** (부르지 않다, 부르지 않아)	**呼んだ[よんだ]** (불렀다, 불렀어)	**呼ばなかった[よばなかった]** (부르지 않았다, 부르지 않았어)
買う[かう] (사다, 사)	**買わない[かわない]** (사지 않다, 사지 않아)	**買った[かった]** (샀다, 샀어)	**買わなかった[かわなかった]** (사지 않았다, 사지 않았어)

* 사전형(기본형)이 ～う로 끝나는 5단동사는 あ단으로 활용될 때 あ가 아니라 わ가 된다는 점에 주의하세요.
* ある((무생물이)있다)는 예외적으로 활용이 ある－ない－あった－なかった가 됩니다.

특별부록 06

연습문제 정답

첫째마당

01 かれし。

1
1. わたしは がくせい。[私は学生。] / ぼくは がくせい。[僕は学生。]
2. わたしは かいしゃいん。[私は会社員。] / ぼくは かいしゃいん。[僕は会社員。]
3. わたしは かしゅ。[私は歌手。] / ぼくは かしゅ。[僕は歌手。]
4. わたしは しゅふ。[私は主婦。]

2
1. かのじょ (여자 친구) → かのじょじゃない。[彼女じゃない。] (여자 친구가 아니야.)
2. がくせい (학생) → がくせいじゃない。[学生じゃない。] (학생이 아니야.)
3. かいしゃいん (회사원) → かいしゃいんじゃない。[会社員じゃない。] (회사원이 아니야.)
4. かしゅ (가수) → かしゅじゃない。[歌手じゃない。] (가수가 아니야.)

3
1. かれし？ (남자 친구야?) → うん、かれし。[うん、彼氏。] (응, 남자 친구야.)
2. かのじょ？ (여자 친구야?) → うん、かのじょ。[うん、彼女。] (응, 여자 친구야.)
3. がくせい？ (학생이야?) → うん、がくせい。[うん、学生。] (응, 학생이야.)
4. かいしゃいん？ (회사원이야?) → うん、かいしゃいん。[うん、会社員。] (응, 회사원이야.)

4
1. しゅふ？ (주부야?)
   → ううん、しゅふじゃない。[ううん、主婦じゃない。] (아니, 주부가 아니야.)
2. かれし？ (남자 친구야?)
   → ううん、かれしじゃない。[ううん、彼氏じゃない。] (아니, 남자 친구가 아니야.)
3. かのじょ？ (여자 친구야?)
   → ううん、かのじょじゃない。[ううん、彼女じゃない。] (아니, 여자 친구가 아니야.)
4. がくせい？ (학생이야?)
   → ううん、がくせいじゃない。[ううん、学生じゃない。] (아니, 학생이 아니야.)

02 せんせいですか。

1
1. だいがくせい (대학생) → わたしは だいがくせいです。[私は大学生です。] (저는 대학생입니다.)
2. こうこうせい (고등학생) → わたしは こうこうせいです。[私は高校生です。] (저는 고등학생입니다.)
3. ちゅうがくせい (중학생) → わたしは ちゅうがくせいです。[私は中学生です。] (저는 중학생입니다.)
4. かんこくじん (한국 사람) → わたしは かんこくじんです。[私は韓国人です。] (저는 한국 사람입니다.)

2 1. せんせい (선생님)
→ わたしは せんせいじゃありません。[私は先生じゃありません。] (저는 선생님이 아닙니다.)

2. にほんじん (일본 사람)
→ わたしは にほんじんじゃありません。[私は日本人じゃありません。] (저는 일본 사람이 아닙니다.)

3. だいがくせい (대학생)
→ わたしは だいがくせいじゃありません。[私は大学生じゃありません。] (저는 대학생이 아닙니다.)

4. こうこうせい (고등학생)
→ わたしは こうこうせいじゃありません。[私は高校生じゃありません。]
(저는 고등학생이 아닙니다.)

3 1. だいがくせいですか。(대학생입니까?)
→ はい、だいがくせいです。[はい、大学生です。] (네, 대학생입니다.)

2. こうこうせいですか。(고등학생입니까?)
→ はい、こうこうせいです。[はい、高校生です。] (네, 고등학생입니다.)

3. ちゅうがくせいですか。(중학생입니까?)
→ はい、ちゅうがくせいです。[はい、中学生です。] (네, 중학생입니다.)

4. かんこくじんですか。(한국 사람입니까?)
→ はい、かんこくじんです。[はい、韓国人です。] (네, 한국 사람입니다.)

4 1. せんせいですか。(선생님입니까?)
→ いいえ、せんせいじゃありません。[いいえ、先生じゃありません。] (아니요, 선생님이 아닙니다.)

2. だいがくせいですか。(대학생입니까?)
→ いいえ、だいがくせいじゃありません。[いいえ、大学生じゃありません。]
(아니요, 대학생이 아닙니다.)

3. ちゅうがくせいですか。(중학생입니까?)
→ いいえ、ちゅうがくせいじゃありません。[いいえ、中学生じゃありません。]
(아니요, 중학생이 아닙니다.)

4. にほんじんですか。(일본 사람입니까?)
→ いいえ、にほんじんじゃありません。[いいえ、日本人じゃありません。]
(아니요, 일본 사람이 아닙니다.)

03 だれの？

1 1. ぼく (나 －남자), かばん (가방) → ぼくの かばん。[僕のかばん。] (내 가방이야.)

2. おれ (나 －남자), ぼうし (모자) → おれの ぼうし。[俺の帽子。] (내 모자야.)

3. せんせい (선생님), めがね (안경) → せんせいの めがね。[先生の眼鏡。] (선생님의 안경이야.)

4. かれし (남자 친구), かさ (우산) → かれしの かさ。[彼氏の傘。] (남자 친구의 우산이야.)

2 1. わたし (나), すまほ (스마트폰)
→ わたしの すまほじゃない。[私のスマホじゃない。] (내 스마트폰이 아니야.)

2. おれ (나 –남자), けーたい (휴대폰)
→ おれの けーたいじゃない。[俺のケータイじゃない。] (내 휴대폰이 아니야.)

3. せんせい (선생님), かばん (가방)
→ せんせいの かばんじゃない。[先生のかばんじゃない。] (선생님의 가방이 아니야.)

4. かのじょ (여자 친구), めがね (안경)
→ かのじょの めがねじゃない。[彼女の眼鏡じゃない。] (여자 친구의 안경이 아니야.)

3 1. まなぶの ぼうし? (まなぶ(의) 모자야?) → うん、まなぶの。[うん、学の。] (응, まなぶ 꺼야.)

2. さんうの かさ? (상우(의) 우산이야?) → うん、さんうの。[うん、サンウの。] (응, 상우 꺼야.)

3. せんせいの けーたい? (선생님(의) 휴대폰이야?)
→ うん、せんせいの。[うん、先生の。] (응, 선생님 꺼야.)

4. おまえの すまほ? (너(의) 스마트폰이야?)
→ うん、わたしの/ぼくの/おれの。[うん、私の/僕の/俺の。] (응, 내 꺼야.)

4 1. かさ (우산) → だれの かさ? [誰の傘?] (누구(의) 우산이야?)

2. すまほ (스마트폰) → だれの すまほ? [誰のスマホ?] (누구(의) 스마트폰이야?)

3. けーたい (휴대폰) → だれの けーたい? [誰のケータイ?] (누구(의) 휴대폰이야?)

4. めがね (안경) → だれの めがね? [誰の眼鏡?] (누구(의) 안경이야?)

04 わたしのじゃありません。

1 1. ぼく (나 –남자), くつ (구두) → ぼくの くつです。[僕の靴です。] (내 구두입니다.)

2. あのひと (저 사람), おかね (돈)
→ あのひとの おかねです。[あの人のお金です。] (저 사람의 돈입니다.)

3. せんせい (선생님), かめら (카메라)
→ せんせいの かめらです。[先生のカメラです。] (선생님의 카메라입니다.)

4. さとうさん (さとう씨), ようふく (옷)
→ さとうさんの ようふくです。[佐藤さんの洋服です。] (さとう씨의 옷입니다.)

2 1. わたし (저), とけい (시계)
→ わたしの とけいじゃありません。[私の時計じゃありません。] (제 시계가 아닙니다.)

2. あのひと (저 사람), おさいふ (지갑)
→ あのひとの おさいふじゃありません。[あの人のお財布じゃありません。]
(저 사람의 지갑이 아닙니다.)

3. せんせい (선생님), おかね (돈)
→ せんせいの おかねじゃありません。 [先生のお金じゃありません。] (선생님의 돈이 아닙니다.)

4. すずきさん (すずき씨), かめら (카메라)
→ すずきさんの かめらじゃありません。 [鈴木さんのカメラじゃありません。]
(すずき씨의 카메라가 아닙니다.)

3 1. さとうさんの とけいですか。 (さとう씨(의) 시계입니까?)
→ いいえ、さとうさんのじゃありません。 [いいえ、佐藤さんのじゃありません。]
(아니요, さとう씨(의) 것이 아닙니다.)

2. せんせいの くつですか。 (선생님(의) 구두입니까?)
→ いいえ、せんせいのじゃありません。 [いいえ、先生のじゃありません。]
(아니요, 선생님(의) 것이 아닙니다.)

3. あのひとの ようふくですか。 (저 사람(의) 옷입니까?)
→ いいえ、あのひとのじゃありません。 [いいえ、あの人のじゃありません。]
(아니요, 저 사람(의) 것이 아닙니다.)

4. あなたの かめらですか。 (당신의 카메라입니까?)
→ いいえ、わたしのじゃありません。 [いいえ、私のじゃありません。] (아니요, 제 것이 아닙니다.)

4 1. おさいふ (지갑) → どなたの おさいふですか。 [どなたのお財布ですか。] (어느 분의 지갑입니까?)
2. かめら (카메라) → どなたの かめらですか。 [どなたのカメラですか。] (어느 분의 카메라입니까?)
3. ようふく (옷) → どなたの ようふくですか。 [どなたの洋服ですか。] (어느 분의 옷입니까?)
4. とけい (시계) → どなたの とけいですか。 [どなたの時計ですか。] (어느 분의 시계입니까?)

05 あのひと、だれ？

1 1. そのひとは おーすとらりあの ひと？ (그 사람은 호주 사람이야?)
→ うん、おーすとらりあの ひと。 [うん、オーストラリアの人。] (응, 호주 사람이야.)

2. あのひとは かんこくの ひと？ (저 사람은 한국 사람이야?)
→ うん、かんこくの ひと。 [うん、韓国の人。] (응, 한국 사람이야.)

3. このひとは にほんの ひと？ (이 사람은 일본 사람이야?)
→ うん、にほんの ひと。 [うん、日本の人。] (응, 일본 사람이야.)

4. そのひとは いぎりすの ひと？ (그 사람은 영국 사람이야?)
→ うん、いぎりすの ひと。 [うん、イギリスの人。] (응, 영국 사람이야.)

2 1. このひと (이 사람)
→ このひとは どこの くにの ひと？ [この人はどこの国の人？] (이 사람은 어느 나라 사람이야?)

2. そのひと (그 사람)
→ そのひとは どこの くにの ひと？ [その人はどこの国の人？] (그 사람은 어느 나라 사람이야?)

3. あのひと (저 사람)
→ あのひとは どこの くにの ひと? [あの人はどこの国の人?] (저 사람은 어느 나라 사람이야?)

4. せんせい (선생님)
→ せんせいは どこの くにの ひと? [先生はどこの国の人?] (선생님은 어느 나라 사람이야?)

3 1. このひと (이 사람), ちゅうごく (중국)
→ このひとも ちゅうごくじん。[この人も中国人。] (이 사람도 중국인이야.)

2. そのひと (그 사람), あめりか (미국)
→ そのひとも あめりかじん。[その人もアメリカ人。] (그 사람도 미국인이야.)

3. あのひと (저 사람), かんこく (한국)
→ あのひとも かんこくじん。[あの人も韓国人。] (저 사람도 한국인이야.)

4. このひと (이 사람), にほん (일본)
→ このひとも にほんじん。[この人も日本人。] (이 사람도 일본인이야.)

4 1. そのひと (그 사람), おーすとらりあ (호주)
→ そのひとが おーすとらりあのひと。[その人がオーストラリアの人。] (그 사람이 호주 사람이야.)

2. あのひと (저 사람), いぎりす (영국)
→ あのひとが いぎりすの ひと。[あの人がイギリスの人。] (저 사람이 영국 사람이야.)

3. このひと (이 사람), にほん (일본)
→ このひとが にほんの ひと。[この人が日本の人。] (이 사람이 일본 사람이야.)

4. そのひと (그 사람), かんこく (한국)
→ そのひとが かんこくの ひと。[その人が韓国の人。] (그 사람이 한국 사람이야.)

06 じょんさんの おくには どちらですか。

1 1. このかた (이 분), ふらんす (프랑스)
→ このかたは ふらんすの かたです。[この方はフランスの方です。] (이 분은 프랑스 분입니다.)

2. そのかた (그 분), たいわん (대만)
→ そのかたは たいわんの かたです。[その方は台湾の方です。] (그 분은 대만 분입니다.)

3. あのかた (저 분), かなだ (캐나다)
→ あのかたは かなだの かたです。[あの方はカナダの方です。] (저 분은 캐나다 분입니다.)

4. このかた (이 분), ろしあ (러시아)
→ このかたは ろしあの かたです。[この方はロシアの方です。] (이 분은 러시아 분입니다.)

2 1. そのかた (그 분), おらんだ (네덜란드)
→ そのかたも おらんだの かたです。[その方もオランダの方です。] (그 분도 네덜란드 분입니다.)

2. あのかた (저 분), おーすとりあ (오스트리아)

→ あのかたも おーすとりあの かたです。[あの方もオーストリアの方です。]
(저 분도 오스트리아 분입니다.)

3. このかた (이 분), たいわん (대만)
→ このかたも たいわんの かたです。[この方も台湾の方です。] (이 분도 대만 분입니다.)

4. そのかた (그 분), かなだ (캐나다)
→ そのかたも かなだの かたです。[その方もカナダの方です。] (그 분도 캐나다 분입니다.)

3 1. あのかた (저 분), ふらんす (프랑스)
→ あのかたが ふらんすの かたです。[あの方がフランスの方です。] (저 분이 프랑스 분입니다.)

2. このかた (이 분), ろしあ (러시아)
→ このかたが ろしあの かたです。[この方がロシアの方です。] (이 분이 러시아 분입니다.)

3. そのかた (그 분), おーすとりあ (오스트리아)
→ そのかたが おーすとりあの かたです。[その方がオーストリアの方です。]
(그 분이 오스트리아 분입니다.)

4. あのかた (저 분), たいわん (대만)
→ あのかたが たいわんの かたです。[あの方が台湾の方です。] (저 분이 대만 분입니다.)

4 1. そのかた (그 분)
→ そのかたの おくには どちらですか。[その方のお国はどちらですか。]
(그 분의 고국은 어디십니까?)

2. あのかた (저 분)
→ あのかたの おくには どちらですか。[あの方のお国はどちらですか。] (저 분의 고국은 어디십니까?)

3. このかた (이 분)
→ このかたの おくには どちらですか。[この方のお国はどちらですか。] (이 분의 고국은 어디십니까?)

4. せんせい (선생님)
→ せんせいの おくには どちらですか。[先生のお国はどちらですか。]
(선생님의 고국은 어디십니까?)

07 これ、なに？

1 1. これ (이것), ぼく (나 –남자), ぱそこん (PC)
→ これは ぼくの ぱそこん。[これは僕のパソコン。] (이건 내 PC야.)

2. それ (그것), わたし (나), じしょ (사전)
→ それは わたしの じしょ。[それは私の辞書。] (그건 내 사전이야.)

3. あれ (저것), おれ (나 –남자), くすり (약)
→ あれは おれの くすり。[あれは俺の薬。] (저건 내 약이야.)

4. これ (이것), にほんご (일본어), しゅくだい (숙제)
→ これは にほんごの しゅくだい。[これは日本語の宿題。] (이건 일본어 숙제야.)

2 1. にほんご (일본어), じしょ (사전)
→ どれが にほんごの じしょ？ [どれが日本語の辞書？] (어떤 게 일본어(의) 사전이야?)
2. そよん (소영), ぱそこん (PC)
→ どれが そよんの ぱそこん？ [どれがソヨンのパソコン？] (어떤 게 소영이(의) PC야?)
3. ごしゅじん (남편 분), ほん (책)
→ どれが ごしゅじんの ほん？ [どれがご主人の本？] (어떤 게 남편 분(의) 책이야?)
4. きょう (오늘), しゅくだい (숙제)
→ どれが きょうの しゅくだい？ [どれが今日の宿題？] (어떤 게 오늘(의) 숙제야?)

3 1. ぷれぜんと (선물), そよん (소영)
→ どの ぷれぜんとが そよんの？ [どのプレゼントがソヨンの？] (어떤 선물이 소영이(의) 꺼야?)
2. ぱそこん (PC), ひょんじん (현진)
→ どの ぱそこんが ひょんじんの？ [どのパソコンがヒョンジンの？] (어떤 PC가 현진이(의) 꺼야?)
3. ほん (책), ごしゅじん (남편 분)
→ どの ほんが ごしゅじんの？ [どの本がご主人の？] (어떤 책이 남편 분(의) 꺼야?)
4. くすり (약), わたし (나) → どの くすりが わたしの？ [どの薬が私の？] (어떤 약이 내 꺼야?)

4 1. しゅくだい (숙제) → なんの しゅくだい？ [何の宿題？] (무슨 숙제야?)
2. ぷれぜんと (선물) → なんの ぷれぜんと？ [何のプレゼント？] (무슨 선물이야?)
3. じしょ (사전) → なんの じしょ？ [何の辞書？] (무슨 사전이야?)
4. ほん (책) → なんの ほん？ [何の本？] (무슨 책이야?)

08 えきは どこですか。

1 1. ぎんこう (은행) → ぎんこうは どこですか。[銀行はどこですか。] (은행은 어디에 있습니까?)
2. おてあらい (화장실)
→ おてあらいは どこですか。[お手洗いはどこですか。] (화장실은 어디에 있습니까?)
3. ゆうびんきょく (우체국)
→ ゆうびんきょくは どこですか。[郵便局はどこですか。] (우체국은 어디에 있습니까?)
4. がっこう (학교) → がっこうは どこですか。[学校はどこですか。] (학교는 어디에 있습니까?)

2 1. えき (역), ここ (여기) → えきは ここです。[駅はここです。] (역은 여기에 있습니다.)
2. おてあらい (화장실), そこ (거기)
→ おてあらいは そこです。[お手洗いはそこです。] (화장실은 거기에 있습니다.)
3. ゆうびんきょく (우체국), あそこ (저기)
→ ゆうびんきょくは あそこです。[郵便局はあそこです。] (우체국은 저기에 있습니다.)
4. がっこう (학교), ここ (여기) → がっこうは ここです。[学校はここです。] (학교는 여기에 있습니다.)

3 1. はしもとさん (はしもと씨), かさ (우산)
→ はしもとさんの かさは どちらですか。[橋本さんの傘はどちらですか。]
(はしもと씨(의) 우산은 어떤 것입니까?)
2. なかむらさん (なかむら씨), くつ (구두)
→ なかむらさんの くつは どちらですか。[中村さんの靴はどちらですか。]
(なかむら씨(의) 구두는 어떤 것입니까?)
3. あんさん (안 씨), ほん (책)
→ あんさんの ほんは どちらですか。[アンさんの本はどちらですか。]
(안 씨(의) 책은 어떤 것입니까?)
4. わたし (저), くすり (약)
→ わたしの くすりは どちらですか。[私の薬はどちらですか。] (제 약은 어떤 것입니까?)

4 1. かいしゃ (회사) → かいしゃは どちらですか。[会社はどちらですか。] (회사는 어디십니까?)
2. がっこう (학교) → がっこうは どちらですか。[学校はどちらですか。] (학교는 어디십니까?)
3. ごしゅっしん (출신)
→ ごしゅっしんは どちらですか。[ご出身はどちらですか。] (출신은 어디십니까?)
4. おくに (고국) → おくには どちらですか。[お国はどちらですか。] (고국은 어디십니까?)

09 のみかいだった。

1 1. きょう (오늘), はれ (맑음) → きょうは はれだった。[今日は晴れだった。] (오늘은 맑은 날씨였어.)
2. おととい (그저께), あめ (비) → おとといは あめだった。[一昨日は雨だった。]
(그저께는 비가 왔어.)
3. きのう (어제), のみかい (술 모임)
→ きのうは のみかいだった。[昨日は飲み会だった。] (어제는 술 모임이었어.)
4. きょう (오늘), てすと (시험) → きょうは てすとだった。[今日はテストだった。] (오늘은 시험이었어.)

2 1. きのう (어제), じゅぎょう (수업)
→ きのうは じゅぎょうじゃなかった。[昨日は授業じゃなかった。] (어제는 수업이 아니었어.)
2. おととい (그저께), てんき (날씨)
→ おとといは てんきじゃなかった。[一昨日は天気じゃなかった。]
(그저께는 좋은 날씨가 아니었어.)
3. きょう (오늘), あめ (비)
→ きょうは あめじゃなかった。[今日は雨じゃなかった。] (오늘은 비가 오지 않았어.)
4. きのう (어제), のみかい (술 모임)
→ きのうは のみかいじゃなかった。[昨日は飲み会じゃなかった。] (어제는 술 모임이 아니었어.)

3 1. てすと (시험)
→ てすとは なんじから なんじまでだった？ [テストは何時から何時までだった？]
(시험은 몇 시부터 몇 시까지였어?)

2. こんさーと (콘서트)
→ こんさーとは なんじから なんじまでだった？ [コンサートは何時から何時までだった？]
(콘서트는 몇 시부터 몇 시까지였어?)

3. のみかい (술 모임)
→ のみかいは なんじから なんじまでだった？ [飲み会は何時から何時までだった？]
(술 모임은 몇 시부터 몇 시까지였어?)

4. じゅぎょう (수업)
→ じゅぎょうは なんじから なんじまでだった？ [授業は何時から何時までだった？]
(수업은 몇 시부터 몇 시까지였어?)

4 1. 9じ (9시), 11じ (11시)
→ 9じから 11じまでだった。[9時から11時までだった。] (9시부터 11시까지였어.)

2. 7じ (7시), 10じ (10시)
→ 7じから 10じまでだった。[7時から10時までだった。] (7시부터 10시까지였어.)

3. 6じ (6시), 8じ (8시)
→ 6じから 8じまでだった。[6時から8時までだった。] (6시부터 8시까지였어.)

4. 1じ (1시), 3じ (3시)
→ 1じから 3じまでだった。[1時から3時までだった。] (1시부터 3시까지였어.)

10 10じから かいぎでした。

1 1. きのう (어제), ゆき (눈) → きのうは ゆきでした。[昨日は雪でした。] (어제는 눈이 왔습니다.)

2. きょう (오늘), しけん (시험)
→ きょうは しけんでした。[今日は試験でした。] (오늘은 시험이었습니다.)

3. おととい (그저께), かいぎ (회의)
→ おとといは かいぎでした。[一昨日は会議でした。] (그저께는 회의였습니다.)

4. きのう (어제), あめ (비) → きのうは あめでした。[昨日は雨でした。] (어제는 비가 왔습니다.)

2 1. きょう (오늘), しけん (시험)
→ きょうは しけんじゃありませんでした。[今日は試験じゃありませんでした。]
(오늘은 시험이 아니었습니다.)

2. おととい (그저께), くもり (흐림)
→ おとといは くもりじゃありませんでした。[一昨日は曇りじゃありませんでした。]
(그저께는 흐린 날씨가 아니었습니다.)

3. きのう (어제), ゆき (눈)
→ きのうは ゆきじゃありませんでした。[昨日は雪じゃありませんでした。]
(어제는 눈이 오지 않았습니다.)

4. きょう (오늘), はれ (맑음)
→ きょうは はれじゃありませんでした。[今日は晴れじゃありませんでした。]
(오늘은 맑은 날씨가 아니었습니다).

3 1. かいぎ (회의)
→ かいぎは なんじから なんじまででしたか。[会議は何時から何時まででしたか。]
(회의는 몇 시부터 몇 시까지였습니까?)

2. ひるやすみ (점심시간)
→ ひるやすみは なんじから なんじまででしたか。[昼休みは何時から何時まででしたか。]
(점심시간은 몇 시부터 몇 시까지였어요?)

3. うけつけ (접수)
→ うけつけは なんじから なんじまででしたか。[受付は何時から何時まででしたか。]
(접수는 몇 시부터 몇 시까지였습니까?)

4. じゅぎょう (수업)
→ じゅぎょうは なんじから なんじまででしたか。[授業は何時から何時まででしたか。]
(수업은 몇 시부터 몇 시까지였습니까?)

4 1. 5じ はん (5시 반), 6じ はん (6시 반)
→ 5じ はんから 6じ はんまででした。[5時半から6時半まででした。]
(5시 반부터 6시 반까지였습니다.)

2. 12じ はん (12시 반), 1じ はん (1시 반)
→ 12じ はんから 1じ はんまででした。[12時半から1時半まででした。]
(12시 반부터 1시 반까지였습니다.)

3. 9じ はん (9시 반), 3じ はん (3시 반)
→ 9じ はんから 3じ はんまででした。[9時半から3時半まででした。]
(9시 반부터 3시 반까지였습니다.)

4. 7じ はん (7시 반), 10じ はん (10시 반)
→ 7じ はんから 10じ はんまででした。[7時半から10時半まででした。]
(7시 반부터 10시 반까지였습니다.)

둘째마당

11 有名な歌手。

1 **1.** その人は元気な人？(그 사람은 활기 넘치는 사람이야?)
→ うん、元気な人。(응, 활기 넘치는 사람이야.)

2. ここは静かな所？(여기는 조용한 곳이야?) → うん、静かな所。(응, 조용한 곳이야.)

3. あの人の奥さんはきれいな人？(저 사람의 부인은 예쁜 사람이야?)
→ うん、きれいな人。(응, 예쁜 사람이야.)

4. それは簡単なテスト？(그건 쉬운 시험이야?) → うん、簡単なテスト。(응, 쉬운 시험이야.)

2 **1.** この仕事は大変？(이 일은 힘들어?) → ううん、大変じゃない。(아니, 힘들지 않아.)

2. その歌手は有名？(그 가수는 유명해?) → ううん、有名じゃない。(아니, 유명하지 않아.)

3. 今日のテストは簡単？(오늘 시험은 쉬워?) → ううん、簡単じゃない。(아니, 쉽지 않아.)

4. あの人の奥さんはきれい？(저 사람의 부인은 예뻐?)
→ ううん、きれいじゃない。(아니, 예쁘지 않아.)

3 **1.** 仕事 (일) → どんな仕事？(어떤 일이야?)

2. 所 (곳) → どんな所？(어떤 곳이야?)

3. 試験 (시험) → どんな試験？(어떤 시험이야?)

4. 学校 (학교) → どんな学校？(어떤 학교야?)

4 **1.** 유명한 → ゆうめいな　有名な

2. 활기 넘치는, 건강한 → げんきな　元気な

3. 힘든 → たいへんな　大変な

4. 일 → しごと　仕事

5. 내일 → あした　明日

12 親切な人です。

1 **1.** 中野さんのお父さんはまじめな人ですか。(なかの씨의 아버지는 성실한 사람입니까?)
→ はい、まじめな人です。(네, 성실한 사람입니다.)

2. それは大切な本ですか。(그것은 소중한 책입니까?) → はい、大切な本です。(네, 소중한 책입니다.)

3. これは大事な書類ですか。(이것은 중요한 서류입니까?)
→ はい、大事な書類です。(네, 중요한 서류입니다.)

4. それは嫌な仕事ですか。(그것은 싫은 일입니까?) → はい、嫌な仕事です。(네, 싫은 일입니다.)

2 1. 勉強が嫌いですか。(공부를 싫어합니까?)
→ いいえ、嫌いじゃありません。(아니요, 싫어하지 않습니다.)
2. 先生は親切ですか。(선생님은 친절합니까?)
→ いいえ、親切じゃありません。(아니요, 친절하지 않습니다.)
3. 田村さんが好きですか。(たむら씨를 좋아합니까?)
→ いいえ、好きじゃありません。(아니요, 좋아하지 않습니다.)
4. この書類は大事ですか。(이 서류는 중요합니까?)
→ いいえ、大事じゃありません。(아니요, 중요하지 않습니다.)

3 1. お父さん (아버지) → どんなお父さんですか。(어떤 아버지입니까?)
2. 書類 (서류) → どんな書類ですか。(어떤 서류입니까?)
3. 人 (사람) → どんな人ですか。(어떤 사람입니까?)
4. 仕事 (일) → どんな仕事ですか。(어떤 일입니까?)

4 1. 친절한 → しんせつな 親切な
2. 좋아하는, 좋은 → すきな 好きな
3. 아버지 → おとうさん お父さん
4. 서류 → しょるい 書類
5. 공부 → べんきょう 勉強

13 日本語が上手だった。

1 1. ヒョンジンは日本語が上手な人だった？(현진이는 일본어를 잘하는 사람이었어?)
→ ううん、日本語が上手な人じゃなかった。(아니, 일본어를 잘하는 사람이 아니었어.)
2. 駿は英語が下手な人だった？(しゅん은 영어를 잘하는 사람이었어?)
→ ううん、英語が下手な人じゃなかった。(아니, 영어를 잘하는 사람이 아니었어.)
3. 原田さんのお母さんは変な人だった？(はらだ씨의 어머니는 이상한 사람이었어?)
→ ううん、変な人じゃなかった。(아니, 이상한 사람이 아니었어.)
4. ユノは中国語が得意な人だった？(윤호는 중국어를 잘하는 사람이었어?)
→ ううん、中国語が得意な人じゃなかった。(아니, 중국어를 잘하는 사람이 아니었어.)

2 1. ヒョンジンは日本語が苦手だった？(현진이는 일본어를 잘 못했어?)
→ うん、苦手だった。(응, 잘 못했어.)

2. 昨日は暇だった？ (어제는 한가했어?) → うん、暇だった。(응, 한가했어.)

3. ユノは英語が下手だった？ (윤호는 영어를 잘 못했어?) → うん、下手だった。(응, 잘 못했어.)

4. 原田さんのお母さんは変だった？ (はらだ씨의 어머니는 이상했어?)
→ うん、変だった。(응, 이상했어.)

3 1. 彼女のお母さん (여자 친구의 어머니) → 彼女のお母さんはどう？(여자 친구의 어머니는 어때?)

2. それ (그것) → それはどう？ (그건 어때?)

3. その人の韓国語 (그 사람의 한국어)
→ その人の韓国語はどう？ (그 사람의 한국어는 어때?)

4. あの人の中国語 (저 사람의 중국어) → あの人の中国語はどう？ (저 사람의 중국어는 어때?)

4 1. 잘하는, 능숙한 → じょうずな　上手な

2. 이상한 → へんな　変な

3. 영어 → えいご　英語

4. 중국어 → ちゅうごくご　中国語

5. 날 → ひ　日

14 残念な結果でした。

1 1. それは便利なサイトでしたか。(그것은 편리한 사이트였습니까?)
→ はい、とても便利なサイトでした。(네, 아주 편리한 사이트였습니다.)

2. そこは不便な所でしたか。 (거기는 불편한 곳이었습니까?)
→ はい、とても不便な所でした。(네, 아주 불편한 곳이었습니다.)

3. 試合は残念な結果でしたか。(시합은 아쉬운 결과였습니까?)
→ はい、とても残念な結果でした。(네, 아주 아쉬운 결과였습니다.)

4. 賑やかなお祭りでしたか。(활기 넘치는 축제였습니까?)
→ はい、とても賑やかなお祭りでした。(네, 아주 활기 넘치는 축제였습니다.)

2 1. その傘は丈夫でしたか。(그 우산은 튼튼했습니까?)
→ いいえ、丈夫じゃありませんでした。(아니요, 튼튼하지 않았습니다.)

2. そこは不便でしたか。(거기는 불편했습니까?)
→ いいえ、不便じゃありませんでした。(아니요, 불편하지 않았습니다.)

3. お祭りは賑やかでしたか。(축제는 활기 넘쳤습니까?)
→ いいえ、賑やかじゃありませんでした。(아니요, 활기 넘치지 않았습니다.)

4. そのメールは丁寧でしたか。(그 메일은 정중했습니까?)
→ いいえ、丁寧じゃありませんでした。(아니요, 정중하지 않았습니다.)

3 1. 試合 (시합) → 試合はいかがですか。(시합은 어떠십니까?)
2. 日本のお祭り (일본 축제) → 日本のお祭りはいかがですか。(일본 축제는 어떠십니까?)
3. このサイト (이 사이트) → このサイトはいかがですか。(이 사이트는 어떠십니까?)
4. その傘 (그 우산) → その傘はいかがですか。(그 우산은 어떠십니까?)

4 1. 편리한 → べんりな　便利な
2. 불편한 → ふべんな　不便な
3. 튼튼한 → じょうぶな　丈夫な
4. 시합 → しあい　試合
5. 결과 → けっか　結果

15 あの人はいい人。

1 1. あの人は悪い人？ (저 사람은 나쁜 사람이야?) → うん、悪い人。(응, 나쁜 사람이야.)
2. それは高い車？ (그건 비싼 차야?) → うん、高い車。(응, 비싼 차야.)
3. これは安い眼鏡？ (이건 싼 안경이야?) → うん、安い眼鏡。(응, 싼 안경이야.)
4. それはいい薬？ (그건 좋은 약이야?) → うん、いい薬。(응, 좋은 약이야.)

2 1. 木村さんは声が大きい？ (きむら씨는 목소리가 커?) → ううん、大きくない。(아니, 크지 않아.)
2. そのかばんは小さい？ (그 가방은 작아?) → ううん、小さくない。(아니, 작지 않아.)
3. この本はいい？ (이 책은 좋아?) → ううん、よくない。(아니, 좋지 않아.)
4. その子が悪い？ (그 아이가 나빠?) → ううん、悪くない。(아니, 나쁘지 않아.)

3 1. この車 (이 차), あの車 (저 차), 高い (비싸다) → この車はあの車より高い。(이 차는 저 차보다 비싸.)
2. この本 (이 책), その本 (그 책), いい (좋다) → この本はその本よりいい。(이 책은 그 책보다 좋아.)
3. あの子 (저 아이), この子 (이 아이), 大きい (크다)
→ あの子はこの子より大きい。(저 아이는 이 아이보다 커.)
4. その洋服 (그 옷), この洋服 (이 옷), 小さい (작다)
→ その洋服はこの洋服より小さい。(그 옷은 이 옷보다 작아.)

4 1. 나쁘다 → わるい　悪い
2. 크다 → おおきい　大きい

3. 작다 → | ち | い | さ | い | | 小 | さ | い |

4. 비싸다 → | た | か | い | | 高 | い |

5. 싸다 → | 安 | い | | や | す | い |

16 暑いですね。

1 1. それは冷たいジュースですか。(그것은 시원한 주스입니까?)
→ はい、冷たいジュースです。(네, 시원한 주스입니다.)

2. ここは暑い所ですか。(여기는 더운 곳입니까?)
→ はい、暑い所です。(네, 더운 곳입니다.)

3. その本は厚い本ですか。(그 책은 두꺼운 책입니까?)
→ はい、厚い本です。(네, 두꺼운 책입니다.)

4. それは薄いノートパソコンですか。(그것은 얇은 노트북PC입니까?)
→ はい、薄いノートパソコンです。(네, 얇은 노트북PC입니다.)

2 1. 東京の冬は寒いですか。(とうきょう의 겨울은 춥습니까?)
→ いいえ、寒くないです。(아니요, 춥지 않습니다.)

2. そのお茶は熱いですか。(그 차는 뜨겁습니까?) → いいえ、熱くないです。(아니요, 뜨겁지 않습니다.)

3. その本は厚いですか。(그 책은 두껍습니까?) → いいえ、厚くないです。(아니요, 두껍지 않습니다.)

4. ソウルの夏は暑いですか。(서울의 여름은 덥습니까?)
→ いいえ、暑くないです。(아니요, 덥지 않습니다.)

3 1. そのパソコン (그 PC), このパソコン (이 PC), 薄い (얇다)
→ そのパソコンよりこのパソコンのほうが薄いです。(그 PC보다 이 PC가 더 얇습니다.)

2. ソウル (서울), 東京 (とうきょう), 暑い (덥다)
→ ソウルより東京のほうが暑いです。(서울보다 とうきょう가 더 덥습니다.)

3. 東京 (とうきょう), ソウル (서울), 寒い (춥다)
→ 東京よりソウルのほうが寒いです。(とうきょう보다 서울이 더 춥습니다.)

4. このお茶 (이 차), そのお茶 (그 차), 熱い (뜨겁다)
→ このお茶よりそのお茶のほうが熱いです。(이 차보다 그 차가 더 뜨겁습니다.)

4 1. 차갑다 → | つ | め | た | い | | 冷 | た | い |

2. 춥다 → | さ | む | い | | 寒 | い |

3. (마시는) 차 → | お | ち | ゃ | | お | 茶 |

4. 여름 → 夏　なつ

5. 겨울 → ふゆ　冬

17 すごくおいしかった！

1 1. その人のうちは狭かった？(그 사람의 집은 좁았어?)
　→ ううん、狭くなかった。(아니, 좁지 않았어.)
2. そのジュースはおいしかった？(그 주스는 맛있었어?)
　→ ううん、おいしくなかった。(아니, 맛있지 않았어.)
3. その建物は新しかった？ (그 건물은 새거였어?)
　→ ううん、新しくなかった。(아니, 새것이 아니었어.)
4. その時計は古かった？(그 시계는 오래된 거였어?)
　→ ううん、古くなかった。(아니, 오래된 것이 아니었어.)

2 1. 日本料理 (일본 요리), フランス料理 (프랑스 요리), おいしい (맛있다)
　→ 日本料理とフランス料理と、どっちがおいしかった？
　(일본 요리와 프랑스 요리 중에 어떤 게 더 맛있었어?)
2. お母さんの時計 (어머니 시계), お父さんの時計 (아버지 시계), 古い (오래되다)
　→ お母さんの時計とお父さんの時計と、どっちが古かった？
　(어머니 시계와 아버지 시계 중에 어떤 게 더 오래된 거였어?)
3. 金子さんの部屋 (かねこ씨 방), 中山さんの部屋 (なかやま씨 방), 広い (넓다)
　→ 金子さんの部屋と中山さんの部屋と、どっちが広かった？
　(かねこ씨 방과 なかやま씨 방 중에 어떤 게 더 넓었어?)
4. 清水さんのうち (しみず씨 집), 中山さんのうち (なかやま씨 집), 狭い (좁다)
　→ 清水さんのうちと中山さんのうちと、どっちが狭かった？
　(しみず씨 집과 なかやま씨 집 중에 어떤 게 더 좁았어?)

3 1. フランス料理 (프랑스 요리), おいしい (맛있다)
　→ フランス料理のほうがおいしかった。(프랑스 요리가 더 맛있었어.)
2. お母さんの時計 (어머니 시계), 古い (오래되다)
　→ お母さんの時計のほうが古かった。(어머니 시계가 더 오래된 거였어.)
3. 中山さんの部屋 (なかやま씨 방), 広い (넓다)
　→ 中山さんの部屋のほうが広かった。(なかやま씨 방이 더 넓었어.)
4. 清水さんのうち (しみず씨 집), 狭い (좁다)
　→ 清水さんのうちのほうが狭かった。(しみず씨 집이 더 좁았어.)

4 1. 오래되다, 낡다 → ふ る い　古 い

2. 넓다 → ひ ろ い　広 い

3. 술 → さ け　酒

4. 건물 → た て も の　建 物

5. 방 → へ や　部 屋

18 面白かったです。

1 1. その試験は易しかったですか。(그 시험은 쉬웠습니까?)
→ いいえ、易しくなかったです。(아니요, 쉽지 않았습니다.)

2. その人は優しかったですか。(그 사람은 상냥했습니까?)
→ いいえ、優しくなかったです。(아니요, 상냥하지 않았습니다.)

3. その映画は面白かったですか。(그 영화는 재미있었습니까?)
→ いいえ、面白くなかったです。(아니요, 재미있지 않았습니다.)

4. 今日は楽しかったですか。(오늘은 즐거웠습니까?)
→ いいえ、楽しくなかったです。(아니요, 즐겁지 않았습니다.)

2 1. 英語のテスト (영어 시험), 日本語のテスト (일본어 시험), 難しい (어렵다)
→ 英語のテストと日本語のテストと、どちらが難しかったですか。
(영어 시험과 일본어 시험 중에 어떤 게 더 어려웠습니까?)

2. フランス語の先生 (프랑스어 선생님), 中国語の先生 (중국어 선생님), 優しい (상냥하다)
→ フランス語の先生と中国語の先生と、どちらが優しかったですか。
(프랑스어 선생님과 중국어 선생님 중에 누가 더 상냥했습니까?)

3. 日本のドラマ (일본 드라마), 韓国のドラマ (한국 드라마), 面白い (재미있다)
→ 日本のドラマと韓国のドラマと、どちらが面白かったですか。
(일본 드라마와 한국 드라마 중에 어떤 게 더 재미있었습니까?)

4. この映画 (이 영화), その映画 (그 영화), つまらない (재미없다)
→ この映画とその映画と、どちらがつまらなかったですか。
(이 영화와 그 영화 중에 어떤 게 더 재미없었습니까?)

3 1. 英語のテスト (영어 시험), 難しい (어렵다)
→ 英語のテストのほうが難しかったです。(영어 시험이 더 어려웠습니다.)

2. 中国語の先生 (중국어 선생님), 優しい (상냥하다)
→ 中国語の先生のほうが優しかったです。(중국어 선생님이 더 상냥했습니다.)

3. 韓国のドラマ (한국 드라마), 面白い (재미있다)
→ 韓国のドラマのほうが面白かったです。(한국 드라마가 더 재미있었습니다.)

4. その映画 (그 영화), つまらない (재미없다)
→ その映画のほうがつまらなかったです。(그 영화가 더 재미없었습니다.)

4 1. 즐겁다 → たのしい　楽しい

2. 바쁘다 → いそがしい　忙しい

3. 영화 → えいが　映画

4. 하루 → いちにち　一日

5. 이번 주 → 今週　こんしゅう

셋째마당

19 ご飯、食べる？

1 1. テレビ、見る？(TV 볼래?) → ううん、見ない。(아니, 안 볼래.)

2. 窓、開ける？(창문 열래?) → ううん、開けない。(아니, 안 열래.)

3. ドア、閉める？(문 닫을 거야?) → ううん、閉めない。(아니, 안 닫을 거야.)

4. お金、借りる？(돈 빌릴 거야?) → ううん、借りない。(아니, 안 빌릴 거야.)

2 1. スーツ、着ない？(양복 안 입어?) → ううん、着る。(아니, 입어.)

2. ご飯、食べない？(밥 안 먹어?) → ううん、食べる。(아니, 먹어.)

3. 窓、開けない？(창문 안 열 거야?) → ううん、開ける。(아니, 열 거야.)

4. お金、借りない？(돈 안 빌릴 거야?) → ううん、借りる。(아니, 빌릴 거야.)

3 1. お金を借り(る)。(돈을 빌릴 거야.)

2. ご飯を食べ(ない)。(밥을 안 먹을래.)

3. テレビ(を)見る？(TV를 볼 거야?)

4. (ううん)、見ない。(아니, 안 볼 거야.)

4 1. 먹다 → たべる　食べる

2. 보다 → みる　見る

3. 열다 → あける　開ける

4. 닫다 → しめる　閉める

5. 빌리다 → かりる 借りる

20 映画を見ます。

1
1. 映画を見ますか。(영화를 봅니까?) → いいえ、見ません。(아니요, 보지 않습니다.)
2. 門を開けますか。(대문을 엽니까?) → いいえ、開けません。(아니요, 열지 않습니다.)
3. カーテンを閉めますか。(커튼을 닫을 겁니까?) → いいえ、閉めません。(아니요, 닫지 않을 겁니다.)
4. DVDを借りますか。(DVD를 빌릴 겁니까?) → いいえ、借りません。(아니요, 빌리지 않을 겁니다.)

2
1. 制服を着ませんか。(교복을 입지 않습니까?) → いいえ、着ます。(아니요, 입습니다.)
2. 果物を食べませんか。(과일을 먹지 않습니까?) → いいえ、食べます。(아니요, 먹습니다.)
3. 門を開けませんか。(대문을 열지 않습니까?) → いいえ、開けます。(아니요, 엽니다.)
4. DVDを借りませんか。(DVD를 빌리지 않습니까?) → いいえ、借ります。(아니요, 빌립니다.)

3
1. DVDを借り(ます)。(DVD를 빌립니다.)
2. 果物を食べます(か)。(과일을 먹습니까?)
3. 映画を見(ません)。(영화를 보지 않습니다.)
4. 門(を)開けます。(대문을 엽니다.)

4
1. 닫습니다 → しめます 閉めます
2. 입습니다 → きます 着ます
3. 과일 → くだもの 果物
4. 대문 → もん 門
5. 교복 → せいふく 制服

21 学校に来る？

1
1. 明日、学校にノートパソコンを持って来る？(내일 학교에 노트북PC를 가져올 거야?)
→ ううん、持って来ない。(아니, 가져오지 않을 거야.)
2. 再来週、東京に来る？(다다음 주에 とうきょう에 올 거야?)
→ ううん、来ない。(아니, 오지 않을 거야.)
3. 今週、バイトをする？(이번 주에 알바를 해?) → ううん、しない。(아니, 안 해.)
4. 今日、ゲームをする？(오늘 게임을 해?) → ううん、しない。(아니, 안 해.)

2 1. 美佳はソウルに来ない？(みか는 서울에 안 올 거야?) → ううん、来る。(아니, 올 거야.)
2. 会社にお弁当を持って来ない？(회사에 도시락을 가져오지 않을 거야?)
→ ううん、持って来る。(아니, 가져올 거야.)
3. 来週は料理をしない？(다음 주에는 요리를 안 할 거야?) → ううん、する。(아니, 할 거야.)
4. 今日はゲームをしない？(오늘은 게임을 안 해?) → ううん、する。(아니, 해.)

3 1. 来週(から)バイト(を)する。(다음 주부터 알바를 해.)
2. 会社(に)お弁当(を)持って来る。(회사에 도시락을 가져올 거야.)
3. 今日はゲームを(しない)。(오늘은 게임을 하지 않아.)
4. 美佳は東京に(来ない)。(みか는 とうきょう에 안 와.)

4 1. 오다 → くる　来る
2. 가져오다 → もってくる　持って来る
3. 도시락 → べんとう　弁当
4. 다다음주 → さらいしゅう　再来週
5. 오늘 → きょう　今日

22 連絡します。

1 1. 来月、インドへ行って来ますか。(다음 달에 인도로 갔다 옵니까?)
→ いいえ、行って来ません。(아니요, 갔다 오지 않습니다.)
2. お母さんをここへ連れて来ますか。(어머니를 여기로 데려올 겁니까?)
→ いいえ、連れて来ません。(아니요, 데려오지 않습니다.)
3. 弟さんはよくけんかをしますか。(남동생 분은 자주 싸움을 해요?)
→ いいえ、しません。(아니요, 하지 않습니다.)
4. 今日、連絡しますか。(오늘 연락할 겁니까?) → いいえ、しません。(아니요, 하지 않을 겁니다.)

2 1. 今月は外国へ行って来ませんか。(이번 달은 외국으로 갔다 오지 않습니까?)
→ いいえ、行って来ます。(아니요, 갔다 옵니다.)
2. お父さんをここへ連れて来ませんか。(아버지를 여기로 안 데려올 겁니까?)
→ いいえ、連れて来ます。(아니요, 데려옵니다.)
3. 妹さんはけんかしませんか。(여동생 분은 싸움 안 합니까?) → いいえ、します。(아니요, 합니다.)
4. 明日、連絡をしませんか。(내일 연락을 안 할 겁니까?) → いいえ、します。(아니요, 할 겁니다.)

3
1. 母(を)ここ(へ)連れて来ます。(어머니를 여기로 데려옵니다.)
2. 弟(は)よくけんか(を)します。(남동생은 자주 싸움을 합니다.)
3. 今月(は)外国(へ)行って来(ません)。(이번 달은 외국으로 갔다 오지 않습니다.)
4. 明日、連絡(を)し(ます)。(내일 연락을 합니다.)

4
1. 다음 달 → らいげつ　来月
2. 어머니(높이지 않는 호칭) → はは　母
3. 아버지(높이지 않는 호칭) → ちち　父
4. 남동생(높이지 않는 호칭) → おとうと　弟
5. 여동생(높이지 않는 호칭) → いもうと　妹

23 日本に行く。

1
1. お土産、買う？(선물 살 거야?) → ううん、買わない。(아니, 안 살 거야.)
2. 今うちに帰る？(지금 집에 갈래?) → ううん、帰らない。(아니, 안 갈래.)
3. ビール飲む？(맥주 마실래?) → ううん、飲まない。(아니, 안 마실래.)
4. 友達、呼ぶ？(친구 부를 거야?) → ううん、呼ばない。(아니, 안 부를 거야.)

2
1. レポート出さない？(리포트 안 낼 거야?) → ううん、出す。(아니, 낼 거야.)
2. 学校に行かない？(학교에 안 가?) → ううん、行く。(아니, 가.)
3. うちに帰らない？(집에 안 가?) → ううん、帰る。(아니, 가.)
4. ビール飲まない？(맥주 안 마셔?) → ううん、飲む。(아니, 마셔.)

3
1. うち(に)友達(を)呼(ぶ)。(집에 친구를 부를래.)
2. 今日、学校(に)行(かない)。(오늘 학교에 가지 않을 거야.)
3. ビール飲(む)？(맥주 마실래?)
4. 友達(の)お土産(を)買(わない)。(친구 선물을 안 살 거야.)

4
1. 가다 → いく　行く
2. 돌아가다 → かえる　帰る
3. 사다 → かう　買う
4. 마시다 → のむ　飲む
5. 내다 → だす　出す

24 早くうちへ帰ります。

1 1. 明日は早くうちへ帰りますか。(내일은 일찍 집에 갑니까?)
→ いいえ、早く帰りません。(아니요, 일찍 가지 않습니다.)

2. 来月、マンションを買いますか。(다음 달에 아파트를 삽니까?)
→ いいえ、買いません。(아니요, 사지 않습니다.)

3. 毎朝、コーヒーを飲みますか。(매일 아침 커피를 마십니까?)
→ いいえ、飲みません。(아니요, 마시지 않습니다.)

4. 飲み会に先生を呼びますか。(술 모임에 선생님을 부를 겁니까?)
→ いいえ、呼びません。(아니요, 부르지 않을 겁니다.)

2 1. その先生は難しい問題を出しませんか。(그 선생님은 어려운 문제를 내지 않습니까?)
→ いいえ、出します。(아니요, 냅니다.)

2. 明日は図書館へ行きませんか。(내일은 도서관으로 가지 않을 겁니까?)
→ いいえ、行きます。(아니요, 갈 겁니다.)

3. マンションを買いませんか。(아파트를 사지 않습니까?)
→ いいえ、買います。(아니요, 삽니다.)

4. コーヒーを飲みませんか。(커피를 안 마십니까?) → いいえ、飲みます。(아니요, 마십니다.)

3 1. 飲み会(に)先生(を)呼(びません)。(술 모임에 선생님을 부르지 않을 겁니다.)

2. 明日(は)図書館(へ)行(きます)。(내일은 도서관으로 갑니다.)

3. 毎朝コーヒー(を)飲(みますか)。(매일 아침 커피를 마셔요?)

4. 今日(は)早くうち(へ)帰(りませんか)。(오늘은 일찍 집으로 안 갈 거예요?)

4 1. 도서관 → と し ょ か ん　図 書 館

2. 사장, 사장님 → し ゃ ち ょ う　社 長

3. 문제 → も ん だ い　問 題

4. 일찍 → は や く　早 く

5. 매일 아침 → ま い あ さ　毎 朝

25 写真撮らない？

1 1. 図書館で本を読まないの？(도서관에서 책을 읽지 않는 거야?) → ううん、読むよ。(아니, 읽어.)

2. ベトナムで韓国語を教えないの？(베트남에서 한국어를 가르치지 않을 거야?)
→ ううん、教えるよ。(아니, 가르칠 거야.)

3. デパートで買い物しないの？(백화점에서 쇼핑 안 할 거야?) → ううん、するよ。(아니, 할 거야.)
4. そこのお店で休まないの？(거기 있는 가게에서 쉬지 않는 거야?) → ううん、休むよ。(아니, 쉬어.)

2 1. ここで写真を撮る。(여기에서 사진을 찍어.) → ここで写真を撮らなきゃ。(여기에서 사진을 찍어야지.)
2. 明日は休む。(내일은 쉴 거야.) → 明日は休まなきゃ。(내일은 쉬어야지.)
3. もっと本を読む。(더 책을 읽어.) → もっと本を読まなきゃ。(더 책을 읽어야지.)
4. 今日は買い物する。(오늘은 쇼핑할래.) → 今日は買い物しなきゃ。(오늘은 쇼핑해야지.)

3 1. うち(で)遊(ぶの)？(집에서 놀 거야?)
2. ううん、うち(で)遊(ばないよ)。(아니, 집에서 놀지 않아.)
3. ベトナム(で)韓国語(を)教(えないの)？(베트남에서 한국어를 가르치지 않는 거야?)
4. もっと本を読(まなきゃ)。(더 책을 읽어야지.)

4 1. 가르치다 → おしえる　教える
2. 쉬다 → やすむ　休む
3. 읽다 → よむ　読む
4. 사진 → しゃしん　写真
5. 가게 → みせ　店

26 チョコレートを渡すんですか。

1 1. お金を返します。(돈을 돌려줍니다.) → お金を返すんですか。(돈을 돌려주는 겁니까?)
2. 大切な人に手紙を書きます。(소중한 사람에게 편지를 씁니다.)
→ 大切な人に手紙を書くんですか。(소중한 사람에게 편지를 쓰는 겁니까?)
3. 彼にチョコレートを渡します。(남자 친구에게 초콜릿을 줍니다.)
→ 彼にチョコレートを渡すんですか。(남자 친구에게 초콜릿을 주는 겁니까?)
4. その仕事は前田さんに頼みます。(그 일은 まえだ씨에게 부탁합니다.)
→ その仕事は前田さんに頼むんですか。(그 일은 まえだ씨에게 부탁하는 겁니까?)

2 1. 書類を書きます。(서류를 씁니다.) → 書類を書かなければなりません。(서류를 써야 합니다.)
2. この仕事を前田さんに頼みます。(이 일을 まえだ씨에게 부탁합니다.)
→ この仕事を前田さんに頼まなければなりません。(이 일을 まえだ씨에게 부탁해야 합니다.)
3. 部屋を借ります。(방을 빌립니다.) → 部屋を借りなければなりません。(방을 빌려야 합니다.)
4. 友達にお金を返します。(친구에게 돈을 돌려줍니다.)
→ 友達にお金を返さなければなりません。(친구에게 돈을 돌려줘야 합니다.)

3 1. その仕事は前田さん(に)頼(みませんか)。(그 일은 まえだ씨에게 부탁하지 않겠습니까?)
2. アパート(を)借(りるんですか)。(연립을 빌리는 겁니까?)
3. 彼(に)チョコレート(を)渡(さないんですか)。(남자 친구에게 초콜릿을 주지 않는 거예요?)
4. 友達(に)お金を返(さなければなりません)。(친구에게 돈을 돌려줘야 해요.)

4 1. 쓰다 → | か | く | | 書 | く |
2. 빌려주다 → | か | す | | 貸 | す |
3. 편지 → | て | が | み | | 手 | 紙 |
4. 남자 친구 → | か | れ | | 彼 |
5. 외국인 → | が | い | こ | く | じ | ん | | 外 | 国 | 人 |

27 結婚するつもり。

1 1. 日本の歌を聞きます。(일본 노래를 듣습니다.) → 日本の歌を聞くつもり。(일본 노래를 들을 생각이야.)
2. 週末、海で泳ぎます。(주말에 바다에서 수영합니다.)
→ 週末、海で泳ぐつもり。(주말에 바다에서 수영할 생각이야.)
3. 彼の両親に会いません。(남자 친구(의) 부모님을 만나지 않습니다.)
→ 彼の両親に会わないつもり。(남자 친구(의) 부모님을 만나지 않을 생각이야.)
4. 部長を待ちません。(부장님을 기다리지 않습니다.)
→ 部長を待たないつもり。(부장님을 기다리지 않을 생각이야.)

2 1. 彼女の鞄を持ちません。(여자 친구(의) 가방을 들지 않습니다.)
→ 何で彼女の鞄を持たないの？(왜 여자 친구(의) 가방을 들지 않는 거야?)
2. 来月またソウルに来ます。(다음 달에 또 서울에 옵니다.)
→ 何で来月またソウルに来るの？(왜 다음 달에 또 서울에 오는 거야?)
3. 彼の両親に会います。(남자 친구(의) 부모님을 만납니다.)
→ 何で彼の両親に会うの？(왜 남자 친구(의) 부모님을 만나는 거야?)
4. 部長を待ちません。(부장님을 기다리지 않습니다.)
→ 何で部長を待たないの？(왜 부장님을 기다리지 않는 거야?)

3 1. 週末、海で泳(がない)つもり。(주말에 바다에서 수영하지 않을 생각이야.)
2. 日本の歌を聞(く)つもり。(일본 노래를 들을 생각이야.)
3. (何で)彼女の鞄を持たない(の)？(왜 여자 친구의 가방을 들지 않는 거야?)
4. 嫌だ(から)。(싫으니까.)

4 1. 듣다 → き く　聞 く

2. 헤엄치다 → お よ ぐ　泳 ぐ

3. 만나다 → あ う　会 う

4. 기다리다 → ま つ　待 つ

5. 가지다, 들다 → も つ　持 つ

28 早く起きるつもりです。

1 1. 友達のノートをコピーします。(친구(의) 노트를 복사합니다.)
→ 友達のノートをコピーするつもりです。(친구(의) 노트를 복사할 생각입니다.)

2. この仕事は小野さんに頼みません。(이 일은 おの씨에게 부탁하지 않을 겁니다.)
→ この仕事は小野さんに頼まないつもりです。(이 일은 おの씨에게 부탁하지 않을 생각입니다.)

3. お茶を習います。(다도를 배울 겁니다.) → お茶を習うつもりです。(다도를 배울 생각입니다.)

4. その絵は売りません。(그 그림은 팔지 않을 겁니다.)
→ その絵は売らないつもりです。(그 그림은 팔지 않을 생각입니다.)

2 1. 来年から働きます。(내년부터 일할 겁니다.)
→ どうして来年から働くんですか。(왜 내년부터 일하는 겁니까?)

2. 明日、早く起きます。(내일 일찍 일어날 겁니다.)
→ どうして明日、早く起きるんですか。(왜 내일 일찍 일어나는 겁니까?)

3. お茶を習いません。(다도를 안 배울 겁니다.)
→ どうしてお茶を習わないんですか。(왜 다도를 안 배우는 겁니까?)

4. その絵を売りません。(그 그림을 팔지 않을 겁니다.)
→ どうしてその絵を売らないんですか。(왜 그 그림을 팔지 않는 겁니까?)

3 1. 友達(の)ノートをコピー(しない)つもりです。(친구의 노트를 복사하지 않을 생각이예요.)

2. この仕事は小野さん(に)頼(む)つもりです。(이 일은 おの씨에게 부탁할 생각입니다.)

3. (どうして)明日、早く起きる(んですか)。(왜 내일 일찍 일어나는 거예요?)

4. 週末じゃありません(から)。(주말이 아니니까요.)

4 1. 일어나다 → お き る　起 き る

2. 배우다 → な ら う　習 う

3. 팔다 → う る　売 る

4. 내년 → らいねん 来年

5. 그림 → え 絵

29 日本語を話すことができる。

1 1. 日本語を話します。(일본어를 말합니다.) → 日本語を話すことができる。(일본어를 말할 줄 알아.)

2. シャワーを浴びます。(샤워를 합니다.) → シャワーを浴びることができる。(샤워를 할 수 있어.)

3. たばこを吸います。(담배를 피웁니다.) → たばこを吸うことができる。(담배를 피울 수 있어.)

4. ここで食事をします。(여기에서 식사를 합니다.)
→ ここで食事をすることができる。(여기에서 식사를 할 수 있어.)

2 1. ゲームをします。(게임을 합니다.) → ゲームをすることがある。(게임을 하는 경우가 있어.)

2. 日本語を話しません。(일본어를 말하지 않습니다.)
→ 日本語を話さないことがある。(일본어를 말하지 않는 경우가 있어.)

3. 朝は食事をしません。(아침에는 식사를 하지 않습니다.)
→ 朝は食事をしないことがある。(아침에는 식사를 안 할 때가 있어.)

4. 兄はたばこを吸います。(형/오빠는 담배를 피웁니다.)
→ 兄はたばこを吸うことがある。(형/오빠는 담배를 피울 때가 있어.)

3 1. 連絡を(しない)ことがある。(연락을 하지 않는 경우가 있어.)

2. ギターを弾(く)前にチューニングをする。(기타를 치기 전에 튜닝을 해.)

3. 食事(の)前に手を洗う。(식사 전에 손을 씻어.)

4. 週末は外(で)食事をすることが(ある)。(주말에는 밖에서 식사를 할 때가 있어.)

4 1. 이야기하다 → はなす 話す

2. 들쓰다, 뒤집어쓰다 → あびる 浴びる

3. 씻다 → あらう 洗う

4. 밖, 바깥 → そと 外

5. 식사 → しょくじ 食事

30 掃除の前に洗濯をします。

1 1. 中国語 (중국어), メールを書きます。(메일을 씁니다.)
→ 中国語でメールを書くことができます。(중국어로 메일을 쓸 수 있습니다.)
2. フランス語 (프랑스어), 話をします。(이야기를 합니다.)
→ フランス語で話をすることができます。(프랑스어로 이야기를 할 수 있습니다.)
3. 箸 (젓가락), 食事をします。(식사를 합니다.)
→ 箸で食事をすることができます。(젓가락으로 식사를 할 수 있습니다.)
4. 自転車 (자전거), 学校まで行きます。(학교까지 갑니다.)
→ 自転車で学校まで行くことができます。(자전거로 학교까지 갈 수 있습니다.)

2 1. カラオケで歌います。(노래방에서 노래를 부릅니다.)
→ カラオケで歌うことがあります。(노래방에서 노래를 부를 때가 있습니다.)
2. 連絡をします。(연락을 합니다.) → 連絡をすることがあります。(연락을 하는 경우가 있습니다.)
3. お風呂に入りません。(목욕하지 않습니다.)
→ お風呂に入らないことがあります。(목욕하지 않을 때가 있습니다.)
4. 掃除をしません。(청소를 안 합니다.)
→ 掃除をしないことがあります。(청소를 안 하는 경우가 있습니다.)

3 1. 箸で食事をすることが(できます)。(젓가락으로 식사를 할 수 있습니다.)
2. 洗濯を(しない)ことがあります。(빨래를 하지 않을 때가 있습니다.)
3. うち(に)帰る(前に)連絡します。(집에 가기 전에 연락합니다.)
4. 食事(の前に)石けん(で)手を洗います。(식사 전에 비누로 손을 씻습니다.)

4 1. 노래 부르다 → うたう　歌う
2. 들어가다 → はいる　入る
3. 이야기 → はなし　話
4. 빨래, 세탁 → せんたく　洗濯
5. 청소 → そうじ　掃除

넷째마당

31 起きた？ 일어났어?

1
1. 夕べは早く寝た？ (어젯밤에는 일찍 잤어?) → ううん、早く寝なかった。(아니, 일찍 자지 않았어.)
2. 新しい単語、覚えた？ (새 단어 외웠어?) → ううん、覚えなかった。(아니, 안 외웠어.)
3. 昨日は出かけた？ (어제는 외출했어?) → ううん、出かけなかった。(아니, 외출하지 않았어.)
4. ご両親に電話かけた？ (부모님한테 전화 걸었어?) → ううん、かけなかった。(아니, 안 걸었어.)

2
1. バス、降りなかった？ (버스 내리지 않았어?) → ううん、降りた。(아니, 내렸어.)
2. 今朝、シャワーを浴びなかった？ (오늘 아침에 샤워를 하지 않았어?)
→ ううん、浴びた。(아니, 했어.)
3. 窓、開けなかった？ (창문 안 열었어?) → ううん、開けた。(아니, 열었어.)
4. 電話番号、教えなかった？ (전화번호 안 알려줬어?) → ううん、教えた。(아니, 알려줬어.)

3
1. 今朝、早く起き(た)。오늘 아침에 일찍 일어났어.
2. 夕べ(は)遅く寝(なかった)。어젯밤에는 늦게 자지 않았어.
3. バス(を)降りた。버스에서 내렸어.
4. 昨日は出かけ(なかった)。어제는 외출하지 않았어.

4

사전형	~하지 않아(ない형)	~했어(た형)	~하지 않았어
1. 覚える[おぼえる] (외우다)	覚えない	覚えた	覚えなかった
2. 出かける[でかける] (외출하다)	出かけない	出かけた	出かけなかった

5
1. 외우다 → おぼえる　覚える
2. 외출하다 → でかける　出かける
3. 오늘 아침 → けさ　今朝
4. 단어 → たんご　単語
5. 번호 → ばんごう　番号

32 今朝、7時に起きました。 오늘 아침에 7시에 일어났습니다.

1
1. 夕べ、12時に寝ましたか。(어젯밤에 12시에 잤습니까?)
→ いいえ、12時に寝ませんでした。(아니요, 12시에 자지 않았습니다.)
2. 昨日はテレビを見ましたか。(어제는 TV를 봤습니까?)
→ いいえ、見ませんでした。(아니요, 안 봤습니다.)
3. 今日、出かけましたか。(오늘 외출했어요?)
→ いいえ、出かけませんでした。(아니요, 외출하지 않았어요.)
4. お金を借りましたか。(돈을 빌렸어요?) → いいえ、借りませんでした。(아니요, 안 빌렸어요.)

2
1. 夕べは全然寝ませんでしたか。(어젯밤에는 전혀 자지 않았습니까?)
→ いいえ、寝ました。(아니요, 잤습니다.)
2. 今朝は7時に起きませんでしたか。(오늘 아침에는 7시에 안 일어났습니까?)
→ いいえ、7時に起きました。(아니요, 7시에 일어났습니다.)
3. 先週は全然出かけませんでしたか。(지난주에는 전혀 외출하지 않았어요?)
→ いいえ、出かけました。(아니요, 외출했어요.)
4. 単語の意味を覚えませんでしたか。(단어(의) 뜻을 안 외웠어요?)
→ いいえ、覚えました。(아니요, 외웠어요.)

3
1. 昨日、9時(に)出かけました。어제 9시에 외출했습니다.
2. 電車(を)降りました。전철에서 내렸습니다.
3. 夕べは全然寝(ませんでした)。어젯밤에는 전혀 자지 않았어요.
4. 単語の意味を覚え(ました)。단어(의) 뜻을 외웠어요.

4

사전형	~합니다(ます형)	~하지 않습니다	~했습니다	~하지 않았습니다
1. 降りる[おりる] (내리다)	降ります	降りません	降りました	降りませんでした
2. 寝る[ねる] (자다)	寝ます	寝ません	寝ました	寝ませんでした

5
1. 전철, 전차 → でんしゃ 電車
2. 아이, 자녀, 어린이 → こども 子供
3. 아침 → あさ 朝
4. 의미, 뜻 → いみ 意味
5. 전혀 → ぜんぜん 全然

33 宿題、持って来た？ 숙제 가져왔어?

1 1. 学校に鉛筆、持って来た？ (학교에 연필, 가져왔어?)
→ ううん、持って来なかった。(아니, 가져오지 않았어.)
2. お兄さんをカフェに連れて来た？ (오빠를 카페에 데려왔어?)
→ ううん、連れて来なかった。(아니, 안 데려왔어.)
3. 理由を説明した？ (이유를 설명했어?)
→ ううん、説明しなかった。(아니, 설명하지 않았어.) ▶しなかった라고만 해도 됨.
4. 中間試験の準備した？ (중간고사(의) 준비 했어?)
→ ううん、しなかった。(아니, 안 했어.) ▶準備しなかった라고 해도 됨.

2 1. 学校に消しゴム、持って来なかった？ (학교에 지우개, 가져오지 않았어?)
→ ううん、持って来た。(아니, 가져왔어.)
2. お兄さんをカフェに連れて来なかった？ (형을 카페에 데려오지 않았어?)
→ ううん、連れて来た。(아니, 데려왔어.)
3. 理由を説明しなかった？ (이유를 설명하지 않았어?)
→ ううん、説明した。(아니, 설명했어.) ▶した라고만 해도 됨.
4. 期末試験の準備しなかった？ (기말고사(의) 준비 안 했어?)
→ ううん、した。(아니, 했어.) ▶準備した라고 해도 됨.

3 1. 学校(に)鉛筆(と)消しゴム(を)持って来た。학교에 연필과 지우개를 가져왔어.
2. 理由を説明(した)。이유를 설명했어.
3. 兄(を)カフェ(に)連れて(来なかった)。형을 카페에 데려오지 않았어.
4. 中間試験(の)準備(を)(しなかった)。중간고사(의) 준비를 안 했어.

4

사전형	~하지 않아(ない형)	~했어(た형)	~하지 않았어
1. 来る[くる] (오다)	来ない[こない]	来た[きた]	来なかった [こなかった]
2. する (하다)	しない	した	しなかった

5 1. 형, 오빠(높이는 호칭) → お に い さ ん　お 兄 さ ん
2. 이유 → り ゆ う　理 由
3. 설명 → せ つ め い　説 明
4. 중간 → ち ゅ う か ん　中 間
5. 기말 → き ま つ　期 末

34 大阪へ行って来ました。おおさか로 갔다 왔습니다.

1 1. 原さんは病院へ来ましたか。(はら씨는 병원에 왔습니까?)
→ いいえ、来ませんでした。(아니요, 오지 않았습니다.)

2. 先月、京都へ行って来ましたか。(지난달에 きょうと로 갔다 왔어요?)
→ いいえ、行って来ませんでした。(아니요, 안 갔다 왔어요.)

3. 今日、百貨店で買い物をしましたか。(오늘 백화점에서 쇼핑을 했습니까?)
→ いいえ、しませんでした。(아니요, 안 했습니다.)

4. うちで歌を練習しましたか。(집에서 노래를 연습했어요?)
→ いいえ、練習しませんでした。(아니요, 연습하지 않았어요.) ▶しませんでした라고만 해도 됨.

2 1. 柴田さんは病院へ来ませんでしたか。(しばた씨는 병원에 오지 않았습니까?)
→ いいえ、来ました。(아니요, 왔습니다.)

2. 先月、大阪へ行って来ませんでしたか。(지난달에 おおさか로 안 갔다 왔어요?)
→ いいえ、行って来ました。(아니요, 갔다 왔어요.)

3. 今日、買い物をしませんでしたか。(오늘 쇼핑을 안 했습니까?)
→ いいえ、しました。(아니요, 했습니다.)

4. 学校で歌を練習しませんでしたか。(학교에서 노래를 연습하지 않았어요?)
→ いいえ、練習しました。(아니요, 연습했어요.) ▶しました라고만 해도 됨.

3 1. 昨日、原さん(は)病院(へ)来ませんでした。어제 はら씨는 병원으로 오지 않았습니다.

2. 先月、大阪(と)京都(へ)行って来ました。지난달에 おおさか와 きょうと로 갔다 왔습니다.

3. 兄(と)百貨店(で)買い物(を)(しました)。형과 함께 백화점에서 쇼핑을 했어요.

4. 友達(と)うち(で)歌(を)練習(しませんでした)。친구랑 집에서 노래를 연습하지 않았어요.

4

사전형	~합니다(ます형)	~하지 않습니다	~했습니다	~하지 않았습니다
1. 来る[くる] (오다)	来ます [きます]	来ません [きません]	来ました [きました]	来ませんでした [きませんでした]
2. する (하다)	します	しません	しました	しませんでした

5 1. 병원 → びょういん　病院

2. 백화점 → ひゃっかてん　百貨店

3. 누나, 언니(높이는 호칭) → おねえさん　お姉さん

4. 연습 → れんしゅう　練習

5. 지난달 → せんげつ　先月

35 空港に着いた。 공항에 도착했어.

1 1. 映画館に行った？ (영화관에 갔어?) → ううん、行かなかった。(아니, 가지 않았어.)
2. お店で上着、脱いだ？ (가게에서 외투 벗었어?) → ううん、脱がなかった。(아니, 안 벗었어.)
3. プールで泳いだ？ (수영장에서 수영했어?) → ううん、泳がなかった。(아니, 수영하지 않았어.)
4. 車で歌、聞いた？ (차에서 노래 들었어?) → ううん、聞かなかった。(아니, 안 들었어.)

2 1. スカート、はかなかった？ (치마 입지 않았어?) → ううん、はいた。(아니, 입었어.)
2. 5時に着かなかった？ (5시에 도착하지 않았어?) → ううん、着いた。(아니, 도착했어.)
3. お店で上着、脱がなかった？ (가게에서 외투 안 벗었어?) → ううん、脱いだ。(아니, 벗었어.)
4. メール、書かなかった？ (메일 안 썼어?) → ううん、書いた。(아니, 썼어.)

3 1. 5時(に)空港(に)着(かなかった)。5시에 공항에 도착하지 않았어.
2. 映画館に行(った)。영화관에 갔어.
3. お店(で)上着、脱(いだ)？ 가게에서 외투 벗었어?
4. ううん、脱(がなかった)。아니, 안 벗었어.

4

사전형	~하지 않아(ない형)	~했어(た형)	~하지 않았어
1. はく ((바지 등을)입다)	はかない	はいた	はかなかった
2. 脱ぐ[ぬぐ] (벗다)	脱がない	脱いだ	脱がなかった

5 1. 도착하다 → つく 着く
2. 벗다 → ぬぐ 脱ぐ
3. 공항 → くうこう 空港
4. 외투, 겉옷 → うわぎ 上着
5. 영화관 → えいがかん 映画館

36 興味を持った。 관심을 가졌어.

1 1. きれいな言葉を使った？ (고운 말을 썼어?) → ううん、使わなかった。(아니, 쓰지 않았어.)
2. 興味を持った？ (관심을 가졌어?) → ううん、持たなかった。(아니, 갖지 않았어.)
3. 雨が降った？ (비가 내렸어?) → ううん、降らなかった。(아니, 안 내렸어.)
4. ヘルメット、かぶった？ (헬멧 썼어?) → ううん、かぶらなかった。(아니, 안 썼어.)

2 1. 英語を全然習わなかった？ (영어를 전혀 배우지 않았어?) → ううん、習った。(아니, 배웠어.)
2. その女優に会わなかった？ (그 여배우를 만나지 않았어?) → ううん、会った。(아니, 만났어.)
3. 課長を全然待たなかった？ (과장님을 전혀 안 기다렸어?) → ううん、待った。(아니, 기다렸어.)
4. 帽子をかぶらなかった？ (모자를 안 썼어?) → ううん、かぶった。(아니, 썼어.)

3 1. きれい(な)言葉を使(わなかった)。고운 말을 쓰지 않았어.
2. ヘルメット(を)かぶ(った)？ 헬멧을 썼어?
3. 雨(が)全然降(らなかった)？ 비가 전혀 안 내렸어?
4. ううん、降(った)。아니, 내렸어.

4

사전형	~하지 않아(ない형)	~했어(た형)	~하지 않았어
1. 使う[つかう] (사용하다)	使わない	使った	使わなかった
2. 持つ[もつ] (가지다)	持たない	持った	持たなかった
3. 降る[ふる] ((비, 눈 등이)내리다)	降らない	降った	降らなかった

5 1. 사용하다, 쓰다 → | つ | か | う |　| 使 | う |
2. (비, 눈 등이) 내리다 → | ふ | る |　| 降 | る |
3. 말 → | こ | と | ば |　| 言 | 葉 |
4. 위 → | う | え |　| 上 |

37 初雪が降りました。 첫눈이 내렸습니다.

1 1. シャツを脱いだ。(셔츠를 벗었어.) → シャツを脱ぎました。(셔츠를 벗었습니다.)
2. 会社で課長を待った。(회사에서 과장님을 기다렸어.)
→ 会社で課長を待ちました。(회사에서 과장님을 기다렸습니다.)
3. 今日、初雪が降った。(오늘 첫눈이 내렸어.) → 今日、初雪が降りました。(오늘 첫눈이 내렸어요.)
4. 白い靴下を履いた。(하얀 양말을 신었어.) → 白い靴下を履きました。(하얀 양말을 신었어요.)

2 1. セーターを脱がなかった。(스웨터를 벗지 않았어.)
→ セーターを脱ぎませんでした。(스웨터를 벗지 않았습니다.)
2. ヘルメットをかぶらなかった。(헬멧을 쓰지 않았어.)
→ ヘルメットをかぶりませんでした。(헬멧을 안 썼습니다.)
3. 白い靴下を履かなかった。(하얀 양말을 안 신었어.)
→ 白い靴下を履きませんでした。(하얀 양말을 안 신었어요.)

4. 公園に着かなかった。(공원에 도착하지 않았어.)
→ 公園に着きませんでした。(공원에 도착하지 않았어요.)

3 1. シャツを脱(ぎませんでした)。셔츠를 벗지 않았습니다.
2. スプーンを使(いましたか)。숟가락을 썼습니까?
3. 会社(で)課長を待(ちました)。회사에서 과장님을 기다렸어요.
4. 今日、初雪(が)降(りませんでした)。오늘 첫눈이 안 내렸어요.

4

사전형	~합니다(ます형)	~하지 않습니다	~했습니다	~하지 않았습니다
1. はく ((바지 등을)입다)	はきます	はきません	はきました	はきませんでした
2. 脱ぐ[ぬぐ] (벗다)	脱ぎます	脱ぎません	脱ぎました	脱ぎませんでした
3. 使う[つかう] (사용하다)	使います	使いません	使いました	使いませんでした
4. 待つ[まつ] (기다리다)	待ちます	待ちません	待ちました	待ちませんでした
5. かぶる ((머리에)쓰다)	かぶります	かぶりません	かぶりました	かぶりませんでした

5 1. 공원, 놀이터 → こうえん 公園
2. 첫눈 → はつゆき 初雪
3. 하얗다, 희다 → しろい 白い

38 すごく並んだ。 엄청 줄섰어.

1 1. 犬が死んだ？(개가 죽었어?) → ううん、死ななかった。(아니, 죽지 않았어.)
2. お茶、飲んだ？(차 마셨어?) → ううん、飲まなかった。(아니, 안 마셨어.)
3. 1時間、並んだ？(한 시간 줄섰어?) → ううん、1時間並ばなかった。(아니, 한 시간 줄서지 않았어.)
4. 朝、新聞読んだ？(아침에 신문 읽었어?) → ううん、読まなかった。(아니, 안 읽었어.)

2 1. 猫は死ななかった？(고양이는 죽지 않았어?) → ううん、死んだ。(아니, 죽었어.)
2. 学校、休まなかった？(학교 쉬지 않았어?) → ううん、休んだ。(아니, 쉬었어.)
3. その鳥は飛ばなかった？(그 새는 안 날았어?) → ううん、飛んだ。(아니, 날았어.)
4. 全然並ばなかった？(전혀 줄서지 않았어?) → ううん、並んだ。(아니, 줄섰어.)

3 1. その鳥は飛(ばなかった)。그 새는 날지 않았어.
2. うち(の)犬が死(んだ)。우리 집(의) 개가 죽었어.
3. 全然並(ばなかった)? 전혀 줄서지 않았어?
4. ううん、並(んだ)。아니, 줄섰어.

4

사전형	~하지 않아(ない형)	~했어(た형)	~하지 않았어
1. 死ぬ[しぬ] (죽다)	死なない	死んだ	死ななかった
2. 飲む[のむ] (마시다)	飲まない	飲んだ	飲まなかった
3. 飛ぶ[とぶ] (날다)	飛ばない	飛んだ	飛ばなかった

5 1. 죽다 → しぬ　死ぬ
2. 개 → いぬ　犬
3. 하늘 → そら　空
4. 신문 → しんぶん　新聞

39 彼氏とけんかした。남자 친구랑 싸웠어.

1 1. 大きな声、出した? (큰 소리 냈어?) → ううん、出さなかった。(아니, 내지 않았어.)
2. うちの鍵、無くした? (집 열쇠 잃어버렸어?)
→ ううん、無くさなかった。(아니, 잃어버리지 않았어.)
3. 友達にマンガ、貸した? (친구에게 만화책 빌려줬어?)
→ ううん、貸さなかった。(아니, 안 빌려줬어.)
4. 昨日、奥さんとよく話した? (어제 아내 분과 잘 이야기했어?)
→ ううん、話さなかった。(아니, 이야기 안 했어.)

2 1. たばこの火、消さなかった? (담뱃불 끄지 않았어?) → ううん、消した。(아니, 껐어.)
2. チョコレート、渡さなかった? (초콜릿 건네주지 않았어?) → ううん、渡した。(아니, 건네줬어.)
3. うちの鍵、無くさなかった? (집 열쇠 안 잃어버렸어?) → ううん、無くした。(아니, 잃어버렸어.)
4. 傘、ささなかった? (우산 안 썼어?) → ううん、さした。(아니, 썼어.)

3 1. 友達(に)マンガ(を)貸(した)。친구에게 만화책을 빌려줬어.
2. 主人(と)全然話(さなかった)。남편과 전혀 이야기하지 않았어.
3. 何(で)大きな声(を)出(した)(の)? 왜 큰 소리를 낸 거야?
4. 私(が)うち(の)鍵(を)無くした(から)。내가 집 열쇠를 잃어버렸기 때문에.

4

사전형	~하지 않아(ない형)	~했어(た형)	~하지 않았어
1. 消す[けす] (끄다)	消さない	消した	消さなかった
2. さす ((우산을)쓰다)	ささない	さした	ささなかった
3. 話す[はなす] (이야기하다)	話さない	話した	話さなかった

5

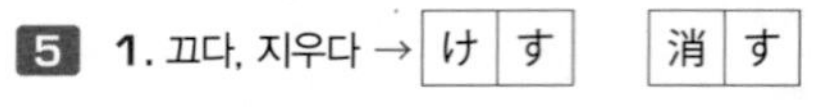

1. 끄다, 지우다 → けす　消す
2. 잃어버리다, 분실하다 → なくす　無くす
3. 큰 → おおきな　大きな
4. 불→ ひ　火

40 切符を無くしました。 표를 잃어버렸습니다.

1

1. データが飛んだ。(데이터가 날아갔어.) → データが飛びました。(데이터가 날아갔습니다.)
2. 電気を消した。(불을 껐어.) → 電気を消しました。(불을 껐습니다.)
3. 切符を無くした。(표를 잃어버렸어.) → 切符を無くしました。(표를 잃어버렸어요.)
4. 新聞を読んだ。(신문을 읽었어.) → 新聞を読みました。(신문을 읽었어요.)

2

1. 一列に並ばなかった。(한 줄로 줄서지 않았어.)
   → 一列に並びませんでした。(한 줄로 줄서지 않았습니다.)
2. お金を返さなかった。(돈을 돌려주지 않았어.)
   → お金を返しませんでした。(돈을 돌려주지 않았습니다.)
3. お酒を飲まなかった。(술을 안 마셨어.) → お酒を飲みませんでした。(술을 안 마셨어요.)
4. 祖父は死ななかった。(할아버지는 안 죽었어.)
   → 祖父は死にませんでした。(할아버지는 안 죽었어요.)

3

1. 祖父が死(にました)。 할아버지가 죽었습니다.
2. 電気を消(しませんでした)。 불을 안 껐습니다.
3. データが飛(びましたか)。 데이터가 날아갔어요?
4. いいえ、飛(びませんでした)。 아니요, 날아가지 않았어요.

4

사전형	~합니다(ます형)	~하지 않습니다	~했습니다	~하지 않았습니다
1. 死ぬ[しぬ] (죽다)	死にます	死にません	死にました	死にませんでした
2. 読む[よむ] (읽다)	読みます	読みません	読みました	読みませんでした
3. 並ぶ[ならぶ] (줄서다)	並びます	並びません	並びました	並びませんでした
4. さす ((우산을)쓰다)	さします	さしません	さしました	さしませんでした

5 1. 조부, 할아버지(높이지 않는 호칭) → そ ふ　祖 父

2. 표 → き っ ぷ　切 符

3. 전기, 불 → で ん き　電 気

4. 여러 가지로 → い ろ い ろ と　色 々 と

41 日本に行ったことがない。 일본에 간 적이 없어.

1 1. 駅まで歩きましたか。(역까지 걸었습니까?) → 駅まで歩いたの？ (역까지 걸은 거야?)

2. 昨日は出かけませんでしたか。(어제는 외출하지 않았습니까?)
→ 昨日は出かけなかったの？ (어제는 외출하지 않은 거야?)

3. 雪が降りましたか。(눈이 내렸어요?) → 雪が降ったの？ (눈이 내린 거야?)

4. スニーカーを履きませんでしたか。(운동화를 안 신었어요?)
→ スニーカーを履かなかったの？ (운동화를 안 신은 거야?)

2 1. 日本に行きました。(일본에 갔습니다.) → 日本に行ったことがある。(일본에 간 적이 있어.)

2. お酒を飲みません。(술을 마시지 않습니다.) → お酒を飲んだことがない。(술을 마신 적이 없어.)

3. たばこを吸いました。(담배를 피웠어요.) → たばこを吸ったことがある。(담배를 피운 적이 있어.)

4. 日本の映画を見ません。(일본 영화를 안 봐요.)
→ 日本の映画を見たことがない。(일본 영화를 본 적이 없어.)

3 1. 社長(の)足を踏んだ(の)？ 사장님(의) 발을 밟은 거야?

2. ううん、踏まなかった(よ)。아니, 안 밟았어. (알려 주고자 하는 말투로)

3. その人(に)会(った)ことがある。그 사람을 만난 적이 있어.

4. 警察に電話をかけたことが(ない)。경찰에 전화를 건 적이 없어.

4 1. 답하다, 대답하다 → | こ | た | え | る | | 答 | え | る |

2. 걷다 → | あ | る | く | | 歩 | く |

3. 질문 → | し | つ | も | ん | | 質 | 問 |

4. 발 → | あ | し | | 足 |

5. ~엔 → | え | ん | | 円 |

42 富士山に登ったんですか。 ふじ산에 올라간 거예요?

1 1. 飛行機に乗りましたか。(비행기를 탔습니까?)
→ 飛行機に乗ったんですか。(비행기를 탄 겁니까?)

2. 青いTシャツを買いませんでしたか。(파란 티셔츠를 사지 않았습니까?)
→ 青いTシャツを買わなかったんですか。(파란 티셔츠를 사지 않은 겁니까?)

3. 山に登りましたか。(산에 올라갔어요?) → 山に登ったんですか。(산에 올라간 거예요?)

4. 川で遊びませんでしたか。(강에서 안 놀았어요?)
→ 川で遊ばなかったんですか。(강에서 안 논 거예요?)

2 1. 友達の名前を忘れました。(친구(의) 이름을 잊어버렸습니다.)
→ 友達の名前を忘れたことがあります。(친구(의) 이름을 잊어버린 적이 있습니다.)

2. 山に登りません。(산에 올라가지 않습니다.)
→ 山に登ったことがありません。(산에 올라간 적이 없습니다.)

3. 漢字を習いました。(한자를 배웠어요.)
→ 漢字を習ったことがあります。(한자를 배운 적이 있어요.)

4. 飛行機に乗りません。(비행기를 안 타요.)
→ 飛行機に乗ったことがありません。(비행기를 탄 적이 없어요.)

3 1. 山に登(らなかった)んですか。산에 올라가지 않은 겁니까?

2. 飛行機(に)乗った(こと)がありません。비행기를 탄 적이 없습니다.

3. 友達(の)名前を忘(れた)ことがあります。친구(의) 이름을 잊어버린 적이 있어요.

4. 川(で)遊(んだんです)か。강에서 논 거예요?

4 1. (차, 비행기 등을) 타다 → | の | る | | 乗 | る |

2. 파랗다, 푸르다 → | あ | お | い | | 青 | い |

3. 이름 → | な | ま | え | | 名 | 前 |

4. 산 → やま 山

5. 강 → かわ 川

43 運動した方がいい。 운동하는 편이 좋아.

1
1. 今日は運動しません。(오늘은 운동하지 않습니다.)
→ 今日は運動しない方がいい。(오늘은 운동하지 않는 편이 좋아.)
2. 顔を洗います。(세수합니다.) → 顔を洗った方がいい。(세수하는 편이 좋아.)
3. 髪を切りません。(머리를 안 잘라요.) → 髪を切らない方がいい。(머리를 안 자르는 편이 좋아.)
4. 先生の説明をよく聞きます。(선생님(의) 설명을 잘 들어요.)
→ 先生の説明をよく聞いたほうがいい。(선생님(의) 설명을 잘 듣는 편이 좋아.)

2 ▶ 後で 뒤에 콤마(、)는 들어가도 안 들어가도 됩니다.
1. 朝ご飯を食べる(아침밥을 먹다), 顔を洗う(세수를 하다)
→ 朝ご飯を食べた後で、顔を洗う。(아침밥을 먹은 후에 세수를 해.)
2. 食事(식사), 歯を磨く(이를 닦다) → 食事の後で歯を磨く。(식사 후에 이를 닦아.)
3. 運動する(운동하다), シャワーを浴びる(샤워를 하다)
→ 運動した後で、シャワーを浴びる。(운동한 후에 샤워를 해.)
4. 会議(회의), 晩ご飯を食べた(저녁밥을 먹었다)
→ 会議の後で晩ご飯を食べた。(회의(가 끝난) 후에 저녁밥을 먹었어.)

3
1. 朝、顔を洗(ったり)歯を磨(いたり)する。아침에 세수를 하거나 이를 닦아.
2. 週末はいつも運動(とか)散歩(とか)をする。주말은 늘 운동이라든가 산책 등을 해.
3. ここは散歩(しない)方がいい。여기는 산책하지 않는 편이 좋아.
4. 先生(の)説明を聞(いた)後で質問した。선생님(의) 설명을 들은 후에 질문했어.

4
1. 자르다, 끊다 → きる 切る
2. 운동 → うんどう 運動
3. 산책 → さんぽ 散歩
4. 얼굴 → かお 顔
5. 아침밥 → あさごはん 朝ご飯

44 薬を塗らない方がいいです。 약을 바르지 않는 편이 좋아요.

1
1. 電気をつけます。(불을 켭니다.) → 電気をつけた方がいいです。(불을 켜는 편이 좋습니다.)
2. 薬を塗りません。(약을 바르지 않습니다.)
   → 薬を塗らない方がいいです。(약을 바르지 않는 편이 좋습니다.)
3. 傘を持って行きます。(우산을 가져가요.)
   → 傘を持って行った方がいいです。(우산을 가져가는 편이 좋아요.)
4. プレゼントをもらいません。(선물을 안 받아요.)
   → プレゼントをもらわない方がいいです。(선물을 안 받는 편이 좋아요.)

2 ▶ ～たり 뒤에 콤마(、)는 들어가도 안 들어가도 됩니다.
1. 電気をつける(불을 켜다), 消す(끄다)
   → 電気をつけたり消したりしました。(불을 켰다가 껐다가 했습니다.)
2. 電話をかける(전화를 걸다), プレゼントを持って行く(선물을 가져가다)
   → 電話をかけたり、プレゼントを持って行ったりしました。
   (전화를 걸기도 하고 선물을 가져가기도 했습니다.)
3. 眼鏡をかける(안경을 쓰다), コンタクトをする(렌즈를 끼다)
   → 眼鏡をかけたりコンタクトをしたりしました。(안경을 쓰거나 렌즈를 끼거나 했어요.)
4. お酒を飲む(술을 마시다), たばこを吸う(담배를 피우다)
   → お酒を飲んだり、たばこを吸ったりしました。(술을 마시거나 담배를 피웠어요.)

3
1. お金を持って(行かない)方がいいです。돈을 가져가지 않는 편이 좋습니다.
2. お土産を(もらった)後(で)、電話をかけました。선물을 받은 후에 전화를 걸었습니다.
3. 中間試験(の)後(で)、友達と遊びます。중간고사 후에 친구랑 놀아요.
4. 大阪(や)京都(や)奈良などへ行きます。おおさか며 きょうと며 なら 등으로 가요.

4
1. 바르다, 칠하다 → ぬ る　　塗 る
2. 가져가다 → も っ て い く　　持 っ て 行 く
3. 약 → く す り　　薬
4. 나라(지명) → な ら　　奈 良
5. 이따가 → あ と で　　後 で

다섯째마당

45 それ、ちょうだい。 그거, 줘.

1 1. お茶(차), お菓子(과자) → このお茶とお菓子、ちょうだい。(이 차와 과자, 줘.)
2. たばこ(담배), ライター(라이터) → このたばことライター、ちょうだい。(이 담배와 라이터, 줘.)
3. ガム(껌), 飴(사탕) → このガムと飴、ちょうだい。(이 껌과 사탕, 줘.)
4. 鉛筆(연필), ノート(노트) → この鉛筆とノート、ちょうだい。(이 연필과 노트, 줘.)

2 1. 人形(인형) → その人形、いくら？ (그 인형, 얼마야?)
2. お菓子(과자) → そのお菓子、いくら？ (그 과자, 얼마야?)
3. ガム(껌) → そのガム、いくら？ (그 껌, 얼마야?)
4. キーホルダー(열쇠고리) → そのキーホルダー、いくら？ (그 열쇠고리, 얼마야?)

3 1. そのガム(と)飴、ちょうだい。그 껌과 사탕, 줘.
2. うん、いい(よ)。응, 그래/좋아.
3. (だめ)。안 돼.
4. この飴は3個(で)100円。 이 사탕은 3개에 100엔이야.

4 1. 인형 → にんぎょう　人形
2. 과자 → おかし　お菓子
3. ~개 → こ　個
4. 전부, 모두 → ぜんぶ　全部
5. 개점 → かいてん　開店

46 そのりんごをください。 그 사과를 주세요.

1 1. ノート(노트), ボールペン(볼펜)
→ このノートとボールペンをください。(이 노트와 볼펜을 주세요.)
2. 机(책상), 椅子(의자) → この机と椅子をください。(이 책상과 의자를 주세요.)
3. 卵(계란), 牛乳(우유) → この卵と牛乳をください。(이 계란과 우유를 주세요.)
4. りんご(사과), みかん(귤) → このりんごとみかんをください。(이 사과와 귤을 주세요.)

2 1. 机(책상) → その机はいくらですか。(그 책상은 얼마입니까?)
2. 椅子(의자) → その椅子はいくらですか。(그 의자는 얼마입니까?)

3. 卵(계란) → その卵はいくらですか。(그 계란은 얼마입니까?)

4. 牛乳(우유) → その牛乳はいくらですか。(그 우유는 얼마입니까?)

3 1. そのノート(と)ボールペン(を)ください。그 노트와 볼펜을 주세요.

2. はい、(どうぞ)。네, 그러세요.

3. このみかんは(いくら)ですか。이 귤은 얼마입니까?

4. 10個(で)376円です。10개에 376엔입니다.

4 1. 난처하다, 곤란하다 → こまる 困る

2. 우유 → ぎゅうにゅう 牛乳

3. 책상 → つくえ 机

4. 의자 → いす 椅子

5. 점원 → てんいん 店員

47 会いたい! 보고 싶어!

1 1. 宿題の答えを知る。(숙제의 답을 알아.) → 宿題の答えを知りたい。(숙제의 답을 알고 싶어.)

2. 百貨店に行く。(백화점에 가.) → 百貨店に行きたい。(백화점에 가고 싶어.)

3. スーパーで買い物する。(슈퍼에서 장봐.) → スーパーで買い物したい。(슈퍼에서 장보고 싶어.)

4. 韓国料理を食べる。(한국요리를 먹어.) → 韓国料理を食べたい。(한국요리를 먹고 싶어.)

2 1. 百貨店に来た(백화점에 왔다), 靴を買う(신발을 사다)
→ 百貨店に靴を買いに来た。(백화점에 신발을 사러 왔어.)

2. 明日、東京へ行く(내일 とうきょう로 가다), 家を見る(집을 보다)
→ 明日、東京へ家を見に行く。(내일 とうきょう로 집을 보러 가.)

3. スーパーへ来た(슈퍼로 왔다), 買い物する(장보다)
→ スーパーへ買い物しに来た。(슈퍼에 장보러 왔어.)

4. 日本へ行く(일본으로 가다), 日本語を習う(일본어를 배우다)
→ 日本へ日本語を習いに行く。(일본으로 일본어를 배우러 가.)

3 1. 彼女(が)欲し(かった)。여자 친구가 갖고 싶었어.

2. 靴を買(いに)百貨店に来た。구두를 사러 백화점에 왔어.

3. 家族(の)中(で)、誰が(一番)背が高い? 가족 중에서 누가 제일 키가 커?

4. 子供(が)欲し(くなかった)。아이를 갖고 싶지 않았어.

4 1. 살다, 거주하다 → すむ 住む

2. 갖고 싶다 → ほしい 欲しい

3. 집 → いえ 家

4. 꽃구경, 꽃놀이 → はなみ 花見

5. 가깝다 → ちかい 近い

48 飲みに行きたいです。 술 마시러 가고 싶어요.

1 1. カラオケで歌わない。(노래방에서 노래 부르지 않아.)
→ カラオケで歌いたくないです。(노래방에서 노래 부르고 싶지 않습니다.)

2. この仕事を友達に頼んだ。(이 일을 친구에게 부탁했어.)
→ この仕事を友達に頼みたかったです。(이 일을 친구에게 부탁하고 싶었습니다.)

3. ブログを作る。(블로그를 만들어.) → ブログを作りたいです。(블로그를 만들고 싶어요.)

4. ヘアスタイルを変えなかった。(헤어스타일을 안 바꿨어.)
→ ヘアスタイルを変えたくなかったです。(헤어스타일을 안 바꾸고 싶었어요.)

2 1. この果物(이 과일), おいしい(맛있어)
→ この果物の中で、どれが一番おいしいですか。(이 과일들 중에서 어떤 것이 제일 맛있습니까?)

2. その映画(그 영화), 面白い(재미있어)
→ その映画の中で、どれが一番面白いですか。(그 영화들 중에서 어떤 것이 제일 재미있습니까?)

3. その歌(그 노래), いい(좋아)
→ その歌の中で、どれが一番いいですか。(그 노래들 중에서 어떤 것이 제일 좋아요?)

4. この花(이 꽃), 好きな(좋아하는, 좋은)
→ この花の中で、どれが一番好きですか。(이 꽃들 중에서 어떤 것을 제일 좋아해요?)

3 1. もっと時間(が)欲(しかったです)。더 시간을 갖고 싶었습니다.

2. 母(と)一緒に買い物((し)に)行きます。 어머니와 함께 쇼핑하러 가요.

3. この果物(の)中(で)、(どれ)が一番おいしいですか。이 과일들 중에서 어떤 것이 가장 맛있어요?

4 1. 만들다 → つくる 作る

2. 바꾸다 → かえる 変える

3. 쉬는 시간, 휴일 → やすみ 休み

4. 올해 → ことし 今年

5. 꽃 → はな 花

49 誰がいる? 누가 있어?

1
1. 机(책상), 上(위), スタンド(스탠드) → 机の上にスタンドがある。(책상 위에 스탠드가 있어.)
2. ドア(문), 後ろ(뒤), 猫(고양이) → ドアの後ろに猫がいる。(문 뒤에 고양이가 있어.)
3. 椅子(의자), 下(밑), リモコン(리모컨) → 椅子の下にリモコンがある。(의자 밑에 리모컨이 있어.)
4. 窓(창문), 前(앞), 犬(개) → 窓の前に犬がいる。(창문 앞에 개가 있어.)

2
1. お風呂に誰かいる？(욕실에 누군가 있어?) → ううん、誰もいない。(아니, 아무도 없어.)
2. 木の後ろに何かあった？(나무 뒤에 뭔가 있었어?)
   → ううん、何もなかった。(아니, 아무것도 없었어.)
3. ソファーの下に何かいた？(소파 밑에 뭔가 있었어?)
   → ううん、何もいなかった。(아니, 아무것도 없었어.)
4. ドアの前に何かある？(문 앞에 뭔가 있어?) → ううん、何もない。(아니, 아무것도 없어.)

3
1. スタンド(は)椅子(の)下(に)(ない)。 스탠드는 의자 밑에 없어.
2. 机(の)上(に)何(か)(あった)？ 책상 위에 뭔가 있었어? (물건)
3. ううん、何(も)(なかった)。 아니, 아무것도 없었어. (물건)
4. 猫(は)窓(の)前(に)(いた)。 고양이는 창문 앞에 있었어.

4
1. 뒤 → うしろ 後ろ
2. 나무 → き 木
3. 앞 → まえ 前
4. 욕실, 목욕 → ふろ 風呂
5. 아래, 밑 → した 下

50 兄弟がいますか。 형제가 있습니까?

1
1. 鳥(새), 箱(상자), 中(안) → 鳥は箱の中にいます。(새는 상자 안에 있습니다.)
2. 銀行(은행), 学校(학교), 裏(뒤) → 銀行は学校の裏にあります。(은행은 학교 뒤에 있습니다.)
3. トイレ(화장실), 家(집), 外(바깥) → トイレは家の外にあります。(화장실은 집 바깥에 있어요.)
4. 母(어머니), 祖父と祖母(할아버지와 할머니), 間(사이)
   → 母は祖父と祖母の間にいます。(어머니는 할아버지와 할머니 사이에 있어요.)

2 1. 箱の中に何かいましたか。(상자 안에 뭔가 있었습니까?)
→ いいえ、何もいませんでした。(아니요, 아무것도 없었습니다.)

2. スーパーの裏に何かありますか。(슈퍼 뒤에 뭔가 있습니까?)
→ いいえ、何もありません。(아니요, 아무것도 없습니다.)

3. 鏡の横に何かありましたか。(거울 옆에 뭔가 있었어요?)
→ いいえ、何もありませんでした。(아니요, 아무것도 없었어요.)

4. おじいさんの隣に誰かいますか。(할아버지 (바로) 옆에 누군가 있어요?)
→ いいえ、誰もいません。(아니요, 아무도 없어요.)

3 1. 祖父(の)隣(に)祖母(が)います。할아버지 (바로) 옆에 할머니가 있습니다.

2. 鏡(と)箱(の)間(に)何が(います)か。거울과 상자 사이에 뭐가 있습니까? (동물, 곤충 등)

3. スーパー(の)裏(に)何(か)ありますか。슈퍼 뒤에 뭔가 있어요?

4. 本棚(の)横(に)何が(ありました)か。책장 옆에 뭐가 있었어요? (물건)

4 1. 안, 속 → な か　中

2. 옆, 가로 → よ こ　横

3. 사이 → あ い だ　間

4. 조모, 할머니(높이지 않는 호칭) → そ ぼ　祖 母

5. 상자 → は こ　箱

51 彼女に指輪をあげた。여자 친구한테 반지를 줬어.

1 1. 私の両親(내 부모님), 私(나), お小遣い(용돈)
→ 私の両親は私にお小遣いをくれた。(내 부모님은 나한테 용돈을 줬어.)

2. 私の姉(내 언니), おじ(삼촌), 紅茶(홍차)
→ 私の姉はおじに紅茶をあげた。(내 언니는 삼촌한테 홍차를 줬어.)

3. 僕(나), 彼女(여자 친구), ネックレス(목걸이)
→ 僕は彼女にネックレスをあげた。(나는 여자 친구한테 목걸이를 줬어.)

4. おば(이모), 俺(나), ネクタイ(넥타이)
→ おばは俺にネクタイをくれた。(이모는 나한테 넥타이를 줬어.)

2 1. 僕(나), おじ(큰아버지), お小遣い(용돈)
→ 僕はおじにお小遣いをもらった。(나는 큰아버지한테 용돈을 받았어.)

2. 私(나), 学校(학교), 手紙(편지)
→ 私は学校から手紙をもらった。(나는 학교로부터 편지를 받았어.)

3. 彼氏(남자 친구), その会社(그 회사), 仕事(일)
→ 彼氏はその会社から仕事をもらった。(남자 친구는 그 회사로부터 일을 받았어.)

4. 僕(나), 祖母(할머니), お皿(접시)
→ 僕は祖母にお皿をもらった。(나는 할머니한테 접시를 받았어.)

3 1. 僕(の)両親(は)僕(に)お小遣いを(くれ)なかった。내 부모님은 나한테 용돈을 주지 않았어.

2. 妹(が)おば(に)ネックレスを(あげた)。여동생이 이모한테 목걸이를 줬어.

3. 私(は)彼(に)指輪を(もらった)。나는 남자 친구한테 반지를 받았어.

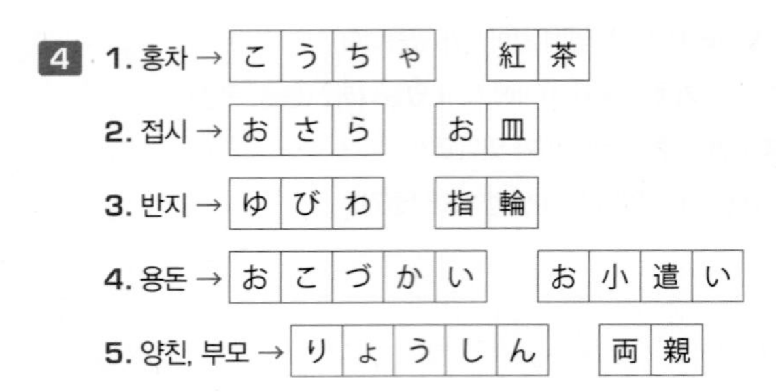

4 1. 홍차 → こうちゃ 紅茶

2. 접시 → おさら お皿

3. 반지 → ゆびわ 指輪

4. 용돈 → おこづかい お小遣い

5. 양친, 부모 → りょうしん 両親

52 おばにもらいました。 이모에게 받았습니다.

1 1. 課長(과장님), 息子(아들), 仕事(일)
→ 課長は息子に仕事をくれました。(과장님은 아들에게 일을 줬습니다.)

2. 私(저), おば(큰어머니), 花瓶(꽃병)
→ 私はおばに花瓶をあげました。(저는 큰어머니에게 꽃병을 줬습니다.)

3. 先生(선생님), 娘(딸), 飴(사탕)
→ 先生は娘に飴をくれました。(선생님은 딸에게 사탕을 줬어요.)

4. 兄(형), おじ(고모부), ハガキ(엽서)
→ 兄はおじにハガキをあげました。(형은 고모부에게 엽서를 줬어요.)

2 1. 娘(딸), 祖母(할머니), 着物(기모노)
→ 娘は祖母に着物をもらいました。(딸은 할머니에게 기모노를 받았습니다.)

2. 息子(아들), 会社(회사), ハガキ(엽서)
→ 息子は会社からハガキをもらいました。(아들은 회사로부터 엽서를 받았습니다.)

3. 私(저), 先生(선생님), 切手(우표)
→ 私は先生に切手をもらいました。(저는 선생님에게 우표를 받았어요.)

4. 祖父(할아버지), 学校(학교), 書類(서류)
→ 祖父は学校から書類をもらいました。(할아버지는 학교로부터 서류를 받았어요.)

3
1. 祖母(が)娘(に)着物を(くれ)ました。할머니가 딸에게 기모노를 줬습니다.
2. 私(は)おば(に)花瓶を(あげ)ました。저는 고모에게 꽃병을 줬습니다.
3. 私(は)学校(から)書類を(もらいません)でした。저는 학교로부터 서류를 받지 않았어요.

4
1. 희귀하다, 드물다 → | め | ず | ら | し | い |　| 珍 | し | い |
2. 딸 → | む | す | め |　| 娘 |
3. 기모노(일본 전통 의상) → | き | も | の |　| 着 | 物 |
4. 우표 → | き | っ | て |　| 切 | 手 |
5. 아들 → | む | す | こ |　| 息 | 子 |

여섯째마당

53 道が暗くて怖かった。 길이 어두워서 무서웠어.

1 ▶~て/で 뒤에는 콤마(、)가 들어가도 안 들어가도 상관없습니다.
1. 友達に会う(친구를 만나다), 一緒にお茶を飲んだ(같이 차를 마셨다)
   → 友達に会って、一緒にお茶を飲んだ。(친구를 만나서 같이 차를 마셨어.)
2. 本を読む(책을 읽다), レポートを書く(리포트를 쓰다)
   → 本を読んでレポートを書く。(책을 읽고 리포트를 써.)
3. 疲れる(피곤하다), 早く寝た(일찍 잤다) → 疲れて早く寝た。(피곤해서 일찍 잤어.)
4. 一人で外国に行く(혼자 외국에 가다), ちょっと怖かった(좀 무서웠다)
   → 一人で外国に行って、ちょっと怖かった。(혼자 외국에 가서 좀 무서웠어.)

2 ▶~て/で 뒤에는 콤마(、)가 들어가도 안 들어가도 상관없습니다.
1. これは簡単(이것은 간단하다), おいしい(맛있다) → これは簡単でおいしい。(이것은 간단하고 맛있어.)
2. この部屋は広い(이 방은 넓다), 明るい(밝다) → この部屋は広くて明るい。(이 방은 넓고 밝아.)
3. 高い車(비싼 차), びっくりした(깜짝 놀랐다) → 高い車で、びっくりした。(비싼 차라서 깜짝 놀랐어.)
4. この料理は気持ち悪い(이 요리는 징그럽다), 食べたくない(먹고 싶지 않다)
   → この料理は気持ち悪くて食べたくない。(이 요리는 징그러워서 먹고 싶지 않아.)

3
1. 田村さんは親切(で)、竹内さんはまじめ。たむら씨는 친절하고, たけうち씨는 성실해.
2. ホテルの部屋が明る(くて)、気分がよかった。호텔 방이 밝아서 기분이 좋았어.
3. プールで泳(いで)、シャワーを浴びた。수영장에서 수영하고 샤워를 했어.
4. 今日はたくさん歩(いて)疲れた。오늘은 많이 걸어서 지쳤어.

4 1. 지치다, 피곤하다 → つかれる 疲れる

2. 밝다 → あかるい 明るい

3. 어둡다 → くらい 暗い

4. 기분 → きぶん 気分

5. 길 → みち 道

54 電話を無くして困りました。 전화를 잃어버려서 난처했어요.

1 ▶~て/で 뒤에는 콤마(、)가 들어가도 안 들어가도 상관없습니다.

1. ファイルを開きました(파일을 열었습니다), プリントアウトしました(출력했습니다)
   → ファイルを開いて、プリントアウトしました。(파일을 열고 출력했습니다.)
2. ファイルを上書き保存しました(파일을 덮어썼습니다), 閉じました(닫았습니다)
   → ファイルを上書き保存して閉じました。(파일을 덮어쓰고 닫았습니다.)
3. 電話を無くしました(전화를 잃어버렸어요), 困りました(난처했어요)
   → 電話を無くして、困りました。(전화를 잃어버려서 난처했어요.)
4. 友達とチャットしました(친구와 채팅했어요), 楽しかったです(즐거웠어요.)
   → 友達とチャットして楽しかったです。(친구와 채팅해서 즐거웠어요.)

2 ▶~て/で 뒤에는 콤마(、)가 들어가도 안 들어가도 상관없습니다.

1. こっちは新しいデータです(이쪽은 새 데이터입니다),
   そっちは古いデータです(그쪽은 오래된 데이터입니다)
   → こっちは新しいデータで、そっちは古いデータです。
   (이쪽은 새 데이터이고, 그쪽은 오래된 데이터입니다.)
2. このノートパソコンは小さいです(이 노트북PC는 작습니다), 便利です(편리합니다)
   → このノートパソコンは小さくて便利です。(이 노트북PC는 작고 편리합니다.)
3. 仕事が嫌です(일이 싫어요), 会社を休みました(회사를 쉬었어요)
   → 仕事が嫌で、会社を休みました。(일이 싫어서 회사를 쉬었어요.)
4. このソフトは難しいです(이 소프트웨어는 어려워요), よくわかりません(잘 모르겠어요)
   → このソフトは難しくて、よくわかりません。(이 소프트웨어는 어려워서 잘 모르겠어요.)

3 1. これは新しいアプリ(で)、ちょっと高いです。이것은 새 앱이고, 좀 비쌉니다.

2. このテレビは大き(くて)薄いです。 이 TV는 크고 얇습니다.

3. ノートパソコンを売(って)お金を作りました。노트북PC를 팔아서 돈을 마련했어요.

4 1. 펴다, 열다 → | ひ | ら | く |　| 開 | く |

2. 접다, 닫다 → | と | じ | る |　| 閉 | じ | る |

3. 붙이다 → | つ | け | る |　| 付 | け | る |

4. 문서 → | ぶ | ん | し | ょ |　| 文 | 書 |

5. 저장 → | ほ | ぞ | ん |　| 保 | 存 |

55 傘を持って出かけた。 우산을 가지고 나갔어.

1 ▶~て/で 뒤에는 콤마(、)가 들어가도 안 들어가도 상관없습니다.

1. 窓を開けます(창문을 엽니다), 寝ました(잤습니다)
   → 窓を開けて寝た。(창문을 열고 잤어.)
2. 傘を持ちません(우산을 가지지 않습니다), 出かけました(외출했습니다)
   → 傘を持たないで出かけた。(우산을 가지지 않고 외출했어.)
3. 予習をします(예습을 해요), 授業に出ました(수업에 출석했어요)
   → 予習をして授業に出た。(예습을 하고 수업에 출석했어.)
4. 電話をかけません(전화를 걸지 않아요), 遊びに行きました(놀러 갔어요)
   → 電話をかけないで、遊びに行った。(전화를 걸지 않고 놀러 갔어.)

2 ▶~て/で 뒤에는 콤마(、)가 들어가도 안 들어가도 상관없습니다.

1. 授業を聞く(수업을 듣다), 復習する(복습하다)
   → 授業を聞いてから復習する。(수업을 듣고 나서 복습해.)
2. 仕事が終わる(일이 끝나다), 飲みに行く(술 마시러 가다)
   → 仕事が終わってから飲みに行く。(일이 끝나고 나서 술 마시러 가.)
3. 川を渡る(강을 건너다), バスを降りた(버스에서 내렸다)
   → 川を渡ってからバスを降りた。(강을 건너고 나서 버스에서 내렸어.)
4. 電話をかける(전화를 걸다), 遊びに行った(놀러 갔다)
   → 電話をかけてから遊びに行った。(전화를 걸고 나서 놀러 갔어.)

3 1. 仕事が終わら(なくて)、大変だった。일이 안 끝나서 힘들었어.

2. ちょっと待(って)。잠깐 기다려 줘.
3. こっちを見(ないで)。이쪽을 보지 말아 줘.
4. 川を渡(ってから)バス(を)降りた。강을 건너고 나서 버스에서 내렸어.

4 1. 올리다, 들다 → | あ | げ | る | | 上 | げ | る |

2. 나가다, 나오다 → | で | る | | 出 | る |

3. 끝나다 → | お | わ | る | | 終 | わ | る |

4. 열리다 → | あ | く | | 開 | く |

5. 예습 → | よ | し | ゅ | う | | 予 | 習 |

---

56 立たないでください。 일어서지 마세요.

---

1 ▶～て/で 뒤에는 콤마(、)가 들어가도 안 들어가도 상관없습니다.

1. いい結果が出ませんでした(좋은 결과가 나오지 않았습니다), 残念でした(아쉬웠습니다)
   → いい結果が出なくて残念でした。(좋은 결과가 나오지 않아서 아쉬웠습니다.)
2. その飛行機に乗りませんでした(그 비행기를 타지 않았습니다), よかったです(다행이었습니다)
   → その飛行機に乗らなくてよかったです。(그 비행기를 타지 않아서 다행이었습니다.)
3. 意味がわかりませんでした(뜻을 몰랐어요), 先生に聞きました(선생님에게 물었어요)
   → 意味がわからなくて、先生に聞きました。(뜻을 몰라서 선생님에게 물었어요.)
4. 友達が来ませんでした(친구가 안 왔어요), 心配しました(걱정했어요)
   → 友達が来なくて心配しました。(친구가 안 와서 걱정했어요.)

2 1. パスポートを見せます。(여권을 보여 줍니다.)
   → パスポートを見せてください。(여권을 보여 주세요.)
2. 電気を消しません。(불을 끄지 않습니다.)
   → 電気を消さないでください。(불을 끄지 말아 주세요.)
3. しょうゆをつけます。(간장을 찍어요.) → しょうゆをつけてください。(간장을 찍으세요.)
4. 心配しません。(걱정하지 않아요.) → 心配しないでください。(걱정하지 마세요.)

3 1. 目を見(ないで)話しました。 눈을 보지 않고 이야기했습니다.
2. 試合でいい結果が出(なくて)残念でした。 시합에서 좋은 결과가 안 나와서 아쉬웠어요.
3. ちょっと立(って)ください。 잠깐 일어서 주세요.
4. 道を渡(ってから)バスに乗ってください。 길을 건너고 나서 버스를 타세요.

4 1. 서다, 일어서다 → | た | つ | | 立 | つ |

2. 소금 → | し | お | | 塩 |

3. 화장 → | け | し | ょ | う | | 化 | 粧 |

4. ~서, ~책자 → | し | ょ | | 書 |

5. 튀김 → | て | ん | ぷ | ら | | 天 | ぷ | ら |

57 パソコンを直してあげた。PC를 고쳐 줬어.

1 1. 荷物をそこに置く。(짐을 거기에 놓아.)
→ 荷物をそこに置いてくれない？(짐을 거기에 놓아 주지 않을래?)
2. このゴミ、捨てる。(이 쓰레기 버려.)
→ このゴミ、捨ててくれない？(이 쓰레기 버려 주지 않을래?)
3. 明日、早く起こす。(내일 일찍 깨워.)
→ 明日、早く起こしてくれない？(내일 일찍 깨워 주지 않을래?)
4. パソコンを直す。(PC를 고쳐.) → パソコンを直してくれない？(PC를 고쳐 주지 않을래?)

2 1. うちまで送る。(집까지 바래다줘.)
→ うちまで送ってもらえない？(집까지 바래다 줄 수 없어?(바래다 받을 수 없어?))
2. 塩を取る。(소금을 건네줘.)
→ 塩を取ってもらえない？(소금을 건네 줄 수 없어?(건네 받을 수 없어?))
3. バイトを一緒に探す。(알바를 같이 찾아.)
→ バイトを一緒に探してもらえない？(알바를 같이 찾아 줄 수 없어?(찾아 받을 수 없어?))
4. パソコンを直す。(PC를 고쳐.)
→ パソコンを直してもらえない？(PC를 고쳐 줄 수 없어?(고쳐 받을 수 없어?))

3 1. 僕は彼女をうち(まで)送って(あげた)。나는 여자 친구를 집까지 바래다줬어.
2. 娘(が)(私に)塩を取って(くれた)。딸이 (나한테) 소금을 건네 줬어.
3. (私は)友達(に)バイトを一緒に探して(もらった)。
친구가 (내) 알바를 같이 찾아 줬어. ((나는) 친구한테 알바를 같이 찾아 받았어.)
4. (私は)後で弟(に)パソコンを直して(もらう)。
이따가 남동생이 (내) PC를 고쳐 줄 거야. ((나는) 남동생한테 PC를 고쳐 받을 거야.)

4 1. 보내다, 바래다주다 → | お | く | る | | 送 | る |

2. 집다, 잡다, 취하다 → | と | る | | 取 | る |

3. 고치다 → | な | お | す | | 直 | す |

4. 넣다 → | い | れ | る | | 入 | れ | る |

5. 깨우다, 일으키다 → | お | こ | す | | 起 | こ | す |

58 母がほめてくれました。 어머니가 칭찬해 줬어요.

1 1. 急ぐ。(서둘러.)
→ すみませんが、急いでくださいませんか。(죄송하지만, 서둘러 주시지 않겠습니까?)

2. そこまで案内する。(거기까지 안내해.)
→ すみませんが、そこまで案内してくださいませんか。
(죄송하지만, 거기까지 안내해 주시지 않겠습니까?)

3. この子を育てる。(이 아이를 키워.)
→ すみませんが、この子を育ててくださいませんか。(죄송하지만, 이 아이를 키워 주시지 않을래요?)

4. 子供をほめる。(아이를 칭찬해.)
→ すみませんが、子供をほめてくださいませんか。(죄송하지만, 아이를 칭찬해 주시지 않을래요?)

2 1. この荷物を届ける。(이 짐을 갖다 줘.)
→ すみませんが、この荷物を届けていただけませんか。
(죄송하지만, 이 짐을 갖다 주실 수 없겠습니까?(갖다 줘 받을 수 없겠습니까?))

2. 急ぐ。(서둘러.)
→ すみませんが、急いでいただけませんか。
(죄송하지만, 서둘러 주실 수 없겠습니까?(서둘러 받을 수 없겠습니까?))

3. この子を育てる。(이 아이를 키워.)
→ すみませんが、この子を育てていただけませんか。
(죄송하지만, 이 아이를 키워 주실 수 없겠어요?(키워 받을 수 없겠어요?))

4. ネクタイを締める。(넥타이를 매.)
→ すみませんが、ネクタイを締めていただけませんか。
(죄송하지만, 넥타이를 매 주실 수 없겠습니까?(매 받을 수 없겠습니까?))

3 1. 親切な人(が)道を案内して(くれました)。친절한 사람이 (나에게) 길을 안내해 줬습니다.
2. 外国人(に)道を案内して(あげました)。(내가) 외국인에게 길을 안내해 줬습니다.
3. 母にほめて(もらいました)。어머니가 칭찬해 줬어요. (어머니에게 칭찬해 받았어요.)

4 1. 안내하다 → あ|ん|な|い|す|る　案|内|す|る
2. 키우다, 기르다 → そ|だ|て|る　育|て|る
3. 서두르다 → い|そ|ぐ　急|ぐ
4. 가져다 주다 → と|ど|け|る　届|け|る
5. 매일 아침 → ま|い|あ|さ　毎|朝

59 計画はもう立ててある。 계획은 이미 세워져 있어.

1 1. テストの間違いを直す。(시험(의) 틀린 것을 고쳐.)
→ テストの間違いを直してる。(시험(의) 틀린 것을 고치고 있어.)

2. 魚を焼く。(생선을 구워.) → 魚を焼いてる。(생선을 굽고 있어.)

3. ガラスを割る。(유리를 깨.) → ガラスを割ってる。(유리를 깨고 있어.)

4. 姪を育てる。(조카딸을 키워.) → 姪を育ててる。(조카딸을 키우고 있어.)

2 1. 旅行の計画はもう立てた？ (여행(의) 계획은 벌써 세웠어?)
→ ううん、まだ立ててない。(아니, 아직 세우지 않았어.)

2. 魚はもう焼けた？ (생선은 벌써 구워졌어?)
→ ううん、まだ焼けてない。(아니, 아직 구워지지 않았어.)

3. ガラスはもう割れた？ (유리는 벌써 깨졌어?)
→ ううん、まだ割れてない。(아니, 아직 안 깨졌어.)

4. 荷物はもう届けた？ (짐은 벌써 갖다 줬어?)
→ ううん、まだ届けてない。(아니, 아직 안 갖다 줬어.)

3 1. ガラスが割(れて)(いる)。유리가 깨져 있어.

2. 旅行(の)計画を立てて(おいた)。여행(의) 계획을 세워 놨어.

3. テスト(の)間違いは直して(ある)。시험(의) 틀린 것은 고쳐져 있어(고쳐 놨어).

4. 荷物がまだ届(いて)(いない)。짐이 아직 도착하지 않았어.

4 1. 세우다 → | た | て | る |　| 立 | て | る |

2. 고쳐지다 → | な | お | る |　| 直 | る |

3. 깨다 → | わ | る |　| 割 | る |

4. 계획 → | け | い | か | く |　| 計 | 画 |

5. 생선, 물고기 → | さ | か | な |　| 魚 |

60 駐車場にとめておきました。 주차장에 세워 놨습니다.

1 1. 人を集めます。(사람들을 모읍니다.)
→ 人を集めてあります。(사람들을 모아 놨습니다. (사람들이 모여 있습니다.))

2. 木の枝を折ります。((나뭇)가지를 부러뜨립니다.)
→ 木の枝を折ってあります。((나뭇)가지를 부러뜨려 놨습니다. ((나뭇)가지가 부러져 있습니다.))

3. 車は駐車場にとめます。(차는 주차장에 세워요.)
→ 車は駐車場にとめてあります。(차는 주차장에 세워 놨어요(세워져 있어요.))

4. 旅行の計画を立てる。(여행(의) 계획을 세우다.)
→ 旅行の計画を立ててあります。(여행(의) 계획을 세워 놨어요. (여행(의) 계획이 세워져 있어요.))

2 1. 黒板の字はもう消しましたか。(칠판(의) 글씨는 벌써 지웠습니까?)
→ いいえ、まだ消していません。(아니요, 아직 지우지 않았습니다.)

2. 木の枝をもう折りましたか。((나뭇)가지를 벌써 부러뜨렸습니까?)
→ いいえ、まだ折っていません。(아니요, 아직 안 부러뜨렸습니다.)

3. 車を駐車場にもうとめましたか。(차를 주차장에 벌써 세웠어요?)
→ いいえ、まだとめていません。(아니요, 아직 세우지 않았어요.)

4. もうご飯を食べましたか。(벌써 밥을 먹었어요?)
→ いいえ、まだ食べていません。(아니요, 아직 안 먹었어요.)

3 1. 木(の)枝を折って(います)。(나뭇)가지를 부러뜨리고 있습니다.

2. 車が駐車場にとまって(います)。차가 주차장에 서 있습니다.

3. 黒板(の)字を消して(おきます)。칠판(의) 글씨를 지워 놓아요.

4. テスト(の)間違いはまだ直(して)(いません)。시험(의) 틀린 것은 아직 안 고쳤어요.

4 1. 지워지다, 꺼지다 → | き | え | る | | 消 | え | る |

2. 모으다 → | あ | つ | め | る | | 集 | め | る |

3. 부러지다, 접히다 → | お | れ | る | | 折 | れ | る |

4. 칠판 → | こ | く | ば | ん | | 黒 | 板 |

5. 글씨, 글자 → | じ | | 字 |

특별부록 07

단어 찾아보기

한국어

ㄱ

ㄴ

ㄷ

ㄹ

ㅁ

ㅇ

ㅈ

일본어

あ

い

う

え

お

か

き

く

け

こ

さ

し

す

せ

そ

た

れ

ろ

わ

특별부록 08

문형 찾아보기

と

な

に

の

は

へ

ま

も

や

よ

る

を

ん

기타

학습진도표

상세 버전의 학습 스케줄 표는 길벗 홈페이지(www.gilbut.co.kr)에서 다운 받으실 수 있습니다.

Day 01	Day 02	Day 03	Day 04	Day 05
01: 반말 かれし。	02: 존댓말 せんせいですか。	03: 반말 だれの？	04: 존댓말 わたしのじゃありません。	05: 반말 あのひと、だれ？
Check! ☐	Check! ☐	Check! ☐	Check! ☐	Check! ☐
Day 06	**Day 07**	**Day 08**	**Day 09**	**Day 10**
06: 존댓말 じょんさんの おくには どちらですか。	07: 반말 これ、なに？	08: 존댓말 えきは どこですか。	09: 반말 のみかいだった。	10: 존댓말 10じから かいぎでした。
Check! ☐	Check! ☐	Check! ☐	Check! ☐	Check! ☐
Day 11	**Day 12**	**Day 13**	**Day 14**	**Day 15**
01, 02 복습	03, 04 복습	05, 06 복습	07, 08 복습	09, 10 복습 특별부록 01, 02
Check! ☐	Check! ☐	Check! ☐	Check! ☐	Check! ☐
Day 16	**Day 17**	**Day 18**	**Day 19**	**Day 20**
11: 반말 有名な歌手。	12: 존댓말 親切な人です。	13: 반말 日本語が 上手だった。	14: 존댓말 残念な結果でした。	15: 반말 あの人はいい人。
Check! ☐	Check! ☐	Check! ☐	Check! ☐	Check! ☐
Day 21	**Day 22**	**Day 23**	**Day 24**	**Day 25**
16: 존댓말 暑いですね。	17: 반말 すごくおいしかった！	18: 존댓말 面白かったです。	19: 반말 ご飯、食べる？	20: 존댓말 映画を見ます。
Check! ☐	Check! ☐	Check! ☐	Check! ☐	Check! ☐
Day 26	**Day 27**	**Day 28**	**Day 29**	**Day 30**
21: 반말 学校に来る?	22: 존댓말 連絡します。	23: 반말 日本に行く。	24: 존댓말 早くうちへ 帰ります。	25: 반말 写真撮らない?
Check! ☐	Check! ☐	Check! ☐	Check! ☐	Check! ☐
Day 31	**Day 32**	**Day 33**	**Day 34**	**Day 35**
26: 존댓말 チョコレートを 渡すんですか。	27: 반말 結婚するつもり。	28: 존댓말 早く起きるつもりです。	29: 반말 日本語を話すことができる。	30: 존댓말 掃除の前に洗濯をします。
Check! ☐	Check! ☐	Check! ☐	Check! ☐	Check! ☐

Day 36	Day 37	Day 38	Day 39	Day 40
31: 반말 起きた？	32: 존댓말 今朝、7時に起きました。	33: 반말 宿題、持って来た？	34: 존댓말 大阪へ行って来ました。	35: 반말 空港に着いた。
Check! ☐	Check! ☐	Check! ☐	Check! ☐	Check! ☐

Day 41	Day 42	Day 43	Day 44	Day 45
36: 반말 興味を持った。	37: 존댓말 初雪が降りました。	38: 반말 すごく並んだ。	39: 반말 彼氏とけんかした。	40: 존댓말 切符を無くしました。
Check! ☐	Check! ☐	Check! ☐	Check! ☐	Check! ☐

Day 46	Day 47	Day 48	Day 49	Day 50
31~40 복습 및 장문 도전하기	41: 반말 日本に行ったことがない。	42: 존댓말 富士山に登ったんですか	43: 반말 運動した方がいい。	44: 존댓말 薬を塗らない方がいいです。
Check! ☐	Check! ☐	Check! ☐	Check! ☐	Check! ☐

Day 51	Day 52	Day 53	Day 54	Day 55
41~44 복습 및 장문 도전하기	45: 반말 それ、ちょうだい。	46: 존댓말 そのりんごをください。	47: 반말 会いたい！	48: 존댓말 飲みに行きたいです。
Check! ☐	Check! ☐	Check! ☐	Check! ☐	Check! ☐

Day 56	Day 57	Day 58	Day 59	Day 60
45~48 복습 및 장문 도전하기	49: 반말 誰がいる?	50: 존댓말 兄弟がいますか。	51: 반말 彼女に指輪をあげた。	52: 존댓말 おばにもらいました。
Check! ☐	Check! ☐	Check! ☐	Check! ☐	Check! ☐

Day 61	Day 62	Day 63	Day 64	Day 65
49~52 복습 및 장문 도전하기	53: 반말 道が暗くて怖かった。	54: 존댓말 電話を無くして困りました。	55: 반말 傘を持って出かけた。	56: 존댓말 立たないでください。
Check! ☐	Check! ☐	Check! ☐	Check! ☐	Check! ☐

Day 66	Day 67	Day 68	Day 69	Day 70
53~56 복습 및 장문 도전하기	57: 반말 パソコンを直してあげた。	58: 존댓말 母がほめてくれました。	59: 반말 計画はもう立ててある。	60: 존댓말 駐車場にとめておきました。
Check! ☐	Check! ☐	Check! ☐	Check! ☐	Check! ☐

Day 71
57~60 복습 및 장문 도전하기
Check! ☐

처음에는 시간이 걸려서 답답하고 불안할 수 있겠지만
急がば回れ！(급할수록 돌아가라!)
이 말을 꼭 기억하셨으면 좋겠습니다.

藤井麻里
함께 즐겁게 공부해요~